가상 회고록
하늘 위를 꿈꾼 강가 소나무
― 송강 정철의 삶과 시가 ―

성호경(成昊慶)

- 1952년생.
- 서울대학교 국어국문학과 졸업. 문학사(1974), 문학석사(1980), 문학박사(1986).
- 경남대학교 국어교육과 전임강사, 조교수(1981~1984); 영남대학교 국어교육과 조교수, 부교수, 교수(1984~2000); 서강대학교 국어국문학과 교수(2000~2017)를 지냄.
- 현재 서강대학교 명예교수.
- 미국 University of Washington 방문학자(1993~1994), 한국고전연구학회장(2008~2010), 국문학회장·한국시가학회장(2010~2012) 등 역임.
- 도남국문학상(1997), 두계학술상(2010), 모산학술상(2024) 등 수상.
- 저서: 『조선전기시가론』(1988), 『한국시가의 유형과 양식 연구』(1995), 『한국시가의 형식』(1999), 『고려시대 시가 연구』(2006), 『신라 향가 연구』(2008), 『한국시가 연구의 과거와 미래』(2009), 『조선시대 시가 연구』(2011), 『시조문학』(2014), 『한국 고전시가 총론』(2016), 『한국 고전문학 탐구』(2021), 『시조문학의 이해』(2023), 『한국 고전시가사』(2023).
- 논문: 「16세기 국어시가의 연구」(박사학위논문) 외 70여 편.

하늘 위를 꿈꾼 강가 소나무

초판 1쇄 발행 2025년 9월 17일
초판 2쇄 발행 2025년 10월 15일
지은이 성호경
펴낸이 성정우
펴낸곳 도서출판 북메이트   출판등록 2023년 4월 4일 제2023-000046호
주소 서울특별시 영등포구 당산로 203, 308호
전화 0507-1389-5702   팩스 0504-325-3850
전자우편 bookmate@kakao.com

ISBN 979-11-982855-1-5   03810
ⓒ 성호경, 2025

값 22,000원

가상 회고록

하늘 위를 꿈꾼
강가 소나무

― 송강 정철의 삶과 시가 ―

성호경 지음

북메이트

머리말

　송강(松江) 정철(鄭澈; 1536~1593)은 한국문학사에서 걸출한 작가(시인)로 손꼽히며, 그가 지은 우리말 시가(詩歌; 시 문학) 작품들(歌辭 4편과 時調 88~117수가 전함)은 〈관동별곡(關東別曲)〉과 〈사미인곡(思美人曲)〉·〈속미인곡(續美人曲)〉 등의 가사 작품들을 중심으로 하여 큰 호평을 받으면서 후대의 시가 작품들에 많은 영향을 끼쳤습니다. 그러므로 한국문학사와 고전시가를 충실하게 이해하기 위해서는, 정철의 작가적 특질과 시가 작품들을 바르고 깊이 있으며 자세하게 알아야 할 것입니다.

　그런데 정철의 작가적 특질과 시가 작품들은 그의 삶 속에서 여러 체험들의 영향을 받아서 이루어졌습니다. 그는 소년기에 고난을 6년간 겪었고, 그 뒤 뛰어난 스승들과 친우들을 만났으며, 신선(神仙)을 동경하면서도 술과 여색(女色)을 밝혔고, 근 30년간 벼슬살이하면서 충성스럽고 곧았지만 편협하고 과격해서 여러 번 실각하였습니다. 또한 서인(西人)의 영수(領袖)가 되어 당쟁을 격화시켰고 '기축옥사(己丑獄事)' 때 수많은 동인(東人) 측 인사들을 해쳤다는 비판을 받았습니다. 그의 시가에 영향을 끼쳤을 법한 이러한 그의 삶과 주요 체험들에 대해 면밀히 살필 필요도 있습니다.

　그러나 정철의 작가적 특질과 시가 작품들의 특징 및 창작 상황 등은 아직 충분히 밝혀지지 못한 것으로 판단됩니다. 그리고 정철의 삶은 그의 문집인 『송강집(松江集)』(原集 2권, 續集 2권, 別集 7권)을 비롯한 여러 문헌들에 기록되었지만, 그 기록들에서는 그의 생애 중의 몇몇 중요한 시기들과 일들에 대한 서술이 소략한 데다가 이설(異說)이 있거나 잘못 알려진 부분들이 간간이 있습니다. 그러한 가운데, 그의 후손이 소장해 왔던 몇몇 자료들(그의 친필 편지 등을 모은 책들과 그가 명나라에 사은사로 다녀오면서 쓴 일기 등)이 근래에 공개되어서, 그 소략한 점들을 약간 채울 수 있게 되었고 잘못 알려졌던 점들 일부를 바르게 파악할 수 있게도 되었습니다.

이 책은 이러한 정철의 삶과 시가를 사실에 가까우면서 면밀하게 살펴서 서술하여, 교양 있는 일반인들과 관련 분야 전공자들이 정철에 대하여 총체적으로 보다 충실히 알 수 있게 하려는 것입니다.

지은이는 40여 년간 한국 고전시가를 연구하면서 정철의 삶과 시가를 총체적으로 서술하는 충실한 '전기(傳記)'나 '평전(評傳)'을 써야겠다고 생각해 왔습니다. 그러나 그의 생애에 소략한 점과 잘못 알려진 점이 적지 않아서, 통상적인 '전기'나 '평전'의 '삼인칭(三人稱) 서술'로는, '전지적(全知的) 작가 시점(視點)'이든 '작가 관찰자 시점'이든, 그 성긴 부분들을 긴밀하게나 자연스럽게 연결하고 잘못들을 바로잡아 서술하기가 쉽지 않아 보입니다. 게다가 논란 많은 그의 행적에 대한 논평은 공정성을 견지하기 어렵다고도 여겨집니다. 이에 지은이는 정철의 삶과 시가에 대한 충실한 총체적 서술을 위해서는, '회고록(回顧錄)' 형식을 취하여 정철이 주관적이고 다소 일방적이지만 스스로의 생각들을 펼쳐가는 내용 전개가 더 효과적이겠다고 판단해서, 그가 별세하기 얼마 전부터 자신의 생애를 회고함을 가상(假想)하였습니다. 그 결과로, 이 책에서의 서술은 '일인칭(一人稱) 주인공 시점'으로서 정철 자신의 입장 위주이면서도, 그의 기억 내에서 의미 있는 일들에 대한 비교적 솔직한 생각들로 이루어지는 것이 되었습니다.

그 서술은 사실들을 바탕으로 하였으면서도, 내용 전개를 효과적으로 하기 위해서 정철의 인품과 행적을 왜곡시키지 않는 범위 내에서 가상적인 상황을 설정하였고 개연성(蓋然性) 있는 허구(虛構)를 필요시 군데군데 넣었습니다(시가 작품에 대한 회고에서는 지은이의 견해가 많이 들어갔습니다). 이로써 흥미도 더하면서 정철의 삶과 시가에 대하여 꽤 핍진(逼眞)하고 밀도 있게 서술할 수 있게 되었다고 지은이는 판단합니다. (가상과 허구를 통해 실상에 더 잘 다가갈 수 있다니!)

 아직 밝혀내지 못한 점들이 상당히 남아 있지만, 정철의 삶과 시가를 총체적으로 면밀히 살폈기에 일부 시가 작품들의 창작 시기와 창작 상황을 그의 생애에 맞출 수 있게 된 것과 불분명했던 몇몇 작품들의 작품화 대상을 파악할 수 있게 된 것 등은 망외(望外)의 소득입니다.

 지은이가 이 책의 구성에서 가장 고심했던 것은 주석(註釋) 처리입니다. 지금으로부터 400년도 더 전의 일들을 당시 사람의 회고를 통해서 서술하는 데서는 현대인들에게 익숙하지 않으므로 설명이 필요할 당시의 말들과 사람·일·제도·관습 등이 적지 않습니다. 짧은 설명은 본문 속에서 할 수 있지만, 긴 설명은 각주(脚註)를 통해서 펼 수밖에 없을 듯합니다. 그리고 정철의 『송강집』에 나오지 않은 자료들과 사실들의 출처를 밝힐 필요가 있으며, 근래에 알려진 사실들과 지은이가 새로 파악한 사실들이 기왕에 알려졌던 바와 다른 경우에도 근거를 제시해야 합니다. 이러한 각주가 많아서 독자들께서 이 책 읽기가 불편하시다면, 각주를 보시지 않아도 내용 이해에 큰 어려움은 없을 것입니다.

 지은이는 정철의 삶과 시가를 핍진하고 면밀하게 살피기 위하여, 힘닿는 대로 많은 문헌들을 섭렵했으며 그와 관련된 여러 곳들을 탐방하였습니다. 그러면서도 정철을 일방적으로 편들게 되지 않기 위해 그의 후손들과의 접촉을 피하였으므로, 그 집안에 구전(口傳)으로 전하는 비화(祕話) 같은 것을 들을 기회를 얻지 못했을 수도 있습니다.

 문헌들을 조사함에서 한국고전번역원(舊 민족문화추진회)의 웹 서비스인 '한국고전종합DB'(https://db.itkc.or.kr/)와 한국가사문학관의 '한국가사문학DB' 내 '고문서 전적'(http://www.gasa.go.kr/?gasa=22)의 도움을 크게 받았습니다. 각주들에서의 설명은 『한국민족문화대백과사전(韓國民族文化大百科事典)』(한국정신문화연구원, 1991)과 『두산 세계대백과사전(斗山世界大百科事典)』

(두산동아, 1996)을 많이 참고했습니다. 지도와 사진은 지은이가 촬영하거나 스캔(scan)한 것들도 있지만 네이버(https://www.naver.com/) 검색을 통해 구한 것들(원출처를 알기 어려운 사진도 있음)이 다수입니다.

정철의 행적과 관련하여 이 책에서 서술된 내용은 그를 좋아하는 사람들에게도 싫어하는 사람들에게도 얼마간 불만을 가지게 할 수 있을 것입니다. 독자들께서는 지은이가 그의 주요 행적들이 왜곡되지 않도록 조심하였으며, 그 서술이 대체로 신빙성 있는 기록들에 의거한 내용을 가상된 정철의 회고를 통해서 비교적 솔직하게 이루어지도록 하였음을 잘 헤아리시기 바랍니다. 그리고 지은이가 잘못 알고 기술한 점들에 대해서는 친절한 일깨움이 있기를 기대합니다.

'가상 회고록'이라는 다소 낯선 방식의 글쓰기로 된 이 책이 어떠한 정체성(identity)을 지니며 얼마만큼의 의의를 가질 수 있는지에 대해 지은이는 의구심을 아직 다 떨치지 못하고 있습니다. 그럼에도 불구하고 그 내용이 정철의 삶과 시가에 대한 독자들의 충실한 이해에 이바지할 수 있다면, 몇 년 동안 애쓴 보람을 거두는 것으로 여기겠습니다.

이 책의 집필에 도움을 주셨거나 격려해 주신 친지들(김권배 교수, 정기선 교수; 배성현 교수, 이강옥 교수, 장덕준 교수, 신종봉 선생, 조수현 변호사, 장재순 사장, 송우익 사장 등)과 가족께 감사드리며, 출판을 맡은 **도서출판 북메이트**의 발전을 기원합니다. 아울러, 지은이가 정철 작 가사 〈사미인곡〉과 〈속미인곡〉을 압축하여 가요 노랫말로 만든 〈사미인가〉를 작곡하신 이호섭 박사께도 이 자리를 빌려서 고마움의 뜻을 표합니다.

2025년 7월   일

성호경 적음

일러두기

1. 이 책에서의 연월일 표기는 1895년까지는 음력(陰曆)으로 하며, 태양력(太陽曆)이 채택된 1896년부터는 양력으로 합니다.
2. 이 책에서의 나이는 16세기의 관습에 따라서 출생과 동시에 한 살(1세)이 되고 매년 정초(正初)마다 한 살씩 더하는 '세는나이'로 합니다.
3. 현대 독자들의 이해를 위하여, 당시에는 거의 쓰이지 않던 몇몇 현대적인 용어도 필요시에는 사용합니다.
4. 이 책에서의 한시와 한문 번역은 신호열(辛鎬烈) 선생과 정운한(鄭雲翰) 선생의 번역(『國譯 松江集』, 上·下 2책, 삼안출판사, 1974) 등을 바탕으로 하여 지은이가 약간 손보았습니다.
5. 작품 등의 인용에서 오기(誤記)로 판단되는 부분은 ' '로 표시하고 그 바로 뒤의 [ ] 안에 바로잡습니다.
6. 책 이름은 『 』로, 글 이름은 「 」로, 문학 작품 이름은 〈 〉로 표시합니다.
7. 초판 1쇄에서 서술된 내용 중 불명확한 점 몇 가지와 달라진 점을 2쇄에서 고쳤습니다(26면, 139면, 275면 등).

차례

머리말 5
일러두기 9

#1. 생일날 만상(漫想) 17
― 58세(1593년) 12월 6일 ―
* 일기(1593년 12월 6일)
* 강화도(江華島) 송정촌(松亭村), 몸 상태, 생일 소감, 생애 자평(自評), 가족 걱정, 절량(絶糧) 상태, 권필(權韠), 주요 친구들, 한시관(漢詩觀)
* 〈장진주사〉

#2. 어린 날의 고난과 행운 47
― 출생(1536년)~17세(1552년) ―
* 일기(1593년 12월 7일)
* 서울에서의 유년기, 을사사화로 가화(家禍)를 만남, 부친의 유배지에 따라가서 5년여 동안 지냄, 창평(昌平) 이주, 김윤제(金允悌)를 만남, 혼인

#3. 자랑스러운 배움과 사귐 67
― 18세(1553년)~26세(1561년) ―
* 일기(1593년 12월 8일)
* 수학, 우리말 시가관(詩歌觀), 교우

#4. 벼슬길 순항(順航)과 정지 99
― 27세(1562년)~40세(1575년) ―
* 일기(1593년 12월 9일)
* 문과 장원급제, 관직 진출, 서울 이주, 벼슬살이, 부친상과 모친상으로 고양(高陽)에서 시묘살이함
* "재 너머 성 궐롱 집의~"(1572년)

#5. 당쟁 시작과 표류 그리고 좌초　127
　── 40세(1575년)~44세(1579년) ──
　* 일기(1593년 12월 10일)
　* 조정(朝廷), 당쟁 시작, 창평 낙향, 서울행, 조정, 탄핵됨, 고양 한거(閑居)
　* 〈성산별곡〉(1576년), "새원 원쥐 되어~" 3수(1579년)

#6. 좌초 탈출과 〈관동별곡〉·〈훈민가〉　155
　── 45세(1580년) ──
　* 일기(1593년 12월 11일)
　* 강원도 관찰사
　* 〈관동별곡〉, 〈훈민가〉 16수

#7. 쾌주(快走)와 방황　189
　── 46세(1581년)~50세(1585년) ──
　* 일기(1593년 12월 12일)
　* 조정, 창평 낙향, 전라도 관찰사, 조정, 함경도 관찰사, 조정, 1품 승진, 실세(失勢), 고양

#8. 좌절기와 〈사미인곡〉·〈속미인곡〉　215
　── 50세(1585년)~54세(1589년) ──
　* 일기(1593년 12월 13일)
　* 창평 낙향, 순천(順天), 창평
　* 〈사미인곡〉·〈속미인곡〉(1588년경)

#9. 여타 시가 작품들　245
　* 일기(1593년 12월 14일)
　* 여타 한시 작품들, 여타 시조 작품들

#10. 비상(飛上)　277
　── 54세(1589년)~55세(1590년) ──
　* 일기(1593년 12월 15일)
　* 장남 사망으로 고양행, 정여립(鄭汝立) 모반사건, 정승이 됨, 기축옥사에서의 역할, 공신 책록(策錄)·부원군 봉군(封君), 친구들 상황

#11. 추락　307
　── 56세(1591년)~58세(1593년) ──
　* 일기(1593년 12월 16일)
　* 세자 책봉 건의, 파직됨, 차녀 사망, 강계(江界)로 귀양 가서 위리안치됨, 임진왜란 발발로 사면·복관(復官)됨, 호종(扈從), 삼도 도체찰사, 사은사로 북경(北京)에 다녀옴, 탄핵되어 강화도행

#12. 하늘 위로 오르는가?　349
　── 58세(1593년) 12월 18일 ──
　* 죽음을 맞음

#13. 그 뒤　355
　── 1594년~현대 ──
　* 정철 사후의 일들

참고문헌　375
찾아보기　381

2010년에 제작된 송강(松江) 정철(鄭澈) 영정(影幀)의 초상(肖像)

'정송강사(鄭松江祠; 충청북도 진천군 문백면 봉죽리 531)'에 봉안(奉安)되어 있음
(https://blog.naver.com/jtjunpoem/130089701256에서 부분 轉載)

#1. 생일날 만상(漫想)

— 58세(1593년, 癸巳年, 朝鮮 宣祖 26년, 明 神宗 萬曆 21년)
12월 6일(陽曆 1594년 1월 26일) —

계사년(癸巳年; 선조 26, 1593) **12월 6일 을묘**(乙卯) **일기**

맑다가 저녁부터 눈이 내림.

오늘은 나(송강 정철)[1]의 쉰일곱 번째 생일이다.

특별 휴가를 얻어서 어제 송정촌(松亭村)[2]에 온 종명(宗溟)이(둘째 아들, 당시 禮曹 佐郞)[3]가 마련한 생일상을 받았는데, 쌀밥과 미역국이 있었다. 양식이 바닥을 보인 지 여러 날 되었는지라 그동안 묽은 죽만 먹었기에, 그만하면 진수성찬이었다. 그러나 속이 좋지 않고 입맛도 없어서, 국을 반 그릇쯤 먹었고 밥은 서너 술 뜨고 그만두었다.

---

1) 정철(鄭澈; 1536. 閏12. 6~1593. 12. 18)의 본관(本貫)은 연일(延日; 迎日, 烏川), 자(字)는 계함(季涵), 호(號)는 송강(松江)·칩암거사(蟄菴居士).
2) 현재 인천광역시 강화군(江華郡) 송해면(松海面) 숭뢰리(崇雷里)로, 당시 송정포(松亭浦) 부근에 수백 호의 큰 마을이 있었다(현재 그 대부분이 농경지로 변했다).
3) 정종명(鄭宗溟; 자 士朝, 호 薛隱, 1565~1626)은 정철의 둘째 아들로, 율곡(栗谷) 이이(李珥)와 우계(牛溪) 성혼(成渾)에게 배웠다. 1590년(宣祖 23)에 진사(進士)가 되었고, 현릉참봉(顯陵參奉)을 지냈다. 1591년 6월에 정철이 경상도 진주(晉州)로 귀양 가다가 평안도 강계(江界)로 옮겨서 위리안치(圍籬安置)되었을 때부터 1592년 5월에 석방될 때까지 따라다녔다. 별제(別提)가 되었다가, 7월에 평안도 의주(義州)의 별시(別試) 문과(文科)에 장원급제하여 병조 좌랑, 예조 좌랑이 되었다.
　1594년에 죽은 정철의 관작이 탄핵으로 추삭(追削)되자, 이에 항변하다가 관직에서 삭출(削黜)되었고, 이후 근 30년 동안 벼슬길이 막혔다.
　1623년(仁祖 1)에 인조반정(仁祖反正)으로 복관(復官)되어, 사헌부 집의, 사간원 사간 등을 지냈다. 이듬해에 동생인 홍문관 교리 정홍명(鄭弘溟)과 함께 간청하여 정철의 관작을 복구시켰다. 이후 집의, 사간, 의정부 사인, 세자시강원 보덕 등을 역임하고, 통정대부에 올라 강릉 부사가 되었다가 그곳에서 죽었다.

오늘도 오전에 할아비강[祖江][4]가의 언덕에 올라서 소나무에 기대어 우두커니 있다가, 바다 쪽에서 분 찬바람에 몸이 떨려서 돌아왔다.

미시(未時; 오후 1~3시) 초에 마을 뒷산('금동산') 너머에서 지내는 권여장(權汝章; 권필)[5]이 꿩 한 마리를 가지고 바람 속에 걸어서 찾아왔다.[6] 그의 부친 습재(習齋; 권벽) 공의 상(喪)이 지난 8월에 있었다고 해서 뒤늦게 조문

---

4) '조강(祖江)'은 서울을 지난 한강(漢江)이 경기도 통진(通津; 현재 金浦市에 속함)에서 경기도 북서부의 임진강(臨津江)과 합친 물줄기로, 통진의 월곶에서 둘로 나뉘어서 하나는 서쪽으로 흘러 강화도(江華島) 북쪽에서 황해도의 예성강(禮成江)과 합쳐서 교동도(喬桐島)에 이르러 서해로 들어가고 다른 하나('鹽河')는 남쪽으로 흘러 강화도 동쪽을 지나 서해로 들어간다. 오늘날 주로 '강화만(江華灣)'으로 불린다.

5) 권필(權韠; 본관 安東, 자 여장, 호 石洲, 1569~1612)은 시문에 뛰어났던 권벽(權擘; 호 習齋, 1520~1593, 예조 참의를 지냄)의 다섯째 아들로, 서울(당시 漢城府는 都城의 四大門 안과 그 외곽 약 10리 이내 지역들을 관할했음)에서 나고 자랐다('정철의 제자'라는 설은 근거를 찾기 어렵다). 벼슬에 뜻이 없어, 시와 술을 즐기면서 가난하게 살았다.

1592년(선조 25) 4월에 임진왜란이 일어나자, 벗 구용(具容)과 함께 나라를 그르친 죄로 영의정 이산해(李山海)와 좌의정 유성룡(柳成龍)의 목을 베라고 상소하였다. 서울이 일본군에 함락되기 직전에 강화도로 피난했다가, 1593년 여름에 수복된 서울로 돌아갔다. 8월에 부친상을 당하여 경기도 고양군(高陽郡)에 장사 지낸 뒤, 경기도 덕수현(德水縣; 현 북한 開城特別市 開豊구역)에 갔다가, 가을에 서울로 귀환했다. 그 뒤 다시 강화도로 가서 삼해면(三海面; 1914년에 松亭面과 통합하여 松海面이 됨) 상도리(上道里) 홍의마을에서 살면서 하도리(下道里)의 고려산(高麗山) 기슭에 '석주초당(石洲草堂)'을 열고 많은 유생(儒生)들을 가르쳤다.

1602년과 1606년에 시에 능한 명(明)나라 사신들(顧天埈 등, 朱之蕃 등)을 접대하는 일에 포의(布衣; 벼슬이 없는 선비)로서 뽑혀 참여하여 문명(文名)을 떨쳤다.

1610년(光海君 2)에 동몽교관(從9品職)에 제수되었으나 나아가지 않았다. 그 뒤 왕비의 아우 유희분(柳希奮) 등 척족(戚族)의 방종을 풍자한 궁류시(宮柳詩)를 지었다가, 왕의 친국(親鞫)을 받은 뒤에 귀양길을 떠나려다가 죽었다.

문집 『석주집』과 한문소설 〈주생전(周生傳)〉·〈위경천전(韋敬天傳)〉이 전한다.

6) 권필이 1593년 12월 6일에 강화도에 있었는지는 불분명하다. 그런데 정철이 강화도 송정촌에서 별세하기 전에 가끔 고려산 아래 사는 젊은 선비가 찾아오곤 했다는 말이 전해지며 그는 아마 권필이었을 것으로 추측된다고 하는데(이광식, 「'위대한 시인'의 고장 강화도: 송강과 석주」,『인터넷 강화뉴스』 2020. 8. 3, http://www.ganghwanews.com), 여기서는 편의상 그 구전(口傳)과 추측에 따른다.

(弔問) 인사를 한 뒤, 며칠 전에 강화 부사(江華府使)가 보낸 술병을 꺼내어 꿩백숙을 안주로 해서 셋이 화로를 둘러앉아 술 마시면서 이야기를 한참 나누었다. 여장은 어두워지기 전에 집으로 떠났다.

저녁에 복통이 심해져서 일찍 잠자리에 누웠다.

오래간만에 일기를 썼다. 젊을 때는 일기를 자주 썼다가,[7] 마흔 살이 넘으면서부터 드문드문 쓰게 되었고, 근년에는 시국과 처지가 워낙 혼란스럽고 급변해서 올해 사은사(謝恩使)로 명(明)나라의 경사(京師; 수도)인 북경(北京)에 갔다 올 동안에 쓴 것[8] 말고는 거의 쓰지 못하였는데, 이제부터 짤막하게라도 날마다 쓸까 한다.

잠자리에 누웠지만, 며칠 전에 든 고뿔(감기)이 오늘 오전에 찬바람을 쐬어서 덧난 데다 오랜만에 술을 몇 잔 마셔서인지 배가 많이 아파서 잠이 오지 않는다. 그리고 오래된 그 지긋지긋한 술병을 비롯한 여러 병들이 또 도지기 시작하는가 보다. 이제는 상복부(上腹部)뿐만 아니라 등 쪽 깊은 곳

---

[7] 정철의 일기('辛未日記' 등의 '松江日記')는 주로 그의 30대 후반부터 40대 초반까지에 쓰인 것으로 추측되며, 율곡 이이의 문집인 『율곡집』을 보완한 『율곡선생전서(栗谷先生全書)』(『율곡전서』; 1744년 편찬)의 권32, 「어록(語錄) 하(下)」 및 권38, '부록6', 「제가기술잡록(諸家記述雜錄)」과 우계 성혼의 연보를 보완한 『우계연보 보유(牛溪年譜補遺)』(1774년 尹光紹 편찬) 등에 그중의 몇 대목이 인용되거나 언급되었다(1571년, 1574년, 1575년 등의 일기 중).

그 일기들은 1684년에 정철의 막내아들 정홍명(鄭弘溟)의 서자(庶子)인 정이(鄭泹; 1619~1690, 당시 同福 縣監이었음)가 보관하고 있었을 것으로 추정되는데(尹拯, 『明齋遺稿』 권16, 「與成汝中」 참고), 이후의 행방은 알려지지 않고 있다.

[8] 정철이 1593년에 사은사로 명나라 북경에 갔다 오며 쓴 일기들에서 앞부분과 뒷부분이 낙장되어서 8월 16일~10월 13일의 일기가 일부 오손(汚損)된 채 남았는데, 200여 년 뒤에 「문청공 연행일기(文淸公燕行日記)」로 이름 붙여서 그의 문중에서 소장하다가, 2000년에 전라남도 담양군의 한국가사문학관에 기증했다. 그 본문과 번역문이 http://gasa.go.kr/GDATA/pdf/A00000183.pdf에 실려 있다.

에서도 통증이 계속된다. 하도 아파서 일어나 앉아서 다리를 모으고 몸을 구부리니 좀 덜하다.

눈이 내리니 만상(萬象)이 움직임을 그치고 이내 잠에 드는 듯하다.

몸은 아파도 주위가 고요해져서 머릿속이 맑아지니, 여러 상념들이 뭉게뭉게 피어오른다. 아직 내 기억력이 크게는 쇠하지 않은 것 같다. 그러나 나이가 많아지면 이름과 숫자가 기억나지 않거나 많이 틀리게 된다는데, 나는 어떨지 모르겠다.

내가 태어난 날은 병신년(丙申年; 1536, 中宗 31) 윤(閏)12월 6일(양력으로는 1537년 1월 17일)인데, 역법(曆法)에 윤12월을 잘 넣지 않아서 나는 서른아홉 살 되던 갑술년(甲戌年; 1574) 한 번 말고는 모두 평달 12월 6일을 생일로 해 왔다. 그런데 갑술년의 진짜 생일(양력 1575년 1월 17일) 때는 그 전해 4월에 어머님(죽산 안씨)⁹⁾ 상(喪)을 만나서 고양군(高陽郡) 원당면(元堂面) 신원리(新院里) 수동(水洞; 水谷, 물골, 물구리. 현 경기도 고양시 德陽區 院新洞 '송강마을')의 별서(別墅; 농장이나 들 부근에 한적하게 따로 지은 집) 근처 산소 옆에서 시묘(侍墓)살이하고 있던 터라, 생일을 제대로 찾을 수가 없었다. 그 진짜 생일을 내 생전에 다시는 만날 수 없을 것 같다. 아니, 지금 몸 상태로는 내년 생일도 어떨지 몰라 ……. 그래도 올해는 윤11월이 들어있어서 때가 얼추 비슷하다(양력 1594년 1월 26일임).

생일에 관한 한 나만큼 복 없는 사람도 드물게야. 평생 한 번도 제대로 찾지 못하니.

그러나 한편으로 생각하니, 내가 열 살 때[乙巳年; 1545] 우리집에 느닷없이 불어닥친 광풍(狂風)으로 인해 열한 살부터 열여섯 살 때까지 귀양살이

---

9) 죽산 안씨(竹山安氏; 1495~1573)는 대사간 안팽수(安彭壽)의 딸이며, 15세에 정유침(鄭惟沉)과 혼인하여 아들 넷(鄭滋, 鄭沼, 鄭滉, 鄭澈)과 딸 셋(仁宗 李岵의 淑儀, 崔弘渡의 아내, 桂林君 李瑠의 後妻)을 낳아 길렀다.

하시던 아버님(정유침)¹⁰⁾을 따라다니며 고생한 것, 맏아들 기명(起溟)이¹¹⁾와 둘째 딸 최실(崔室)이¹²⁾가 서른두 살로 부모보다 먼저 죽은 것, 그리고 재작년[辛卯年; 1591]부터 작년[壬辰年]까지 근 1년간 억울하게 귀양살이한 것 말고는, 나는 복이 꽤 많았던 것 같다. 제법 준수한 외모와 총명함을 타고났으며, 아들딸을 여럿 두었고, 시골에서 공부하여 스물일곱 살에 대과(大科) 문과(文科)에 장원급제(壯元及第)했으며, 마흔여덟 살에 판서(判書)가 되었고 쉰네 살에 정승(政丞)에 올랐으니까. 그리고 공신(功臣)도 두 번이나 되고 인성부원군(寅城府院君)에 봉군(封君)되었으니. 게다가 둘째 아들 종명이도 피난지 의주(義州)에서의 초라한 과거(科擧)였긴 하지만 장원급제했다.

---

10) 정유침(鄭惟沉; 본관 延日, 자 巨源, 1493~1570)은 건원릉 참봉(健元陵參奉)을 지낸 정위(鄭潙; 1466?~1504)와 광산 김씨(光山金氏; ?~1551) 사이의 둘째 아들이다. 한성부(漢城府) 북부(北部) 순화방(順化坊) 장의동(藏義洞)에서 살았다. 1533년(中宗 28)에 맏딸이 세자(世子; 뒤에 仁宗이 됨)의 양제(良娣; 세자의 副室인 從2품 內命婦)가 되자, 무관직 벼슬이 내렸다가 뒤에 사온서 영(司醞署令; 종5품직)이 되었다.

　　1545년(인종 1, 明宗 즉위년) 을사사화(乙巳士禍) 때 셋째 사위 계림군(桂林君) 이유(李瑠)가 역모(逆謀)로 몰려 도주했다가 잡혀서 처형되자 의금부에 갇혔다가, 이듬해(명종 1)에 함경도 정평(定平)으로 귀양 갔고(맏아들 鄭滋는 전라도 光陽에 安置되었다가, 2년 뒤 良才驛 壁書사건으로 刑이 가중되어서 함경도 慶源으로 移配되는 도중에 죽었음), 1547년부터 경상도 연일에 부처(付處)되었다. 1551년에 풀려나서 아내(죽산 안씨)·막내아들(정철)과 함께 아버지 묘가 있는 어머니의 고향인 전라도 창평현(昌平縣; 현재는 전남 潭陽郡에 속함)으로 가서 살다가, 몇 년 뒤에 도성(都城) 밖에 사는 것이 허락되었고, 1568년(宣祖 1)에 서용(敍用; 죄를 지어 면직된 사람을 다시 벼슬자리에 등용함)되어 군자감(軍資監) 판관(判官; 종5품직)을 거쳐 돈령부(敦寧府) 판관이 되었다. 1570년에 서울의 장의동 집에서 별세하여 별서가 있는 고양의 수동[水谷]에 묻혔다.

11) 정기명(鄭起溟; 자 子遷·鵬擧, 호 華谷, 1558~1589)은 정철의 맏아들로, 성혼의 제자였으며, 1588년에 진사시에 합격하여 성균관(成均館)에 다니다가 병사했다.

12) 정철의 둘째 딸(1560~1591)로, 최오(崔澳; 본관 海州, 1555?~1576?)에게 시집가서 몇 달 만에 남편이 죽은 뒤로 병들어 있다가, 정철이 영돈령부사에서 파직되어 6월에 귀양 가기 며칠 전에 죽었다. 조선 왕실의 족보인 『선원록(璿源錄)』 권23, 「태종대왕종친록(太宗大王宗親錄)」의 039b면(https://royal.aks.ac.kr/Ge/JokboPageData?bookId=JSK_WJ_K21047&pid=30552)에 이름을 '함진(含眞)'이라고 하였다.

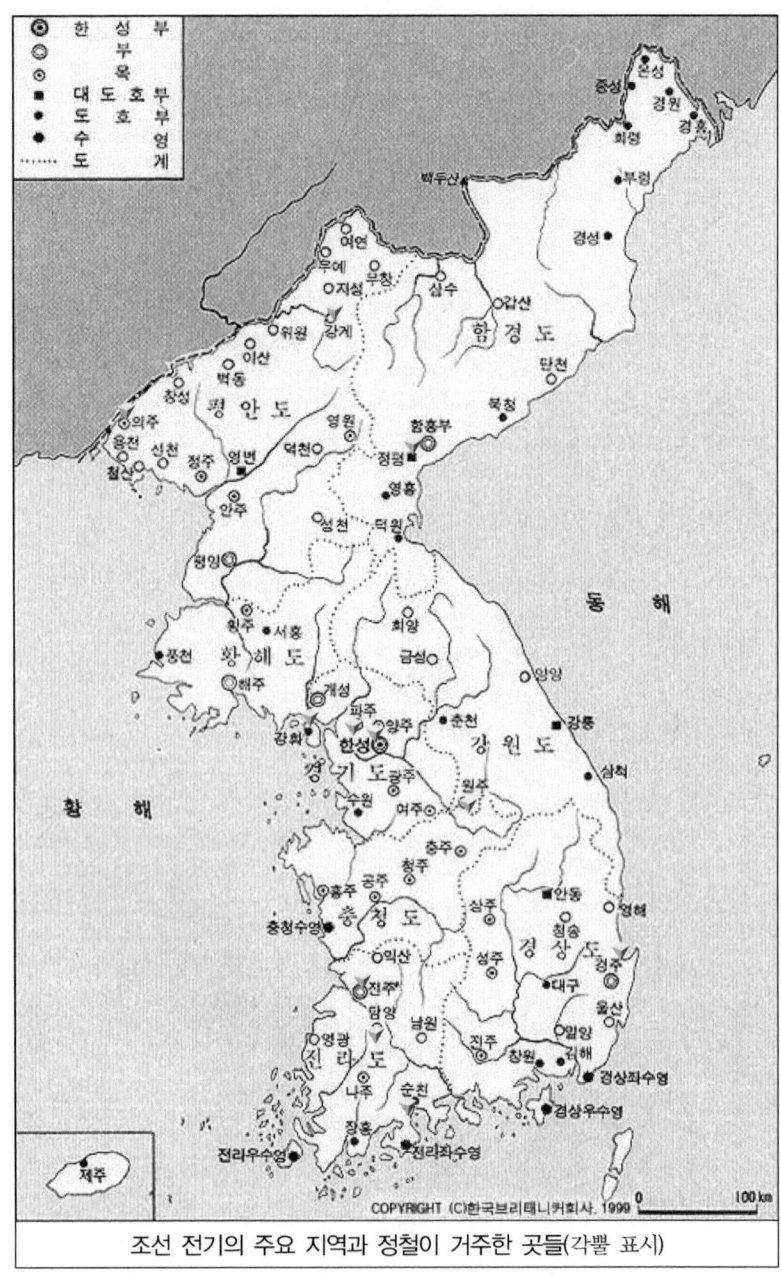

조선 전기의 주요 지역과 정철이 거주한 곳들(각뿔 표시)

아니, 다시 생각하니, 파란 많은 삶이었다고 해야 맞을 것 같다.

나처럼 유족하고 형제 적지 않은 집에서 나고 자라면서 대궐에서 임금님 되실 분과 놀기도 했다가, 몸과 마음이 한창 자라고 변하는 소년기의 전반(前半)에 5년이 넘는 동안 귀양살이하는 아버지를 따라가서 제대로 먹고 입지도 배우지도 못하고 말 나눌 이도 거의 없어서 늘 울적하게 지낸 사람이 잘 있을까? 또 나만큼 자주 탄핵(彈劾)당한 벼슬아치가 얼마나 있을까? 그리고 정승까지 지낸 사람이 예순 살이 다 되어가는 노년에 객지에서 먹을 것 다 떨어져서 굶어 죽지나 않을까 하는 걱정으로 날마다 노심초사하는 이러한 경우가 세상에 또 있을까?

나는 작년 4월에 왜적(倭賊; 日本軍)이 우리나라를 대거 침공하여 경상도 부산포(釜山浦)에서부터 파죽지세로 북상하자 주상(主上; 宣祖) 전하께서 도성(都城; 서울)을 떠나 몽진(蒙塵; 임금이 난리를 피하여 안전한 곳으로 떠남)하신 뒤, 5월에 평안도 강계(江界)의 위리안치(圍籬安置; 죄인을 配所에서 달아나지 못하도록 가시울타리를 치고 그 안에 가두는 형벌)에서 사면(赦免)되고 영중추부사(領中樞府事; 실무가 없는 중추부의 正1品 武官 벼슬)로 부르심을 받아서 평양(平壤)의 행재소(行在所; 임금이 궁을 떠나 멀리 나들이할 때 머무르던 곳)로 가서 6월에 주상을 배알한 뒤 강계로의 몽진을 만류했고, 호종(扈從; 임금이 탄 수레를 호위하여 따름)하여 압록강(鴨綠江)가 의주에 이르렀다.

7월에 경기·충청·전라 삼도(三道) 도체찰사(都體察使; 전쟁이 났을 때 王命으로 할당된 지역에 파견되어 軍政과 民政을 총괄하던 임시직 정1품직으로, 대체로 두 개 이상의 道를 맡았음)에 임명되어서, 9월에 강화도에 가서 도체찰부를 두고 머무르다가, 11월부터 추위 속에 늙고 병든 몸으로 충청도와 전라도의 여러 고을들을 돌아다니면서 맡은 일들을 처리하느라고 지실[芝谷, 智谷; 현 전라남도 潭陽郡 歌辭文學面 芝谷里. 당시는 전라도 昌平縣 內南面에 속했음]의 시골집에는 들러보지도 못하고 고생했다. 그리고 장차 6만 군사를

58세(1593년) 12월 6일

거느리고 서울을 수복(收復)하려 계획하고 있었는데도, '술에 빠져서 체찰 임무를 소홀히 했다'는 참소로 인해 올해(1593년) 정월에 엄한 왕명이 여러 차례 내려서 북행하여 2월에 평안도 정주(定州)에 머물러 계시던 주상께 복명(復命)했다. 그리고 영돈령부사(領敦寧府事)로 갈렸다.

그 뒤 4월에 사은사가 되었지만 복잡한 사정으로 바로 출발하지 못하다가, 7월에야 사절(使節)을 거느리고 압록강을 건너서 육로로 근 두 달 만에 북경에 도착했다. 그러고는 명나라의 황제(神宗 萬曆帝) 폐하와 조정(朝廷)에 천병(天兵; 天子의 군사)을 보내어 왜적을 무찔러 구원해 준 은덕으로 삼경(三京; 平壤, 開城, 漢城)을 수복하였음을 감사하는 일과 엇갈린 보고들이 있던 우리나라 사정을 바로 알리는 일 등으로 노심초사했다. 그러던 중에 심한 황달(黃疸)과 등창으로 여러 날 고생하다가, 황급히 출발해서 윤11월에 어수선한 서울로 돌아와서 불타버린 경복궁(景福宮) 남쪽의 정릉동(貞陵洞; 현 중구 貞洞) 행궁(行宮; 임금이 궁 밖으로 행차할 때 임시로 머무르던 別宮. 현 德壽宮)에서 복명하였다. 그 며칠 뒤에 대간(臺諫; 司憲府와 司諫院의 관리)의 탄핵을 당해서, 잘못이 있다면 내릴 처벌을 기다리기 위하여 여기 강화도호부(江華都護府) 송정면(松亭面) 송정촌의 맏딸[李室이][13] 모녀가 있는 곳으로 내려오는 등 계속 분주했다.

그 때문에 가족들의 소식을 잘 듣지 못하고 있다.

이즈음 아내(文化 柳氏)[14]는 작년에 피난 갔던 강원도 회양(淮陽)을 떠나,

---

13) 정철의 맏딸(1555~?)은 『선원록』 권23, 「태종대왕종친록」 039b에 이름을 '함장(含章)'이라고 하였는데, 남편 이기직(李基稷, 본관 延安, 자 伯生, 1556~1578)이 요절한 뒤에 딸을 키우면서 서울에서 살다가, 임진왜란으로 강화도에 피난해 있었다(『松江別集』 권1, '家間書', 「寄子」 중의 "未聞南信 … 父來依病女于此" 등 참고).
14) 문화 유씨(1535?~1596)는 처사(處士) 유강항(柳强項)의 무남독녀로, 1552년에 정철과 혼인하여 아들 넷(鄭起溟, 鄭宗溟, 鄭振溟, 鄭弘溟)과 딸 셋(李基稷의 아내가 된 鄭含章, 崔澳의 아내가 된 鄭含眞, 林檜의 아내가 된 鄭含英)을 낳아 길렀다.

입춘(立春) 뒤 날씨가 풀리면 서울로 옮기기 위해 임시로 충청도 덕산(德山; 현 충청남도 禮山郡 덕산면)과 해미(海美; 현 충남 瑞山郡 해미면)에 있는 이익남(李益男)의 집으로 가서, 함께 피난한 막내아들 홍명(弘溟)이[15]·맏며느리(光山 金氏)[16]·둘째 며느리(南陽 洪氏)[17]와, 내가 인근에 전염병이 도는 지실에 있지 말고 세간을 옮겨 합류하라고 시킨 셋째 아들 진명(振溟)이[18]·셋째 며느리(彦陽 金氏)[19], 장손 운(沄; 1576~1644)이를 비롯한 여러 손자·손녀들, 그리고 적지 않은 노비(奴婢; 사내종과 계집종)들도 있는 그 많은 식솔(食率)들을 데리고 잘 지내는지?

맏딸 이실이는 일찍 이 서방[李基稷]을 여의고 병든 몸으로 외손녀와 함께 여기 강화도에 피난 와 있다가 나와 함께 지내는데, 얼마 전에 황해도 수양(首陽; 海州)으로 이사한 셋째 딸 임실(林室)이[20]와 임 서방[林檜]은 외손자와 어떻게 살고 있을까?

서자(庶子) 지명(之溟)이[21]도 제 어머니 '유아(柳娥; 小室 晉州 柳氏)'[22]와 함

---

15) 정홍명(鄭弘溟; 자 子容, 호 畸庵, 1582~1650)은 막내아들로, 당시 12세였다.
16) 정기명의 아내(1555?~1613)로, 김계휘(金繼輝; 자 重晦, 호 黃岡, 1526~1582)의 딸(沙溪 金長生의 누이).
17) 정종명의 아내로, 홍인걸(洪仁傑; 자 應時, 1541~1603)의 딸.
18) 정진명(鄭振溟; 자 子羽, 호 雲鵬, 1567~1614)은 셋째 아들로, 당시 27세였다.
19) 정진명의 아내로, 김천일(金千鎰; 자 士重, 호 健齋, 1537~1593. 문신, 의병장)의 딸.
20) 1563년생으로, 임회(林檜; 본관 平澤, 자 公直, 호 觀海, 1562~1624)에게 시집갔다. 『선원록』 권23, 「태종대왕종친록」 039b에 이름을 '함영(含英)'이라고 하였다.
21) 같은 책, 같은 면에 정지명은 1580년생(당시 14세)으로 어머니가 '여종[婢] 논개(論介)'라고 하였지만, 뒤의 주 23)에 드는 정홍명의 기록 등으로 보아 비첩(婢妾)의 아들이 아니었을 가능성이 크다.
22) 정철의 소실[妾] 진주 유씨(함경도 경원 부사를 지낸 柳溶의 庶女)는 문장에 능하다고 이름났는데(沈守慶[1516~1599], 『遣閑雜錄』의 "婦人能文者 … 有文士金誠立妻許氏 … 文士趙瑗妾李氏 宰相鄭澈妾柳氏 亦有名."등), 윤기헌(尹耆獻; 1548~?)의 「장빈거사호찬(長貧居士胡撰)」(『大東野乘』 권51)에서 정철이 평안도 강계에 위리안치되었을 때 옆에 있었다고 한 '함인(咸人; 咸興 사람 또는 함경도 사람) 유아(柳娥)'였을 개연성이 있다.

께 무사히 잘 있는지? 느지막이 본 천출(賤出) 계집아이[23]는 여덟 살일 텐데, 제 어미가 곱상했으니 아마도 귀엽게 자랐겠지.

그런데 진명이는 이즈음 술을 삼가서 뱃병이 좀 나았는지 모르겠다. 6월에 경상도의 진주성(晉州城) 싸움에서 순국(殉國)한 사돈[金千鎰]에게 미안한 마음이 든다. 제 맏형이 병들어서 요절한 것을 잘 알고 또 내가 그리 훈계했음에도 삼가지 않더니, 참 큰일이다. 종명이도 술 때문인지 병을 잘 조섭하지 못해 심기가 자주 어지럽다는데.

우리 집안의 딸들은 거의 모두 미모를 타고나며[24] 아들들은 대체로 술을 많이 좋아하는 것이 내림인가 보다. 그런데 나처럼 여색(女色)을 밝히는 것은 무엇 때문일까?

그 밖에도 소식이 궁금하거나 걱정되는 사람들이 많다.

한편, 나는 보름쯤 전에 여러 노비들을 거느리고 이곳에 왔는데, 열흘쯤 전부터 양식이 거의 다 떨어져서 모두 굶주려 왔다. 지난달 말에 충청도에서 살고 있는 친구들인 이경로(李景魯; 李希參. 본관 慶州, 자 景魯, 호 魯齋, 1534~1594, 당시 고향인 保寧에 있었음)와 안습지(安習之; 安敏學. 본관 廣州, 자

---

23) 정홍명의 기록들에 서형(庶兄)과 서모(庶母)에 관한 말("庶兄之溟爲咸興庶母後一作咸興不知存沒後") 외에도, '얼매(孼妹; 賤妾 所生인 누이)'가 1586년에 났고 무사 권경(權擎)의 첩이 되었다가 자녀 없이 일찍 죽었다고 하였다(솔뫼, 『시와 음악의 만남』, 「11. 송강의 사위들」, https://blog.naver.com/jtjunpoem/221520964176 참고). 『선원록』 권23, 「태종대왕종친록」 039b~040a에서는 그 얼매의 이름이 '계정(桂精)'으로, 어머니가 '여종[婢] 애복(愛福)'이라고 했다.

24) 이 때문인지, 정철의 집안은 왕실과의 통혼(通婚)이 적지 않아서, 정철의 아버지인 정유침의 대고모(왕고모)가 안평대군(安平大君) 이용(李瑢)의 부인이 되었고, 정유침의 고모 둘도 종친들(高林正 李薰, 雲山君 李誠)과 혼인했으며, 정유침의 맏딸(1520~1566)은 인종(仁宗)이 왕세자였던 1533년에 양제(良娣)가 되었고(인종 즉위 후 淑儀가 됨), 셋째 딸(1525?~1577)은 계림군 이유의 후처가 되었다. 그리고 셋째 아들 정황(鄭滉; 1528~?)의 둘째 딸(1557~1579)도 1571년에 선조(宣祖)의 후궁(숙의→昭儀→貴人)이 되었다.

習之, 호 楓崖, 1542~1601, 당시 洪州牧 新平에 있었음)에게 편지를 써서 양식을 좀 꾸어달라고 하였는데, 말 태워서 급히 보낸 종이 무사히 전했을까? 어제 종명이가 쌀과 조를 좀 가져왔지만, 얼마 안 가서 동날 것이다.

전에 지었던 단가(短歌; 時調) 한 수가 지금의 이러한 형편에 거의 들어맞지 않은가?

이바 이 집 사룸아 이 셰간 엇디 살리
솟벼 다 ᄯᅳ리고 쪽박귀 업섯괴야
ᄒᆞ믈며 기울 계 대 니거든 누를 밋고 살리[25]

[현대어] 이봐 이 집 사람아, 이 세간(살림살이)으로 어찌 살리?/ 솥 따위 다 깨뜨리고 쪽박 쪼가리 없앴구나./ 하물며 기울과 겨로 때를 잇거든 누구를 믿고 살리?

그냥 기다리고만 있을 수 없어서, 종명이의 처가 있는 황해도 연안(延安)이나 셋째 딸 내외 등이 사는 수양(해주)으로 가서 보리나 밀 또는 콩이라도 두어 말 얻어서 모두 합쳐 서른이 넘는 식구들을 구원하려고 해도 여의치 않다. 내가 명나라에 사은사로 갔을 때 일을 잘못했다고 하여 조정에서 추고(推考; 벼슬아치의 죄와 허물을 문초하거나 캐어물어 고찰함)하는 문서가 아직 오지 않은 데다, 날씨까지 몹시 추워서 인마(人馬)가 움직일 수도 없으니 어찌하랴?

---

25) 『송강가사(松江歌辭)』에는 이 작품을 이어서 다음의 작품이 실려 있다.
"기울 계 대 니거니ᄯᅡ나 쪽박귀 업거니ᄯᅡ나/ 비록 이 세간이 판탕홀만졍/ 고온 님 괴기옷 괴면 그롤 밋고 살리라"([현대어] 기울과 겨로 때 이으나마/ 쪽박 없으나마/ 비록 이 세간이 다 써 없어질망정/ 고운 임이 괴기만 괴면 그를 믿고 살리라).

이리될 줄 알았다면, 내 영돈령부사 직함이 아직 떼어지지 않았으니, 마음이 불편하더라도 녹봉(祿俸) 쌀을 받아 올걸 …….

며칠 전에 해주에 있는 우계(牛溪; 成渾)에게 내 사정을 편지로 알렸으며, 오늘 모백(慕伯; 성명 미상)에게 '나는 이제 벼슬할 생각을 버리고 명년에 수양이나 관서(關西; 평안도)에 가서 농사를 지을 계획인데 함께 가서 이웃해서 살면 어떻겠냐?'는 편지를 썼다.

그런데 사은사로 출발하기 전에 난리통에 분실한 주상의 고명(誥命; 황제가 주는 임명장)과 면복(冕服; 임금의 正服인 袞龍袍와 冕旒冠)을 명의 조정에 청하자는 예조(禮曹)의 주청(奏請)에 대해 주상께서 그만두라고 하셨는데도, 북경에서 내가 그 건을 청해서 성사시킨 것은 잘한 일이지만 왕명을 어겼기에 문책받아야 할 수도 있다. 그러나 왜적들이 경상도 동래(東萊)와 부산 등지를 점거하고 있는데도 '남은 왜가 없다'고 내가 말했다는 것은 전혀 사실이 아닌데, 어찌된 일인지 잘 모르겠다. 게다가 내가 명나라 조정에다 주상에 대한 험담을 했다는 터무니없는 소문까지 나돌기도 하는데, 이 일들을 어떻게 밝힐 수 있을지 막막하다.

몸도 마음도 다 아픈 데다 머리까지 지끈거린다.

이젠 그냥 앉아 있는 것도 힘겹다. 자리에 도로 누워야겠다.

낮에 권여장(권필)이 내게 생일 축하 잔을 바치면서 〈장진주사(將進酒辭)〉를 들려달라고 했다. 내가 한창 호기롭게 술 마시던 시절에 권주가(勸酒歌)로 지었던 노래다.

전라도 관찰사였던 임오년(1582)에 도내 순력(巡歷; 관할 지역을 돌아다님) 중에 태인현(泰仁縣; 현재 전라북도 井邑市에 속함)에 갔을 때 술자리에서 기생이 순배(巡杯; 술잔을 차례로 돌림)하며 내게 술잔 올리는 것을 기다리기가 힘들어서 늘 잔을 채우라는 뜻에서, 이 작품을 노래 부르려는 기생에게 "'장차 장(將)' 자는 견딜 수 없으니, 마땅히 '길 장(長)' 자로 고쳐야겠다."

고 말해서,[26] 그 자리에 있던 사람들이 모두 크게 웃었지.

나는 음률(音律; 음악의 가락)에 어두운 데다 요즈음 기력이 많이 딸리기도 하고 목소리도 이상해져서, 노래 부르지는 못하고 어깨춤을 좀 곁들이면서 쉰 소리로 읊었다.

1 훈 盞(잔) 먹새그려 쏘 훈 盞(잔) 먹새그려
2 곳 것거 筭(산) 노코 無盡無盡(무진무진) 먹새그려
3 이 몸 주근 後(후)면
4 지게 우희 거적 더퍼 주리혀 미여 가나
5 流蘇寶帳(유소보장)의 萬人(만인)이 우러 녜나
6 어욱새 속새 덥가나무 白楊(백양) 수페 가기곳 가면
7 누른 히 흰 둘 ᄀᄂᆞᆫ 비 굴근 눈
8 쇼쇼리 ᄇᆞ람 불 제 뉘 훈 盞(잔) 먹쟈 홀고
9 ᄒᆞ믈며 무덤 우희 진나비 프람 불 제 뉘우친들 엇디리

[현대어] 한 잔 먹세그려 또 한 잔 먹세그려./ 꽃 꺾어 셈하면서 무진무진 먹세그려./ 이 몸 죽은 후면,/ 지게 위에 거적 덮어 졸라매어 가나,/ 유소보장(술이 달려 있는 비단 장막을 친 喪輿)에 만인이 울면서 가나./ 억새 속새 떡갈나무 백양 숲에 가기만 하면,/ 누른 해, 흰 달, 가는 비, 굵은 눈,/ 소소리바람(이른 봄에 부는 차고 매서운 바람) 불 제 누가 한 잔 먹자 할꼬?/ 하물며 무덤 위에 원숭이가 휘파람 불 제 뉘우친들 어찌하리?

---

26) 김윤식(金允植; 1835~1922), 『운양집(雲養集)』 권1, '시(詩)', 「승평관집(昇平館集)」 속 〈우경차석천운(又敬次石川韻)〉의 주(註; "鄭松江相公命妓曰 '將進酒之將字 耐不得 宜改以長字' 亦詩山故事也.") 참고.

읊다가 처량한 느낌이 들어서 저절로 눈시울이 뜨거워졌다.

이 작품의 주제('主旨')는 '죽은 뒤에 뉘우치지 말고 살았을 때 실컷 술 마시자'는 것이다. 그 시상(詩想)은 유명한 중국 당나라의 이태백(李太白; 李白, 701~762, 盛唐의 시인) 작 〈장진주(將進酒)〉[27]가 도도한 취흥 속에서 술 마시는 일의 의의를 과장되게 강조한 것과 이장길(李長吉; 李賀, 790~816, 中唐의 시인) 작 〈장진주〉[28]가 음주 현장의 풍류(風流; 멋스럽고 풍치가 있는 일. 또는 그렇게 노는 일)를 강조한 것과는 달리, 사후(死後) 위주로서 살았을 때 술을 실컷 마시지 않은 사람이 죽은 뒤에 하게 될 후회를 강조하며, 비감(悲感)이 주된 분위기를 이룬다. 이전의 여러 권주시가들과는 다른 독창성을 지녔다고 할 수 있다.

그런데 나는 오래전에 이 작품을 지을 때 그러한 주제보다는 표현을 더 중시하였다. 특히 '누른 해, 흰 달, 가는 비, 굵은 눈'의 표현에 꽤나 고심한 것으로 기억된다.

해와 달은 시간의 경과에 따라 교대로 나타나는 서로 먼 천체(天體)들이고, 비와 눈도 대체로 함께 나타나지 않는 기상현상들이다. 해가 '붉은'이 아니라 색이 바랜 '누른'으로 되었고 달도 바랜 색인 '흰'으로 된 것은, 그것들을 보고 말하게 될 사람이 '무덤 속에 누워 있는 이 몸'이기 때문이었다. 그리고 기상현상들도 유택(幽宅)에 영향을 많이 끼치는 것들을 선정하였다. '가는 비'는 떼(잔디)를 입힌 봉분(封墳)에 좋은 영향을 끼치고, '굵은

---

27) "君不見 黃河之水天上來 奔流倒海不復回? 君不見 高堂明鏡悲白髮 朝如靑絲暮成雪? 人生得意須盡歡 莫使金樽空對月 天生我材必有用 千金散盡還復來 烹羊宰牛且爲樂 會須一飮三百杯 岑夫子 丹丘生 將進酒 杯莫停 與君歌一曲 請君爲我傾耳聽 鐘鼓饌玉不足貴 但願長醉不復醒 古來聖賢皆寂寞 惟有飮者留其名 陳王昔時宴平樂 鬥酒十千恣歡謔 主人何爲言少錢? 逕須沽取對君酌 五花馬 千金裘 呼兒將出換美酒 與爾同銷萬古愁."
28) "琉璃鍾 琥珀濃 小槽酒滴眞珠紅 烹龍炮鳳玉脂泣 羅幃繡幕圍香風 吹龍笛 擊鼉鼓 皓齒歌 細腰舞 況是靑春日將暮 桃花亂落如紅雨 勸君終日酊酩醉 酒不到劉伶墳上土."

눈'은 나쁜 영향을 끼친다. 이러한 서로 동떨어진 사물들을 병렬하기만 해서 시간과 상태의 급속한 경과와 전환을 효과적으로 표현하려고 했다.

'해'와 '달'의 교체는 하루 동안의 시간 경과에만 그치지 않고, 햇수의 경과를 나타내기도 한다. '비'와 '눈'의 병렬도 계절의 변천을 나타낼 수 있다. 비는 여름에 많이 내리고, 눈은 겨울에 많이 내리는 것이다. 전체의 한 부분으로써 전체를 나타내는 수법[提喩法]을 쓴 그 시간적 경과와 변천은 장기간에 이른다. 이로써 그 뒤의 '소소리바람 불 제'가 자손들이 무덤을 찾아와서 술을 권하는 일이 드물어진 한참 뒤의 날씨 험악한 때임을 알려줄 수 있는 것이다.

'억새, 속새, 떡갈나무, 백양 숲에 가기만 가면'도 고심한 표현이다. 억새와 속새는 높은 산 능선이나 들판 습지에서 자라는 풀들이며, 떡갈나무와 백양은 양지바른 산기슭이나 산중턱의 양지쪽에서 자라는 나무들로서 대체로 숲을 이룬다. 묘지로서 부적당한 곳과 적당한 곳을 그 속성과 밀접한 관련이 있는 다른 말을 빌려와서 표현한 것[換喩]이다. 이처럼 식물들도 생태적 특성에 따라 그 생장지가 지니는 묘지로서의 적합성 여부까지 고려하여 문맥에 꼭 맞추어서 배열하였다.

또 이는 그 앞에 나온 두 가지 장사(葬事) 양상과 서로 호응한다. 초라한 장사는 억새나 속새가 있는 곳으로 가고, 호화로운 운구(運柩)는 떡갈나무나 백양 숲이 있는 곳으로 가는 것이다. 나는 이처럼 작품의 각 부분들이 서로 밀접하게 관련되어서 전체적인 통일성을 지니도록 하였다.

그리고 제4·5행은 참고한 두자미(杜子美; 杜甫, 712~770, 盛唐의 시인)의 시 〈견흥(遣興) 5수〉의 제5수[29)]보다 더 구체적인 묘사로서, 두 가지 장사

---

29) "朝逢富家葬 前後皆輝光 共指親戚大 緦痲百夫行 送者各有死 不須美其强 君看束縛去 亦得歸山岡."

양상을 실감(實感) 나게 뚜렷이 보여줄 수 있을 것이기도 하다.[30]

여장은 손뼉을 치면서 '권주가로는 이태백과 이장길의 작품에 못지않다'고 했다.[31] '어디 그런 대가들의 작품에 비할 수 있을까?' 하며 손사래를 쳤지만, 흐뭇하였다. 나 스스로도 표현과 구성에서 괜찮은 작품이라고 자부해 오기도 했지만, 여장의 극찬을 받으니 더 그렇다. 여장은 이즈음의 젊은이들 중에서 최고의 시인으로 꼽히지 않는가?

그런데 그러한 그가 열아홉 살(1587년)에 사마시(司馬試; 生員・進士試)의 초시(初試; 科擧의 첫 시험)와 복시(覆試; 會試. 초시에 합격한 자들을 재시험하여 합격자를 뽑음)에서 모두 수석으로 합격했다가 답지에 기휘자(忌諱字; 임금이나 조상의 이름에 쓰여서 사용을 피하는 글자)를 쓴 것이 뒤에 밝혀져서 그 합격이 취소되기는 했지만 정거(停擧; 일정 기간 동안 과거를 못 보게 함)의 벌을 받은 것도 아닌데, 누대(屢代; 여러 대) 명문가(名門家)의 준재(俊才)로서 곤궁하게 살면서도 왜 과거시험과 벼슬길에 뜻을 두지 않는지 나는 이해하기 어렵다. 올곧고 다정다감하며 자유분방한 성격이라서 세상사의 굴레에 얽매이는 것을 싫어해서일까?

나와 관계있다고 종명이가 아까 귀띔했었다. 내가 재작년(1591년) 2월에 좌의정으로서 우의정 유성룡(柳成龍)・홍문관 부제학 이성중(李誠中)・사간원 대사간 이해수(李海壽)와 함께 공빈(恭嬪; 金海 金氏, 1577년 사망) 소생(所生)인 광해군(光海君; 李琿, 1575~1642, 국왕 재위 1608~1623) 곧 지금의 세자(世子) 저하를 염두에 두고 주상께 건저(建儲; 왕세자를 정함)를 주청할 때,

---

30) 성호경, 『시조문학의 이해』(북메이트, 2023), 386~387면 참고.
31) 뒤에 권필은 고양 수동에 있던 정철의 묘소를 지나면서 〈과송강묘유감(過鄭松江墓有感)〉을 지었다.
"空山木落雨蕭蕭 相國風流此寂寥 惆悵一杯難更進 昔年歌曲卽今朝."(빈산에 낙엽 지고 비가 쓸쓸히 오는데,/ 상국의 풍류가 여기서는 적막하네./ 슬프구나, 한 잔 술 다시 올리기 어려우니,/ 예전의 노래가 바로 오늘 일이로구나.)

주상의 총애를 받고 있던 인빈(仁嬪; 水原 金氏) 소생인 신성군(信城君; 李珝, 1579~1592)을 마음에 둔 영의정 이산해(李山海)가 약속을 어기고 불참하여 인빈의 오라비 김공량(金公諒)과 함께 '정철이 인빈과 신성군 모자를 해치려 한다'고 모함해서 내가 주상의 진노를 사고, 곧이어 정적(政敵)들의 탄핵을 받아서 파직되어 귀양 가는 것을 보고 벼슬살이에 환멸을 느꼈다는 것이다. 20여 년 전에 내게 시를 배운 성중임(成重任; 成輅, 본관 昌寧, 호 石田, 1550~1615)이 세상에 뜻이 없게 된 것도 나와 관계있다던데 ······.

내가 그해 6월에 경상도 진주로 귀양 가다가 평안도 강계로 배소(配所)를 옮기게 되어서 도성 바깥을 지날 때 여장이 이자민(李子敏; 李安訥, 본관 德水, 호 東岳, 1571~1637)과 함께 길에서 나를 뵈었다. 그때 만난 두 사람의 모습은 천상(天上)의 신선(神仙) 같았지.[32] 당시 그들은 조위한(趙緯韓)·구용(具容)·허균(許筠) 등과 어울리면서 시단(詩壇)에서 이름을 떨치고 있었다.

그런데 내게는 이들보다 더 쟁쟁하고 유명한 교우(交友)가 젊은 시절부터 있었다. 율곡(栗谷) 이이(李珥)와 우계 성혼에다가 구봉(龜峯) 송익필(宋翼弼) 같은 최고의 학자들과 금란지교(金蘭之交; 매우 두터운 우정)를 함께 나누어 왔으니, 많은 사람들이 우리의 우정을 부러워하였다.

그 벗들은 자기 제자를 다른 벗에게도 보내어 가르침을 받게 했기에 공동 제자가 많았는데, 과분하게도 그들의 제자들 대다수가 내게도 스승처럼 대해 주고 있다. 그리고 우계와 구봉이 그들의 집에서 길러낸 여러 제자들은 지금 동인(東人; 南人과 北人을 통틀어 말함)보다 세가 약한 우리 서인(西人)에게 밝은 앞날을 열어줄 수 있을 게다.

---

32) 송시열(宋時烈; 호 尤庵, 1607~1689, 西人과 老論의 영수), 『송자대전(宋子大全)』 권172, '묘갈명(墓碣銘)', 「석주권공 묘갈명 병서(石洲權公墓碣銘幷序)」.; 이긍익(李肯翊, 1736~1806, 서인이 분화된 少論 집안의 학자), 『연려실기술(燃藜室記述)』 권19, '폐주광해군고사본말(廢主光海君故事本末)', 「김직재지옥(金直哉之獄) ··· 권필 부(附)」 참고.

스물한 살에 처음 만나서 평생의 지우(知友)가 되었던 율곡(이이; 본관 德水, 자 叔獻, 1536~1584)은 파주목(坡州牧; 현 경기도 파주시) 파평면(坡平面) 율곡리가 본향(本鄕)인데, 천재로서 비상한 식견이 번득이는 대단한 학자이자 뛰어난 관리였다. 무척 인정스럽기도 해서, 직무나 학문으로 겨를이 없을 때에도 배움을 청하는 이들에게는 몇 마디라도 가르침을 베풀었다. 생일이 나보다 열흘 빠른 동갑이면서도, 문과 장원급제는 2년 늦었지만, 늘 몇 걸음 앞서 있으면서 자상한 형처럼 나를 살펴주고 이끌어 주곤 했었지.

9년 전에 쉰 살도 못 되어 병으로 별세하였다. 그의 부인(谷山 盧氏)은 작년에 여종과 함께 왜적에게 살해되었는데, 한참 뒤에 두 시신을 분간하지 못해서 파주 자운산(紫雲山) 기슭의 선영(先塋)에 있는 율곡의 묘 위쪽에 함께 묻었다고 한다. 슬하에 딸이 하나 있었는데 일찍 죽었다. 두 측실(側室)들 소생으로 아들 둘과 딸 하나가 있다.

율곡을 생각하기만 하면 마음이 아프다. 술과 언행을 삼가라는 그의 충고를 따르지 않아서, 나를 두둔했다는 점 때문에 그 현인(賢人)이 조정에 들끓던 소인배(小人輩)들의 비난을 그리 오래 받았으니 …….

한 살 위인 우계(성혼; 본관 昌寧, 자 浩原, 1535~1598)는 정암(靜庵) 조광조(趙光祖; 1482~1519, 道學政治 실현을 꾀하다가 己卯士禍로 賜死됨) 선생의 제자였던 부친 청송(聽松) 성수침(成守琛; 1493~1564) 선생의 가르침을 받은 데다 휴암(休菴) 백인걸(白仁傑; 1497~1579) 공께 율곡과 함께 배운 큰 학자요 방정(方正)한 군자(君子; 행실이 점잖고 어질며 덕과 학식이 높은 사람)로, 내게는 근엄한 형 같았다. 그는 희한하게도 남자라면 다 좋아할 풍류를 싫어하며 여색을 멀리해서, 그것들을 즐기는 나를 몇 번 책망하기도 했다.

우계는 서울에서 태어나서 자라다가 부모님을 따라 외가 동네인 파주목 파평의 우계(현재 '訥老川'이라고 함) 가(현 파평면 눌로리의 坡山書院 부근)로 이사하여 가난하게 살면서 독서와 성리학(性理學) 연구 그리고 후생(後生)

교육에 매진하였다. 율곡의 추천으로 마흔 살이 넘어서야 계속 뿌리치던 벼슬길에 나아가서 '말썽꾼'이던 나 때문에 곤욕을 많이 치렀지. 내가 재작년에 강계로 옮겨 귀양 갈 때 그는 아들 중심(仲深; 成文濬, 호 滄浪, 1559~1626)과 함께 임진강(臨津江)가에 나와서 송별해 주었는데, 작년에 주상께서 몽진하시면서 밤중에 그의 집에서 5리 떨어진 곳을 지나실 때는 중병 중인 데다 어가(御駕)의 행차를 알지도 못하여 뵙고 문안드리지 못했다가 간악한 자들의 참소(讒訴)를 당했다고 한다. 그 뒤에 피난 다니다가 의주의 행궁으로 불려 갔고, 지금은 지중추부사로서 해주에 머무르고 있다.

두 살 위인 구봉(송익필; 본관 礪山, 자 雲長, 1534~1599)은 기구한 가계(家系)로 인해 벼슬길이 막혀서 교하현(交河縣)의 구봉산(龜峰山; 현 파주시 山南洞 북쪽의 尋鶴山) 아래서 학문에 몰두했는데, 예학(禮學; 예법을 연구하는 학문)에 특히 밝았다. 명성이 높아지자, 원근의 많은 유생(儒生; 儒學을 공부하는 선비)들이 그의 제자가 되었다. 그는 100권이 넘는 『주자대전(朱子大全)』(原集 100권, 續集 11권, 別集 10권, 총 121권) 한 질(帙)을 모두 외울 정도로 총명하며,[33] 심계(心計)가 깊고 치밀해서 서인의 영수(領袖; 우두머리)가 되었지만 다혈질이며 생각이 얕고 엉성한 내게 계책을 많이 내주었다.

그는 신분이 양반(兩班)에서 서얼(庶孼)로 떨어져서 그 뛰어난 학식과 능력을 나라를 위해 써 보지도 못한 데다, 쉰 살이 넘어서 순흥 안씨(順興安氏) 집안과의 오랜 송사(訟事)[34]에서 패하여 형제들과 함께 도망친 노비로 판결

---

33) 송시열, 『송자대전』 부록 권17, '어록(語錄)4', 「최신록(崔愼錄) 상(上)」.
34) 좌의정을 지낸 안당(安瑭) 집안의 여종(안당의 아버지 安敦厚의 婢妾 딸 甘丁)과 평민 송인(宋璘) 사이에서 난 서얼(庶孼) 송사련(宋祀連; 1496~1575)은 면천(免賤)되어서 관상감 판관(觀象監判官)이 되었다가, 안당 일족과 이정숙(李正淑)·권전(權磌) 등이 기묘사화로 득세하여 사림(士林)을 해치는 남곤(南袞)·심정(沈貞) 등을 제거하기로 모의하자 역모를 꾀했다고 1521년(중종 16)에 거짓 고변(告變)하여('辛巳誣獄'), 안당 및 세 아들(安處謙, 安處誠, 安處謹)과 여러 사림 인사들이 사형당했으며, 송사련은 공신

되어서 추노(推奴; 도망간 종을 찾아오던 일)를 피하느라고 고초를 많이 겪었다. 전국 여러 곳을 돌아다녔는데, 내가 좌절하여 창평 지실에 있을 때 그 곳에 들러서 몇 달 지내기도 했다. 기축년(1589)에 체포하라는 왕명이 내렸는데, 재작년에 내가 귀양 간 뒤에 자수하였고, '사림(士林; 儒學徒 선비들의 집단)을 모함하는 것을 평생의 능사(能事; 자기에게 알맞아 잘해 낼 수 있는 일)로 삼고 있다'는 동인들의 공격을 받아 평안도 희천(熙川)에 유배(流配)되었다가, 올해 9월에 석방되어서 여기저기 떠돌아다니고 있다.

자존심이 매우 강하여, 친구들이 나이가 들고 높은 벼슬에 올라도 그들을 늘 호(號)가 아닌 자(字; 冠名. 冠禮 때 부모나 스승이 지어 주어서 本名 대신에 부르는 이름)로 불러서 사람들의 비판이 있기도 했지.

그는 내게 '작위(爵位)와 봉록(俸祿)을 사양하는 용기를 술과 여색에 옮겨 적용하고, 주거나 받는 것을 밝게 하는 절조(節操)로써 희롱과 모욕을 끊으며, 악을 미워하는 굳센 성격을 억누르고 착한 점을 취하는 도량을 넓히며, 청백(淸白)을 좋아하여 행동을 편벽되게 하지 말고, 동료들을 업신여겨 말을 함부로 하지 말아야 한다.'고 헛되이 당부하기도 했다.

한편, 이 세 벗들이 중년부터 각기 살던 곳의 마을 이름('율곡')과 근처의 물 이름('우계') 그리고 산 이름('구봉')을 호로 삼았기에, 나도 내 호를 내가 전에 잠시 살았던 분토골[粉土洞]이 있고 6, 7년 전에 내가 죽록정(竹綠亭)을

에 책봉되고 양반 신분이 되었다(折衝將軍에 오름).
　　그 뒤 1566년(명종 21)에 안당의 손자 안윤(安玧)의 상소로 무고(誣告; 사실이 아닌 일을 거짓으로 꾸미어 해당 기관에 고소하거나 고발하는 일)였음이 밝혀져서, 전에 화를 입었던 안처겸 등 피해자들 대다수가 신원(伸寃; 원통한 일이나 억울하게 뒤집어쓴 죄를 풀어 버림)되고 직첩(職牒)을 돌려받았다. 이에 따라 송사련의 신분은 도로 서얼이 되었으며, 그의 네 아들들(宋仁弼, 富弼, 翼弼, 翰弼)도 서얼로 떨어졌다. 곧이어 안씨 집안에서 그들이 자기 집안의 노비임을 주장하는 소송을 장례원(掌隸院)에 제기하여, 1586년(선조 19)에 그들을 포함한 70여 명이 안씨 집안 노비로 판결되었다.

세우기도 한 창평현 서면(西面) 일대의 동북쪽을 흐르는 증암천(甑巖川; 竹綠川)의 별칭인 '송강(松江)'으로 하였다.

내 스승님들은 또 얼마나 대단한 분들이셨던가? 내가 젊었을 때 하서(河西) 김인후(金麟厚; 본관 蔚山, 자 厚之, 호 河西·湛齋, 1510~1560) 선생과 고봉(高峯) 기대승(奇大升; 본관 幸州, 자 明彦, 호 高峯·存齋, 1527~1572) 선생 같은 대학자들께 유학(儒學)을 배웠고 석천(石川) 임억령(林億齡; 본관 善山, 자 大樹, 호 石川, 1496~1568) 선생과 송천(松川) 양응정(梁應鼎; 본관 濟州, 자 公燮, 호 松川, 1519~1581) 선생 같은 뛰어난 문장가들께 시문(詩文)을 배운 것은 평생의 큰 자부심이었다.

이런저런 생각들이 두서없이 토막토막으로 연신 떠오르다가는 어느새 사라지곤 한다.

참, 아까 여장(권필)이 봄에 개성에 갔다 와서 〈주생전(周生傳)〉[35]이라던가, 작년에 조선으로 온 어떤 명나라 젊은이의 복잡한 애정 이야기에다 시(詩)·사(詞)들을 섞은 전기소설(傳奇小說)을 지었다고 하였다. 뛰어난 시인이 왜 그런 소설을 지었는지 모르겠다. 그래도 여장이 지었다면 필시 대단한 작품일 게야. 나중에 부탁해서 한번 읽어 봐야겠다.

---

35) 1593년(선조 26)에 권필이 지은 한문 염정소설(艷情小說) 작품으로, 그 끝에 작자가 1593년 봄에 송도(松都; 개성)에 갔다가 역관(驛館)에서 이 작품의 주인공인 주생(周生; 임진왜란 때 조선에 파견된 명나라 군대의 총지휘관 李如松의 書記였던 周檜)을 만나서 필담(筆談)으로 이야기를 듣고 돌아와 서술하였다고 적혀 있다.
한 중국 청년 선비의 비극적인 운명을 전기(傳奇) 형식으로 쓴 작품이다. 주생은 전당(錢塘) 출신으로 촉주(蜀州)에서 살다가 태학생(太學生)이 되었고 시재(詩才)가 뛰어났지만 여러 차례 과거에 낙방(落榜)하여 장사를 시작했다가, 어릴 적 소꿉동무였던 기생 배도(俳桃)를 다시 만나 사랑을 나누었다. 그러다가 새로 노 승상(盧丞相)의 딸 선화(仙花)를 사랑하게 되었다. 배도가 사랑을 잃고 괴로워하다가 죽은 뒤에, 그는 그리워하던 선화와의 혼례를 앞두고 있었는데, 임진왜란이 일어나자 종군서기(從軍書記)로 징발되어서 선화에게 알리지도 못한 채 조선의 송도까지 와서 상사병으로 머무르는 신세를 다루었다.

여장도 술을 무척 즐긴다고 한다. 그래서 나처럼 과도하게 마셔서 술병이 들면 안 된다고 객쩍은 충고도 하였지만, 그게 하나 마나 한 헛소리임을 저나 나나 다 안다. 우리 같은 천생(天生) 시인이 향기로운 술을 앞에 두면 어떻게 참을 수 있을까? 그가 나처럼 광증(狂症)으로까지 심해지지 않은 것만으로도 다행이지.

나는 예전에 술에 취해서 얼마나 많은 실언과 실수를 저질렀으며, 그 때문에 크고 작은 어려움들을 얼마나 많이 만났던가? 지금 이처럼 몸이 엉망이 된 것과 이 고초를 겪게 된 것도 거의 다 술 때문이지. 나는 속에 술이 좀 들어가면, 종종 평정심을 잃고 과격하고 어처구니없는 언행들을 저지르곤 했다. 특히 기분이 안 좋을 때 술을 많이 마시면 그런 일들이 잦았다. 그중 십수 년 전에 율곡이 어렵사리 주선했던 동인 강경파의 영수 이발(李潑; 본관 光山, 자 景涵, 호 東巖·北山, 1544~1589)과의 화해 자리에서 술에 취해 한 짓과 그 후과(後果)는 …….

전에 나는 한 번 술 마시기 시작하면 적당한 선에서 멈추지 못하고, 종종 인사불성(人事不省)이 될 때까지 마시곤 했다. 때로는 정신을 잃은 뒤에도 계속 마셔댔다고 들었다. 그러고는 다음날 깨어서 후회하곤 했지. 지금이야 술을 끊은 것이나 거의 마찬가지인 상태이지만.

이즈음 들어서 거의 매일 밤 몇 번씩이나 꾸고 깨는 내 꿈속에 부모님과 요절한 아들·딸 그리고 율곡 등의 보고 싶은 이들은 거의 나타나지 않는다. 그 대신에, 내가 위관(委官; 재판장)을 맡기도 했던 기축옥사(己丑獄事; '鄭汝立 謀反事件'에 대한 재판) 동안(1589. 11~1591. 5)에 역당(逆黨)의 수괴(首魁)였던 정여립(본관 東萊, 자 仁伯, 1546~1589)과 친교가 있어서 또는 역당으로 몰려서 죽은, 생각도 하기 싫은 이발·정개청(鄭介淸; 본관 固城, 자 義伯, 호 困齋, 1529~1590)·최영경(崔永慶; 본관 和順, 자 孝元, 호 守愚堂, 1529~1590) 등이 번갈아서나 함께 나와서 가위눌리는 일이 종종 있다. 그렇지만 이즈음의 꿈들은, 그전과는 달리, 대체로 깨어나면 그 내용을 곧 잊어버리는 개꿈들이라서, 밤에 잠드는 것이 그 때문에 두렵지는 않다.

조금 전까지 은은하게 아프던 배가 이제는 바늘 여러 개로 쑤신 듯이 욱신욱신해진다. 참고 견디기 어려워서 자리에서 일어나 앉았다가 엎드려도 보지만, 아픔은 가라앉지 않는다.

일어나서 등잔불을 켜고 방안을 살펴보니, 외로운 그림자가 일렁거리는 한 구석에 진일주(眞一酒)[36]가 반 넘게 남은 술병과 빈 잔이 소반 위에 있다. 아까는 생일이고 또 하객(賀客)이 왔으니까 마신 것이고, 이제는 통증이 심하니 마실 수밖에 없다.

안주도 없이 석 잔을 단숨에 마시고 조금 있으니, 심한 통증이 얼마간 가라앉는 듯하다.

불현듯 시상이 떠올라서 칠언율시(七言律詩) 한 수를 지었다.

〈臘月初六日夜坐(납월초육일야좌)〉 　섣달 초엿새 밤에 앉아서
旅遊孤島歲崢嶸(여유고도세쟁영) 　외로운 섬에 나그네 되어 한 해가 저무는데,
南徼兵塵賊未平(남요병진적미평) 　남쪽 변방 전쟁터에는 도적이 아직 평정되지 않았네.
千里音書何日到(천리음서하일도) 　천리 밖 편지는 어느 날 이르려나?
五更燈火爲誰明(오경등화위수명) 　오경(새벽 3~5시 사이)의 등불은 누

---

36) 중국 북송대(北宋代)의 소식(蘇軾; 자 子瞻, 호 東坡, 1036~1101)이 빚은 술 이름. 소식은 시 〈진일주〉의 「병인(竝引)」에서 "쌀과 보리 물 세 가지를 하나로 한 것이 동파선생의 진일주다(米麥水三一而已. 此東坡先生眞一酒也)."라고 하였으며, 그 시의 주(註)에서 "진일주의 색깔과 맛은 내가 황주(黃州)에 있던 날에 빚은 밀주(蜜酒)와 자못 비슷하다."라고 했다(소식, 『소식시집』 권39).

	굴 위해 밝은 건가?
交情似水流難定(교정사수유난정)	나누는 정은 물처럼 흐름을 정하기 어렵고,
愁緒如絲亂更縈(수서여사난갱영)	시름은 실 같아서 어지럽게 다시 얽히네.
賴有使君眞一酒(뇌유사군진일주)	다행히 원님이 보내온 진일주가 있어서,
雪深窮巷擁爐傾(설심궁항옹로경)	눈 깊은 궁촌에서 화로 끼고 잔 기울인다.

힘없는 손으로 먹을 갈고 붓을 들어서 종이에 쓴 뒤에 읊어본다.

나는 시가 작품을 지을 때면, 대체로 마음속의 뜻과 느낌을 아름다움이나 흥을 느낄 수 있게 조절된 말로써 묘미 있게 효과적으로 표현하는 즐거움과 재미, 예술품 창작의 성취감 등을 느낀다. 그리고 내가 지은 것이든 남이 지은 것이든 좋은 시가 작품을 읽거나 읊조리면서는, 그 시상에 동의하거나 공감하며 예술적 아름다움 등을 음미한다. 또한 때로 작품의 노래함을 통해서 흥을 한층 드높이며 그 가락에 매혹되기도 한다.

그런데 이 시는 대구(對句) 위주의 시상 구성 속에서 다른 사물들에 빗대어 나타내는 비유(譬喩)를 써서 지금의 내 심정을 생동감 있으며 함축적으로 표현하고자 했지만, 앞뒤 시상들 간의 연결성이 부족한 듯하고 짧지 않은 작품이면서도 착잡한 내 마음 상태를 구체적으로 그려내지 못한 것 같아서 좀 아쉬운 느낌이 든다.

나는 지금까지 많은 한시(漢詩) 작품들과 우리말 노래들을 지었는데, 사물이나 일 등을 대하여 마음에 느껴지는 바가 있으면 우선적으로 한시로 표현하려 해 왔다. 나와 같은 사족(士族; 士大夫가 될 수 있는 족속으로 조선시대의 지배층을 통칭함)의 선비(학식은 있으나 벼슬하지 않은 사람, 또는 학문을 닦는 사람)들과 사대부(文官 관료의 총칭)들이 주로 관심을 두고 있는 시가는 대체로 한시이기 때문이다.

오늘날 한시는 사족들의 보편적인 관심사이며 거의 필수적인 지식이다. 이 때문에 대다수의 사족들은 한시작에 크게 힘 기울이며, 평측(平仄)을 맞추고(한시를 지을 때 발음에 높낮이가 없는 平字와 높낮이가 있는 仄字를 일정한 원칙에 따라 잘 조화하여 지음) 압운(押韻)함(일정한 詩行들의 끝에 같은 韻의 글자들을 둠)에 다소 어려움을 겪기도 하지만,[37] 이에 상당히 숙달되어 있다. 그들은 삶의 시시처처(時時處處)에서 한시를 짓는데, 개인적으로 시적 흥취가 일어나는 경우는 물론이고, 사족들의 만남과 모임에서는 으레 한시작이 있으며, 화작(和作; 같은 주제나 제목을 가지고 두 편 이상의 連作詩를 짓는 것)과 차운(次韻; 남의 시에 和答하면서 韻字를 그 차례대로 두며 짓는 일)의 풍습도 성행하고 있다.

한시는 중국어의 고전 문어체(古典文語體)인 한문으로 이루어지는데, 중국 당대(唐代; 618~907) 이래의 율시(律詩; 8구)·절구(絶句; 4구)·배율(排律;

---

[37] 당시에 우리나라에서 한시를 지은 사람들은 수많은 한자(漢字)들의 중국음(주로 中古漢語音)을 운목별(韻目別; 중국에서 1008년에 이루어진 『廣韻』은 206韻이며, 우리나라에서는 13세기에 나온 『禮部韻略』 계열인 106운을 널리 썼음)로 분류한 운서(韻書)들(『예부운략』, 『古今韻會擧要』 등; 『東國正韻』, 『三韻通考』 등)을 통해 익혀서 혹은 적어 둔 종이 등을 보면서 평측과 운을 맞추었는데, 어려움이 적지 않았다.

이와 관련하여, 권응인(權應仁; 조선 전기의 庶孼 문인)의 『송계만록(松溪漫錄)』(1588년경; 『大東野乘』 권56에 수록됨)에서는 다음과 같이 말하였다.

"송천(松川) 양응정(梁應鼎)이 … 또 말하기를 '대저 세상에서 시에 능하다고 스스로 이르는 사람은 한가하게 홀로 있을 때 아침부터 밤까지 구상하여 전편(全篇)은 비록 졸렬하더라도 겨우 한 좋은 글귀를 얻으면 스스로 내가 잘했다고 한다. 왕복하여 수창(酬唱)함에 미쳐, 한 운(韻)으로 거듭 압운하여 7, 8번에 이르게 되면 손가락에 피가 나고 얼굴에 땀이 흐르는 사람이 있지 않겠는가? 절구(絶句)도 오히려 그러하거늘, 하물며 칠언율시야?'라고 하였다."

10구 이상) 등 일정한 격률(格律)과 엄격한 규칙이 있는 근체시(近體詩)는 함축적인 표현의 묘(妙)를 기할 수 있고, 심상(心象)을 역동적(力動的)으로 표현할 수 있으며, 시의 형식미(形式美)와 운율감(韻律感)을 한껏 추구할 수 있다. 또한 그 간결성과 제언체(齊言體, 每句의 字數가 全篇에 걸쳐 일정함을 원칙으로 하는 형식)는 작품 암기에도 유리하다. 게다가 한시의 창작과 향수는 거의 독점적 지식인층인 사족들의 계층적 자부심을 높여주기도 한다.

그러면서도 한시는, 한문의 문장 구조가 우리나라 사람들의 사고·인식 등의 정신활동의 일반적인 양상과 잘 합치되지 않으며 문법적 애매성(曖昧性)이 적지 않은 점 등으로 인해, 우리나라 사람들의 삶의 체험을 자연스럽게 표현하기가 어려우며, 구체적이고 현실감 있는 표현도 어렵고, 시상의 광범위한 연결과 지속도 어렵다는 단점들이 있다.

또한 『시경(詩經)』 「대서(大序)」에서의 "시는 뜻이 가는 곳이다. 마음에 있으면 뜻이 되고, 말로 펴면 시가 된다. 정이 마음속에서 움직이면 말로 표현되고, 말로 부족하면 차탄(탄식하고 한탄함. 읊음)하게 된다. 차탄으로도 부족하면 길게 노래하게 되고, 길게 노래함으로도 부족하면 자기도 모르게 손이 춤추고 발이 뛰게 된다[詩者 志之所之也. 在心爲志 發言爲詩 情動於中而形於言. 言之不足 故嗟歎之. 嗟歎之不足 故永歌之. 永歌之不足 不知手之舞之足之蹈之也]."라는 말처럼 시의 노래함에 대한 지향은 사람의 본능에서 자연스럽게 우러나오는 것이며, 노래함의 효과는 그냥 읽거나 억양 또는 감정을 넣어서 읊는 것과는 비교할 수 없을 정도로 흥을 고조시키며 상당한 즐거움과 재미를 준다. 그런데 한시는 우리나라에서 우리 음악의 특질 때문에 노래함이 거의 불가능하다. 노래하기 위해서는 우리말로써 시가를 짓거나 또는 한시문에다 우리말로 토(吐)를 달아야 한다.[38]

---

38) 성호경, 『한국 고전시가 총론』(태학사, 2016), 357~362면 등 참고.

생각하는 중에 몸이 으슬으슬해져서 방안을 둘러보니, 화롯불이 사그라들고 있다.

나는 추위를 잘 견디지 못하는 체질이다. 옆방에서 자는 종들을 서너 번 불러도 아무도 오지 않아서, 손바닥으로 소반 위를 몇 번 소리 나게 두드렸더니 조금 있다가 한 명이 왔다. 그에게 숯을 새로 넣으라고 명하였다. 한잠 자다가 때 이르게 불려 온 종은 눈이 퀭한 채 하품을 가리면서 '숯은 떨어졌고 잔 땔감이 좀 있습니다.'며 가지러 가면서, 요강(방에 두고 오줌을 누는 그릇)과 타구(唾具; 가래나 침을 뱉는 그릇)를 내갔다.

그러는 동안에 취기와 한기가 드니, 잠기운이 몰려온다.

현재의 강화도(간척지가 적지 않음) 부근 지도

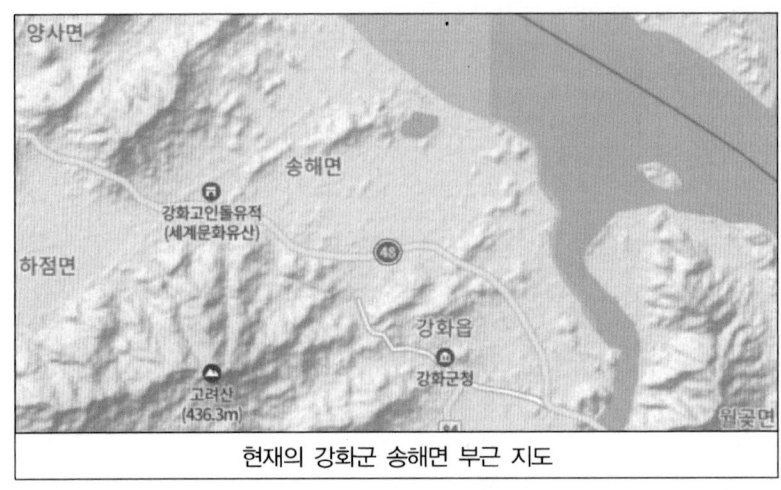

현재의 강화군 송해면 부근 지도

송해면 숭뢰리(대부분이 간척지임) 일대 지도

숭뢰리 송정촌의 일부(1)(골말 쪽)

숭뢰리 송정촌의 일부(2)(浦口 쪽)

#2. 어린 날의 고난과 행운

— **출생**(1536년, 丙申年, 中宗 31년, 명 世宗 嘉靖 15년)~
17세(1552년, 壬子年, 明宗 7년, 명 세종 가정 31년) —

계사년(1593, 선조 26) **12월 7일 병진**(丙辰) **일기**
　오전까지 눈이 내리다가 맑아짐.
　새벽까지 잠을 이루지 못하다가 잠깐 자고 깨어난지라, 아침부터 몸이 몹시 불편했다. 낮 동안 맥없이 졸다 깨다 하며 지냈다.

　초저녁부터 잠자리에 들었지만 잠이 오지 않는다.
　아침에 종명이(둘째 아들)가 내 상태를 살펴보고 나간 뒤, 병색(病色)이 완연한 이실이(맏딸)와 얼굴이 해쓱한 외손녀가 방에 들어와서 근심스러운 표정으로 내 안색을 살피고 이마를 짚어보면서 많이 편찮으시냐고 물었다. 나는 "잠을 좀 설친 것뿐이니 내 걱정은 하지 말고, 네 병 조섭이나 잘 해라."고 말하였지만, 실은 배가 적지 않게 아픈 데다 몸도 찌뿌둥하고 머릿속도 몽롱했다.
　때가 되어도 배고프지는 않았지만 기력이 떨어져서, 낮과 저녁에 미역국 남은 것에다 밥을 조금 말아서 먹었다.
　저녁 먹고 난 뒤에 남은 술을 두어 잔 마셨더니, 통증도 좀 가라앉고 머리도 한층 맑아지는 것 같다.
　스물두 살에야 시집갔다가 스물네 살에 홀로되어서 지금 서른아홉 살인 이실이도 불쌍하지만, 외손녀도 참 가련하다. 한창 피어나야 할 나이인데도, 근래 제대로 먹지 못해서인지 고운 얼굴에 버짐이 피었고 몸도 비쩍 말라 있다. 죽은 이 서방(이기직)도 딱하다. 아무리 '출천(出天)의 효자'였다고 하지만, 내가 바깥사돈[李至男] 상(喪)에 조문 갔을 때 '이효상효(以孝傷孝; 자식이 부모의 죽음을 몹시 슬퍼하여 병이 나거나 죽는 일)는 큰 불효이니, 부디 몸을 보중하라.'고 간곡하게 타일렀건만 ……. 그 탓으로 내 맏딸은 청상(靑孀)이 되었고, 저 아이는 돌도 되기 전에 아비를 잃어서 아비 얼굴도 모른 채로 자랐다. 이제 열일곱 살이니 곧 시집도 가야 할 텐데 ……. 그 나이에 나는 장가들었는데.

임자년(1552; 17세) 겨울에 내가 장가들자, 우리집은 오랜만에 웃음기가 감돌기도 한 밝은 분위기가 되었다. 7년간 온갖 재난들을 겪은 데다 전해 가을에 할머님(光山 金氏)께서 큰아버님[鄭惟深; 당시 南原 府使] 임지(任地)인 남원에서 별세하셔서 여러 해 암울하고 침통함을 이어 갔던 집안이 그 며칠 동안은 꽤 시끌벅적했다.

큰형님[鄭滋, 자 敏古, 1515~1547]은 그 몇 년 전의 불행한 일로 인해 이 세상에 안 계셨고, 둘째 누님(1545년 乙巳士禍 뒤에 小尹 尹元衡에 붙은 崔弘渡의 처) 내외와 셋째 누님(桂林君 後妻)은 그때 내가 경황없던 중이어서 기억나지 않지만, 순천(順天)의 둘째 형님[鄭沼; 자 仲涵, 호 菁莎, 1518~1572] 내외도 오셨으며, 서울의 셋째 형님[鄭滉; 자 叔涵, 1528~?] 내외는 내려오시면서 자수궁(慈壽宮; 先王의 후궁들이 살던 別宮으로, 漢城府 북부 順化坊의 仁王洞에 있었음)에 계시던 큰누님(仁宗의 貴人; 1520~1566)이 보내신 도타운 축하 말씀과 후한 금품을 전하셨다.

큰누님은 내가 어렸을 때부터 참 잘 대해 주셨다. 그야말로 여장부셨던 어머님(죽산 안씨)께서는 막내아들의 버릇이 나빠질까 걱정하여 일부러 엄격하셨지만, 큰누님은 내게 늘 온화한 모습을 보이셨다.

인종대왕(仁宗大王; 1515~1545, 재위 1544. 11. 20~1545. 7. 1)께서 세자이셨을 때 열네 살에 양제(良娣; 세자의 副室인 從2品 內命婦)로 간택되셨고, 그 10여 년 뒤에 인묘(仁廟; 인종의 別稱)께서 왕위에 오르시자 숙의(淑儀)가 되셨으며, 명종대왕(明宗大王; 1534~1567, 재위 1545. 7. 6~1567. 6. 28) 즉위 후에 소의(昭儀; 정2품)를 거쳐 귀인(종1품)에 오르셨다.

큰누님은 동궁(東宮; 세자궁)에 계셨을 때, 슬하가 비어서였던지 열여섯 살 아래인 막내아우를 매우 귀여워하셔서, 내가 아주 어렸을 때부터 동궁이 불타기[1] 전인 일곱 살 때까지 종종 동궁으로 부르셨다. 그때면 나는 어머님을 따라 장의동(藏義洞) 집(현 종로구 靑雲洞 청운초등학교 자리)에서 경복궁의 동문을 통과해 동궁으로 가서 놀다가 돌아오곤 했다.

당시 세자 저하께서도 아이들을 좋아하셨으므로, 이복아우로 경원대군(慶原大君)이셨던 명묘(明廟; 명종)께서 종종 동궁에 들르셨는데, 황감(惶感)하게도 두 살 아래의 나를 데리고 노신 일이 여러 번 있었다.

그런데 당시의 중전(中殿; 中宗의 세 번째 왕비인 文定王后 坡平 尹氏)은, 우리 집안이 대군의 외숙들인 윤원로(尹元老)·윤원형(尹元衡) 형제와 대립하던 세자의 외숙 윤임(尹任) 대감과 가까운 인척[2]인 데다 내가 세자를 힘껏 보필하시던 양제 마마의 친정아우이기도 해서, 대군께서 동궁에 들르시는 것과 나와 노시는 것을 좋아하지 않았다고 했다. 그래서였던지, 대군을 모시고 왔던 나인(궁녀)들은 내가 대군께 무람없이 대하면 눈치를 많이 주곤 했다. 그때마다 대군께서는 나인들을 나무라시고, 내게 편하게 대해도 된다고 하셨지.

---

1) 1543년(중종 38) 1월 7일 한밤중에 동궁에 큰불이 나서 전소되었다. 이때 온 궁궐 안이 놀라서 허둥지둥하고 궁녀들이 가각 제 방들을 구하는데, 홀로 양세 성씨만이 급히 세자가 거처하는 방으로 들어가서 서책과 옷을 모두 내놓고 세자를 모셔서 대전(大殿)에 문안드리니, 중종이 크게 칭찬했다고 한다(李肯翊,『燃藜室記述』권9, '中宗朝 故事本末',「大小尹爭權」참고).
2) 정유침의 셋째 사위 계림군(桂林君) 이유(李瑠; 본관 全州, 자 彦珍, 1502~1545; 成宗의 형인 月山大君의 손자로서, 성종의 셋째 아들인 桂城君의 양자로 入籍되어 中宗의 조카가 되었음)의 어머니(坡平 尹氏)가 인종의 어머니 장경왕후(章敬王后; 중종의 두 번째 왕비)의 언니이며, 윤임(1487~1545)의 누나이다.

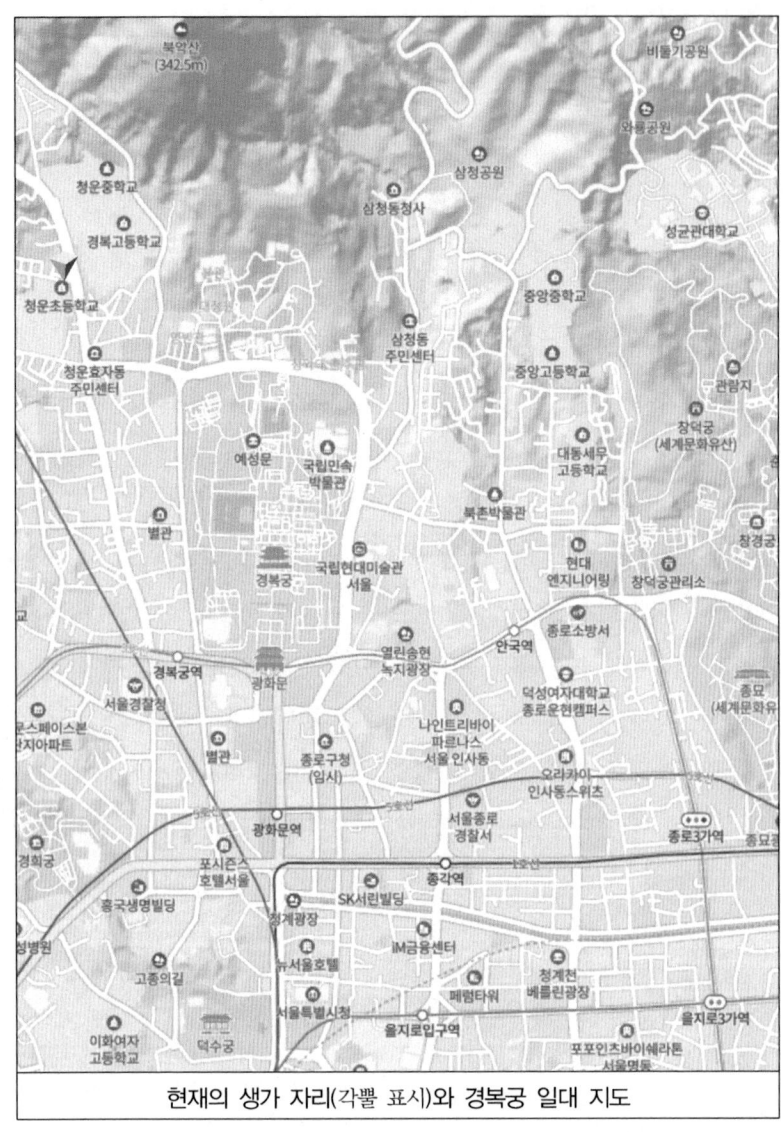

현재의 생가 자리(각뿔 표시)와 경복궁 일대 지도

    그러고는 몇 년 뒤인 을사년(1545; 10세)에 우리 집안은 청천벽력을 맞았다. 셋째 자부(姊夫) 계림군(桂林君; 李瑠)이 역모(逆謀)의 수괴(首魁)로 몰렸던 것이다.

계림군 생각만 하면 울화가 치민다. 그로 인해 우리 집안이 큰 환난을 만났기에, 이후 우리집에서 그에 관한 말은 금기(禁忌)되었다.

그는 인종과 명종의 재종형(再從兄)이었다가 입적(入籍)으로 종형이 된 왕실의 근친(近親)으로서, 초취(初娶) 부인(竹山 安氏)을 여읜 뒤에 후취(後娶)를 구하다가, 셋째 누님이 아름답다는 말을 들었는지 우리집에 혼담을 넣었다. 큰형님은 두 사람의 나이 차가 너무 많은 데다 왕실과의 잇단 연혼(聯婚)은 위험할 수 있다며 반대했지만, 쇠퇴한 우리 집안을 일으키고 싶으셨던 어머님께서는 그 혼담을 받아들여서 혼사를 강행하셨다. 어머님께서는 친정아버지[安彭壽]께서 대사간을 지내신 번듯한 집안의 무남독녀로 자라셔서 뭐든 당신 뜻대로 해야 직성이 풀리는 분이셨다. 아버님께서는 어머님 하자는 대로 따르셨다고 한다.

뒷날 들은 이야기로, 신축년(1541)에 처음 혼인을 의논할 때 아버님께서는 할머님을 뵈러 전라도 광주(光州)로 내려가셔서 집에 안 계셨는데, 큰형님은 어머님께 '무릇 배필은 나이가 서로 맞아야지, 관작과 중록(重祿)을 취해서는 안 됩니다.'고 말해서, 어머님께서 혼담을 중지하셨다. 그런데 며칠 뒤 한림(翰林; 藝文館의 郎官)이던 큰형님이 당직(當直)한 뒤 집에 와 보니, 어머님께서 이미 납채(納采; 혼인할 때 四柱單子 교환이 끝난 후 定婚이 이루어진 증거로 신랑 집에서 신부 집으로 예물을 보냄) 예물을 받아들이신 상태였다. 그래서 큰형님이 어머님께 '이는 아버지께서 모르실 뿐만 아니라 일 또한 불가합니다.'고 간하면서 납채를 물리자고 청했으나, 어머님께서 듣지 않으셨다.

이 때문에 셋째 누님은 초취 부인이 소생 없이 죽은 뒤로 정실(正室)처럼 굴던 나이 많은 첩실과 여러 서자녀들이 있어서 마음고생을 많이 하게 될 것이 빤한 계림군 후처로 들어가셔서, 오천군부인(烏川郡夫人; 종1품 外命婦)에 봉작(封爵)되고 아들 하나를 낳으셨다.[3]

갑진년(1544) 11월에 인종대왕께서 즉위하셨다가 여덟 달 만인 을사년 7월에 후사(後嗣) 없이 승하하시자, 열두 살이셨던 경원대군께서 왕위에 오르셨다. 그 무렵에 인종의 외숙인 윤임 대감 일파('大尹')와 명종의 외숙인 윤원형 일파('小尹') 사이에 권력다툼이 치열하였다.

그해 8월 하순에 수렴청정(垂簾聽政)하던 대왕대비(大王大妃; 문정왕후)에게 소윤인 음흉한 이기(李芑; 병조 판서)·정순붕(鄭順朋; 지중추부사)·임백령(林百齡; 호조 판서)·허자(許磁; 공조 판서) 등이 대윤인 윤임(좌찬성)·유인숙(柳仁淑; 우찬성)·유관(柳灌; 좌의정)이 안질(眼疾)이 심하셨던 주상(명종)의 후계에 대한 의논을 하니 제거하자고 하여, 대왕대비가 그 세 사람을 먼 곳에 안치(安置; 유배하여 주거를 제한함)하거나 부처(付處; 가벼운 流刑으로, 어느 한 곳을 지정하여 머물러 있게 함)하라고 명했다. 그러자 윤 대감의 생질(甥姪)인 계림군은 위험을 느끼고, 양화도(楊花渡; 현 서울특별시 麻浦區 合井洞 한강변에 있던 나루)에서 배를 타고 서쪽으로 도피하였다. 그들에게 죄명을 씌우기 위해, 9월 초에 간사한 경기도 관찰사 김명윤(金明胤)이 밀계(密啓)를 올려서 '유관·유인숙·윤임 등이 계림군과 봉성군(鳳城君; 중종의 다섯째 아들 李岏. 熙嬪 洪氏 소생) 중의 한 사람을 새 왕으로 옹립하려 했다'며 무고(誣告)하여, 을사사화(乙巳士禍)가 일어났다.

계림군은 황해도 배천(白川)으로 도망갔다가 함경도 안변(安邊)의 황룡산(黃龍山)에 들어가서 머리 깎고 숨어 있었는데, 9월 하순에 추적해 온 황해도 토산 현감(兎山縣監) 등에게 체포되어 서울로 압송되어서, 혹독한 고문

---

3) 『선원속보(璿源續譜)』 권1, '계성군파(桂城君派)'(https://jsg.aks.ac.kr/vj/viewer/view?itemId=jb&gubun=person&dataId=K24722C_001_000200)에서는 계림군의 유일한 적자(嫡子)가 연양군(延陽君) 이시(李諟; 1545년 乙巳士禍 때 16세 이상이어서 처형됨)라고 했지만 『宣祖實錄』 선조 20년[1587] 8월 갑자[7일] 기사에서도 "瑠之嫡子延陽正"이라 했음), 그는 1522년 이후(1525년?) 출생인 연일 정씨가 낳은 아들일 수 없다. 나이로 보면, 그녀의 아들로는 '서자(庶子)'로 적힌 은양군(恩陽君) 이양(李諹; 1544~1608)이 적합하다.

을 이기지 못해 거짓 자복(自服)하여, 10월 초순에 모반대역(謀反大逆) 죄인으로 처형되었다(선조 10년[1577]에 無辜함을 인정받아 伸冤되었다).

윤임·유관·유인숙 등과 계림군이 처형되자, 많은 사람들이 연좌죄(緣坐罪)로 처벌받았다.[4]

그때 계림군의 아들들 중 16세 이상인 셋은 처형되었고 어린 둘은 죽음을 면하였으며, 셋째 누님과 첩은 공신 집의 여종이 되었다고 했다. 계림군의 처가인 우리집에서도 형조 정랑(또는 예조 정랑)[5]이던 큰형님과 사온서 영이던 아버님께서 그와 역모를 의논했고 그의 도피를 도왔다는 혐의로 옥에 갇혀서 그가 도망한 곳과 방조(幇助)한 사실을 실토하라는 혹독한 문초를 받은 뒤에 중한 처벌을 받으셨다.

---

4) 『대명률(大明律)』의 '모반대역조'를 적용한 이때의 처벌은 다음과 같았다.

윤임·유관·유인숙·이유(계림군)와 이휘(李輝; 인종의 後繼王 擇賢說을 주장하였음)·이덕응(李德應; 윤임의 사위)은 모두 능지처사(凌遲處死; 조선에서는 車裂로 했음)에 처한다. 그들의 아들로서 나이 16세 이상은 모두 교형(絞刑)에 처하고, 15세 이하와 어미·딸·처첩(妻妾)·할아비·손자·형제·자매, 아들의 처첩은 공신의 집에 주어 노비로 삼고, 재산은 관에 몰수한다. 단, 남자로서 나이 80세이거나 위중한 병이 있는 사람, 부인(婦人)으로서 나이 60세이거나 폐질(廢疾)이 있는 사람은 모두 연좌를 면제한다. 백부·숙부와 형제의 아들은 호적의 이동(異同)에 관계없이 모두 유(流; 귀양 보냄) 3,000리에 안치시키고, 연좌된 사람이라도 동거한 사람이 아니면 재산을 관에서 몰수하는 규정에 해당시키지 않는다. 만약 여자가 이미 정혼했으면 그 남편 집으로 보내고, 자손이 남의 양자로 들어간 사람과 아내로 맞기로 약속하고 아직 성혼(成婚)하지 않은 사람은 모두 연좌시키지 않는다. 그리고 나식(羅湜)은 모반을 알고도 고변하지 않았으므로 장(杖; 곤장으로 볼기를 때림) 100대, 유 3,000리에 처한다. 박광우(朴光佑)는 제서(制書; 임금의 명령을 적은 문서)를 훼손했으므로 장 90대, 도(徒; 중노동) 2년 반에 처한다. 나숙(羅淑)은 난언(亂言)을 알고도 고발하지 않았으므로 장 100대, 도 3년에 처한다. 모두 장을 집행하고 고신(告身; 벼슬아치의 임명장)을 다 빼앗는다(『명종실록』 명종 즉위년[1545] 9월 신미[11일] 기사).

5) 육조(六曹)의 정2품 판서(判書), 종2품 참판(參判), 정3품 참의(參議; 兵曹에는 參知도 둠) 아래에, 정5품직 정랑(正郞)과 정6품직 좌랑(佐郞)을 이조(吏曹)·호조(戶曹)·예조(禮曹)·공조(工曹)에 각 3원(員)씩 두었고, 병조(兵曹)·형조(刑曹)에는 각 4원씩 두었다.

뒤에 내가 의금부에 보관되어 있던 큰형님의 공초(供招; 죄인의 범죄 사실 진술)를 찾아서 보았더니, 큰형님은 계림군을 형제로 대하지 않으셨다고 하였다. 계림군도 큰형님을 '오활(迂闊)하고 시의(時議; 그 당시 사람들의 의론)를 몰라서 쓸 수 없는 사람'이라고 그의 외숙인 윤임 대감에게 말했으며, 또 윤 대감은 인묘(인종)께서 큰형님에 대해 하문(下問)하시자 그렇게 아뢰었다고 했다. 이처럼 서로 뜻이 맞지 않았기에, 두 사람은 자주 만나지도 않았고 간혹 서로 만나더라도 친밀하게 이야기를 나누지 않았다고 하였다. 큰형님은 계림군의 역모 및 도피와 무관했다는 것이다.

그러나 나중에 알려진 '큰형님이 계림군의 도피를 부추기고 재촉했다'는 말과는 다르니, 어떤 것이 맞는지 잘 모르겠다.

골똘히 생각하니 머리가 아파 온다.

아무튼 을사사화로 우리집은 풍비박산되었다. 큰형님은 혹독한 고문에도 끝까지 승복하지 않았기에 옥사(獄事; 재판)가 성립되지 못했는데도 중죄인을 도피시켰다 하여 9월에 장(杖) 100대를 맞고 전라도 광양(光陽)에 안치되셨고, 아버님께서는 애매한 죄목으로 장을 맞으신 뒤 이듬해 봄에 함경도 정평(定平; 현 함경남도 정평군)으로 유배되셨다.

연좌를 면한 가족들은 뿔뿔이 흩어졌다. 나는 늘 나를 귀여워해 주시던 아버님을 따라갔고,[6] 둘째 형님은 처가가 있던 전라도 순천으로 가셨으며, 어머님과 큰형수님 모녀 그리고 셋째 형님 내외는 서울에 남으셨다. 나중에 큰누님도 자수궁으로 옮기게 되셨다. 설상가상으로 정미년(1547) 9월에 '여주(女主; 수렴청정하던 대왕대비)가 나라를 망친다'고 익명으로 비난한

---

6) 정철의 10대 전반기(前半期)에 대한 옛 기록은 찾아볼 수 없는데, 김사엽,『정송강연구』(계몽사, 1950), 24면에서는 "을사년 송강은 겨우 10세의 소년으로 … 방환되든 때까지 관북(關北) 정평 또는 연일 등지로 올마 다니는 가운데 생활의 안정을 얻지 못하였고 따라서 실학(失學)하였다."고 했다.

'양재역 벽서사건(良才驛壁書事件)'으로 소윤이 대윤을 편든 사람을 쓸어버릴 때, 큰형님은 애꿎게 형(刑)이 가중되어서 극변안치(極邊安置)되는 형을 받아서, 어머님의 애처로운 기원[7]도 소용없이 함경도 경원(慶源)으로 유배 가는 도중에 장독(杖毒; 杖刑으로 매를 심하게 맞아 생긴 상처의 독)으로 별세하셨다.

그 뒤 아버님께서는 돌아가시기 전에 내게, "우리집이 망한 것은 오로지 혼인을 걸맞지 않게 한 것에서 말미암았으니, 너는 마땅히 경계할 줄 알아야 한다."고 말씀하셨지.

나는 병오년(1546, 명종 1) 봄에 열한 살로서 아버님께서 정평으로 유배 가실 때 따라가서 1년 반 넘게 암울하게 지냈으며, 정미년(1547) 9월에 아버님께서 경상도 연일(延日; 迎日. 현 경상북도 浦項市 延日邑과 烏川邑 일대)에 부처되셨다가 신해년(1551) 6월에 사면되시기까지 4년 가까이 연일에서 계속 함께 살았다.

연일에서 열두 살 때부터 열여섯 살 때까지 지낸 기억은 좋지 않다.

처음에는 그곳이 우리 가문의 관향(貫鄕)이기도 하고 또 정평에서보다는 좀 더 자유롭게 지낼 수 있어서 그곳으로 옮긴 것이 반갑고 좋기도 했다. 그리고 방조(傍祖)이지만 연일 정문(鄭門)의 명망을 드높인 문충공(文忠公) 포은(圃隱; 鄭夢周, 1337～1392) 선생이 사셨던 문충동(文忠洞; 현 경북 포항시 오천읍 문충리)을 찾아가서는 마음이 뿌듯하였다. 나도 장차 그러한 충신이 되리라고 다짐하기도 했다.

---

7) 정자가 정미년 사건으로 광양에서 경원으로 유배지를 옮기게 되어 가는 길이 서울 동쪽 성문 밖을 경유하자, 그의 어머니가 가서 작별하면서 속옷을 벗어 아들에게 입히고 말하기를, "예전에 사랑하는 아들이 출정(出征)할 적에 어머니의 옷을 입고 가면 속히 돌아온다고 했단다." 하고 가슴을 어루만지며 통곡하니, 길 가는 사람들이 듣고 모두 눈물을 흘렸다고 한다(『大東野乘』 권12에 실린 저자 미상, 『乙巳傳聞錄』, 「鄭滋傳」).

그러나 그 고을 사람들은 아버님을 역모에 연루된 죄인이라 하여 상종하기를 매우 꺼렸다. 그리고 주위에 사귈 만한 양반가(兩班家) 자제들도 적었던 데다, 이웃 마을의 상민(常民) 아이들까지도 처음에는 저희보다 얼굴이 좀 희고 궁중말도 섞인 세련된 서울말을 쓰는 나를 신기해하며 다가오기도 했지만, 며칠 뒤부터는 죄인의 자식이라며 모두들 기피하였고 손가락질하며 욕하기도 했다.

나는 여린 마음에 상처를 크게 입었고, '부모 팔아 친구 산다'는 나이에 친구가 없어서, 아버님 말고는 말 나눌 사람도 거의 없이 외톨이로 울적하게 지냈다. 그래서 '일찍이 임금님 되실 분과 함께 놀았던 내가 속된 무지렁이들과는 어울릴 수 없는 것'으로 생각하기로 했었지.

그 무렵부터 나는 좀 독해진 것 같다.

포은(정몽주) 선생은 '동방 이학(理學)의 비조(鼻祖)'로 불린 대학자이기도 하셨는데, 당시에 내 공부는 너무 형편없었다. 아버님께서는 배움이 짧으셔서 유배지 정평에서 당신께서 외우고 계셨던 『명심보감(明心寶鑑)』(1393년에 明나라 范立本이 펴낸 아동학습서)의 중간 부분까지와 『소학(小學)』(1187년에 宋나라 劉子澄이 편찬한 수양서)의 앞부분만 가르쳐 주셨을 뿐, 더 이상 나를 가르치실 수가 없었다. 내가 귀양길 떠나시던 아버님을 갑작스럽게 따라가게 되었기 때문에, 장차 내 배움에 도움 될 만한 책들을 장의동 집에서 하나도 가져가지 않은 탓이었다.

한편, 그동안 한시는 좀 배워 익혀서, 제법 잘 지을 수 있었다. 아버님의 칭찬을 여러 번 받았으니까.

나는 본래 꽤 총명한 데다 시안(詩眼; 시를 보거나 쓸 줄 아는 안목과 식견)이 상당히 열려 있었던 것 같다. 아버님께서는 귀양길 가시면서나 유배지에서 지내시면서 『두시언해(杜詩諺解)』[8] 한 질을 소중하게 챙기셨는데, 아마도 큰누님이 궁중에서 구해서 친정아버지께 선물로 드리셨던 것 같다.

당시에 나는 두보(杜甫; 자 子美, 호 少陵)의 시에 마음이 썩 끌리지는 않았지만, 시를 제대로 배울 수 있는 길이『두시언해』밖에 없었던 데야 ······. 게다가 그 책에서의 딱딱한 직역(直譯)은 두시의 맛을 잘 살리지는 못했지만, 내가 한문을 정확하게 이해하는 데 큰 도움이 되었지. 나중에는 이백(李白; 자 太白, 호 靑蓮居士)의 시와 소식(蘇軾; 자 子瞻, 호 東坡)의 시를 많이 좋아하게 되었지만, 어렸을 때 '시성(詩聖)' 두보의 시를 익힌 것은 이후 내 시의 발전에 좋은 밑거름이 되었을 것이다.

얼마 전에 종명이에게 창평의 시골집에 있던 그『두시언해』전질을 가져오게 해서 지금 여기에 두었다.

문득 두시 두 수가 떠오른다.

〈春望(춘망)〉　　　　　　봄을 바라보며
國破山河在(국파산하재)　　나라가 깨어지니 산과 강만 남아 있고,
城春草木深(성춘초목심)　　성안에 봄이 와도 초목만 깊다.
感時花濺淚(감시화천루)　　시절을 생각하니 꽃에도 눈물 뿌리고,
恨別鳥驚心(한별조경심)　　이별을 한하니 새도 마음을 놀라게 한다.

---

8) 『분류두공부시언해(分類杜工部詩諺解)』의 약칭임. 중국 원대(元代)에 편찬된 『찬주분류두시(纂註分類杜詩)』를 저본(底本)으로 하여 '시성(詩聖)'이라는 당대(唐代)의 시인 두보(杜甫; 자 子美, 호 少陵, 712~770)의 시 1,647편 전부와 다른 사람의 시 16편에 주석을 달고 우리말로써 풀이한 책이다.
　　초간본(初刊本)은 1443년(世宗 25)에 언해에 착수하여, 1481년(成宗 12)에 완성해서 간행된 우리나라의 첫 역시집(譯詩集)이다. 세종 때~성종 때에 왕명으로 승려 의침(義砧)과 유윤겸(柳允謙)·조위(曺偉) 등이 주해(註解)하였다. 전 25권의 활자본으로 간행되었으나, 이후 임진왜란 등으로 산일(散佚)되어서 제1·2·4·5·12권은 현재까지 발견되지 않고 있다. 중간본(重刊本)은 초간본을 바탕으로 하여 1632년(仁祖 10) 3월에 경상도 관찰사 오숙(吳䎘)이 대구 부사 김상복(金尙宓)에게 시켜서 목판본 전 25권으로 간행한 것이다.

烽火連三月(봉화연삼월)　　봉홧불이 석 달을 이어지니,
家書抵萬金(가서저만금)　　집의 편지가 만금이나 한다.
白頭搔更短(백두소갱단)　　흰머리를 긁으니 다시 짧아져,
渾欲不勝簪(혼욕불승잠)　　다 하여도 비녀를 이기지 못하겠구나.

〈絶句(절구)〉　　　　　　절구
江碧鳥逾白(강벽조유백)　　강이 파라니 새가 더욱 희고,
山靑花欲燃(산청화욕연)　　산이 푸르니 꽃이 불타려 한다.
今春看又過(금춘간우과)　　올봄도 보고는 또 지나가니,
何日是歸年(하일시귀년)　　어느 날이 바로 돌아갈 해인가?

　그 작품들에서의 계절은 봄철로서 이 겨울철과는 다르지만, 당시 그 시인의 심정은 지금의 내 심정과 마찬가지였을 것 같다.
　나는 올해 초에도 새해에 비는 시 〈신년축(新年祝)〉 5수를 지었는데, 그 가운데서 제1수와 제4수가 생각난다.

新年祝新年祝(신년축신년축)　　새해에 비네. 새해에 비네.
所祝新年掃犬羊(소축신년소견양)　　비는 바는, 새해에 개와 양(왜적)을 쓸어내고,
坐使鑾輿廻塞上(좌사난여회새상)　　임금님 수레가 변방에서 돌아와서
仰瞻黃道日重光(앙첨황도일중광)　　거듭 빛나는 황도의 해를 우러러보기를. [제1수]

新年祝新年祝(신년축신년축)　　새해에 비네. 새해에 비네.
所祝新年邦亂平(소축신년방난평)　　비는 바는, 새해에 나라 난리가 평

	정되고,
湖海老臣歸故里(호해노신귀고리)	호해(시골)의 늙은 신하가 고향으로 돌아가서
臥看梅蘂雪中期(와간매예설중기)	눈 속에 핀 매화 송이를 누워서 보게 되길. [제4수]

그런데 임금님의 수레는 변방에서 돌아왔지만, 나라 난리는 아직 평정되지 않았으니 ……. 정말 어느 날이면 이태나 이어진 전란이 끝나서 집에 돌아가 가족들과 만날 수 있을까? 한숨이 절로 난다.

신해년(1551, 명종 6; 16세) 5월에 원자(元子; 順懷世子 李暊. 1551~1563) 탄생으로 온 나라에 사면령(赦免令)이 내려서, 아버님께서는 6월에 풀려나셔서 어머님 및 나와 함께 서울에서 750리 떨어졌고 몇 년 전에 이장(移葬)했던 할아버님[鄭潚; ?~1504] 묘가 있는 전라도 창평현 서면(西面; 현 전남 담양군 古西面)의 당지산(唐旨山; 깃대봉) 아래 분토골(현 광주광역시 북구 望月洞과 인접함)로 가서 우거(寓居; 임시로 몸을 부쳐 삶)하셨다.

그 몇 달 뒤에 편찮으시던 할머님께서 남원에서 별세하시자, 할아버님 묘에 합장하고 우리 가족은 거상(居喪; 喪中에 있음)했다.[9]

---

9) 『경국대전(經國大典)』 권3, 「예전(禮典)」의 '오복(五服)'에 의하면, 사족(士族)은 아버지가 먼저 죽은 뒤의 어머니 상(喪)에서, 아들·며느리·딸은 3년간(출가한 딸은 1년간) 제최복(齊衰服)을 입으며, 손자녀는 1년간 제최복을 입고(孫婦와 출가한 손녀는 9개월간 大功服을 입음) 지팡이를 짚지 않는다.

그런데 명종 때까지는 자식이 3년상을 치르면서 부모 묘 옆에 여막(廬幕)을 짓고 24개월간 거주하면서 탈상(脫喪) 때까지 묘소를 돌보는 시묘살이가 장례 뒤에 반혼(返魂; 神主를 집으로 모셔 옴)하는 예법에 어긋난다고 본 사람들이 많았으며, 연산군(燕山君) 11년(1505)에 상례기간을 1년 이내로 단축하는 단상법(短喪法)을 엄하게 시행했던 영향으로 단상제(短喪制)를 따른 사람들도 있었다.

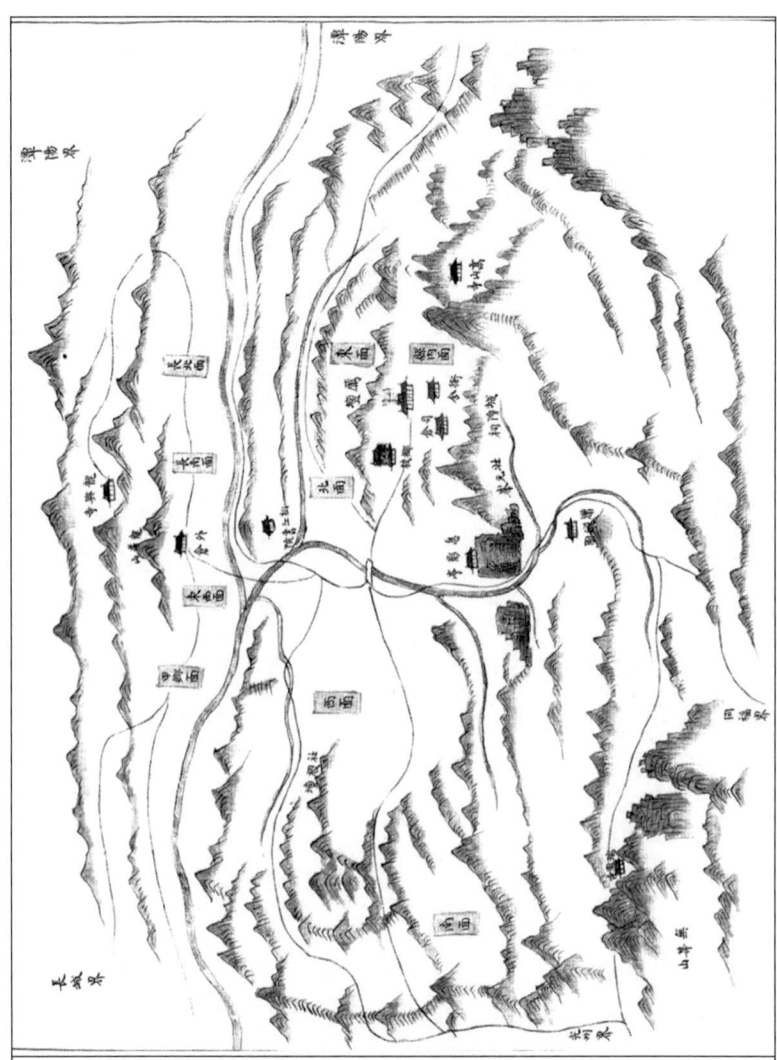

옛 창평현의 18세기 중엽 지도
(1757~1765년에 각 읍에서 편찬한 邑誌들을 모아서 成冊한 『輿地圖書』에 수록됨.
지도상의 '南面'은 이 책의 「昌平縣」 '坊里'에서 '內南面'과 '外南面'으로 구분되었음)
(https://db.itkc.or.kr/dir/item?itemId=KP#dir/node?grpId=&itemId=KP&gubun=book&depth=4
&cate1=Z&cate2=&dataGubun=%EC%B5%9C%EC%A2%85%EC%A0%95%EB%B3%B4&d
ataId=ITKC_KP_B003A_0110_000_0470에서 전재. ※ 지은이가 왼쪽으로 90도 돌렸음)

옛 창평현 남부의 현재 지도(각뿔 표시는 위에서부터 분토골, 지실, 환벽당, 서저촌)

열일곱 살 때(1552년)의 어느 여름날, 나는 편찮으셔서 순천의 둘째 형님 댁에 가 계시던 어머님을 뵈러 창계(蒼溪; 榮山江의 지류 甑巖川을 지실 부근에서 이른 이름. 光州牧과 창평현의 경계) 옆 냇길을 따라 순천으로 가다가, 너무 더워서 옷을 벗고 지실 남쪽의 용소(龍沼; 龍湫)에 뛰어들었다. 그때 뒤에 처외조부가 되신 사촌 공(沙村公; 金允悌, 1501~1572)[10]이 용소 남쪽 광주목 석저촌(石底村; 현 광주시 북구 충효동 충효마을)의 환벽당(環碧堂; '碧澗堂'이라고도 불렀음)에 계시다가 멱감던 나를 보시고는 부르셨다.[11]

현재의 환벽당(이 일원이 2013년에 국가지정문화재 명승 제107호로 지정됨)

---

10) 김윤제(金允悌, 본관 光山, 자 恭老, 호 沙村, 1501~1572)는 광주의 석저촌에서 출생했다. 1531년(중종 26)에 문과에 급제한 뒤, 1537년에 한성부의 남학(南學) 겸훈도(兼訓導)로 있다가 파직되었고, 그 뒤 남원 판관(1545년경) 등을 거쳐(성균관 직강, 홍문관 교리, 사헌부 감찰 등을 지냈다고도 함) 부안 현감을 지내면서(https://blog.naver.com/glss2/223641844697에 소개된 「先生案」에는 '奉正大夫로서 1548. 8. 21 부임, 1552. 12 퇴임'이라고 했음) 힘껏 다스려서 백성들을 소생케 하고도 면직되었다(『明宗實錄』 명종 8년[1553] 1월 갑신[7일] 기사). 1555년부터 나주 목사를 지냈고 1561년 이후에 성주 목사를 지내다가 파직된 듯하고, 1570년(선조 3)에 서용되었다.

11) 그때 김윤제는 환벽당에서 낮잠 자다가 조대(釣臺) 앞에서 한 마리의 용이 승천하는 꿈을 꾼 뒤, 이상히 여겨 급히 용소로 내려가 보니 정철이 목욕하고 있었다는 일화가 전한다고 한다(https://www.heritage.go.kr/heri/cul/culSelectDetail.do?ccbaCpno=2332400010000&pageNo=1_1_1_1).

사촌 공은 영문을 몰랐던 내게 이런저런 질문들을 하셨다. 기품 있으면서도 인자한 분 같아서, 나는 조금도 숨기거나 꾸미지 않고 우리집이 창평으로 내려오게 된 사유를 아는 대로 말씀드렸고, 그분의 '장차 어떤 사람이 되고 싶으냐?'는 물음에 '포은(정몽주) 선생과 같은 대학자는 감히 꿈꾸기 어렵겠지만, 관직에 나아가서 그분처럼 충신이 되고 싶습니다. 만약 그렇게 될 수 없다면, 두보와 같은 시인이 되고 싶습니다.'라고 대답드린 것 같다.

그러자 그분은 내가 그때까지 어떤 책들을 읽었는지와 한문과 한시를 어느 정도로 이해하고 있는지에 대해 묻고 몇 차례 시험해 보신 뒤, '지금은 공부가 많이 부족하다만, 매우 총명하고 한문 이해가 꽤 정확한 것 같으니, 이제부터 좋은 스승을 만나 열심히 공부하면 과거에 급제할 수 있고 관직에 올라서 충신 등의 좋은 신하가 될 수 있으며, 포은 선생 같은 대학자까지는 몰라도 상당한 학자가 될 수도 있다. 그리고 시를 짓고 이해하는 능력이 뛰어나다만, 우리나라에서 시는 본업의 여가에 짓고 즐기는 것이며 오로지 시만 지어서는 살아가기 어려우니, 시인이 되겠다는 생각은 하지 않는 것이 좋겠다.'고 말씀하셨지.

그러고는 내 순천행을 만류하시고, 나와 함께 그분 집안사람을 우리 집에 보내어 아버님의 동의를 얻어서 나를 환벽당(벽간당)에 머무르게 하고, 『소학』을 자세히 풀이해 주셨다.

사촌 공은 일찍이 문과에 급제하셨으며, 당시 부안 현감을 지내시다가 병이 났다 하여 고향인 석저촌에 돌아와 계시던 중이었다.

그분은 만석(萬石)꾼으로 불린 큰 부자이셨으며, 원근의 여러 명사(名士)들과 널리 교유하고 계셨다. 그 때문에 나는 그분께 글 배우는 동안에 환벽당을 찾아온 여러 명사들께 인사드리기도 하였다.

사촌 공은 내가 얼굴이 청수(淸秀)하며 총명해서 장래가 촉망된다고 여기셨는지, 당신의 외손녀(文化 柳氏)와 짝지어 주고 싶어 하셨다. 그러나 정작 그분의 사위인 장인어른[柳强項][12]은 내가 외지에서 온 데다 역모에 연루된 집의 아들이라면서 그 혼사를 완강히 반대하셨다고 한다. 사촌 공은 우리집의 아버님이 첩을 두지 않았다고까지 하면서 설득해도 듣지 않자, '사람 보는 눈이 없다'며 크게 역정 내셨다고 한다. 장인어른은 결국 굴복하여 끔찍이 사랑하시던 무남독녀를 내게 시집보내기로 하셨다지.

외조부를 뵈러 환벽당에 찾아왔을 때 언뜻 보았던 신붓감은 어머님과는 달리 유순하게 생겼으며 용모도 누님들만큼은 아니지만 제법 단아하여, 사춘기의 내 마음을 꽤 설레게 했다.

부모님께서는 혼담을 받아들이셔서, 내 관례(冠禮; 남자의 成人式)를 치르시고는 혼인 준비를 하셨다. 그때 나는 형제 순서(伯, 仲, 叔, 季)에 따라 '계함(季涵)'이라는 자(字; 冠名)를 받았고, 머리에 상투를 틀었다.

증암천(죽록천) 건너편 유곡리(維谷里; 維村)의 처가에서 거행된 혼례는, 40년도 더 된 오래전 일이어서인지 아니면 그때 너무 긴장해서였던지, 어떻게 치러졌는지 기억이 잘 안 난다.

신부가 얼마 뒤에 분토골 집으로 신행(新行; '于歸')을 오고 나서, 우리는 거기서 동남쪽으로 약 30리 떨어진 환벽당의 내(창계) 건너 마을인 창평현 내남면 지실[芝谷, 智谷]의 새로운 집에서 살림을 차렸다.[13]

---

12) 유강항(柳强項; 자 君直)은 벼슬하지 않은 처사(處士)였다는 점 외에는 인적사항이 잘 알려지지 않지만, 그의 아버지 유옥(柳沃; 자 啓彦, 호 石軒, 1487~1519)은 신동(神童)으로 불렸으며 15세에 생원시에 합격한 뒤 21세에 식년시(式年試) 문과에 장원급제하고 홍문관 수찬, 무안 현감, 의정부 사인, 종성 부사 등을 지냈다. 그의 형 유강수(柳强首; 자 卓而)는 음사(蔭仕; 과거를 거치지 아니하고 조상의 공덕에 의하여 맡은 벼슬)로 오위(五衛)의 사직(司直)을 지냈다(禦侮將軍을 지냈다고도 함).
13) 정철이 결혼 직후에 어디서 살았는지는 불분명하지만, 그 뒤에 여러 해 동안 살게 된 지실에서 살림을 차렸을 개연성이 가장 크다고 여겨진다.

누가 자세히 말해 주지 않았고 나도 구태여 물어보지 않았지만, 당시 우리집 가세(家勢)로는 장만할 수 없었던 그 번듯한 집과 세간들은 처외조부와 장인어른이 상당한 전답과 함께 마련해 주셨을 것이다. 그리고 딸린 여러 남녀종들도 처가 쪽에서 보내주었다.

나는 그 집에서 생계에 대해 신경 쓸 것 없이 거의 매일 환벽당으로 건너가서 처외조부께 『논어(論語)』와 『맹자(孟子)』 등을 배웠다.

낮에는 글공부하고 밤에는 신혼의 아내와 즐기는 '주독야경(晝讀夜耕; 낮에는 글을 읽고 밤에는 밭을 갊)'이었지.

그 무렵이 내 일생에서 가장 즐거운 시절이었던 것 같다.

그런데 코가 거북해서 만져 보니, 왼쪽 콧구멍에서 피가 나오고 있다. 종이를 조금 찢어 말아서 그 콧구멍을 막았다. 이 증세가 있은 지 3, 4년 되었는데, 석 달 전에 북경(北京)에서 등창의 종기(부스럼)가 곪았을 때는 날마다 코피가 많이 나왔었다. 그 뒤로도 이 증세가 나타난 뒤에는 병이 발작하곤 했는데, 이로써 보면 그 종기 때문인가 의심스럽다.[14]

어느덧 이경(二更: 밤 9시~11시 사이)이 된 것 같다.

나는 숨쉬기도 좀 불편하고 병 걱정이 들기도 하며 본래 술을 마시면 잠이 잘 안 오기도 하는데, 지난밤에 제대로 자지 못했더니, 이제 잠이 쏟아진다.

---

14) 정철의 친필 글씨들 일부 등(뒷부분에는 다른 사람의 글도 몇 편 실렸음)을 모아서 엮었다는 『송강선조 유필(松江先祖遺筆)』(전 40면; 현재 전남 담양군의 한국가사문학관 소장, 그 사진은 http://www.gasa.go.kr/?gasa=22&mode=view&uid=2255&start=10에 있음) 중의 22면 참고.

#3. 자랑스러운 배움과 사귐
― 18세(1553년, 癸丑年, 明宗 8년, 明 世宗 嘉靖 32년) ~
26세(1561년, 辛酉年, 명종 16년, 명 세종 가정 40년) ―

계사년(1593, 선조 26) 12월 8일 정사(丁巳) 일기

흐리고 추움.

아침 일찍 깨어나서 복수(腹水)가 차오르는 것 같아 집 밖을 좀 거닐려고 했는데, 어제 오전까지 내린 눈이 찬바람에 빙판을 이루어서 하마터면 미끄러져 넘어질 뻔하였다. 노인에게 낙상(落傷)은 매우 위험한 일이다.

산책을 포기하고, 종명이와 함께 조정의 동향 등에 대해 이야기를 나누었다. 내 현안(懸案)의 조속한 해결이 어려울 듯하여, 마음이 암담하다.

임자년(1552; 17세)에 혼인하고 지실로 이사한 뒤로도, 나는 몇 년 동안 처외조부인 사촌(김윤제) 할아버지께 글을 배웠다. 그때 그분의 재종질(再從姪)로서 내게 처외재당숙(妻外再堂叔)이 된 열한 살 위의 하당장(霞堂丈; 棲霞 金成遠, 1525~1597)[1]도 함께 배웠다.

---

1) 김성원(金成遠)의 본관은 광산(光山). 자는 강숙(剛叔), 호는 서하·인재(忍齋).
전라도 광주 출생으로, 7세에 아버지[金弘翼]를 여읜 뒤 재종숙부 김윤제 등에게 수학하였고, 1558년(명종 13)에 사마시에 합격했다. 1560년에 창평의 성산(星山)에 서하당(棲霞堂)을 지어서 지냈다. 1580년(선조 13)에 침랑(寢郞)이 되었고, 1581년부터 5년간 제원도 찰방(濟原道察訪)을 지냈다. 그 뒤 성산에 은거하였다.
1592년에 임진왜란이 일어나자 동복현(同福縣)의 가관(假官), 현감이 되어 군량과 의병을 모으는 데 공을 세웠다. 1597년 정유재란(丁酉再亂) 때 어머니(海州 崔氏)를 업고 피난하다가 왜병을 만나서 아내와 함께 어머니를 보호하다가 살해되었다.
시로 이름났으며, 저서로 『서하당유고(棲霞堂遺稿)』가 있다.

하당장은 지실의 창계 남쪽 광주목 석저성촌(石底城村; 석저촌. 현 광주시 북구 충효동)에서 태어나서, 어릴 때 부친을 여의고 같은 마을에 살던 재종숙인 사촌 할아버지께 배우기 시작하였다. 그 뒤에 하서(河西; 金麟厚) 선생을 찾아가서 수학했으며, 21세(1545년)에 혼인한 뒤에는 장인인 유사(柳泗; 본관 瑞山, 호 雪江, 1502~1571, 光州 출생, 문과에 급제하여 낙안 군수와 종성 부사 등을 역임함) 공에게 배웠다. 10여 년 뒤에 담양 부사였던 석천(石川; 林億齡) 선생께 학업에 대해 여쭈었다고 하며, 34세(1558년)에 사마시(司馬試; 小科)에 합격하였다. 그 뒤에 석천 선생의 서녀(庶女)를 소실(小室)로 들였다. 36세(1560년)에 창평의 성산(星山)에 서하당(棲霞堂)을 지어서 살기 시작하였고, 그 3년 뒤인가에 그 옆의 언덕 위에 식영정(息影亭)을 지어서 석천 선생이 지내시게 했다.[2]

그는 기사년(1569; 45세) 초여름에 과거시험 보러 상경하였다가[3] 낙방한 뒤로, 성산에서 오랫동안 한가롭게 지냈다.

하당장은 56세(1580년)에 유일(遺逸; 명망이 높은 사람으로 초야에 묻힌 사람)로 천거되어서 침랑(寢郎; 종9품인 陵參奉)이 되었고, 이듬해에 제원도(濟源道; 전라도 錦山의 濟原驛을 중심으로 한 驛道) 찰방(察訪; 종6품직)이 되었다가, 5년 뒤에 성산으로 돌아가 은거하였다.

---

2) 김성원, 『서하당유고』의 「연보」에서는 김성원이 36세(경신년, 1560)에 서하당을 지었다고 한 뒤, 이와 관련된 일을 말하며 "또 일찍이 작은 정자 하나를 지어 석천(임억령)에게 밀어 드리고, 아침저녁으로 모시고 따르면서 강학과 토론을 서로 극진히 했으니, 곧 식영정이 이것이다."라 하였는데, 송순(宋純)의 〈차김상사성원식영정운(次金上舍成遠息影亭韻) 2수〉(『俛仰集』 권3)에서는 식영정을 지은 때가 '계해년(1563) 가을'이라고 했다("嘉靖癸亥秋 主人金君 爲林石川新構此亭 石川屆以息影"). 임억령('荷衣道人')의 「식영정기(息影亭記)」도 '계해 7월'에 지어졌다.

3) 고경명(高敬命), 『제봉집(霽峯集)』 권2, '시', 〈송김강숙 부별거우경(送金剛叔赴別擧于京)〉 참고.

임진왜란 때 불탔다가 1995년과 1972년에 복원된 서하당(오른쪽)과 부용당(왼쪽)
(https://encykorea.aks.ac.kr/Article/E0032572에서 전재)

식영정(서하당의 서쪽 언덕 위; 1976년에 광주호를 조성하기 전인 1959년 촬영)
(https://www.ikoreanspirit.com/news/articleView.html?idxno=65783에서 전재)

임진왜란이 일어나자 동복현(同福縣; 현 전남 和順郡 동복면 일대)의 가관(假官; 임시 현감)이 되어 군량미를 준비하고 군병을 소집했다. 내가 양호(兩湖; 湖西와 湖南)를 체찰할 때 방한복 한 벌을 보내왔다.

올봄에 모친의 병으로 체직(遞職; 벼슬을 갈아 냄)되어 귀향했고, 그의 재종질인 김덕령(金德齡)이 의병(義兵)을 일으킬 때 도왔다고 한다.

하당장은 인척(姻戚)이었던 제봉(霽峰) 고경명(高敬命; 1533~1592)[4] 공과도 매우 친하였다.

창평 주변 지도(각뿔 표시는 옛 창평현 내남면 지곡리)

---

4) 고경명(高敬命)의 본관은 장흥(長興), 자는 이순(而順), 호는 제봉·태헌(苔軒). 대사간을 지낸 고맹영(高孟英)의 아들이며, 전라도 광주에서 출생하였다.
 1558년(명종 13) 식년 문과에 장원급제하였다. 공조 좌랑, 성균관 전적, 사간원 정언을 거쳐 사가독서(賜暇讀書)했다. 1563년에 홍문관 교리에서 울산 군수가 되었다가 파면되었다. 1581년(선조 14)에 영암 군수로 다시 기용되었고, 이어 종계변무주청사(宗系辨誣奏請使)의 서장관(書狀官)으로 명나라에 다녀왔다. 1591년 동래 부사로 있다가 서인(西人)이 제거될 때 파직되어 낙향하였다.
 이듬해에 임진왜란이 일어나 왜군이 파죽지세로 한성을 점령하고 전라도 관찰사 이광(李洸)이 이끈 관군 5만 명이 수천의 왜군에게 패배하자, 6천여 명의 의병을 모아 금산(錦山)에서 관군과 함께 왜군에 맞서 싸우다가 둘째 아들 고인후(高因厚)와 함께 전사하였다.

사촌 할아버지는 발이 넓어서 인근 고을들의 많은 명사들과 혼맥(婚脈) 등으로 얽히면서 널리 교유하고 계셨다. 지실 이웃마을의 소쇄옹(瀟灑翁) 양산보(梁山甫; 본관 濟州, 1503~1557, 處士, 趙光祖의 제자) 공은 그분의 처남이며, 소쇄옹 공과 장성(長城)의 하서 선생은 사돈간이고, 소쇄옹 공과 담양의 면앙정(俛仰亭) 송순(宋純) 공은 이종(姨從)형제다. 그리고 사촌 할아버지는 나주 목사를 지내던 신유년(1561)에 광주 출신인 고봉(高峯; 奇大升) 선생이 그 몇 년 전에 엮은 『주자문록(朱子文錄)』을 발간해 주셨다.

을묘년(1555)에 사촌 할아버지가 나주 목사로 복직되시자, 나는 장성현 대맥동(大麥洞)의 백화정(白花亭)에서 지내시던 큰 학자 하서(김인후; 1510~1560)[5] 선생께 가서 유학을 본격적으로 공부하기 시작했다.[6]

---

5) 김인후(金麟厚)의 본관은 울산(蔚山), 자는 후지(厚之), 호는 하서·담재(湛齋), 시호(諡號)는 문정(文正). 전라도 장성현(長城縣) 황룡면(黃龍面) 대맥동에서 출생했다.

　모재(慕齋) 김안국(金安國)에게 배웠고, 1528년(중종 23)에 성균관에 들어가 학문을 닦았다. 1540년에 별시 문과에 급제하여 승문원 부정자가 되었고, 이듬해에 사가독서했다. 뒤에 세자시강원 설서와 홍문관 부수찬을 거쳐 세자였던 인종을 가르쳤다가, 부모 봉양을 위해 전라도 옥과 현령이 되었다. 1545년(인종 1) 인종이 갑자기 사망하고 을사사화가 일어나자, 사직하고 고향 장성에 돌아가 성리학 연구에 정진했다. 여러 벼슬에 제수되었지만 취임하지 않았다.

　성경(誠敬)의 실천을 학문의 목표로 하고, 일재(一齋) 이항(李恒)의 이기일물설(理氣一物說)에 반론하여, 이기(理氣)는 혼합해 있는 것이라고 주장했다.

6) 『송강별집』 권2, 「연보 상(上)」에서는 정철이 신해년(1551; 16세)에 '김 하서 선생의 문하에서 학업을 받았다'고 하였다. 그러나 김인후, 『하서전집(河西全集)』 부록 권3, 「연보」에 따르면, 김인후는 무신년(1548)부터 순창군(淳昌郡) 점암촌(鮎巖村)에서 살다가, 기유년(1549) 10월에 부친상을 당해서 장성현 원당골[願堂洞]에 모신 부친 묘소 옆에서 시묘살이하다가, 신해년(1551) 6월에 모친상도 당해서 부친 묘 옆에 장사 지낸 뒤 계축년(1553) 9월까지 시묘살이했다. 그러니 정철이 김인후에게 배운 것은 그 뒤였을 것이다. 그리고 『송강별집』 권1, '잡저'의 「일기 십오조(日記十五條)」 중에 "젊은 날에 하서 선생을 백화정 위로 가서 인사드렸다[少日 往候先生于百花亭上]."고 했는데, 백화정은 김인후가 죽은 아버지의 유명(遺命)을 받들어 1552년 복상 중(服喪 中)에 지었다고 한다(「백화정 안내문 빗돌」).

『소학』을 다시 배운 뒤에 새로 『대학(大學)』을 배웠다. 선생의 『소학』 강의는 명쾌했고, 『대학』 강론(講論)은 정밀하고 심오했다.

몇 달 뒤 내가 선생 문하를 떠날 때, 선생은 다음의 연구(聯句; 한 사람이 각각 한 구씩을 지어 이를 합하여 만든 시)를 지으셨다.

秋雲低薄暮(추운저박모)　　가을 구름은 저물녘에 나지막한데
別意醉中生(별의취중생)　　이별 생각이 취중에 나네.

나는 그 평성(平聲)[7]의 '경(庚) 운(韻)'에 맞추어 다음과 같이 이어 지었다.

前路崎嶇甚(전로기구심)　　앞길이 매우 기구하니
相留多少情(상류다소정)　　곁에 머물고 싶은 다소의 정이여.

그 뒤 별세하시기 전에 오언절구 한 수를 보내주셨다.

〈贈鄭季涵(증정계함)〉　　정계함에게 주다
澈也童孩舊(철야동해구)　　물처럼 맑음은 아이 적부터 오래인데(또는
　　　　　　　　　　　　　'철은 아이 적부터 잘 아는데'),
人間事萬端(인간사만단)　　사람 세상은 일이 수없이 얼크러진다.
留連倚醉興(유련의취흥)　　차마 떠나지 못하고 취흥에 기대지만,
病廢尙蹣跚(병폐상반산)[8]　　병든 몸은 오히려 비틀거린다.

---

7) 한자음의 성조(聲調)에서 평성은 '낮고 순평(順平)한 소리'이고, 그렇지 않은 측성(仄聲) 중에서 상성(上聲)은 '처음이 낮고 차차 높아지다가 가장 높게 되었을 때 그치는 소리', 거성(去聲)은 '높고 평탄한 소리', 입성(入聲)은 '짧고 빨리 끝나는 소리'이다.
8) 김인후, 『하서전집』 권5, 〈증정계함〉.

선생은 우러러보면 맑은 풍채와 편안한 운치가 옆 사람에게까지 밝게 비치고, 술에 취해 산책하실 때 바라보면 신선과 같았다. 나는 마음 깊이 사모하여 일생 동안 따르려 했지만, 그분의 규율에 벗어나지 않음은 아직 익히지 못하였다.

경신년(1560) 정월에 부음(訃音)을 듣고 대맥동 빈소(殯所)의 영전(靈前)에 곡하였고, 뒤에 제문(祭文)도 지었다.

「김 하서 선생 제문[祭金河西先生文]」

슬프도다, 선생이시여. 맑은 물의 부용(芙蓉) 같은 덕(德)의 순수하심은 제가 엿본 바 없지만, 나면 세상을 상서롭게 하는 기린(麒麟)이셨고, 들면 산을 빛내는 옥(玉)이셨도다. 선생의 출처(出處; 세상에 나섬과 집에 들어 있음)가 마땅하다고 이르는 것은 여사(餘事; 그다지 중요하지 않은 일)일 따름이지만, 옛날은 알지 못하나 해동 천재(海東千載)에 오직 우리 선생뿐이로다.

하서 선생의 강학(講學)을 떠난 뒤, 나는 얼마 뒤에 신진 사류(新進士類)의 영수가 되실 고봉(기대승; 1527~1572)⁹⁾ 선생께 성리학 입문서인 『근사록

---

9) 기대승(奇大升)의 본관은 행주(幸州), 자는 명언(明彦), 호는 고봉·존재(存齋), 시호는 문헌(文憲). 전라도 광주(또는 서울) 출생.
1558년(명종 13) 식년 문과에 급제하여 벼슬길에 나아갔다. 예문관 검열, 봉교를 지내고, 1563년에 승정원 주서가 되었다. 신진 사류의 영수로 지목되어 권신(權臣; 권세를 잡은 신하) 이량(李樑)에 의해 삭직되었다가, 홍문관 부수찬으로 복귀히여 사가독서했다. 이후 이조 정랑, 교리, 사헌부 헌납, 의정부 사인 등을 지냈다. 1567년에 선조가 즉위하자 사헌부 집의, 홍문관 전한이 되어 조광조(趙光祖)·이언적(李彦迪)에 대한 추증(追贈)을 건의했다. 이듬해 승정원 우부승지가 되었고, 1570년(선조 3) 성균관 대사성 때 영의정 이준경(李浚慶)과의 불화로 해직당했다가 복직되었다. 이듬해 홍문관 부제학이 되었으나 사퇴했고, 1572년에 대사간을 지내다가 병으로 그만두고 귀향하던 도중에 고부(古阜)에서 객사하였다.
문학에 이름을 떨쳤을 뿐만 아니라, 독학으로 고금에 통달하여, 31세 때 『주자대

(近思錄)』(朱熹와 그 제자 呂祖謙이 周敦頤·程顥·程頤·張載의 책에서 중요한 부분들을 뽑아 편집한 책)을 배워서 공부할 방향을 알게 되었다.

고봉 선생이 일찍이 산에 오르시다가 맑고 깨끗한 수석(水石) 한 개를 보셨다. 그때 어떤 사람이 선생께 묻기를 "세상 사람 중 이같이 맑은 돌에 비길 만한 사람이 있습니까?" 하니, 선생이 "오직 정철이 그러할 것이다."라고 말씀하셨다 한다.

선생이 지으신 시 중에 나에 관한 작품이 있다.

〈憶季涵(억계함)〉	계함을 생각하다
夢裏梅花滿樹新(몽리매화만수신)	꿈속에서 매화가 나무에 새로 가득했는데,
覺來淸想在元賓(각래청상재원빈)	깨어도 맑은 생각이 원빈에 있다.
人間有累難藏拙(인간유루난장졸)	사람 세상에 얽매임 있으면 변변치 못함을 감추기 어려운데,
物外無營足養眞(물외무영족양진)	물외(세상 物情의 바깥)에서 경영함 없으니 참(본성)을 기르기에 족하네.
殘暑一回須退滅(잔서일회수퇴감)	늦더위는 한 번 돌면 감퇴하지만,
斯文千古未埃塵(사문천고미애진)	이 학문(유교)은 천고에 사라지지 않는다.
何時邂逅成佳會(하시해후성가회)	어느 때 만나서 좋은 모임 이룰까?

전(朱子大全)』을 발췌하여『주자문록(朱子文錄)』(3권)을 편찬할 만큼 주자학에 정진했다. 32세에 퇴계(退溪) 이황(李滉)의 제자가 되었으며, 이항·김인후 등 호남의 석유(碩儒)들을 찾아가 토론하면서 선학(先學)들이 생각지 못한 새로운 학설을 제시한 바가 많았다. 특히 이황과 8년 동안 서한을 주고받으면서 사단칠정(四端七情)을 주제로 논쟁을 벌인 일은 유학사상 지대한 영향을 끼쳤다.

저서에『고봉집』·『주자문록』·『논사록(論思錄)』등이 있다.

對月臨風意自親(대월임풍의자친)　　달을 대하고 바람에 임하니, 뜻이 절로 친해지네.

원빈(元賓)은 당나라의 대문장가이자 사상가였던 한유(韓愈)가 아끼던 제자 이관(李觀)의 자인데, 고봉 선생이 당신의 제자인 나를 그에 비유하신 것이다. 내게 대한 기대가 무척 크셨던 것 같다.

경오년(1570)에 내가 아버님 상을 당하여 상례(喪禮)의 몇 조목에 대해 서신으로 여쭈었더니, 이듬해에 답으로 세 차례에 걸쳐서 주자(朱子; 朱熹)의 설을 바탕으로 한 견해를 상세히 적어 보내주셨다.[10]

임신년(1572)에 대사간을 사직하고 나주로 귀향하시던 도중에 46세로 객사(客死)하셨다.

선생이 별세하신 뒤 사림이 뜻을 모아 무인년(1578)에 광주에 망천사(望川祠; 1654년에 '月峰書院'으로 賜額됨)를 건립할 때, 전라도 관찰사이던 사돈 김계휘(金繼輝; 본관 光山, 자 重晦, 호 黃崗, 1526~1582. 沙溪 金長生의 아버지, 鄭起溟의 장인) 공이 힘을 많이 썼다. 나도 임오년(1582)에 전라 감사로 있을 때 제문을 지어 올리고 사우(祠宇)에 노비와 전토(田土)를 주었다.

「기 고봉 선생 제문[祭奇高峰先生文]」

소자(小子)가 선생을 사모한 지가 일찍부터였습니다만, 오늘에 이르러 더욱 생각나는 까닭은 선비들이 더러움에 물드는 것을 누가 능히 맑게 하며, 세상의 도리가 저속하게 떨어지는 것을 누가 능히 올릴 수 있는가 해서입니다. 그것을 올리고 그것을 맑게 하실 분은 오직 우리 선생이셨기 때문입

---

10) 그 내용들이 기대승, 『고봉집』 권3, '서(書)·발(跋)', 「답정애시철(答鄭哀侍㤠)」·「우답간(又答簡)」·「우답(又答)」에 실려 있다.

니다. 그런데 선생이 가신 뒤로는 세상에 그러할 사람이 없습니다.

망천 사우에 남아 있는 자취만 방불(彷彿; 흐릿하거나 어렴풋함)합니다.

정사년(1557; 22세)인가에 나는 나주의 박산(朴山)으로 가서 시문의 대가 송천(松川; 梁應鼎; 1519~1581)[11] 선생께 시문을 배웠다.[12]

선생은 기묘명현(己卯名賢; 1519년 己卯士禍로 화를 입은 사람들)인 학포(學圃) 양팽손(梁彭孫) 선생의 셋째 아들이셨다.

생원시에 수석으로 합격하셨고, 을묘년(1552) 식년(式年; 子·卯·午·酉의 干支가 들어 있는 해. 3년에 한 번씩 돌아오는데, 이해에 과거를 시행했음) 문과에 급제했으며, 그 뒤 병조 좌랑으로 중시(重試)에 장원하셨다. 정사년에 공조 정랑을 지내다가 탄핵을 받고 파직되신 뒤, 고향인 화순현 능앙(綾陽)에서 나주목 박산으로 이사하셨다. 조양대(朝陽臺)에 임류정(臨流亭)을 짓고 시와 술로 스스로 즐거워하시면서도, 원근의 배우는 이들이 학업을 청하면 가르칠 만한 이에게는 나아가 계도(啓導)하셨다. 옥봉(玉峯) 백광훈(白光

---

11) 양응정(梁應鼎)의 본관은 제주(濟州), 자는 공섭(公燮), 호는 송천.

    1540년(중종 35)에 생원시에 수석으로 합격하고, 1552년(명종 7)에 식년 문과에 급제하여 예문관 검열이 되었다. 공조 좌랑으로 1556년에 중시 문과에 장원하고 호당(湖堂; 독서당)에 들어갔다. 그 이듬해에 공조 정랑을 지내다가 권신 윤원형(尹元衡)에 의해 김홍도(金弘度)와 함께 탄핵을 받아 파직당했고, 1560년에 복직되었다. 그 뒤 수찬, 진주 목사를 지냈고, 1574년(선조 7)에 경주 부윤으로 재직하던 중에 진주 목사로 있을 때 협잡(挾雜)했다는 대간의 탄핵으로 파직되었다. 1578년에 공조 참판으로 기용되었고, 성절사(聖節使)로 명나라에 가서 부정을 했다는 죄로 다시 파직되었다가 대사성에 복직되었다.

    시문에 탁월하였으며, 효행으로 정문(旌門)이 세워졌다. 저서로『송천유집(松川遺集)』·『용성창수록(龍城唱酬錄)』이 있다.

12) 정철 작「제양송천응정문(祭梁松川應鼎文)」(『松江續集』권2)의 주(註)에서는 '정철이 21세인 병진년(1556)에 송천에게 배우기 시작했다'고 하였으며, 제문에서는 '문에 논 지 27년인 관찰사(전라 감사; 1582년)'라 했으니 1555년(을묘; 20세)에 그의 문하에 들어간 것이 되지만, 그 두 해는 양응정의 생애와 맞지 않는다.

勳; 본관 海美, 자 彰卿, 1537~1582)과 고죽(孤竹) 최경창(崔慶昌; 본관 海州, 자 嘉運, 1539~1583)도 그분의 제자들이었다.

석천(임억령) 선생과 시를 많이 수창(酬唱; 시가를 서로 주고받으며 부름)하셨다.

송천 선생께 여러 문체(文體; 한문의 형식)들과 시체(詩體)들을 배웠는데, 선생이 내게 주셨거나 내가 선생께 드린 시문은 기억에 없다.

신사년(1581)에 나주의 본가에서 별세하셔서, 당시 창평에 내려가 있던 나는 만사(輓詞)를 지어 가서 곡하였다.

내가 시를 배운 또 한 분의 대가인 석천(임억령; 1496~1568)[13] 선생은 해남(海南) 출신이셨다.

일찍이 아우 임백령(林百齡; 1498~1546)과 함께 기묘명현인 눌재(訥齋) 박상(朴祥; 1474~1530) 선생과 그의 아우 육봉(六峰) 박우(朴祐, 1476~1547, 思菴 朴淳의 아버지) 선생께 배우셨다. 문과에 급제해 벼슬길에 나아가 집의, 응교, 승지, 대사간 등을 역임하셨다. 을사사화(1545년)로 금산 군수를 사퇴하고 해남에 은거하셨다가, 을사사화의 광풍이 그친 뒤에 다시 벼슬길에 들어서, 승지, 병조 참지, 강원도 관찰사를 지내셨고, 정사년(1557; 62세)에 담양 부사가 되셨다.

해남에 은거하셨을 때 창평에 있는 송강의 물과 돌을 사랑하여 별서를

---

13) 임억령(林億齡)의 본관은 선산(善山), 자는 대수(大樹), 호는 석천.

눌재(訥齋) 박상(朴祥)의 문인(門人; 門下에서 배운 제자)으로, 1525년(중종 20)의 식년 문과에 급제하였다. 그 뒤 부교리, 사헌부 지평, 장령, 교리, 사간, 전한, 집의, 응교, 동부승지, 대사간 등을 지냈다. 1545년(인종 1) 을사사화 때 전라도 금산 군수를 지내다가 아우 임백령(林百齡)이 소윤(尹元衡 일파)에 가담해 대윤(尹任 일파)의 선비들을 추방하자, 벼슬을 사퇴했다. 그 뒤 임백령이 원종공신(原從功臣) 녹권(錄券)을 보내오자, 불태우고 해남에 은거하였다. 1552년(선조 5)에 복직하여 동부승지, 병조 참지가 되었고, 이듬해 강원도 관찰사를 지냈으며, 1557년에 담양 부사가 되었다. 그는 천성적으로 도량이 넓고 청렴결백했으며, 시문에 탁월하였다.

두고 노년을 보내시려다가, 을묘왜변(乙卯倭變; 1555년) 뒤에 포기하셨는데, 담양 부사 때 창평의 성산에서 인근의 명사들과 노닐며 즐기셨다.

나는 그 무렵에 성산에서 시에 관한 선생의 말씀을 많이 들었다.

담양 부사를 마치시고는, 계해년(1563)인가에 하당장이 첩장인(妾丈人)이 된 선생을 위해 성산 언덕 위에 식영정을 짓자 그곳에서 주위의 그윽한 수석(水石)의 경관 사이를 조석으로 왕래하면서 한가롭게 읊조리며 마음 가는 대로 유유히 지내셨다.

다음의 단가(시조)는 내가 당시의 선생을 찬양한 작품이다.

　　南極(남극) 老人星(노인성)이　息影亭(식영정)의 비최여셔
　　滄海(창해) 桑田(상전)이　슬ᄏ쟝 뒤눕ᄃ록
　　가디록 새 비츨 내여　그믈 뉘룰 모룬다

[현대어] 남극 노인성이 식영정에 비추어서/ 창해 상전이 실컷 뒤눕도록/ 갈수록 새 빛을 내어 사그라질 뉘를 모르는가?

그때 선생이 지으신 시 〈식영정 이십영(息影亭二十詠)〉에 대해, 뒤에 여러 사람들이 차운시를 지었는데, 다음은 내가 지은 〈식영정 잡영(雜詠)〉 10수의 제1수와 제10수다.

　　〈蒼溪白石(창계백석)〉　　　창계의 흰 돌
　　細熨長長練(세위장장련)　　가늘게 다린 긴긴 명주와
　　平鋪瀁瀁銀(평포양양은)　　평평히 깔린 출렁이는 은이로다.
　　遇風時吼峽(우풍시후협)　　바람 만나면 때로 골짜기를 울리고,
　　得雨夜驚人(득우야경인)　　비 얻은 밤이면 사람을 놀래네.

〈仙遊洞(선유동)〉	선유동
何年海上仙(하년해상선)	어느 해에 바다 위 신선이
棲此雲山裏(서차운산리)	이 구름산 속에 깃드셨던가?
怊悵撫遺蹤(초창무유종)	슬퍼하며 남은 자취 어루만지는
白頭門下士(백두문하사)[14]	흰머리의 문하 선비여.

 선생은 뒤에 해남으로 귀향하셨다가, 무진년(1568, 선조 1)에 73세로 별세하여 해남의 마포(馬浦) 땅에 묻히셨다.

 선생의 성품은 얽매이지 않고 큰 기개가 있으셨다. 남과 잘 어울리지 않으셨고 시속(時俗)을 따라 행동하지도 않으셨다. 시와 문장은 웅장하고 호방했는데, 이백(李白)의 시와 『장자(莊子)』를 배워 얻었다고 하셨다. 온갖 시체에 능하셨는데, 특히 오언장편(五言長篇)은 독보적이었다.

 임술년(1562) 봄인가에 내가 서울로 갈 때 선생이 지어 주신 시 두 편이 있다.[15]

 우리말 노래를 잘 지은 면앙정 송순(1493~1582)[16] 공은 담양도호부 기

---

14) 『송강별집』 권1, '부록', 「연보 상」의 '신해 16세'의 뒤에는 이 시를 하서 김인후의 별세 뒤에 정철이 지은 시(곧 그를 추억한 시)라고 하였으나, 잘못일 것이다.

15) 임억령, 『석천선생시집』 권4에 실린 〈별계함(別季涵)〉 3수 "湖海人長病 乾坤草又春 千行憶君淚 寄與北歸人"・"衝雨君今北 乘秋我欲西 故人如問訊 巖下一枝棲"・"白髮霜連草 丹心石望夫 君今又千里 吾道益羈孤", 그리고 같은 책, 권7에 실린 같은 제목의 "白茅爲蓋竹爲樊 寂寂幽居誰與言 邂逅玉人旋遠別 一庭山雨已黃昏."

16) 송순(宋純)의 본관은 신평(新平), 자는 수초(遂初), 호는 면앙정・기촌(企村)이다.
 1519년(중종 14)에 별시 문과에 급제하여 벼슬길에 나아갔다. 이듬해에 검열로서 사가독서했고, 그 뒤 수찬, 정언, 교리 등이 되었다. 1534년에 김안로(金安老)가 권세를 휘두르자, 사간을 사직하고 귀향했다.
 1537년에 김안로가 사사(賜死)된 뒤 홍문관 부응교, 부제학 등을 지냈고, 1539년부터 우부승지, 경상도 관찰사, 대사간, 전라도 관찰사를 지냈다. 1547년(명종 2)에 동지중추부사가 되어, 5월에 주문사(奏聞使; 중국에 주청할 일이 있을 때 보내던 使節)로

곡면(鵠谷面) 기촌(企村)마을에서 나서 자랐다. 진사시에 합격한 뒤 2년간 담양 부사였던 눌재(박상) 선생과 그의 아우 육봉(박우) 선생께 시문을 배웠다. 그 뒤 성균관(成均館; 최고의 유학 교육기관)에 다녔고, 기묘년(1519)에 별시(別試; 나라에 경사가 있을 때나 '丙' 자가 들어간 해마다 보이던 임시 과거시험) 문과에 급제하여 벼슬길에 나아갔다. 이후 홍문관에 들고 사가독서(賜暇讀書; 문신들을 뽑아서 휴가를 주어 독서당에서 공부하게 함)했다.

41세(1533년)에 고향집 근처에 있는 제월봉(霽月峰)의 서쪽 산자락에 면앙정을 건립하였고, 그 무렵에 단가 "十年(십년)을 經營(경영)ᄒ여~"를 지었다. 이듬해에 척신(戚臣; 임금과 성이 다르나 일가인 신하) 김안로(金安老)가 전횡(專橫)하자 사직하고 낙향했다.

그 3년 뒤에 김안로가 쫓겨나자 벼슬길에 복귀하여, 도승지, 경상도 관찰사, 대사헌, 전라도 관찰사, 광주 목사를 역임하였다.

정미년(1547; 55세)에 동지중추부사로서 주문사(奏聞使)로 명나라 북경에 다녀온 뒤, 겨울에 단가 〈자상특사황국옥당가(自上特賜黃菊玉堂歌)〉("風霜 섯거 틴 날의~")를 지어서 명묘(명종)를 감탄케 하였다. 이후 개성 유수, 이조 참판을 지냈고, 윤원형 심복들의 탄핵으로 귀양살이하다가 풀려났.

60세(1552년)에 선산 부사로 있으면서 면앙정의 지붕을 다시 이었고, 2년 뒤에 귀향하였다. 그 뒤 전주 부윤, 나주 목사를 지냈고, 70세에 기로소(70세 이상의 정2품 이상 實職 문관이 들어갈 수 있었음)에 들었다.

명나라 북경에 다녀온 뒤 개성 유수가 되었다. 1550년에 사헌부 대사헌, 이조 참판이 되었다가, 진복창(陳福昌)・이기(李芑) 등의 탄핵으로 충청도 서천에 귀양 갔다. 이듬해에 풀려나서, 1552년에 선산 부사가 되었다. 이후 전주 부윤, 나주 목사를 거쳐, 1562년에 70세로 기로소(耆老所; 연로한 고위 관료의 친목・예우를 위해 설치한 관서)에 들고, 1568년(선조 1)에 한성 좌윤이 되었다. 이듬해(77세)에 한성 판윤으로 특별 승진하고 의정부 우참찬이 된 뒤, 벼슬길에서 은퇴했다. 그 뒤 고향 담양에서 91세까지 한가롭고 운치 있는 삶을 누렸다. 문집으로 『면앙집』이 있다.

77세(1569년, 선조 2년)에 우참찬을 지내고, 은퇴하여 담양으로 귀향했다. 이 무렵에 단가 〈치사가(致仕歌)〉 3수를 지었다. 은퇴한 동안에 장가(長歌; 歌辭) 〈면앙정가(俛仰亭歌)〉(또는 〈無等曲〉) 등을 지었다.

공은 문장에 뛰어났으며, 우리말 단가와 장가를 잘 지었다. 또한 음률에도 밝아서 풍류를 아는 호기로운 재상(宰相)이라고 일컬어졌다.

성품이 너그럽고 후덕했으며, 전국의 많은 명사들과 친분이 있었다. 그리고 50년간 큰 곤란 없이 벼슬살이하였고 은퇴 후에 담양에서 90세까지 살았기에, 공의 면앙정 등이 그 부근 출신 문사(文士)들의 연수(淵藪; 여러 사물이나 사람이 모여드는 곳)가 되었다.

한편, 성품이 간사하여 사류(士類; 학문을 연구하고 덕을 닦는 선비의 무리)에게 버림받았으며,[17] 나를 포함한 학문 있는 선비들(李後白, 奇大升, 沈義謙 등)을 미워한 전배 사림(前輩士林; 金鎧, 洪曇, 洪遑 등)과 마음이 맞아서 사류를 공격하려 했다고 율곡(이이)이 내게 알려주었지.[18]

나는 공을 그전에도 몇 번 뵈었지만, 공이 기사년(1569)에 은퇴한 뒤로 종종 창평의 성산에 들렀기에, 내가 병자년(1576)에 창평에 있던 동안과 신사년(1581)에 창평으로 내려가 몇 달 머무르던 동안에 면앙정을 찾아가기도 하여 가끔 뵙곤 했다.

임오년(1582)에 공이 별세했을 때 나는 만사를 지어서 곡하였고, 뒤에 제문도 지었다.

송순 공과 어울렸던 사람들 중에서 내가 공이 지은 우리말 노래의 영향을 가장 많이 받았을 것이다. 나는 공의 작품들을 통해서 단가와 장가 짓는 법을 배우고 익혔다.

---

17) 『명종실록』 명종 8년(1553) 2월 임신(25일) 기사; 16년(1561) 8월 기미(2일) 기사.
18) 이이, 『석담일기(石潭日記)』, 융경(隆慶) 3년 기사(己巳; 1569) 윤월(閏月)조 참고.

우리말 노래는 우리나라 사람이면 대체로 어렵지 않게 그 뜻을 이해하고 지을 수 있는 데다가, 우리 음악과 어울려서 노래할 수도 있다. 더욱 중요한 점은, 우리나라 사람들이 시가로 표출하고자 하는 것이 그들의 삶에서의 체험이라면, 그 체험은 그들이 일상으로 쓰는 자연스러운 우리말을 통해 표현하게 될 때 가장 효과적이라는 것이다.

공이 지은 단가 작품들은 수는 많지 않지만, 우리말을 잘 구사하여 감칠맛 나는 멋을 지녔다. 장가 〈면앙정가〉도 그전의 다른 이들이 지은 장가 작품들보다 훨씬 정치하고 뛰어난 표현을 많이 보였다. 나도 그러한 수준의 우리말 노래들을 지어보려고 애쓰기도 했는데, 단가에서는 잘 모르겠고 장가에서는 얼마간 성공한 듯싶기도 하다.

성산 일대에서의 피서(1590. 6)를 그린 「성산계류탁열도」(金成遠, 『棲霞堂遺稿』)
(http://www.gasa.go.kr/?gasa=23&mode=view&uid=2041&start=120에서 전재)

내가 오래 친하게 사귄 이들로 하당장 외에, 이희삼(李希參; 본관 慶州, 자 景魯, 호 魯齋), 이이(李珥; 본관 德水, 자 叔獻, 호 栗谷·石潭), 성혼(成渾; 본관 昌寧, 자 浩原, 호 牛溪·默庵), 송익필(宋翼弼; 본관 礪山, 자 雲長, 호 龜峯), 이의건(李義健; 본관 全州, 자 宜仲, 호 峒隱), 심의겸(沈義謙; 본관 靑松, 자 方叔, 호 巽菴·艮菴·黃齋), 박순(朴淳; 본관 忠州, 자 和叔, 호 思菴), 안민학(安敏學; 본관 廣州, 자 習之, 호 楓崖) 등이 있는데, 대체로 성격이 나와는 다른 사람들이다. 그들을 알게 된 것에 대해 생각해 본다.

병진년(1556; 21세)에 나는 장의동 집에 다시 들어가 사시던 부모님을 뵈러 상경했다가, 그 동네에 살던 이경로(李景魯; 이희삼, 1534~1594)[19]를 알게 되어 친해졌다. 그는 우계(성혼)의 부친 청송(성수침) 선생의 제자였으며, 특이하게 경주 이씨(慶州李氏)이면서도 종실(宗室; 全州 李氏로 임금의 친족) 흥녕부정(興寧副正) 이인(李磷) 공의 양자가 되었던 천휴당(天休堂) 이몽규(李夢奎) 공의 외아들이어서, 일반 사인(士人)들과 종실 양쪽에 아는 사람들이 많았다.

시를 잘 지으며 풍류를 즐겼는데, 나는 그에게 이끌려서 기방(妓房)에 처음 가 보았다. 그는 유학을 배우고 실천함과 관직 생활 말고도 사람답게 사는 길들이 있음을 내게 몸소 일깨워 주었다.

경로는 발이 넓어서, 이른바 '삼현(三賢; 박순, 이이, 성혼)' 및 나 등과 매우 친했으면서도, 우리와 자주 대립했던 이산해(李山海; 1539~1609)[20]와 동

---

19) 이희삼(李希參)은 본관이 경주(慶州), 자는 경로, 호는 노재이며, 충청도 보령(保寧) 출신이다. 1558년(명종 13)에 진사시에 합격하였는데, 그 무렵에 서울에서 살고 있었다. 노년에 강원도 울진현(蔚珍縣)의 해곡(海曲; 현 경북 울진군 梅花面 일대)에서 여러 해 지내다가, 임진왜란으로 1593년경부터는 보령에서 살았다.
20) 이산해의 본관은 한산(韓山), 자는 여수(汝受), 호는 아계(鵝溪), 시호는 문충(文忠)이다. 부친은 이지번(李之蕃)이며, 『토정비결(土亭秘訣)』의 이지함(李之菡)이 숙부다.
  어릴 때 글씨 잘 쓰는 신동으로 이름났는데, 1545년에 을사사화로 집안이 화를

향인(同鄕人; 충청도 保寧)으로 본관이 서로 다른데도 '6촌'이라고 하며 가까운 사이여서, 동인·서인 정쟁(政爭) 때 중립을 지킨다고 했다.[21]

율곡(이이, 자 숙헌, 1536~1584)은 그해에 경로의 소개로 알게 되었다. 나와 생일이 며칠 차이인 동갑(同甲)인지라 서로 말하기도 쉽고 해서, 우리는 금세 친해졌다.

그는 모친(平山 申氏, 호 師任堂, 1504~1551)을 여의자 파주의 선영에 장사 지내고 삼년상에 이어 심상(心喪; 喪服은 입지 않으나 喪制와 같이 말과 행동을 삼가고 조심함)까지 마친 뒤, 19세(1554년)에 강원도 금강산(金剛山)에 들어가서 불도(佛道)를 찾다가 그만두고 하산하였다.

이듬해에 외가가 있는 강원도 강릉(江陵)에 갔다가, 병진년(21세) 봄에 서울 수진방(壽進坊; 현 종로구 수송동과 청진동의 일부)의 집으로 돌아와, 한성

입자, 고향인 충청도 보령으로 이주했다.
　1561년(명종 16)에 문과에 급제한 뒤, 주요 관직들을 지냈고, 동인에 속했다. 1578년(선조 11) 대사간 때 서인 윤두수(尹斗壽)·윤근수(尹根壽) 등을 탄핵하여 파직시켰다. 1580년부터 병조 참판, 형조 판서, 이조 판서 등을 지냈고 대제학을 겸했다. 1588년부터 우의정, 좌의정을 거쳐 1590년에 영의정에 오르고 광국공신(光國功臣) 3등과 평난공신(平難功臣) 2등 그리고 아성부원군(鵝城府院君)이 되었다.
　1592년에 광해군을 세자로 세우자는 건저(建儲) 건의가 있자, 아들 이경전(李慶全)을 시켜서 정철이 인빈 김씨와 신성군을 해치려 한다고 모함하여 귀양 가게 했다. 그는 정철뿐만 아니라 서인 모두를 문책해야 한다는 주장을 폈다. 이 때문에 동인은 강경파 북인(北人)과 온건파 남인(南人)으로 나뉘었다.
　1592년에 임진왜란이 일어나자 선조를 호종하던 중에 국정(國政)을 그르치고 일본군의 침입을 받게 했다고 탄핵되어 파직되었고, 강원도 평해(平海)로 귀양 갔다가, 1595년에 영돈령부사로 복관되어서 대제학을 겸임하였다. 이때 북인이 대북(大北)과 소북(小北)으로 갈라졌는데, 이산해는 대북을 이끌었다.
　1600년에 다시 영의정이 되었고, 1602년에 관직에서 물러났다. 1608년에 선조가 사망하자 원상(院相)으로서 국정을 주도했고, 이후 은퇴하였다가 사망했다.
　선조 때 '팔문장(八文章)'이라 불렸으며, 저서로『아계유고(鵝溪遺稿)』가 있다.
21) 이긍익,『연려실기술』권18, '선조조 고사본말(宣祖朝故事本末)', '선조조의 상신(相臣)',「정철」참고.

시(漢城試; 한성부에서 실시한 식년 生員・進士試의 初試와 식년 문과의 초시)에서 대책(對策; 정치에 관한 계책을 물은 策問에 답함)으로 장원을 했다. 당시 그의 주위에는 그를 꺼리거나 시샘하는 유생들이 많았다.

22세(1557년)에 경상도 성주 목사(星州牧使)이던 노경린(盧慶麟) 공의 따님에게 장가들었고, 이듬해 봄에 성주에서 강릉으로 가다가 경상도 예안(禮安)의 퇴계(退溪) 이황(李滉; 본관 眞城, 자 景浩, 1501~1570) 선생을 찾아뵙고 이틀을 묵으면서 도(道)에 대해 물었다고 한다. 그해 겨울에 별시의 초시에서 그 유명한 「천도책(天道策)」으로 으뜸을 차지했다. 당시의 고시관이 성균관 대사성이던 송천 선생이셨다지. 26세(1561년)에 부친상을 당하여 파주에서 2년간 시묘했다.

갑자년(1564; 29세)에 치른 식년시의 진사시(製述科라고도 하며, 詩와 賦를 짓는 시험)에 합격한 뒤, 생원시(明經科라고도 하며, 四書五經을 講하는 시험) 복시(회시)와 문과 전시(殿試; 복시 합격자들을 대상으로 하여 대궐에서 임금 앞에서 보인 최종 시험)에서 장원함으로써 모두 아홉 번의 장원('九度壯元')을 하고, 호조 좌랑이 되어 벼슬길에 나아갔다.

우계(성혼, 자 호원, 1535~1598)는 율곡의 소개로 알게 되었다.

그는 서울 장의동에서 태어나 자라면서 고명한 학자였던 부친 청송(성수침) 선생의 가르침을 받았고, 열 살에 부모님을 따라 외가(파평 윤씨) 동네인 파주 우계로 이사하였다. 이후 학문에 매진하여 경사(經書)와 사서(史書)에 널리 통했고, 문사(文辭)도 넉넉하고 아름다워졌으며, 학식과 행의(行義)가 사람들의 존경을 받았다. 그는 고금(古今)의 시에 대한 조감(藻鑑; 알아보는 식견)도 뛰어났다.

17세(1551년)에 고령 신씨(高靈申氏)에게 장가들었으며, 생원시 초시와 진사시 초시에 다 붙었지만, 질병으로 복시에 응시하지 못했고, 휴암(休菴) 백인걸(白仁傑) 공께 『상서(尙書; 書經)』를 배웠다고 한다. 이후 그는 과거시험을 일절 치르지 않았다.

20세(1554년)에 한 살 아래인 율곡과 도의지교(道義之交; 도덕과 의리로써 사귐)를 정하였으며, 이듬해에 큰 병을 앓은 뒤로 비장(脾臟)이 허하여 고질(痼疾)이 되었다. 청송 선생이 안빈낙도(安貧樂道)하며 손님처럼 있었기에, 우계가 집안일을 도맡아서 농사일과 어렵(漁獵)을 몸소 해서 맛있는 음식을 공양하느라 어릴 적의 병이 크게 악화되었다고 한다.

그는 여색을 사갈(蛇蝎; 뱀과 전갈)처럼 여겨서 멀리하였고 풍류도 싫어했다. 그러한 그가 나 같은 사람과 30년 이상이나 친밀히 지낼 수 있었다는 것은 불가사의하다.

처음 만났을 때부터 청년 율곡과 우계의 성리학에 대한 조예는 깊어서, 큰 학자들인 하서 선생과 고봉 선생께 배우고도 도(道)의 껍질조차 핥지 못하던 나로서는 도저히 따라갈 수 없다는 생각이 들었다.

구봉(송익필, 자 운장, 1534~1599)은 무오년(1558)인가에 우계와 율곡의 소개로 처음 만났는데, 그때 그는 양반가 자제였다.

구봉은 서울에서 나고 자랐는데, 스무 살이 조금 넘자 벌써 문장가로 이름났다. 25세(1558년)에 아우 계응(季鷹; 宋翰弼; 호 雲谷, ?~?)과 함께 소과(생원·진사시) 초시에 합격했으나, '그의 아버지 송사련(宋祀連; 1496~1575, 辛巳誣獄의 밀고자)이 예의를 저버린 죄인이며 그 자식들도 얼손(孼孫; 서얼의 아들)이므로, 과거에 나아감은 부당하다'는 비판이 높자 그 합격이 취소되었고 대과 응시 자격도 박탈당하였다.

27세(1560년)에 교하현의 구봉산 아래에 거처를 정하여, 성리학과 예학을 깊이 탐구했다. 그해에 김계휘 공의 아들 김장생(金長生; 자 希元, 호 沙溪, 1548~1631)을 제자로 받은 뒤로 인근의 많은 유생들이 그의 제자가 되었고, 학문으로도 이름을 떨치게 되었다.

그러다가 병인년(1566; 33세)에 들어, 면천(免賤)된 서얼이었던 송사련 등이 거짓으로 고변한 신사무옥(1521년)으로 아들들 등과 함께 사사(賜死)되었던 안당(安瑭)의 손자 안윤(安玧)의 상소로 인해 그는 신분이 서얼로 떨어졌다. 그리고 그 순흥 안씨 집안과의 오랜 송사 끝에 병술년(1586; 53세)에 형제들과 함께 그 집안의 도망한 노비라고 판결되자, 추노를 피해서 여러 해 동안 도망 다녔다.

그는 젊었을 때는 이산해 등과 함께 '팔문장(八文章)'이라 불리면서 이산해와도 친했지만, 동서 분당(東西分黨; 1575년) 무렵에 사이가 벌어졌다가, 이산해가 율곡을 배척하면서부터는 크게 틀어졌다.

서인의 모주(謀主; 일을 주장하여 꾀하는 사람)로서 꾀를 부리는 것이 '제갈공명(諸葛孔明; 諸葛亮)에 버금간다'는 평을 듣기도 했는데, 동인들이 그를 나 못지않게 미워하였다. 나 때문에 어려움을 겪었지만, 내게 끝까지 의리를 지켰다.

이의중(李宜仲; 이의건, 1533~1621)[22]은 우계와 어릴 적부터의 친구라서, 내가 우계와 친구가 되니 자연스럽게 서로 친해졌다. 그는 여러 친지들 중에서 특히 우계 및 나와 막역하게 지냈다. 그런데 그는 내가 증오하는 을사사화의 간흉(奸凶) 정순붕(鄭順朋)의 아들인 정작(鄭碏; 본관 溫陽, 자 君敬, 호 古玉)과도 매우 친했다.

의중은 종실 사람인데, 젊어서부터 시로써 이름을 떨치고 있었다. 22세(1564년)에 진사가 되었지만, 과거와 벼슬길에는 관심이 없었다. 그는 무척

---

22) 이의건(李義健)의 본관은 전주(全州), 자는 의중, 호는 동은. 세종의 다섯째 아들인 광평대군(廣平大君)의 5대손이다.
1564년(명종 19) 사마시에 합격하였고, 뒤에 학행으로 돈령부 직장이 되었으나 친상(親喪)으로 곧 사직했다가, 뒤에 별좌를 지냈다. 1610년(광해군 2) 이항복(李恒福)의 주청으로 공조 좌랑이 되었고, 정랑에 올랐으나 사퇴하였다.
이의건은 당시의 명유(名儒)들과 교유하며 시명(詩名)을 떨쳤고, 후학 양성에 전력하였다. 글씨에도 능하였다. 저서로는 『동은유고(峒隱遺稿)』가 있다.

후덕하고 의기가 높아서, 평소에 술을 마시지 않는데도 손이 찾아오면 술상을 차려서 자리가 항상 가득 찼으며, 그를 접하면 깨닫지 못하는 사이에 그의 화기(和氣)와 향기로운 덕이 엄습하였다.

아름다운 산수를 매우 좋아한 그는 경진년(1580) 여름에 경로 등과 함께 금강산 구경을 마친 뒤에 배 타고 남하하여 강원도 관찰사였던 나를 찾아와서 영월(寧越)의 청허루(淸虛樓)에서 함께 자기도 했다.[23] 그리고 병술년(1586)인가의 겨울에 서울에서부터 창평의 지실 집을 방문하여 며칠 머물렀는데, 그때 나는 심한 치통(齒痛) 때문에 그와 서로 말을 주고받지 못하고 그의 말에 고개를 끄덕이기만 했지.[24]

언젠가 내가 지은 시〈자탄(自歎)〉,

歸田不早竟趨塵(귀전부조경추진)	전원으로 일찍 가지 못하고 끝내 먼지를 좇다가,
除却人非自誤身(제각인비자오신)	사람 잘못을 버리지 못해 스스로 몸을 그르쳤구나.
贏得鏡中千丈白(이득경중천장백)	야위어서 거울 속에 천 길 백발을 얻으니,
莫言圖畵在麒麟(막언도화재기린)	기린각(漢 武帝 때 功臣들의 肖像을 걸어 둔 殿閣)에 그림 있다 말하지 마오.

에 차운하여 다음의 시를 지어 보냈다.

---

23) 이의건,『동은유고』권2, '시',〈경진하 여경로수초급임생 역탐풍악 준해이남 우송강(庚辰夏 與景魯守初 及任甥 歷探楓岳 遵海而南 遇松江) …〉.

24)『송강선조 유필(松江先祖遺筆)』(http://www.gasa.go.kr/?gasa=22&mode=view&uid=2255&start=10), 28~29면의 정철이 성명 불명(不明) 사람에게 준 편지(「與□□書」) 참고.

勞生何用走風塵(노생하용주풍진)	무엇에 쓰이려고 괴로이 풍진(어지러운 세상)을 달리나?
一片浮雲笑此身(일편부운소차신)	한 조각 뜬구름이 이 몸을 비웃네.
千古杜陵能解道(천고두릉능해도)	천고의 두릉[杜甫]은 알아 말할 수 있으리.
苑邊高塚臥麒麟(원변고총와기린)[25]	'동산 가의 높은 묘에 누운 기린'이라고.

내가 능력을 제대로 펼칠 기회를 얻지 못함을 동정함이었겠지만, 혹 내심으로는 내가 괴로이 공명(功名)을 좇는다고 비웃었을지도 모르겠다.

경기도 영평(永平; 현 抱川市 永中面)의 백운산(白雲山) 아래에 오래 깃들어 있었는데, 이 난리 중에 어디서 어떻게 지내고 있을까?

심방숙(沈方叔; 심의겸, 1535~1587)[26]은 나와 사적으로 교유한 것이 많지

---

25) 이의건, 『동은유고』 권1, '시', 〈차송강운(次松江韻)〉.
26) 심의겸(沈義謙)의 본관은 청송(靑松), 자는 방숙, 호는 손암·간암(艮菴)·황재(黃齋). 할아버지는 영의정 심연원(沈連源), 아버지는 청릉부원군(靑陵府院君) 심강(沈鋼)이며, 명종의 비인 인순왕후(仁順王后)의 아우이다.
　이황(李滉)의 문인으로, 1562년(명종 17) 별시 문과에 급제한 뒤, 병조 좌랑, 정언, 부수찬, 교리 등을 지냈다. 명종이 권신이던 외숙 윤원형을 견제하기 위해 처외숙인 이량(李樑)을 중용했으나, 이량은 권력욕으로 세력을 키웠으며, 이에 반대하는 젊은 사림을 숙청하려 했다. 이때 심의겸은 왕의 밀지(密旨)를 받아 외숙인 이량을 단핵하여 유배 보내게 했다.
　1572년(선조 5)에 이조 참의 등을 지내는 동안 그는 구세력을 대표하였는데, 김종직(金宗直) 계통의 신진세력인 김효원(金孝元)이 이조 정랑으로 천거되자, 김효원이 일찍이 권신 윤원형에게 아부했다는 이유로 반대했다. 김효원은 1574년에 이조 정랑이 되었고, 1575년에 아우 심충겸(沈忠謙)이 이조 정랑에 추천되었다. 김효원이 '전랑(銓郞) 자리가 척신(戚臣)의 사유물이 될 수 없다'며 반대하자, 두 사람은 대립하기 시작했다. 이에 구세력은 심의겸을 중심으로 서인(西人), 신진세력은 김효원을 중심으로 동인(東人)이라 하여 동서 분당이 발생하였다.

않지만, 임술년(1562)의 별시 문과에 함께 급제한 뒤로 친분을 이어 갔다. 동방(同榜; 같은 과거에 급제한 사람)이며 비슷한 나이이기도 한 데다 둘 다 왕실과 깊은 연계가 있다는 공통점 때문이었을까?

그는 명종비 인순왕후(仁順王后)의 아우인 척신이면서도, 권력을 휘두르던 그의 외숙 이량(李樑)을 탄핵한 일을 계기로 선배 사류에게 촉망받았다. 갑자년(1564) 무렵부터 나와 정치 노선을 거의 같이하여, 을해년(1575)의 동서 분당 이후 함께 서인을 이끌었다.

사암(박순, 1523~1589)[27] 공은 육봉(박우) 선생의 아들이며 눌재(박상) 선생의 조카로, 전라도 나주 출신인데, 나보다 열세 살 위의 선배였다.

　　우의정 노수신(盧守愼)과 부제학 이이가 사림간 분규가 격화될 것을 우려하여 올린 소(疏)에 의해 개성 유수로 나갔다가 전라 감사를 거쳐, 조정으로 돌아왔다. 그 뒤 한때 은퇴했다가, 1580년에 예조 참판, 함경 감사를 역임했다. 정인홍(鄭仁弘)의 탄핵을 받았으나, 이이의 상소로 무사하여 전주 부윤이 되었다.
　　1584년에 이이가 죽자, 이발(李潑)·백유양(白惟讓) 등의 공격으로 파직되었다. 그러나 벼슬이 대사헌에 이르렀고, 세습으로 청양군(靑陽君)에 봉해졌다.

27) 박순(朴淳)의 본관은 충주(忠州), 자는 화숙, 호는 사암, 시호는 문충(文忠).
　　1553년(명종 8) 정시 문과에 장원한 뒤, 전적, 수찬, 교리, 사인 등을 지냈다. 1561년 응교로 있다가, 윤원형의 미움을 받고 파면되어 나주로 귀향하였다.
　　이듬해 다시 기용되어 한산 군수로 선정을 베풀었고, 1563년부터 홍문관 직제학, 승정원 동부승지, 이조 참의 등을 지냈다. 1565년에 대사간이 되어 윤원형을 탄핵하였다. 그 뒤 대사헌, 부제학이 되었고, 이조 판서·예조 판서를 겸임했다.
　　1572년(선조 5)에 우의정에 오르고, 이듬해 좌의정이 되었으며, 1579년에는 영의정이 되어, 정승으로 15년간 재직하였다. 이이가 탄핵되었을 때 옹호하다가 도리어 양사(兩司)의 탄핵을 받고 관직에서 물러나 경기도 영평(永平) 백운산(白雲山)에 암자를 짓고 은거하였다.
　　일찍이 서경덕(徐敬德)에게 학문을 배워 성리학에 널리 통했으며, 특히 『주역(周易)』에 대한 조예가 깊었다. 중년에 이황과 조식을 사사(師事)하였고, 만년에 이이·성혼과 깊이 사귀었으며, 기대승과도 교분이 두터웠다.
　　문장이 뛰어나고 시에 더욱 능해 당시(唐詩) 원화(元和)의 정통을 이었다고 하며, 글씨도 잘 썼다. 저서로 『사암집』이 있다.

내가 임술년(1562)에 벼슬길에 들었을 때 공은 한참 높은 한산 군수였고 이듬해에 성균관 사성이 되었으며, 무진년(1568)에는 공이 이조 판서로서 원접사(遠接使; 중국 사신을 맞아들이던 임시 벼슬)가 되었을 때 내가 이조 좌랑으로 그 종사관(從事官; 5·6품의 보좌관)이 되었으니, 나와 친구 할 만한 사이가 아니었다. 그런데도 공은 뒤에 율곡과 우계를 존경하여 막역지우(莫逆之友)로 여겼기에, 그들의 친구인 나와 구봉에게도 친구로 대했다.

정묘년(1567)에 내가 이산해와 함께 호당(湖堂; 賜暇讀書하는 豆毛浦의 東湖讀書堂)에 있으면서 공에게 매화를 꺾어 보냈더니, 오언율시로 사례해 왔다.[28] 그 뒤에도 몇 차례 시를 지어 보내왔는데, 내가 전라도 관찰사가 되었을 때(1581년) 보내온 두 편(〈送鄭季涵出按湖南〉이라는 제목의 칠언절구 2수와 오언율시 1수) 중 칠언절구 2수의 첫 수는 다음과 같다.

南望千山復萬山(남망천산부만산)	남쪽을 바라보니 천산이요 또 만산인데,
憐君歸路在其間(연군귀로재기간)	그대의 돌아오는 길이 그 사이에 있음이 가련하다.
遙知瘴雨孤燈畔(요지장우고등반)	장기(瘴氣; 독한 기운) 품은 비가 등잔 두둑 외롭게 함을 멀리서 안다면,
夜思千重度漢關(야사천중도한관)	밤에 천 번이나 한성을 그리리라.

참 다정한 이였다.

기축년(1589)에 사암 공이 경기도 영평에서 별세하자 나는 만시(挽詩) 두

---

28) "野梅發孤樹 逈暎寒江碧 恭承美人惠 折寄天下白 忽發故園思 春光千里隔 草沒潤㙮路 瑤花自零落."

수(#9에서 듦)를 지었고, 뒤에 그를 추억하는 시를 지었다.

〈湖亭憶朴思菴(호정억박사암)〉 호정에서 박 사암을 추억하다
江上高臺春草深(강상고대춘초심) 강 위 높은 대에 봄풀은 짙은데
仙遊往跡杳難尋(선유왕적묘난심) 신선이 놀다간 자취는 아득하여 찾기 어려워라.
若非跨鶴淸都去(약비과학청도거) 만약 학을 타고 청도(天帝가 사는 곳)에 아니 갔다면,
正是騎星故國臨(정시기성고국림) 바로 별을 타고 고국에 임했으리.

안습지(安習之; 안민학, 1542~1601)[29]는 서울에서 나고 자라서, 무사독학(無師獨學)하였다. 19세(1560년)에 처음 과거에 응시하여 초시에 수석 합격했지만 과거 공부는 학자의 일이 아니라 하여 복시에 나아가지 않았다고 하며, 이후 과거에 응시하지 않고 성리학 공부에 열중했다.

23세(1564년)부터 부친상으로 충청도 홍주목(洪州牧)의 신평(新平; 현 충남

---

29) 안민학(安敏學)의 본관은 광주(廣州), 자는 습지·이습(而習), 호는 풍애(楓崖)로서, 서울에서 태어났다.
　어릴 때부터 자질이 뛰어났으며, 20세 무렵에 성리학 서적에 접하고는 과거에 뜻을 두지 않고 경(經)·사(史)·백가(百家)를 널리 공부했다. 25세에 박순을 스승으로 모신 뒤, 이이·정철·이지함·성혼·고경명 등과 교유하였다.
　1580년(선조 13)에 이이의 추천으로 희릉 참봉이 되었다. 1583년에 사헌부 감찰이 된 뒤, 대흥(大興)·아산(牙山)·현풍(玄風)·태인 등지의 현감을 지냈다. 충청도 홍주(洪州)의 신평(新平)에 있다가, 임진왜란을 만나 소모사(召募使)로 임명되었다. 1593년에 전라도 광주로 가서 군량 수천 석, 전마(戰馬) 수백 필, 군사 수천 인을 모아 북상하여 아산에 이르렀다가, 병을 얻어 나아가지 못하자 조정에서는 그 병력과 군량을 체찰사 유성룡에게 돌리게 했다. 이 공로로 사도시 첨정(司䆃寺僉正)에 제수되었고, 병으로 신평에 돌아가 지내다가 죽었다.
　필법에도 뛰어났으며, 저서로 『풍애집』이 있다.

唐津市 신평면)에서 시묘한 뒤 사암 공을 사사(師事)했고, 그 뒤에 율곡과 우계를 방문하여 도의지교를 맺으면서 나와 구봉과도 가까워졌다.

서울에서 살면서 가난하여 어머니 봉양이 어려우므로, 32세(1573년)에 친구들의 권유로 희릉 참봉(禧陵參奉)을 맡은 뒤로 사헌부 감찰과 여러 지방의 수령(守令; 각 고을을 맡아 다스리던 지방관)을 지냈다.

약간 별나서, 35세(1576년)에 첫 아내(玄風 郭氏)가 죽자 신평에 장사 지내면서 언문(諺文; 한글)으로 된 장문의 애도문을 지어서 관(棺) 속에 함께 넣었다고 한다.[30] 나처럼 술을 좋아하며 말을 조심하지 않는 편이다.

몇 년 전에는 그와 우계 및 구봉과의 사이에 불화가 심각했다.

그는 임진년(1592; 51세)에 신평으로 돌아간 뒤, 왜란이 발발하자 소모사(召募使)가 되어 활동했다. 나와 오래 만나지 못하다가, 작년에 평안도 영유(永柔; 현 평안남도 平原郡)의 행궁에서 다시 만났다.

이즈음 신평에서 살고 있다.

내가 혼인한 뒤 3년 만인 을묘년(1555; 20세)에 맏딸[李室이]이 태어났다. 우리 집안 딸답게 인물이 훤했다. 우리 내외도 기뻤지만, 슬하에 딸 하나만 두셨던 그 아이의 외조부모가 가장 귀여워하셨고, 외외증조부인 사촌 할아버지도 무척 사랑하셨다. 그런데 나중에 이 아이가 열두 살이 되던 해(1566년)에 사촌 할아버지가 벌써 혼인을 주선하려고 하셔서, 내가 겨우 만류하였지(뒤의 [참고]를 볼 것). 그러고는 10년이나 지난 뒤인 병자년(1576)에야 겨우 혼사를 정하였다.[31]

---

30) '국가유산청 국가유산포털'의 '국가유산 검색', 「당진 안민학 애도문 및 백자명기」 (https://www.heritage.go.kr/heri/cul/culSelectDetail.do?ccbaKdcd=21&ccbaAsno=02430000&ccbaCtcd=34&pageNo=1_1_1_0) 참고.
31) 『송강속집』 권2, 「이중보(李仲補; 李山甫)에게 주는 편지」(丙子九月念五) 참고.

맏딸보다 3년 뒤인 무오년(1558; 23세)에 장남 기명(起溟)이가 태어났고,[32] 그 2년 뒤에는 둘째 딸[崔室이]이 태어났다.

나는 아이들을 셋이나 둔 가장이 되니 어깨가 무거워져서, 과거시험 볼 준비를 하였다. 소과[司馬試]에서는 생원시보다 진사시를 택하기로 했다. '공자왈(孔子曰) 맹자왈(孟子曰)'하는 것보다는, 비록 과체(科體; 과거시험의 문체)에 맞추어야 했지만 시와 부(賦)를 짓는 것이 훨씬 더 마음에 들었고 자신도 더 있었기 때문이다.

사촌 할아버지는 내가 시골에 있지만 당대 일류의 학자들과 문장가들께 유학과 시문을 배웠으므로 잘 준비하면 소과와 대과에 무난히 합격할 수 있을 거라고 격려해 주셨다.

나는 경신년(1560) 가을에 향시(鄕試; 지방에서 실시하던 과거의 初試. 鄕解)인 식년시의 생원·진사시 초시에 합격한 뒤, 서울로 가서 신유년(1561; 26세) 봄에 진사시 복시에서 100명 중 1등 5위로 합격했다.

그때 내가 지은 칠언고시를 적어 둔 것이 문갑(文匣) 속에 있었다.

〈老病有孤舟(노병유고주)〉	늙고 병든 이에게 외로운 배가 있어
茫茫宇宙此生涯(망망우주차생애)	망망한 우주의 이 생애,
日月不爲畸人留(일월불위기인류)	일월이 기인(독특한 지조와 행실이 있는 사람, 곧 杜甫)을 위해 머물지 않고,
居然老病忽相催(거연노병홀상최)	슬며시 늙음과 병이 문득 서로 재촉하니,

---

32) 같은 책, 권2, 「연보 상」에서는 정기명이 '기미년(己未年; 1559)'에 태어났다고 하였지만, 『무자식년사마방목(戊子式年司馬榜目)』과 『선원록(璿源錄)』 권23, 「태종대왕종친록(太宗大王宗親錄)」 039a(https://royal.aks.ac.kr/Ge/JokboPageData?bookId=JSK_WJ_K21047&pid=30552) 등에서는 정기명의 생년이 '무오년(戊午年; 1558)'이라고 했다.

萬事人間成謬悠(만사인간성류유)	만사가 인간에서 어긋나 멀어졌다.
還丹已誤麓門期(환단이오록문기)	환단(道家의 神仙術)은 이미 틀렸고 녹문(산수 자연에서의 삶)을 기대하네.
一劍未倚崆峒秋(일검미의공동추)	한 자루 칼로써 공동산 가을도 의지하지 못했네.
行裝何處任漂泊(행장하처임표박)	행장은 어디든 표박에 맡기고,
蓬轉萬里惟孤舟(봉전만리유고주)	쑥처럼 만 리를 구르는 외로운 배.
天涯去住倚一棹(천애거주의일도)	하늘 끝까지 감과 머묾을 노 하나에 기대니,
一棹滿載千斛愁(일도만재천곡수)	노 하나에 천곡 시름이 가득하다.
窮愁何耐抵死苦(궁수하내저사고)	곤궁한 근심에 죽도록 괴로움 어찌 견디리.
爲國一念無時休(위국일념무시휴)	나라 위한 일념은 쉬는 때 없다.
風塵兵甲滿天地(풍진병갑만천지)	풍진에 병갑이 천지에 가득하여,
料理百計堪白頭(요리백계감백두)	온갖 계획 헤아림을 흰머리로 감당하고,
平生勳業鏡中失(평생훈업경중실)	평생 훈업은 거울 속에 잃으니,
久矣夢斷伊與周(구의몽단이여주)	오래되었구나, 이윤(伊尹; 중국 商나라의 재상)과 주공(周公; 중국 周나라의 정치가 姬旦)을 꿈꿈이 끊어진 지.

······ 17구 ······

| 一物獨荷皇恩優(일물독하황은우) | 한 물건이 홀로 임금의 큰 은혜를 입었으니, |
| 姓名休道舊拾遺(성명휴도구습유) | 성명과 옛 습유(두보의 벼슬)를 말하지 말라. |

憔悴謾□漁人羞(초췌만□어인수)	초췌하고 게을러서 어부가 부끄러워한다.
誰云鼎鼐調元手(수운정내조원수)	누가 이르리? 조정의 정승감이
却把短棹還滄洲(각파단도환창주)	도리어 짧은 노 쥐고 창주(해변가 隱者의 거처)로 돌아왔다고.
孤舟盡日渡口橫(고주진일도구횡)	외로운 배는 종일토록 나루터에 비끼어도,
濟川不被商家收(제천불피상가수)	(商 高宗 武丁의 재상 傅說과는 달리) 내 건너 상[殷]나라에 거두어지지 않았네.
江邊芳杜聊采采(강변방두요채채)	강변의 방지(芳芷; 香草)와 두형(杜蘅)을 애오라지 캐어서,
延佇日夕憑柁樓(연저일석빙타루)	타루(배의 키를 움직이는 망대)에 기대어 아침저녁 우두커니 서 있다.
美人持贈杳雲端(미인지증묘운단)	미인에게 전하려 해도 구름 끝이 아득하여,
哀涕一任懸雙眸(애체일임현쌍모)	슬픈 눈물이 두 눈동자에 맺혔다.
乘桴緬懷魯聖志(승부면회노성지)	뗏목을 타려 했던 노나라 성인[孔子]의 뜻을 생각하니,
有言不行應有由(유언불행응유유)	말만 하고 행하지 못한 것은 응당 까닭이 있었으리.

두보의 칠언율시 〈등악양루(登岳陽樓)〉[33]에서의 여섯째 구를 제목으로

---

33) "昔聞洞庭水 今上岳陽樓 吳楚東南坼 乾坤日夜浮 親朋無一字 老病有孤舟 戎馬關山北 憑軒涕泗流."

한 것이다.

과체시(科體詩)는 주어진 제목에 따라 장편(長篇)으로 지으며, 제목의 출전 및 의미 파악, 시상의 전개, 전고(典故) 인용 등을 중시한다는 송천 선생의 가르침을 따라서 전 46구로 지었다.

압운(押韻)하는 것이 고체시(古體詩)여서 엄격하지 않더라도 장편인지라 좀 까다롭기는 했지만, 시제(詩題)가 내가 어릴 적에 많이 보았던 두시(杜詩)에서 나온 것이고, 장편시를 석천 선생을 통해 배우고 익혔던 터라, 거의 막히지 않고 지을 수 있었지.

그런데 당시에 내가 연세 든 분들과 많이 어울렸기 때문인지, 한창때인 스물여섯 살에 지었으면서도 쉰 살이 넘은 노년기의 실의(失意)한 사람이 지은 시 같은 느낌이 든다.

[참고]

1566년 1월 18일에 형조 정랑이었던 정철이 경상도 성주 목사였던 김윤제에게 보낸 편지(답장)
(『문화 通』, 2023. 12. 21, http://m.mtong.kr/article.php?aid=170314281519290049 등에 소개되었음)

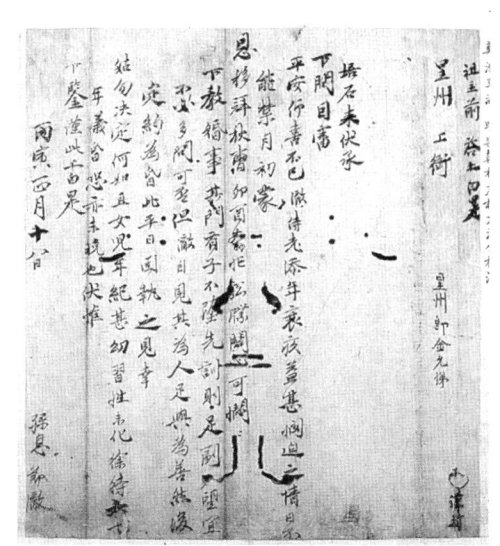

그 대략의 내용은 다음과 같다.

성주 목사 동헌으로

할아버지[祖主]께 답장을 올립니다.

배석(培石) 편에 보내주신 편지를 받고 평안히 거처하심을 알게 되니 무척 기뻤습니다. 저는 …… 이달 초에 은총을 입어 형조[秋曹]로 자리를 옮겼으나, 아침부터 저녁까지 바쁘게 소송문서에 신경을 쓰고 있으니 몹시 딱한 신세입니다.

저희집 혼사(婚事)에 대해 말씀해 주셨지요. 그 집안에 아들이 있어 선조의 교훈을 실추시키지 않는다고 하시니, 족히 사람들의 소망에 부응하여 굳이 가부(可否)를 여러모로 물어볼 필요가 없겠습니다. 다만 저는 그 사람 됨됨이가 더불어 선(善)을 추구할 만한지 직접 판단한 뒤에 정혼(定婚)해야 한다고 평소에 고집해 왔습니다.

그러니 우선 결정하시지 않는 것이 어떻겠습니까? 또 딸아이의 나이가 너무 어리고 습성(習性)이 아직 교화(敎化)되지 못하였으니, 천천히 6, 7년을 기다렸다가 혼사를 논의해도 늦지 않을 듯합니다. …….

병인년(1566) 정월 18일 손식(孫息) 정철.

#4. 벼슬길 순항(順航)과 정지

— 27세(1562년, 壬戌年, 明宗 17년, 明 世宗 嘉靖 41년) ~
40세(1575년, 乙亥年, 宣祖 8년, 明 神宗 萬曆 3년) —

계사년(1593, 선조 26) 12월 9일 무오(戊午) 일기

　흐리고 추움.

　지난밤 꿈에서 그립던 이들을 여럿 만났더니, 깨어나서도 마음뿐 아니라 몸도 좀 개운해진 것 같다.

　양식을 구하러 충청도로 갔던 종이 보령의 이경로(이희삼)에게서 쌀과 잡곡 각 한 말씩을 얻어서 말에 싣고 왔다. 신평의 안습지(안민학)는 여유가 없다며 잡곡 서너 되를 주었는데, 오면서 노자(路資)로 썼다고 한다. 돌아올 때 할아비강[祖江]이 얼어서 배가 다니지 못하여, 갑곶나루 건너편에서 하루를 지체했다고 하였다.

　오후에 종명이와 이실(李室)이를 불러서 집안일들을 의논했다. 그러나 충청도로 옮긴 가족들로부터 아무런 연락이 없으니, 무엇 하나 확실하게 정할 수가 없어서 답답하다.

　요즈음 왜 옛날 생각이 많이 날까? 전에는 강계에 위리안치되어서도 주로 앞날의 일을 생각하였는데. 이제 내게 앞날이 없는 걸까? 아직 수상(首相; 領議政)은커녕 문형(文衡; 大提學)도 못 해봤는데 …….

　그저께부터 옛일들을 추억하였으니, 내친김에 지금껏 살아오면서 겪은 일들을 기억나거나 살필 수 있는 대로 차근차근 돌아봐야겠다.

　나는 스물일곱 살이던 임술년(1562, 明宗 17) 3월에 별시 문과에서 장원

으로 급제하였다.

별시는 복시(覆試; 會試)가 없이 초시(初試)와 전시(殿試)만 있는데, 초시는 초장(初場)에서 논(論) 1편과 표(表)·전(箋) 중의 1편, 부(賦) 1편으로 하여 번갈아 그중 두 가지 문제를 내었고, 종장(終場)에서는 대책(對策) 1편이었다. 그 합격자들은 다시 사서(四書;『論語』,『孟子』,『中庸』,『大學』) 중의 한 책, 삼경(三經;『詩經』,『書經』,『周易』) 중에 원하는 책 하나를 배송(背誦; 책을 보지 않고 돌아앉아서 욈)하여 '통(通; 책을 외고 그 내용에 잘 통함)·약(略; 略通)·조(粗; 粗通)·불(不; 不通)' 중에서 '조' 이상의 성적을 받아야 했다. 전시에서는 대책·표·전·잠(箴)·송(頌)·제(制)·조(詔) 중 1편을 제술(製述; 시나 글을 지음)로 시험하였다.[1]

그 전시에서 나는 대책을 잘 지어서 장원으로 급제하였다.

머리맡의 문갑을 뒤져서 그 글과 함께 다른 시험 답안지를 베껴둔 것을 찾아내어서 본다.

명묘(명종)께서 내신 책문(策問)은 다음과 같았다.

왕이 말하기를, "황천(皇天)이 하민(下民; 양반 외의 일반 사람)을 내면서 늘 한결같은 성품을 다스리고 가르치게 하였는데, 그 책임은 임금[君]과 스승[師]에게 있다. 삼대(三代; 夏, 商, 周) 위로는 사습(士習; 선비들의 풍습)이 아름답고 인심은 발라서, 풍속은 후함을 기약하지 않아도 스스로 후하였고, 염치(廉恥)는 행함을 기약하지 않아도 스스로 행해졌다. 이는 무슨 도(道)를 행하였기에 그렇게 된 것인가? 후세로 내려와서는 다스리는 도가 날로 저하되어서 풍성(風聲; 교육이나 정치의 힘으로 풍습을 잘 교화하는 일)과 기습(氣習)이 달라짐을 따라 인심과 사습이 옛날과 같지 않으니, 어떻게 풍속이 후하

---

1) 『경국대전』 권3, 「예전」의 '제과(諸科)' 등 참고.

고 염치가 행함을 바라리오? 이에 이른 까닭은 무엇 때문일까? 그사이에도 역시 사습과 인심의 바름과 풍속과 염치의 칭찬할 만함이 있었던가?

내가 과매(寡昧; 덕이 적고 우매함)한 몸으로 정사에 임하여 다스림을 원한 지가 이에 18년이 되었는데, 다스림이 효과를 보지 못하고 폐정(弊政; 폐해가 많은 정치)만 더욱 심하며, 사습은 또 투미(渝靡; 변하여 쓰러짐)해져서 지조를 가지고 서로 숭상함을 보지 못하고, 인심이 교사(狡詐)하여 충후(忠厚)로 힘쓸 줄 모른다. 변괴가 강상(綱常)에 일어나며 풍속이 날로 박악(薄惡)한 데로 흘러가고 탐풍(貪風)이 크게 자행하여 염치가 다 혼탁한 데 잃어버리게 되니, 말이 이에 이르매 진실로 한심한 일이로다.

어떻게 하면 사습이 아름다워지고 인심이 바르게 되며 풍속이 후하여지고 염치가 행해져서, 치도(治道)의 융성함이 옛 세상과 같고 이래서 군사(君師)의 책임을 저버리지 않게 될 것인가?"

자대부(子大夫; 과거 문과 응시자)들은 시국의 간난함을 목격하고 반드시 강개하여 능히 말할 사람이 있을 것이니, 다 진술하여 숨기지 말라.

이에 대한 내 답안은 다음과 같았다.

신(臣)이 대(對)하나이다.

신은 듣건대, 송나라 선비 주희(朱熹; 朱子)가 말하기를 "천하의 일이 그 근본은 한 사람에게 있고 한 사람 몸의 주체는 한마음에 있는 고로, 인군(人君)의 마음이 하나로 정해지면 천하의 일도 바르지 않음이 없게 되어, 겉이 단정하면 그림자도 바르고 근원이 맑으면 흐름도 깨끗해지는 것과 같으니 그 이치가 반드시 그러한 것이다." 하였나이다.

삼가 생각건대, 주상 전하께서 총명하고 건극(建極; 임금이 나라를 다스리는 근본 법칙을 세움)하신 성(聖)으로 근본을 단정히 하여 정치하는 공을 더하시니, 교화는 위에 이루어지고 덕화는 아래에 행해져서 나라를 다스리는 도가 이에서 더할 수 없습니다. 그런데도 오히려 창솔(倡率; 앞장서서 부르짖음)에 실수로 치도가 날로 저하되어갈까 염려하시며, 곧 신 등을 헌지(軒墀; 대궐의 처마와 뜰) 아래 부르시고 책(策)으로 물으시되, 사습(士習)과 인심이 옛날과 같지 못함에 권권(惓惓; 간절함)하시고 풍속과 염치가 날로 무너져감을 간절히 생각하셔서 옛 생각을 하시어 옛 세상을 끌어다 오늘의 세상까지 말씀하시니, 성하고 아름다운 일이어서 실로 국가와 신민의 행복이옵니다. 신이 비록 슬기롭지 못하오나 감히 아름다운 물으심에 만분의 일이라도 말씀드리지 않사오리까?

신이 엎드려 성책(聖策; 임금이 낸 책문)을 읽건대, 말씀하시기를 "황천이 하민을 내면서 …… 풍속과 염치의 칭송할 만한 것이 있었던가?" 하셨는데, 신은 여기서 전하께서 일[事]이면 반드시 옛것을 스승으로 하여 능히 세상을 길이 도모하시려는 성심(聖心)을 보았습니다.

신은 듣건대 진덕수(眞德秀; 송나라의 학자. 호 西山)의 말에 "하늘이 능히 사람에게 지극히 착한 성품을 주기는 하지만, 능히 그 성품을 온전히 지키게 하는 이는 곧 군사(君師)의 책임이다."라고 했습니다. 무릇 사람이 다 같이 받은 바 처음의 본성은 슬기롭고 어리석은 차별이 없으나, 청수(淸粹)하고 탁박(濁駁)한 품질로 기백과 재덕이 같지 않음은 선천적으로 그러한 것인즉, 백성은 부득불 군사의 교도(敎導)를 힘입어야 하고 군사의 교도는 역시 본래 가지고 있는 본성을 그대로 개발함에 지나지 않는 것입니다. 만일 삼대 이상으로 말하면 몸을 공손히 하고 임금 자리에만 앉아 아무 하는 것이 없어도 교화가 이루어져서 스스로 아래로 미치게 되었은즉 거룩한 요순(堯舜)의 임금 됨이요, 형벌을 두기만 하고 쓰지 않아도 백성이 저절로 맞추어서 감히 나의 바름을 범한 이가 없음은 지극한 문왕(文王)·무왕(武王)의 임금 됨이었습니다.

그러나 오히려 본성을 개도하여 교화에 따르게 한 준비는 잊어버리지 않았은즉, 백성을 밝히고 오전(五典; 五倫이나 五常)을 아름답게 함은 요순의 가르침이 지극한 것이고, 육경(六經; 三經과 『禮記』, 『樂記』, 『春秋』)을 강론하며 육행(六行; 孝, 友, 睦, 媚, 任, 恤)을 밝힘은 문·무의 가르침이 극진한 것이었습니다. 이러므로 사습을 말하면 제제(濟濟; 많고 성함)한 읍손(揖遜)의 성함이 있고, 인심을 말하면 애애(靄靄; 안개 등이 짙게 끼어 자욱함)한 충후의 아름다움이 있어 봉작(封爵)을 받은 이가 즐비한데, 풍속은 스스로 후하고 예양(禮讓)으로 서로 대하며 염치가 스스로 행하여져서, 빠르게 하지 않아도 저절로 속하고, 강잉(强仍)히 하지 않아도 스스로 따른즉, 그 백성을 가르치고 풍속을 개혁하는 도(道) 역시 백성으로 하여금 본래 가지고 있는 성품만을 따르게 함에 불과하였습니다.

비록 그러나 오변(於變; 백성이 善道에 이르러 서로 화목하여 천하가 잘 다스려짐)한 교화는 덕(德)을 밝히는 데 근본하고 종극(終克)의 시초는 극(極)을 세우는 데서 나오는 것이니, 정일(精一)하고 중(中)을 잡은 전통이라야 족히 만세에 뛰어난 정치의 기초가 될 것인즉, 삼대의 정치 역시 어찌 유래가 없이 그러하오리까?

아! 삼대가 이미 멀고 치도는 날로 저하되어 마음을 바르게 하고 몸을 닦는 설이 세상에 밝혀지지 않아 목전의 추세와 아부만으로 구차히 날을 보내니 사습과 인심이 옛날과 다름이 무엇이 괴이하리오?

풍속이 날로 무너져가고 염치가 날로 상실되어가는 것이 실로 유래가 있는 것입니다. 그사이에 비록 한 가지 일의 칭할 만한 것이 있는데도, 사습이 오히려 아름답지 못하고 인심이 오히려 바르지 못하며 풍속과 염치가 역시 그 도를 다하지 못한다면 신이 감히 전하를 위하여 번거롭게 말씀드리지 않겠습니다.

엎드려 바라건대, 전하께서는 반드시 삼대로 법을 삼고 반드시 후세에 경계가 되게 하소서.

　신이 엎드려 성책을 읽건대 "내가 과매한 몸으로 …… 군사의 책임을 저버리지 않게 될 것인가?"라 하신 말씀에, 신은 전하께서 폐정을 개혁하시고 지치(至治; 아주 잘 다스려짐)를 만회하시려는 성심을 보았습니다.

　엎드려 보건대, 전하께서 위(位)에 임어하신 이래 부지런히 다스리려는 생각이 날로 성실하시고 달로 독실하시어, 지치의 근본이 내게 있음을 아시고 군사의 책임이 내게 있음을 생각하시니, 사습의 바르지 못함을 걱정하셔서는 학교를 많이 세우고 사유(師儒)를 많이 맞아 교칙(敎勅)의 도가 이르지 않는 바가 없게 하시고, 인심이 옛날과 다름을 염려하셔서는 관수(官守; 관리로서의 직책)를 시켜 예법으로 인도하되 개도(開道)의 공이 이르지 않는 바가 없게 하시고, 풍속이 붕괴될까 두려워하셔서는 삼강(三綱)을 밝히시고 오상(五常)을 펴서 인도(人道)를 정제하는 것이 이르지 않는 바가 없게 하시며, 또 염치가 저상될까 두려워하셔서는 탐오(貪汚)를 멀리하고 절의(節義)를 표창하여 권장하는 도가 이르지 않는 바가 없게 하시면, 마땅히 선비마다 기절(氣節)을 장려하고 사람마다 명덕(明德)을 밝혀 희호(熙皡)한 풍속이 성하고 염치의 도가 행해져서 삼대의 정치와 더불어 어깨를 나란히 하여 함께 나갈 것입니다.

　그런데 어찌하여 근년 이래로 다스리는 효과가 나타나지 않고 폐단된 정치가 날로 심하겠습니까?

　사습을 말하면, 한갓 과거만 일삼고 작록(爵祿)만 도모할 줄 알며 득실과 이해의 사이에 계교(計巧)만을 급급하여 아버지의 가르침과 형의 권장도 역시 여기에서 벗어나지 않기 때문에, 화복(禍福)이 그가 지킨 절의를 빼앗을 수 있고 영욕(榮辱)이 그가 가진 마음을 더럽힐 수 있어, 아부로 서로 숭배하고 친교로 서로 높이니, 곧은 말과 바른 낯빛을 지닌 사람이 그 사이에 나온 이가 있음을 듣지 못하였은즉 절의의 신하를 얻어 보지 못하게 되는 것입니다. 인심을 말하면, 간위(奸僞)와 교사한 사위(詐僞)의 행동이 습관을 본성화되어 피차(彼此)가 서로 틈만 엿보므로 기망(欺罔)이 그 가운데서 생기고, 관작을 처음 얻는 날로부터 사람을 구함(構陷)하기 시작하여 조그마한 원한만 있어도 불측스러운 땅에 빠지게 하고, 송곳 끝만한 이해로 서로 다투어 아침과 저녁에 받은 은혜도 배반하는즉 충효의 백성을 신이 얻어 볼 수 없는 것이고, 또 풍속을 말하면 자식으로서 아비를 죽이는 변이 있고 노복(奴僕)으로서 상전(上典)을 죽이는 변이 있어 서로 해롭게 하는 화가 친근한 사이에서 나오며, 상복(桑濮)의 행동(남녀 간의 음란한 행동)이 사족(士族)의 집에서 생기는데 고략(拷掠)이 날로 엄하여도 나쁜 버릇은 고쳐지지 않고, 형살(刑殺)이 자주 시행되어도 범죄는 더욱 일어나 중중첩첩 그치지 않게 되니 충의(忠義)의 풍속을 신이 얻어 볼 수 없는 것입니다. 또 염치를 말하면, 재상은 밑 없는 욕심을 부리고 수령은 끝없는 탐오를 방자히 하여 주구(誅求)로 그 욕심을 만족시키고 박할(剝割; 탐관오리가 백성의 재물을 강제로 빼앗음)로 그 탐욕을 채우니, 뇌물이 수레에 가득하여 많음을 과장하고 아름다움을 경쟁하며, 금주(金珠)를 포해(脯醢; 포와 젓) 같이 알고 계권(契券; 계약서)을 시문(詩文)처럼 삼아 청탁이 공공연히 행하되 아무런 기탄이 없고, 재화(財貨)로 관옥(官獄)을 사되 보통으로 생각하니 염치의 도를 신이 얻어 볼 수 없는 것입니다. 이래서 식견이 있는 선비들은 깊이 염려하고 돌이켜 생각하며 늠연(凜然)히 한심해하는 바인데, 성스러운 물으심이 이에까지 미치시니 실로 오늘이 일대 변혁의 기회이옵니다.

신은 들으매, 정이(程頤; 송나라의 학자. 호 伊川)의 말에 "나라를 다스리는 도는 근본을 말한 것도 있고 지엽을 말한 것도 있는데, 근본을 말한다면 오직 임금의 마음을 바르게 함에 있으니 마음을 바르게 하여 조정을 바르게 하고 조정을 바르게 하여 백관을 바르게 한다." 했고, 또 장재(張載; 송나라 학자. 호 橫渠)는 말하기를 "조정에서 도덕과 정술(政術)을 두 가지 일로 삼으니 이것이 곧 예로부터 걱정되는 일이다." 했습니다. 이 두 현인의 말이 어찌 지극하지 않으리오? 진실로 백왕(百王)에 바꿀 수 없는 귀감이라 하겠나이다.

엎드려 원하옵건대, 전하께서는 학문을 강론하여 마음을 바로하시고, 마음을 바로하여 정치를 하시되, 강명(剛明)하고 정직한 자를 가려 스스로 보필을 삼으시며, 돈후하고 염치 있는 자를 표창하여 풍속을 격려시키시며, 문예(文藝)를 먼저하고 기식(器識; 도량과 견식)을 뒤에 하지 마시면 지절(志節) 있고 강개한 선비가 옷소매를 잇대어 묘당(廟堂; 宗廟와 明堂이라는 뜻으로, 나라를 다스리는 조정을 이르는 말) 위에 발걸음이 끊어지지 않으리니, 이로 성명(聖明)하신 덕교(德敎)의 근본을 협찬하고, 이로 군사의 도솔(導率)하는 교화를 협력케 하시면, 인심을 바르게 할 수 있고 풍속을 후하게 할 수 있으며 염치의 도가 스스로 행하여지고 탐오한 풍습이 스스로 끊어질 것이니, 크게는 조정 백관, 작게는 주현후목(州縣候牧), 그리고 멀리는 해우창생(海隅蒼生)에까지 다 같이 선심(善心)에 감화 흥기될 것입니다.

그런즉 네 가지 폐습의 이루어진 원인이 비록 다른 것 같으나 그 근본은 사습을 바로 하는 데에 있고, 사습을 바룸이 비록 여러 가지인 것 같으나 실로 그 근본은 전하의 한 마음에 있는 것입니다.

엎드려 원하옵건대, 전하께서 참다운 선비로 이 도를 아는 자를 널리 찾아 좌우에 두시고 의리(義理)의 학(學)을 강명(講明)하시며, 성현의 말씀을 탐토(探討)하시어 이(理)가 날로 더 밝게 하고 의(義)가 날로 더 정밀해지게 하시되, 이를 붙들어 지킴을 날로 더 굳게 하시고 넓히고 채움을 날로 더 멀게 하시면, 전하의 학문은 밝다 이를 것이요 전하의 마음은 바르다 이를 것이어서, 상고의 치세와 더불어 짝이 될 만할 것입니다.

이가 가진 바는 간략하지만 미치는 바 영향은 넓은 것입니다. 엎드려 원하옵건대 전하께서는 마음 깊이 생각하소서.

또 엎드려 성책을 읽건대 "자대부(子大夫) …… 운운(云云)" 하셨는데, 여기서 전하의 허심탄회로 사람의 말을 받아들이시며 아랫사람에게 묻기를 부끄러워하지 않으시는 훌륭한 마음을 보았습니다.

신이 들으매, 부자(夫子; 孔子)의 말씀에는 "그대가 솔선하여 바른 일을 하면 누가 감히 바르지 않으리오?"라 하였고, 『대학』에 이르기를 "요순은 천하를 인(仁)으로 거느렸는데 백성이 그에 따르고, 걸주(桀紂)는 천하를 폭(暴)으로 거느리니 백성이 그에 따랐다."고 하였습니다. 그러면 우리 백성의 바른 것이 전하의 마음을 바르게 하심에 있고 우리 백성의 따름이 전하의 인을 구하심에 있지 않겠습니까? 인을 구하는 요점은 마음을 바르게 함에 있고, 마음을 바르게 하는 요점은 격치(格致)에 있고, 격치의 공부는 경(敬)과 의(義)에 있는 것입니다.

엎드려 원하옵건대, 전하께서는 경으로 안을 곧게 하시고 의로 밖을 모나게 하시어 심술(心術)의 은미한 사이에 공력을 들이시고, 인륜풍화(人倫風化)의 근본에 정력을 다하시되, 자자(孜孜; 꾸준하게 부지런함)하시고 골골(矻矻; 부지런히 애씀)하시어 조금도 간단(間斷) 없이 하신다면, 모가 난 그릇에는 물도 모가 나듯이 백성도 감히 바르지 않을 수 없으며, 바람이 움직이면 풀도 따라서 쓰러지는 것처럼 백성이 감히 좇지 않을 수 없을 것입니다. 이렇게 되면 백성과 문물이 당우(唐虞)시대와 비등하여 국조(國祚)가 무궁토록 영속할 것이니, 어찌 깊은 폐단을 아주 없애지 못하고 다스리는 도가 날로 저하될 것을 걱정하시오리까?

엎드려 원하옵건대, 전하께서 유의하소서. 신은 삼가 대하나이다.

평가하는 고시관(考試官)에게 내 정견(政見)의 올바름과 문장력 그리고 박학다식함을 바로 각인(刻印)시켜야 하는 과체문(科體文)의 특성에 맞추어서 전고(典故) 인용을 많이 하면서도, 글 전개가 그 때문에 꼬이지 않도록 유의하였다. 지금 다시 보니 현실적인 뚜렷한 대책이 있기 어려운 책문에 대한 원론(原論) 위주의 다소 뻔한 답이었지만, 당시에 새로이 부각되던 성리학의 말들을 원용한 것이 크게 주효했던 듯하다. 하서(김인후) 선생의 『대학』 강론과 고봉(기대승) 선생의 『근사록(近思錄)』 강의가 큰 도움이 되었다.

그 초시에서의 부(賦) 시험의 답안을 베껴둔 것도 보인다. 시험 제목이 '『춘추(春秋)』가 이루어지니 기린이 이르다[春秋成麟至]'였는데, 나는 당시까지 『춘추』를 정독하지 못했기 때문에 공자(孔子)의 공덕에 대한 찬양 위주로 지었다.[2] 좀 피상적이고 다분히 현학적(衒學的)이지만, 그래도 꽤 잘

---

2) "서로 감응(感應)하는 이치를 궁구하면,/ 성기(聲氣)가 서로 붙어 있음을 깨닫게 된다./ 내게 있는 덕이 이미 크면,/ 상서는 기약하지 않고 스스로 이른다./ 노나라 역사를 기린이 이른 때에 이룬 것도,/ 부자(夫子; 孔子)께 크게 유리하였다./ 필삭(筆削)의 신화(神化)에 응하여,/ 일세의 아름다운 상서(祥瑞)를 나타내었도다./ 성인이 한번 서토(西土)를 떠나가매,/ 봉새가 기산에서 울지 않도다./ 초나라 못에는 배가 이미 빠졌고,/ 옛 궁에는 기장이 우거졌다./ 왕정(王政)이 한 번 쉼을 슬퍼하고,/ 하늘의 기강이 무너짐을 개탄한다./ 인류는 금수로 변하고,/ 여러 중화인(中華人)은 만맥(蠻貊)에 섞였다./ 다행히 사문(斯文)이 죽지 않으려고,/ 성스러운 공자께서 나시도다./ 옛 도를 돌이키려고,/ 쉬지 않고 사방으로 주유(周遊)하였다./ 비시(非兕)를 노래함은 의탁이 없어서라,/ 목탁을 울린들 누가 알아주리?/ 세상 건지는 큰 도를 한 몸에 지니고,/ 고국을 향해 돌아오셨다./ 천지의 위치가 바뀜을 염려하였고,/ 관구(冠屨)가 거꾸로 됨을 민망히 여기셨다./ 이를 방관만 하고 마음 편히 있다면,/ 마침내 떨어져 가는 도의 전통을 어찌하리?/ 그러나 빈말만으로는 쓸데없으니,/ 어찌 실행에 나타냄만 같으리오?/ 임금의 권력을 가탁하여,/ 보이지 않는 형벌을 가하셨다./ 왕정월(王正月)의 봄을 같이 함은,/ 크게 만국을 일통시키신 것이다./ 존비의 차례를 엄히 하고,/ 명분의 칭호를 바르게 하셨다./ 포양하고 폄손(貶損)함이 소소(昭昭)하시고,/ 옳고 그름이 정정(井井)하셨다./ 따뜻함은 봄철 생기와 함께 퍼지고,/ 맹엄함은 가을철 살기보다 참혹하였다./ 이미 무너진 삼강(三綱)을 붙잡고,/ 이미 어두워져 가는 구법(九法)을 밝히시니,/ 난신(亂臣)은 보고 두려워하며,/ 적자(賊子)는 듣고 몸을 떨었도다./ 성인이 경(經)을 닦으심으로부터,/ 원기(元氣)가 없어지지 않아,/ 세상이 아무리 긴 밤처럼 되어도/ 오직 도의 일맥은 남아 있도다./ 이에 한 짐승이 있는데 사령(四靈)의 하나로,/ 진진(振振)한 어진 품성을 가졌다./ 하수(河水)가 한번 맑아짐

된 편이다.

잔글씨로 적힌 그 긴 글들을 다 읽으니 눈이 침침하다. 몸도 아프고 피곤해서 술병을 찾아서 두 잔을 거푸 마시고 다시 자리에 누웠다.

그때의 전시에서 최우수 등급인 갑과(甲科)에 함께 급제하여 차석인 아원(亞元; 榜眼)이 된 이가 민충원(閔忠元)이었으며, 을과(乙科) 3인에 심의겸(沈義謙)·윤백원(尹百源)·김희필(金希弼)이 있었고, 병과(丙科)에는 20인이 급제하였다.

당시 명묘께서 내가 장원급제한 방목(榜目)을 보시고 옛날 대군 때 동궁에서 나와 노시던 일을 기억하셔서 기뻐하시며, 내관(內官)에게 액문(掖門; 대궐의 작은 문) 안에서 특별히 술과 안주를 내리라고 명하셨다. 나는 사양하여, "이미 벼슬길에 나선 이상 임금님의 신하 된 처지에 이런 사적(私的)인 예(禮)를 감히 받을 수 없나이다." 하였다. 이에 명묘께서는 주찬 내리심을 중지시키시고, 내게 신무문(神武門; 경복궁의 북문)을 통해 대궐을 나가도록 명하신 뒤에 누대(樓臺) 위에서 내가 가는 것을 바라보셨다고 한다.

을 기다려서./ 스스로 성인과 함께 노니기를 기다린 것이다./ 우정(虞廷)에 창창(蹌蹌)하였더니./ 구의산(九疑山)에 수심 구름이 뒤덮였고./ 문왕과 도를 같이 하였더니./ 풍(豊) 땅에 물만 속절없이 흐르도다./ 다행히 봉새가 노나라에 있어./ 문물의 제도가 이미 갖추어졌다./ 진실로 지기(志氣)가 서로 감흥되는데./ 여기를 버리고 어디로 가랴?/ 여기서 들에 출현한 것은./ 실로 천리(天理)에 어김이 없는 것이다./ 슬프다! 세상 사람들 눈이 어두워./ 상서로운 것이 아니라고 버림받았다./ 슬픈 눈물을 옷소매로 씻음은./ 이 도가 더욱 그릇됨을 서러워한 것이나./ 하늘의 이치는 이이 그리 아득한고?/ 일은 이미 절필(絶筆)에서 끝났도다./ 성인의 도는 앞뒤가 다름이 없는데./ 어찌 만난 것은 한결같지 않은고?/ 거북은 문명(文命)에게 상서를 드렸고./ 봉새는 옹희(雍熙)한 때에 춤을 추었도다./ 이 이치의 당연함을 알겠으니./ 이 기린이 이(尼)와 같음을 감탄한다./ 아! 상천(上天)이 성인을 낳으심이./ 어찌 하토(下土)에 기약이 없으랴?/ 만일 당년에 쓰이게 되었더라면./ 천지의 위치와 만물의 화육(化育)도 이루어졌으리라./ 이 어찌 조수(鳥獸)만 그러하리오?/ 인물(人物)도 함께 인택(仁澤)에 젖었으리라."

명묘의 은권(恩眷; 총애)이 특별하셨던 것이다.

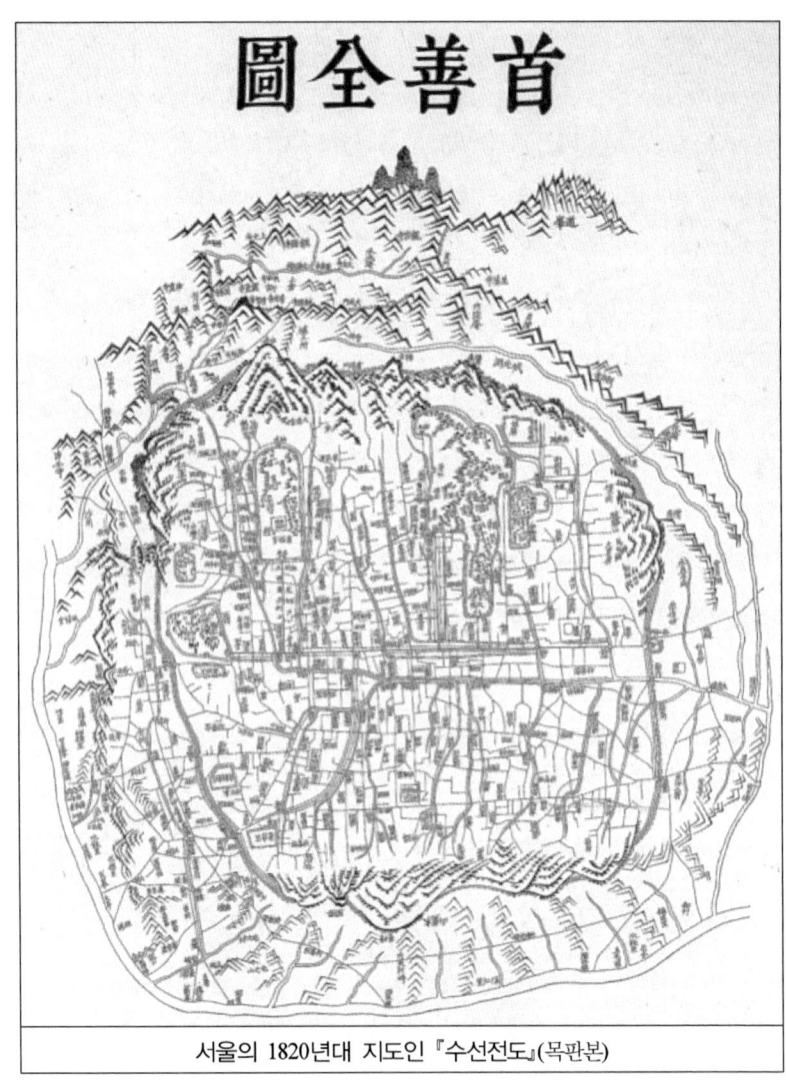

서울의 1820년대 지도인 『수선전도』(목판본)

그 뒤에 방방의(放榜儀; 대궐에서 과거 급제 증서를 주는 의식), 은영연(恩榮宴; 議政府나 禮曹에서 행하는 축하연), 사은례(謝恩禮; 은영연 다음 날에 급제자들이 대궐로 가서 왕에게 감사드리는 예식), 알성례(謁聖禮; 사은례 다음날 성균관에 있는 文廟에서 孔子 神位에 참배함), 삼일유가(三日遊街; 과거 급제자가 사흘간 시가행진을 벌이고 시험관・선배 급제자・친척 등을 찾아보던 일) 등을 치르느라고 한동안 분주하였다.

이 동안에 나는 대단한 명문가 출신이 아니어서 나를 끌어주거나 밀어줄 든든한 힘이 없으며 큰 부자도 아니고 두드러진 재주도 없으므로, 내가 벼슬살이하면서 믿고 기댈 바는 오로지 임금님께 충성을 다해서 그 은총을 입는 길밖에 없다는 점을 명심하였다.

나는 장원급제한 덕에 첫 벼슬로 다른 급제자들보다 높은 정6품직인 성균관 전적(典籍)에 제수(除授; 왕이 직접 벼슬을 내림)되었다.[3]

벼슬살이를 시작하면서, 창평에 있던 가족들을 서울로 옮겼다.[4]

---

3) 『경국대전』 권3, 「예전」의 '제과'에 의하면, 문과에서 갑과의 수석을 차지한 자는 종6품 관직에 임명하고 나머지는 정7품 관직에 임명한다. 을과에 합격한 자는 정8품계의 관직에, 병과에 합격한 자는 정9품계의 관직에 임명한다.

4) 이때 정철의 가족이 옮긴 서울의 집은, 『송강선조 유필(松江先祖遺筆)』(http://www.gasa.go.kr/?gasa=22&mode=view&uid=2255&start=10), 2면에 있는 정철이 성명 미상의 사람에게 답한 편지(「答書」)에서 "이곳의 순년이라는 종[此中順年奴]은 … 원망이 말에 나타나고 면전에서 얼굴이 불쾌하게 변하지만, 병중에 계신 노인을 모시고 있는 집이라 …"라고 한 것으로 보아, 부모가 살고 있던 장의동 집이었을 가능성이 크다. 이이의 「돈령부 판관 정공 묘지명(敦寧府判官鄭公墓誌銘)」(이이, 『율곡전서』 권18)에서도 '정철이 선조 때 시신(侍臣)으로 조회에서 물러 나오면, 그의 아버지가 임금님이 어떤 책을 읽으며 덕을 먼저 갖추고 학업을 넓혀감은 어떠한지를 번번이[輒] 물었다.'고 하였다.

그 한참 뒤에 정철은, 김장생(金長生)의 「송강정문청공철 행록(松江鄭文淸公澈行錄)」(『沙溪全書』 권9, '行狀')에서 "공이 추관(推官)이 되었을 때(1589), 내가 말할 일이 있어서 공이 있는 곳을 찾았는데, 공은 '창덕궁(昌德宮) 문밖 사가(私家)'에 묵고 있었다."고 한 것으로 보아, 54세에 삼청동(三淸洞)이나 그 인근에서 살았을 것이다. 그리고 『송강속집』 권1의 정철 작 오언고시 〈이생정면(李生廷冕)…〉에 "용산정(龍山亭)으로 나를 찾아왔을 때 나는 마침 신묘년(1591) 액을 만났네."라 하였고 『송강별집』 권3, 「연보 하」의 '신묘 3월'에 "공은 곧 용산촌사(龍山村舍)로 나가서 명을 기다렸다."고

곧이어 정5품직인 사헌부 지평에 제수되었고, 4월에 정6품직인 형조 좌랑으로 체수(遞授; 벼슬을 바꾸어 내림)되었으며, 7월에 예조 좌랑으로 체수되었고, 8월에 종6품직인 충청도 보령 현감에 제수되었다가, 부임하기도 전에 전적에 제수되었고, 9월에 예조 좌랑에 제수되었다. 반년 동안에 무려 일곱 번의 관직 임명이 있었던 것이다.

나에 대한 명묘의 총애 때문이라고도 하였지만, 무슨 관직 제수가 직무를 어느 것 하나도 제대로 파악할 수 없게 그러한 식으로 이루어지는지 이해할 수 없었다. 나중에야 중앙 관서들의 실무 대부분은 녹사(錄事)·서리(書吏) 등의 구실아치들(兵曹는 皁隷·羅將 등)이 관례(慣例)대로 알아서 처리하고, 벼슬아치인 양반 관료들은 그들을 지휘, 감독하거나 문서 작성 및 검토와 정책 심의 및 결정 등에 관여하면 되니 벼슬자리를 빠르게 돌리더라도 큰 문제는 없다는 것을 알게 되었다. 그렇다고 해도 보직 이동이 너무 잦았다.

관리의 인사는 관료로서의 적격자를 선발하여 서임(敍任; 벼슬자리를 내림)하고, 근무성적을 평가하여 승임(陞任)·전임(轉任) 또는 좌천(左遷)이나 파면(罷免)을 결정하는데, 그 절차는 비삼망(備三望), 비하(批下), 서경(署經)으로 진행된다.

비삼망은 판서(判書) 이하의 책임자들이 관리의 복무성적을 기록한 도력장(都歷狀)에 의해 심의하고, 관직별로 적격자를 3인씩 선발하여 그 성명을 적은 망단자(望單子)를 국왕께 올린다. 비하는 국왕이 3망(望) 중의 한 사람에게 점을 찍어[落點] 최종 결정을 내리는 것으로, 그 결과는 그대로 조보(朝報; 官報)에 공표된다.

했으니, 56세에는 용산에서도 지냈다.
　한편, 그는 40세(1575년) 무렵에 마포 서쪽의 한강가에 정자('風樹亭' 또는 '西湖精舍')를 마련했을 것으로 추측된다(『송강집』 권1, '칠언절구', 〈移寓風樹亭〉 등 참고).

그런데 사실상 대부분의 관직 임용은 관리로서의 신분상 적격 여부를 심사하는 서경을 통과하여야 했다. 통훈대부(通訓大夫; 정3품 下階) 이하의 당하관(堂下官)에 임명되는 경우에는, 이조(吏曹)에서 당사자의 친족·외족·처족의 사조(四祖; 부, 조부, 증조부, 외조부)를 적어 양사(兩司; 司憲府와 司諫院)에 보내고, 양사에서는 당사자는 물론이고 3족 4조에도 흠이 없음을 판정한 뒤에 인준한다.

임관은 서경 절차가 완료된 후에 비로소 확정되고, 이후에 이조로부터 임명하는 고신(告身; 職牒)을 발급받는다.

관직생활은 그리 빡빡하지 않다. 모든 관리들은 묘시(卯時; 오전 5～7시)에 출근하고 유시(酉時; 오후 5～7시)에 퇴근한다(해가 짧은 때인 가을·겨울에는 辰時에 출근하고 申時에 퇴근한다). 휴일은 매월 나흘씩(1일, 7일, 15일, 23일)과 24절기(節氣) 때로서 1년에 72일이 기본이고, 합당한 사유가 있는 경우에는 특별 휴가가 있다.

녹봉(祿俸)은 박하여, 정6품의 경우에 1년에 '중미(中米 속겨를 한 차례 벗긴 쌀) 5석(石), 조미(糙米 왕겨만 벗긴 玄米) 18석, 전미(田米 벼껍질을 벗기지 않은 쌀. 또는 밭벼의 쌀) 2석, 콩[黃斗] 9석, 밀[小麥] 4석, 명주[紬] 1필(匹), 베[正布] 10필, 저화(楮貨; 종이돈) 4장(張)'인데, 네 번에 나누어서 지급한다. 그런데도 흉년이 들거나 외국 사신들이 자주 왕래하여 국가의 재정형편이 어려우면 규정보다 녹봉을 적게 지급하기도 했다.

게다가 서울의 물가가 지방보다 월등히 높아서, 대다수의 경관(京官; 서울에 있던 여러 관아의 벼슬을 통틀어 이르던 말)들은 녹봉만으로 생활하기가 힘들었다. 이 때문에, 타인들로부터 선물을 받는 일이 흔했다. 특히 요직(要職)에 있는 경관들은 지방의 수령(府尹[종2품], 大都護府使[정3품], 牧使[정3품], 都護府使[종3품], 郡守[종4품], 縣令[종5품], 縣監[종6품])으로부터 선물을 많이 받았는데, 부정(不正)한 뇌물과 구분하기 어려운 경우가 적지 않았다.

그런데 을해년(1575, 宣祖 8)에 뇌물 수수를 처벌하는 법이 제정되어서, 쌀 한 말 이상의 선물은 주는 자와 받는 자가 모두 곤장을 맞는 죄에 해당한다고 하였다.[5]

나는 아내가 꽤 사는 집의 무남독녀로서 친정으로부터 재산을 상당히 넘겨받아서 생계에 별 어려움이 없었으므로, 오랫동안 관직생활을 하면서 술 및 술대접과 책·서화 그리고 문방구(文房具) 외에는 남들로부터 선물 받는 것을 삼갔다.

계해년(1563; 28세)에 막내딸[林室이]이 태어났다.

그해 12월까지 예조 좌랑으로 15개월간 재직했다. 그러고는 공조 좌랑으로 옮겼다가, 갑자년(1564) 6월에 병조 좌랑으로 또 공조 좌랑으로 갈렸다가, 정5품직인 공조 정랑, 예조 정랑이 되었다.

을축년(1565; 30세)에 둘째 아들 종명(宗溟)이가 태어났다.

그해 12월에 경기도(관찰사의 監營은 당시에 한성부 서부 盤松坊에 있었음) 도사(都事; 중앙의 府와 각 도에서 행정 실무를 담당한 종5품 관직)에 제수되었다가, 다음달인 병인년(1566) 정월에 형조 정랑이 되어 대궐에 들어서 을사사화(1545년) 때 화를 입은 사람들의 신원(伸寃)을 청하였고, 2월에 다시 예조 정랑이 되었다. 3월에 성균관 직강이 되었고, 그달 하순에 큰누님(仁宗의 후궁 貴人 鄭氏)이 서부 인달방(仁達坊) 사저(私邸)에서 병으로 별세하셔서, 고양군 수동(현 '송강마을')의 별서 동쪽 산기슭에 장사 지냈다.

사간원 헌납이 되었다가, 4월에 다시 직강이 되고 또 지평이 되었는데, 경양군(景陽君; 李壽環) 부자(父子)의 옥사(獄事)에서 명묘의 뜻을 받들지 못했다.[6] 5월에 공조 정랑이 되었고, 9월에 병조 정랑이 되었다가, 함경도 경

---

5) 성혼, 『우계집』 권5, '간독 2', 「송사강 대립에게 답한 별지[答宋士强大立別紙]」.
6) 『송강별집』 권2, 「연보 상」에서는 임술년(1562)에 지평이 되어서의 일이라고 하였으나, 경양군 부자의 옥사는 그 4년 뒤인 병인년(1566)의 일이다.

차관(敬差官) 곧 어사(御史)가 되어 북관(北關)을 순시하러 나갔다. 그때 지은 시 〈함흥객관대국(咸興客舘對菊; 함흥 객관[다른 곳에서 온 벼슬아치를 대접하고 묵게 하던 숙소]에서 국화를 보며)〉은 다음과 같다.

秋盡關河候雁哀(추진관하후안애) 가을이 다한 북관 물에서 철기러기가 슬퍼하니,
思歸且上望鄕臺(사귀차상망향대) 돌아갈 생각으로 망향대에 또 올랐네.
慇懃十月咸山菊(은근십월함산국) 은근한 10월의 함산(함흥) 국화는
不爲重陽爲客開(불위중양위객개) 중양절(9월 9일)이 아니라 객을 위해 피었네.

이 시가 서울로 전해져서 '격이 뛰어나고 생각이 깊다'는 평을 받았다.[7] 내가 사명(使命)을 마치고 귀경(歸京)하여 복명하러 입궐했다가 나올 때, 왕손사부(王孫師傅)였던 정지연(鄭芝衍; 본관 東萊, 호 南峯, 1525~1583) 공이 내게 "'불위중양위객개'께서 오셨구려." 하였다.

북로(北路)에 있을 때 우연히 단가 한 수를 지었는데, 그 몇 달 뒤에 명묘

그리고 김장생의 「송강정문청공철 행록」에서는 "사헌부 관원이 되자, 명묘의 종형 경양군이 처가 재산을 빼앗고자 아내의 얼제(孼弟)를 불러다가 몰래 죽이고 흔적을 없앴다. 죽은 자의 친척이 소송해서 옥사(재판)가 이루어져 경양군 부자는 사형에 해당했다. 공이 법 집행에 굽힘이 없자, 명묘는 사사로이 공에게 이르기를, '우리 형이 장차 죽게 되었으니, 공은 관대히 다스리라.' 하였으나, 공은 끝내 그 뜻에 따르지 않아서 경양군 부자는 결국 옥중에서 죽었다. 이 때문에 명묘의 뜻에 거슬려 한직(閒職)에 버려져 수삼 년 동안 청반(淸班)에 오르지 못했다."라고 하였는데, 그 마지막 대목도 잘못된 기술일 가능성이 크다.
7) 허균(許筠; 1569~1618), 『국조시산(國朝詩珊)』 권3의 〈함흥시월간국(咸興十月看菊)〉 뒤의 비평어 "格超思淵" 참고.

께서 승하(昇遐)하셨다. 혹 가참(歌讖; 우연히 지은 노래가 뒷일과 꼭 맞는 일)이었을까?

귀로에서는 철령(鐵嶺)을 넘지 않고 어사의 수의(繡衣) 대신에 남루한 옷차림으로 강원도 흡곡(歙谷)의 시중대(侍中臺)에 들렀고, 통천(通川)에 이르러 총석정(叢石亭)에 오른 뒤에 '정 진사(鄭進士)'라 하고 그 고을 군수와 실컷 술 마셨다.

10월에 돌아와 홍문관에 들어서 부수찬이 되었다. 문장과 학행(學行)이 훌륭하고 좋은 가문 출신임을 인정받은지라 무척 기뻤다.

그 무렵까지 나는 틈나는 대로 최경창(崔慶昌; 자 嘉運, 호 孤竹)·서익(徐益; 자 君受, 호 萬竹, 1542~1587) 등의 젊은 명류(名流)들과 삼청동(三淸洞) 일대에서 문예로써 친밀히 교유하였는데, 사람들은 그 모임을 '이십팔수회(二十八宿會)'라고 칭했다.

정묘년(1567, 명종 22; 32세) 6월에 명묘께서 34세로 승하하셨고, 덕흥군(德興君; 중종의 庶7男)의 제3남으로 하성군(河城君)이셨던 지금의 주상[宣祖; 초명은 李鈞이었다가 李昖으로 고침. 1552~1608] 전하께서 7월에 왕위를 이으셨다. 겨울에 아버님께서 전 직첩('敦寧府 判官')을 돌려받으셨다. 나는 11월에 수찬이 되어, 호당(독서당)에서 사가독서하였다.

그해에 셋째 아들 진명(振溟)이가 태어났다.

이듬해인 무진년(1568, 宣祖 1) 3월인가에 마침 율곡[叔獻; 李珥]과 우계[浩原; 成渾] 그리고 구봉[雲長; 宋翼弼]이 모두 서울에 있었기에, 그들과 함께 남산에서 노닐며 오언율시를 나누어서 지었다.

〈遊南嶽 聯句(유남악연구)〉　　남악에서 노닐다(연구)
衣草人三四(의초인삼사)　　풀옷 입은 사람 서넛이
於塵世外遊(어진세외유)　　티끌세상 밖에서 노닌다네. [운장 작]

洞深花意懶(동심화의나)	골이 깊어서 꽃 필 뜻이 게으르고,
山疊水聲幽(산첩수성유)	산이 겹쳐 물소리가 그윽하네. [숙헌 작]
斷嶽杯中畫(단악배중화)	쪼개진 산은 술잔 속 그림이고,
長風袖裏秋(장풍수리추)	긴 바람은 소매 속 가을이네. [계함 작]
白雲巖下起(백운암하기)	흰 구름이 바위 아래 일어나면,
歸路駕靑牛(귀로가청우)	귀로에 푸른 소를 타려네. [호원 작]

그 작품에서 나[季涵]는 나다웠고 우계는 우계다웠다.

우계는 주로 초야에서 학문과 수신(修身)에만 힘쓸 뿐, 여색과 음탕한 노래를 멀리했다. 내 생일날 서울집에 친구들을 초대하고 기생들을 불렀더니, 처음 찾아온 그가 자리에 들려고 하지 않았다. 또 경로(景魯; 李希參)가 자기 집에 율곡·우계와 나를 초대하여 술자리를 베풀고 공들여서 부른 장안(長安) 제일의 명창인 여성위(礪城尉; 중종의 셋째 庶女인 貞順翁主와 결혼한 宋寅)의 가비(歌婢; 노래하는 계집종) 석개(石介; '石娥')에게 노래를 시키자, 우계가 벌떡 일어나 자리를 떠났는데 아무도 말릴 수 없었다.

나는 그해 3월에 이조 좌랑이 되었다. 정6품직이지만 요직이었다.

6월에 명나라 황제(穆宗 隆慶帝) 폐하께서 황태자 책봉 조서를 반포하는 사신들(翰林檢討 成憲, 兵科給事中 王璽 등)을 보내오자, 원접사인 이조 판서 박순(朴淳) 공의 종사관이 되었다.

그때 의주에서 천자의 사절들과 함께하면서 절구 한 수를 지었는데,

〈統軍亭(통군정)〉	통군정에서
我欲過江去(아욕과강거)	나는 강(압록강)을 지나가,
直登松鶻山(직등송골산)	바로 송골산을 오르려 하네.
西招華表鶴(서초화표학)	서쪽에서 화표주의 학(仙人 丁令威)을 불러서,

相與戱雲間(상여희운간)　　　구름 사이에 서로 함께 놀려네.

대작은 아니지만, 시상이 기발하였지.[8]

8월에 이조 좌랑으로서 『명종실록(明宗實錄)』 편찬을 위한 실록청(實錄廳)의 낭청(郞廳; 실무직 당하관)이 되었다.

기사년(1569; 34세) 3월에 사림의 태두(泰斗)였던 퇴계(退溪) 이황(李滉) 선생이 벼슬을 사퇴하고 고향으로 돌아가니, 많은 사대부들이 강가에 나와서 전송하였다. 그날따라 급히 처리해야 할 일이 많았던 내가 도착했을 때는 선생이 이미 떠난 뒤였다. 이에 다음의 시를 지었다.

追至廣陵上(추지광릉상)　　뒤쫓아 광나루에 이르니
仙舟已杳冥(선주이묘명)　　신선의 배는 이미 아득하네.
春風滿江思(춘풍만강사)　　봄바람에 강에 가득한 그리움으로
斜日獨登亭(사일독등정)　　해 기우는데 홀로 정자에 오르네.

선생은 뒤에 나에 대해 '옛 간신(諫臣)의 풍도(風度)가 있다'고 말했다 한다. 그는 고향 예안에서 이듬해 11월에 병으로 별세하였다.

그 무렵에 조정에서 전배 사류(前輩士類)는 치술(治術; 나라를 다스리는 方策)과 문장을 중시했으며 성리학에 생소하여, '도(道)'와 '이기(理氣)'를 논하고 이치를 따지는 후배 사류의 사풍(士風)에 부담감과 저항감을 가졌다. 그래서 전배 사류 중의 몇몇(金鎧, 洪曇, 洪暹, 송순 등)은 후배 사류의 주요 인물들(이후백, 박순, 기대승, 심의겸 등)을 쓸어버리려는 흉계를 꾸몄는데,

---

8) 신흠(申欽; 1566~1628), 『청창연담(晴窓軟談)』 하(下;『象村集』 권60)의 "雖非大作 亦自奇拔可傳 其後詞客之來詠者 未見有及之者" 참고.

나도 저들이 배척한 사람들에 들었다고 했다. 영광이었다.

나는 5월에 수찬, 부교리를 거쳐 또 지평이 되어, 좌승지이던 고봉(기대승) 선생 등과 함께 6월에 김개(당시 特進官)를 탄핵하여 조정에서 축출했다. 그러자 홍담(이조 판서)도 물러났다. 윤6월에 직강, 부교리에 제수되었다가, 7월에 직강, 예조 정랑이 되었다. 10월에 부교리로서 어사가 되어 호남으로 갔다가, 12월에 환조(還朝)하여 직강, 예조 정랑을 지냈다.

경오년(1570; 35세) 2월에 교리가 되고, 4월에 예조 정랑이 되었다가, 그 달 21일에 부친상을 당하였다. 둘째 형님(정소)이 병중인지라, 셋째 형님(정황)과 내가 상장(喪葬)을 주관하여 예(禮)에 맞도록 했다.

6월에 고양 수동의 큰누님 묘 쓴 곳의 위쪽에 장사 지낸 뒤에, 셋째 형님과 나는 그 옆에 여막(廬幕)을 짓고 2년간 시묘살이하였다. 그동안에 나는 예학과 역사 등에 대한 공부를 좀 했다.

신미년(1571, 선조 4) 늦여름에 어머님께서 시묘살이하는 두 형제에게 언문(한글) 편지⁹⁾를 보내셨다.

그해에 셋째 형님의 둘째 딸이 주상의 후궁에 간택되어서 숙의(淑儀)로 입궁(入宮)하였다. 상중(喪中)임에도 셋째 형수님(富平 韓氏)이 참 알뜰

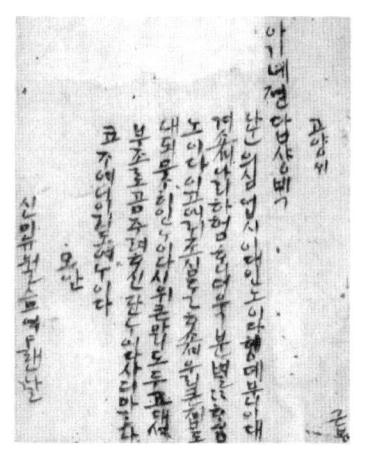

1571년 6월에 어머니 죽산 안씨가 시묘 중인 정황·정철 형제에게 보낸 언문 편지(한국고문서자료관, https://archive.aks.ac.kr/)

---

9) 그 현대어는 다음과 같다(https://archive.aks.ac.kr/letter/letter.do#view.do?itemId=letter&gubun=lettername&uppath=&dataId=G002+LET+KSM-XF.1571.0000-20140430.B0023_01).
"근봉(謹封)/ 고양에/ 아기네 앞 답하여 사뢰어 올림/ 나는 의심 없이 잘 있습니다.

히도 대비했다.

임신년(1572; 37세) 4월에 대상(大祥; 죽은 지 2년 만에 3년상을 마치고 脫喪하는 제사)을 지낸 뒤, 6월에 담제(禫祭; 大祥을 지내고 두 달 뒤의 下旬의 丁日이나 亥日에 지내는 제사)와 길제(吉祭; 담제 다음의 丁日이나 亥日을 택해서 神主를 祠堂에 安置하는 제사)를 마치고 평상으로 돌아갔다.

6월 말인가 7월 초에 나는 소를 타고 파주 파평의 우계를 방문하여 이틀 밤을 묵었다.

그때 이런 단가를 지었지.

> 재 너머 셩 궐롱(成勸農) 집의 술 닉닷 말 어제 듯고
> 누은 쇼 발로 박차 언치 노하 지즐 투고
> "아히야 네 궐롱 겨시냐 '뎡 좌슈(鄭座首) 왓다' ᄒ여라"

[현대어] 재 너머 셩 권농 집에 술 익었단 말 어제 듣고,/ 누운 소를 발로 박차 언치(털 헝겊) 놓아 눌러 타고,/ "아이야, 네 권농 계시냐? '정 좌수 왔다' 하여라."

'재 너머'의 '재'는 당시 내가 지내던 고양군 수동의 북쪽 10리 남짓에 있는 혜음령(惠陰嶺)을 가리킨 것이다. 수동에서 '셩 권농'(성혼)의 집이 있던 파주목 우계(현 파주시 파평면 눌로리)까지의 거리는 약 100리인데, 그 먼 거리를 가까운 것처럼 표현하였다. 그 거리는 걸어서 다섯 시진(10시간) 이

형제분도 잘 계십시오. 날이 많이 험하니 더욱 분별(염려)하고 분별합니다. 이 고열(苦熱)에 조심들 하십시오. 우리 큰집도 모두 무사히 있습니다. 시위(豕位; 제물로 쓸 돼지) 큰 머리도 두 곳에서 부조로 주려 하신다 합니다. 사지 말라고 자연스레 이리 되었습니다./ 어미 안(安)/ 신미(1571년) 6월 28일."

상 걸리고, 소를 타도 비슷하다. 그러므로 어두워지기 전에 그곳에 도착하기 위해서는 아침 일찍 출발하여야 했다. 그리고 당일에 돌아올 수 없으니, 그 집에서 묵어야 했다.

이 작품은 친구 집에 술이 익었다는 말을 듣고 다음날 바로 찾아갈 정도로 내가 술을 좋아함을 알려준다고 할 수도 있지만, 실은 술보다는 절친한 벗을 찾아가서 함께 이야기하며 지내는 즐거움을 더 바라고 있음을 표현하였다. 그 벗을 만나기 위해서 100리 길도 마다하지 않으며, 또 그 거리도 멀지 않게 여기는 것이다.

말이나 나귀가 아니라 느릿느릿한 소를 타고 가는 것[騎牛]은 한가로운 마음의 여유를 말해 준다. 소를 타는 것은 교통수단의 하나이기도 했지만, 자연을 즐기는 한 방법으로서 풍류적인 멋으로 되는 경우도 적지 않았다. 소의 더딘 걸음만큼 여유롭고 안전하게 또 번거롭지 않게 산수를 완상할 수 있기 때문이다.

그런데 제2행에서의 몇몇 행동과 상황 기술이 생략된 '누운 소를 발길로 냅다 차서 일으켜 털 헝겊을 깔아 안장도 없이 눌러 타고'라는 표현으로써 빨리 벗과 만나기를 바라는 조급한 마음에 서두르는 것을 보였다. 이는 느린 소를 타고 감이 말해 주는 마음의 여유와는 상충되는 행동이다. 조급한 마음과 여유로운 마음이 복합된 가운데 조급한 마음이 주가 된다. 제3행에서도 소를 타는 주된 목적인 '자연을 즐김'에 관련된 일은 나타내지 않은 채 친구 집에 도착하여 그 집 아이에게 말을 건네는 장면을 곧바로 나타내었다. 조급한 마음은 작품의 각 시행과 구들이 최대한 많은 글자(음절)들로써 구성된 양상('3-5, 4-4/ 3-4, 4-4/ 3-6, 5-3'; 총 48음절)과도 호응하는데, 다소 북적거리는 속에서 급박한 움직임의 율조(律調; 리듬)를 나타낸 것이다.

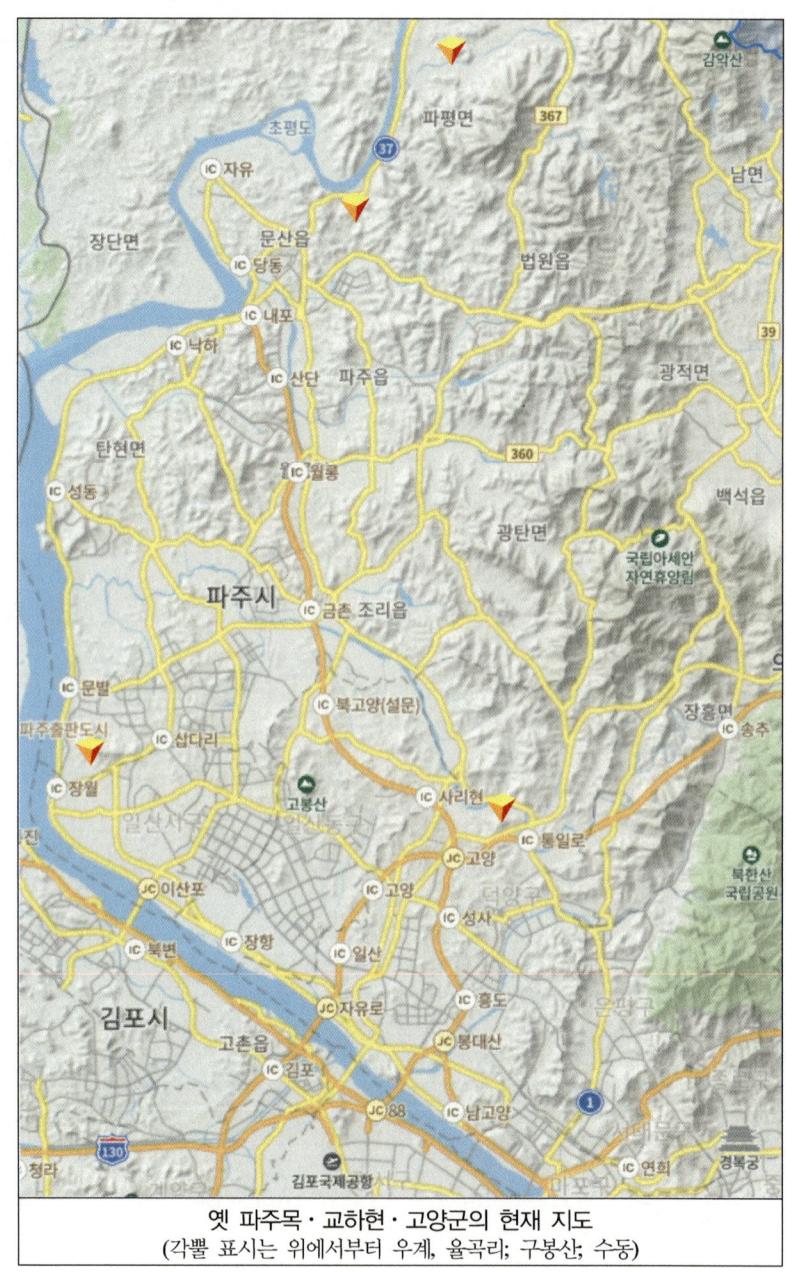

옛 파주목·교하현·고양군의 현재 지도
(각뿔 표시는 위에서부터 우계, 율곡리; 구봉산; 수동)

제2행에서 우리말만으로 되었으며 생략이 있으면서도 사실적(寫實的)인 표현을 썼는데, 그 허둥거리는 모습이 웃음을 자아낼 수 있을 것이다. 그리고 나와 벗의 직함(성혼은 1570년에 적성 현감에 제수된 바 있음)을 낮추어서 작은 고을 안의 직임(職任)인 '좌수(지방의 자치 기구인 鄕廳의 우두머리)'와 '권농(지방의 坊이나 面에 속하여 농사를 장려하던 직책)'이라고 하여, '술이 익음'(곧 家釀) 및 '소를 탐'과 어울리는 시골사람으로서의 자세를 보여주며, 또 익살스러운 재미도 줄 수 있을 것이다.[10]

그 얼마 뒤에 우계가 그때의 일에 관한 시와 글을 보내왔다.

彼美松江水(피미송강수)	저 아름다운 송강의 물,
秋來徹底淸(추래철저청)	가을이 오니 바닥까지 맑구나.
湯盤供日沐(탕반공일목)	탕반에 공급해 날마다 목욕하면,
方寸有餘醒(방촌유여성)	마음에도 남은 깨달음이 있으리.

옥 같은 시운에 공경히 차운하여 말하고 싶은 소회를 펴니, 졸렬하다 하여 버리지 않으시면 매우 다행이겠습니다.

우계의 물도 송강의 물과 똑같이 맑으니, 또한 어찌 멀리서 한 잔을 떠와서 남은 맑음을 나눌 필요가 있겠습니까? 그러나 우계의 물은 항상 맑지도 않고 또한 항상 흐리지도 않으니, 어찌 감히 스스로 그 맑음을 믿고서 맑음을 더하는 공부를 더 하지 않으리오? 그리고 또한 송강의 깨끗하고 시원한 물이 탕반(湯盤; 중국 商나라 湯王이 목욕하던 대야)과 함께 날로 새로워져서 외물(外物)의 혼탁함이 그 사이에 끼지 않기를 바라니, 지극히 축원하고 지극히 축원합니다.

---

10) 성호경, 『시조문학의 이해』(북메이트, 2023), 384~385면 참고.

백 리를 멍에 메게 하여[命駕] 멀리 궁벽한 골짜기에 드시니, 은혜롭게 사랑해 주시는 수고로움과 보살펴 주시는 소중한 뜻은 어리석고 비루한 소생이 감히 받들어 절할 바가 아닙니다. 이미 만나 말을 나누니 더욱 기쁘고 위로되며, 이틀 밤을 묵으면서 간곡히 말씀하여 가르쳐 주시니 마음이 감동되어 감사함을 어찌 다 말할 수 있겠습니까? 저는 사람 세상에 홀로 서 있어서 그림자를 돌아봐도 짝이 없어 항상 외로워하는 시름을 지니고 말년의 벗을 찾고자 하는 마음이 간절했는데, 이 두터운 뜻을 입으니 개연(慨然)함을 더욱 더하여 보답할 바를 모르겠습니다. …….

　　작별할 때 고한 바, "천리(天理)와 인욕(人欲)은 병립함을 받아들이지 않으니, 전일(專一)한 마음으로 독실히 좋아하여 이(理)와 의(義)가 물 적신 듯하면 저것들은 공격하지 않아도 저절로 사라진다."고 한 것을, 간절히 원하노니, 체찰(體察; 전체를 총괄하여 살핌)하여 체험하고 그 맛을 알아서 접속하십시오. 더욱 바라는 바입니다.[11]

---

11) 성혼, 『우계집』 권1, 〈차정송강철운(次鄭松江澈韻)〉.
　　그런데 『송강별집』 권2, '부록', 「연보 상」에서는 기사년(1569; 34세) 5월의 일들(사헌부 지평으로서 入侍하여 金鎧의 잘못을 進啓함)과 그 관련 사항들을 바로 뒤에 "우계 선생과 더불어 시를 수창하기도 했고, 학문하는 방법을 논하기도 했다."고 하면서 이 한시와 글을 실었지만, 연대 착오일 가능성이 적지 않다.
　　정철은 1569년 5월에 지평이 되어 6월에 김개를 탄핵하였으며, 윤6월에 직강, 부교리가 되었고, 7월부터 직강, 예조 정랑을 지냈다. 그러니 1569년의 가을이 온 때(윤6월 하순 무렵)에는 '정철이 소나 말을 타고 100리(고양 수동에서 출발한 경우)를 가서 파주 파평의 우계를 방문하여 이틀 밤을 묵고 귀환한 일'(서울에서부터는 5일 이상의 휴가가 필요함)이 있기 어려웠을 것이다.
　　그리고 성혼이 정철에게 보낸 편지 속에 나온 '천리(天理)'·'인욕(人欲)'과 '물'·'그릇[湯盤]'에 대해 각별한 관심을 가지게 된 것은 1572년(임신) 여름부터 1573년(계유)까지 율곡 이이와의 편지를 통한 '이기(理氣) 논쟁'에서였을 것으로 추정된다(그동안 성혼은 파주 우계에 있었다). 그 네 번째 성혼의 편지(『우계집』 권4, '간독 1', 「與栗谷論理氣 第四書」) 뒤에 실린 「장서(長書)」(이이, 『율곡전서』 권10, '書2', 「答成浩原(2)」)에서, 이이는 "성인(聖人)은 기질이 맑고 순수하며 성(性)이 그 체(體)를 온전히 당시 우계가 지니고 쌓았던 고매한 인품과 깊은 학식이 잘 드러나는 시와 글이다.

그런데 그의 차운시에 앞서 내가 지은 시는 기억나지 않는다.

그 얼마 전부터 우계는 율곡과 '이기(理氣)'에 관한 논쟁을 벌이고 있었다고 하였는데, 나는 누구의 견해가 더 타당한지 모르겠다.

그 몇 년 뒤에 율곡은 엄동설한에 율곡리에서 소를 타고 우계를 방문했다고 한다.[12]

나는 그해(1572년) 6월에 복을 벗은 뒤, 직강, 헌납을 거쳐 이조 정랑에 제수되어서 관직에 복귀하였다. 9월에 의정부 검상, 사인(정4품직)이 되었다가, 10월에 종3품직인 사간원 사간, 예빈시 정을 지냈다.

그해에 처외조부 사촌 할아버지가 광주 석저촌에서 별세하셨고, 순천에 은둔하셨던 둘째 형님도 돌아가셨으며, 고봉 선생도 병으로 대사간을 사직하고 귀향하던 중 11월에 고부(古阜)에서 객사하셨다.

계유년(1573; 38세) 정월부터 나는 홍문관 전한, 사헌부 집의, 군기시 정을 역임하였다가, 4월 13일에 모친상을 당했다.

6월에 장사 지내고, 나는 또 고양 수동에서 2년간 시묘살이했다. 이번에

하여 털끝만큼도 인욕의 사사로움이 없습니다. 그러므로 발(發)하는 것이 마음이 하고자 하는 바를 따라도 법도를 넘는 일이 없으니, 성인의 인심(人心)은 역시 도심(道心)이 됩니다. 이를 비유하면, 깨끗한 그릇에 물을 담으면 한 점의 티끌도 없으므로, 그릇이 움직일 때 본래의 맑은 물이 쏟아져 나와서 흐르는 물이 모두 맑은 것과 같습니다."라고 하였다.

한편, 정철의 모친 상례가 끝난 1575년의 가을이 온 때(7월 초순 무렵)에는 성혼이 서울에 가 있었기에(『우계속집』권3, '간독', 「與李夢應濟臣」[乙亥 九月]에서 "제가 도성에 머문 지 80일이 되는데, …"라고 하였음), 그 일이 이루어지기 어려웠을 것이다.

12) 율곡 이이는 1580년 12월에 소명(召命)으로 대사간에 부임하려 할 적에 눈이 내리는 가운데 소를 타고 우계 성혼을 방문하여 〈설중기우 방호원 서별(雪中騎牛訪浩原敍別)〉을 지었다(『율곡전서』권2, '詩 下'; 『우계연보 보유』권2, '雜錄 上').

는 그전에 껍데기만 핥았던 『장자(莊子)』와 이태백(李太白; 李白, 호 靑蓮居士)의 『청련시초(靑蓮詩抄)』 그리고 소동파(蘇東坡; 蘇軾, 자 子瞻)의 시문을 줄줄 외우도록 읽고 또 읽었다.

1년쯤 지나니, 소식(素食; 생선이나 고기반찬이 없는 간소한 식사)으로 몸이 많이 허약해졌으며, 술을 마음껏 마실 수 없는 것이 고통스러워지기 시작하였다.

그동안 우계 등이 간간이 사람을 보내어 내 상태를 살폈다. 율곡은 계유년에 당상관(堂上官)인 통정대부(通政大夫; 정3품 上階)에 올라 승정원 동부승지가 되어서, 벼슬에서도 나를 앞서기 시작했다.

을해년(1575; 40세) 4월에 어머님의 대상을 지낸 뒤에 나는 곧바로 검은색 초립(草笠)을 하는 것이 미안하여 노수신(盧守愼; 본관 光州, 호 蘇齋, 1515~1590) 공의 전례(前例)에 따라 흰 베로 싼 갓을 썼는데, 이후 많은 사람들이 이를 따랐다.

6월에 담제와 길제까지 마치자, 내자시 정, 사인에 제수되다가 7월에 홍문관 직제학에 제수되었기에 나는 조정으로 돌아갔다.

이제 잠이 막 쏟아진다. 이후의 일은 내일 생각하자.

#5. 당쟁 시작과 표류 그리고 좌초

— **40세**(1575년, 乙亥年, 宣祖 8년, 明 神宗 萬曆 3년) ~
44세(1579년, 己卯年, 선조 12년, 명 신종 만력 7년) —

계사년(1593, 선조 26) 12월 10일 기미(己未) 일기

맑고 매우 추움.

많이 걸어야 건강에 좋을 테지만, 날씨가 더 추워져서 부득이 방안에서 도가(道家) 양생술(養生術)의 도인법(導引法) 몇 가지를 행하였다.

고뿔이 열흘 넘게 떨어지지 않아 기침과 근육통 등 때문에 불편하다. 이러다가 큰 병이 되지 않을지 걱정이 든다. 전란 중이라 약을 구하기 어려우니, 생강이나 달여 마실 수밖에 없다. 참 서글프다.

을해년(1575, 선조 8; 40세) 7월에 나는 홍문관 직제학에 제수되어서 다시 벼슬길에 나아갔다.

홍문관 부제학이던 율곡(이이)은 주상께 바치는 제왕학(帝王學)의 명저(名著)『성학집요(聖學輯要)』(전 8편)의 편찬을 7월에 마치자, 나와 함께 서산(西山) 진덕수(眞德秀; 중국 北宋代의 학자) 선생이 세속과 읍재(邑宰)를 깨우친 글들(『政經』 諭文 2편)의 요점을 뽑아서 간행하였다.[1]

그 무렵에 조정의 사림파 내에 갈등과 대립이 격화되어서 동서 분당(東西分黨)이 일어났다.

임신년(1572, 선조 5)에 김효원(金孝元; 본관 善山, 자 仁伯, 1542~1590)이 이

---

1) 성혼, 『우계집』 권5, '간독(簡牘) 2', 「이태징에게 주는 글[與李台徵書] 신묘 칠월(辛卯七月)」의 "… 眞西山諭俗諭邑宰文 栗谷與松江節要而刊行 …." 참고.

조 정랑이던 오건(吳健)에 의해 후임 이조 정랑으로 추천되었다. 이조 참의이던 손암(巽庵; 沈義謙)은 김효원이 전에 윤원형의 집에서 기거했던 사실을 들어서 권신(權臣)에게 아부했다며 그 일을 저지하였다. 그 뒤 갑술년(1574)에 김효원은 이조 정랑이 되었고, 이듬해에는 손암의 아우 심충겸(沈忠謙)이 이조 정랑에 추천되었다. 이에 대해 김효원이 '전랑(銓郞; 이조의 정랑과 좌랑)의 직분이 척신(戚臣)의 사유물이 될 수 없다'며 반대하자, 두 사람은 대립하기 시작했다. 그때 사림파 가운데 손암을 지지한 사람들이 서인(西人)이 되었고, 김효원을 지지한 사람들이 동인(東人)이 되었다.

두 당파는 훈구파(勳舊派)와 전배 사류(前輩士類)에 대해서도 태도가 달라서, 화담(花潭) 서경덕(徐敬德) 선생 제자들과 남명(南冥) 조식(曺植) 선생 제자들 그리고 퇴계 이황 선생 제자들의 다수가 속한 동인은 청론(淸論)을 주장하며 그들을 강하게 비판했음에 비해, 손암과 사암(思菴; 朴淳) 공 그리고 윤두수(尹斗壽; 본관 海平, 자 子仰, 호 梧陰, 1533~1601)[2]·윤근수(尹根壽;

---

[2] 윤두수는 윤근수(尹根壽)의 형으로, 성수침(成守琛; 成渾의 아버지)과 이중호(李仲虎; 李潑의 아버지) 그리고 이황(李滉)에게 수학하였다.

1555년(명종 10) 생원시에 장원하였고, 1558년 식년 문과에 급제하여 벼슬길에 나아갔다. 1563년 이조 정랑 때 권신 이량(李樑)이 아들[李廷賓]을 이조 좌랑에 천거하자 반대하여 파직되었고, 이량의 실각 뒤에 수찬으로 등용되었다. 그 뒤 부응교, 우승지 등을 지냈다. 성혼과 친하여 1575년(선조 8) 동서 분당 때 이황 문하의 다른 동문들과는 다르게 서인이 되었다. 이듬해에 대사간이 되었고, 1577년에 사은사로 명나라에 다녀왔다.

1578년 도승지 때 이종제(姨從弟) 이수(李銖)의 옥사에 연루되어 파직되었고, 이듬해 연안 부사로 복직하여 선정을 베풀었다. 이후 한성 좌윤, 형조 참판 등을 역임하였고, 1587년에 전라도 관찰사가 되었다. 1589년에 평안도 관찰사를 지낸 뒤, 명나라에 사신으로 가서 태조[李成桂]의 종계(宗系)를 변무(辨誣)한 공으로 이듬해에 광국공신(光國功臣) 2등이 되어 해원군(海原君)에 봉해졌다. 그 뒤 대사헌, 호조 판서가 되었다. 1591년에 정철이 건저(建儲) 문제로 화를 입자, 정철의 무리로 몰려서 파직되어 함경도 회령(會寧) 등에 유배되었다가, 고향인 경상도 선산(善山; 현 경북 龜尾市)으로 방환되었다.

자 子固, 호 月汀, 1537~1616) 형제 등의 관료들이 중심이 된 서인은 비교적 온건한 태도를 보였다.

을해년에 동인인 대사간 허엽(許曄)과 사간 김효원이 좌의정이던 사암 공을 황해도 재령(載寧)의 종이 주인을 죽인 옥사를 다스림에서 체통을 잃었다 하여 추고(推考)할 것을 주청하니, 사암 공이 병을 칭탁하고 사직했다. 허엽은 사암 공과 같이 화담 선생의 제자인데도 동문(同門)을 물어뜯은 것이다. 동인에는 그처럼 인정머리 없는 자가 많았다.

나는 사암 공과 손암에 대한 동인의 공격이 거셀 때 앞장서서 그들을 옹호하였더니, 뜻밖에도 서인의 영수로 부상하게 되었다.

직제학인 내가 홍문관의 책임자이던 율곡에게 사간원의 청에 대해 논박하라고 극력 권했으나, 두 당파 간의 갈등을 조정(調停; 중간에서 화해시킴)하려고 애쓰던 율곡은 옥당(홍문관)의 일이 아니라며 따르지 않았다.

이에 자못 불만스러워서 다음의 시를 지어 그에게 보였다.

〈示栗谷(시율곡)〉	율곡에게 보이다
君子辭黃閣(군자사황각)	군자(朴淳을 가리킴)는 정승을 사직하고,
小人秉東銓(소인병동전)	소인(鄭宗榮을 가리킴)은 이조(吏曹)를 잡았네.
賢邪進退際(현사진퇴제)	어진 이가 물러가고 삿된 이가 나아갈 제,
副學心恬然(부학심염연)	부제학의 마음은 태평이구려.

1592년에 임진왜란이 발발하자 재기용되어, 어영대장·우의정을 거쳐 좌의정이 되었다. 명나라에 구원을 요청하자는 주장에 반대하고, 우리 힘으로 왜군과 싸우자고 주장했다. 이듬해에 삼도체찰사를 겸했으며, 1595년에 판중추부사가 되고 해원부원군(海原府院君)에 봉해졌다. 1597년 정유재란 때는 영의정 유성룡과 함께 난국을 수습했다. 이듬해에 좌의정이 되고 영의정에 올랐다가, 사직하고 물러났다. 1605년에 호성공신(扈聖功臣) 2등에 봉해졌다. 시호는 문정(文靖)이다.

저서에 『성인록(成仁錄)』, 문집으로 『오음유고(梧陰遺稿)』가 있다.

10월에 나는 사간이 되어서 율곡에게 김효원을 논척(論斥)할 것을 요구했지만 그의 뜻을 바꿀 수 없었다. 율곡은 우의정 노수신 공과 의논하여 손암을 개성 유수로, 김효원을 함경도 부령 부사로 내보내게 했다가, 김효원이 병이 있다고 삼척 부사로 옮기게 하였다.

나는 그 조처에 낙담하여, 율곡에게 이 시를 보내어 헤어졌다.

〈贈別栗谷(증별율곡)〉	율곡에게 주어 헤어지다
君意似山終不動(군의사산종부동)	그대 뜻은 산과 같아 끝내 움직이지 않고,
我行如水幾時廻(아행여수기시회)	내가 감은 물 같아서 어느 때 돌아올꼬?
如水似山皆是命(여수사산개시명)	산 같고 물 같음이 모두 운명인지,
白頭秋日思難裁(백두추일사난재)	흰머리로 가을날에 헤아리기 어렵구나.

내가 사직하고 창평으로 내려가려 하는데, 주상께서 이를 들으시고 사사로이 나에게 '내려가지 말라. 장차 크게 등용하리라.'고 말씀하셨지만, 11월에 끝내 사직한 뒤, 낙향하였다.

지실 부근의 분위기는 예전과 달리, 3년 전에 사촌 할아버지가 돌아가신 뒤로 쓸쓸해져 있었다.

귀향 후 여러 벼슬들에 연이어 제수되었지만 직에 나아가지 않고, 지실 시골집에서 지내면서 울분을 술과 시로써 달래었다.

그리고 성산의 서하당에서 살던 처외재당숙인 하당장(김성원)과 자주 더불어 노닐었으며, 혼자 인근의 여러 곳을 유람하기도 했다.

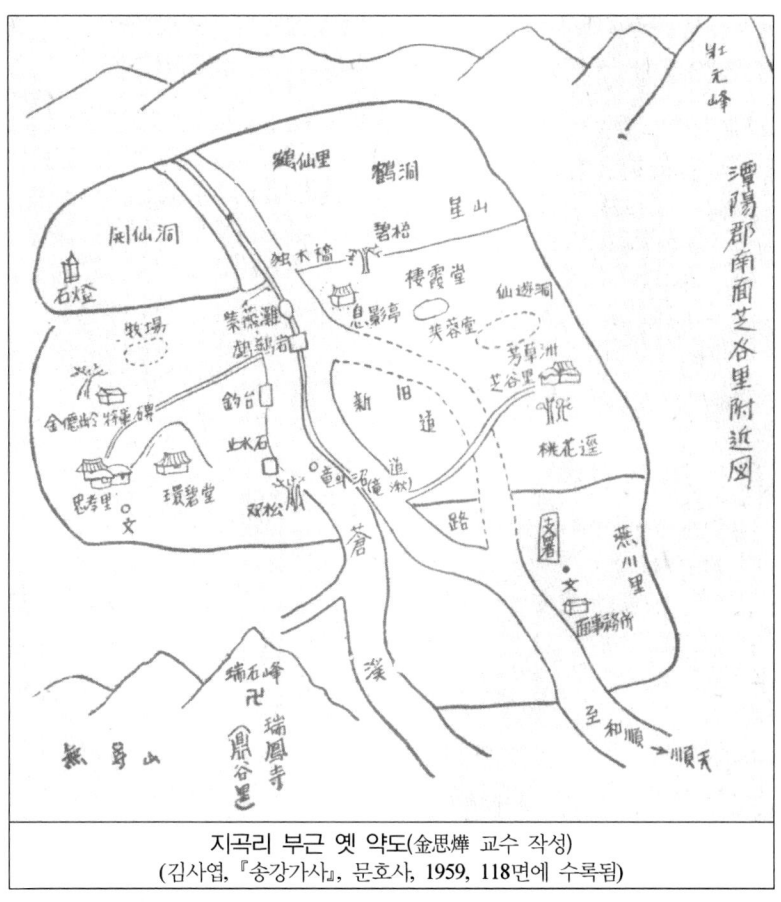

지곡리 부근 옛 약도(金思燁 교수 작성)
(김사엽, 『송강가사』, 문호사, 1959, 118면에 수록됨)

〈與霞堂丈 步屧芳草洲 還于霞堂小酌(여하당장보섭방초주환우하당소작) 三首(삼수)〉 하당장과 방초주를 거닐다가 하당에 돌아와 술을 조금 마시다. 3수

石溜泠泠入小池(석류영령입소지)	돌 시내 좔좔 흘러 작은 못에 들고
落花無數泛淪漪(낙화무수범륜의)	낙화는 무수히 물결에 떠 있구나.
山翁老去機心少(산옹노거기심소)	산옹은 늙어가며 기심(기회를 보고 움직이는 마음)이 적으니,

細草靑苔睡鴨依(세초청태수압의)　　가는 풀 푸른 이끼에 조는 오리가 의지하네.

江湖流落敢忘君(강호유락감망군)　　강호에 떠돈들 임금님을 잊을손가?
身似離鴻獨去羣(신사이홍독거군)　　몸은 홀로 떼 잃은 기러기 같네.
猶有山中數杯酒(유유산중수배주)　　오히려 산중에 몇 잔 술 있으니,
落花時節惜相分(낙화시절석상분)　　꽃 질 때 서로 나뉘기 아깝도다.

勝日山中復一杯(승일산중부일배)　　좋은 날 산중에서 다시 한 잔 하니,
小窓西畔碧桃開(소창서반벽도개)　　작은 창 서쪽 두둑에 벽도가 피었네.
流年冉冉人將老(유년염염인장로)　　흐르는 해는 느리지만 사람도 장차 늙어지니,
歸思臨高未易裁(귀사임고미이재)　　돌아가 높이 임할 생각을 자르기 쉽지 않네.

병자년(1576) 늦봄에 지은 시다.

그 무렵의 나는 조속히 조정으로 돌아가고 싶은 마음뿐이어서, 자연과 그 속 삶의 참맛을 거의 느끼지 못하였다.

초여름에 하당장과 함께 부근 한천정사(寒泉精舍)에서 『근사록(近思錄)』을 강론하였다.

〈寒泉精舍有吟(한천정사유음)〉　　한천정사에서 읊다
古寺烟霏山木蒼(고사연비산목창)　　오랜 절에 연기 오르고 산나무는 푸른데,
平臺散策袖生凉(평대산책수생량)　　평대 산책길에 소매가 서늘하다.

窓前向日葵心苦(창전향일규심고)　　창 앞 해바라기는 마음이 괴롭고,
天外投林鳥翼長(천외투림조익장)　　하늘 밖 숲에 든 새는 날개가 길다.

나를 임금님 향한 마음 때문에 괴로운 '해바라기'와 서울 대궐까지 성큼 날아가고 싶은 '하늘 밖의 숲에 깃든 새'에 비유하였다.

나는 창평에 잠시 찾아온 과객(過客)이라는 생각을 가지고 서울의 조정으로 얼른 돌아가고 싶었다. 그러나 같은 서인이면서도 율곡의 뜻이 '피아(彼我)와 시비(是非)를 확실히 가려야 한다'는 내 뜻과는 달리 분명치 못하며 조정의 화평을 위해서 투쟁적인 나와 손암을 내치려 하지 않을까 의심스러워서, 조바심을 참고 창평에 눌러 있을 수밖에 없었다.

하당장의 신선 같은 삶을 표현한 장가 〈성산별곡(星山別曲)〉은 그동안에 지은 작품이다.[3]

> 1　엇던 디날 손이　星山(성산)의 머믈며셔
> 2　棲霞堂(서하당) 息影亭(식영정)　主人(주인)아 내 말 듯소
> 3　人生(인생) 世間(세간)의　됴흔 일 하건마논

---

3) 〈성산별곡〉은 1950년대까지 정철의 노년 작으로 추정되었다가, 김성원의 『서하당유고』 「연보」에서 그가 36세(1560년)에 서하당을 지은 사실을 적고 이와 관련된 사실들을 덧붙인 것("庚申 公三十六歲 … 築棲霞堂于昌平之星山 爲終老計 自是優遊林泉 沈潛書籍 不知日之將夕 … 松江尤加敬 每呼以霞丈 爲有星山別曲 行于世 ….")을 그 기사 전체가 그해의 일이라고 보아서 정철이 25세이던 1560년(경신) 작으로 고쳐 추정되었고(김사엽, 『송강가사』, 문호사, 1959, 114면 등), 이후 이 견해가 우세하게 되었다.

그러나 식영정은 1563년[癸亥]에 지어졌을 가능성이 크며(#3의 주 2) 참고), 〈성산별곡〉은 작품 내용으로 보아 분명히 김성원의 노년의 삶을 표현한 것이다(작품 속에서 그를 가리킨 '仙翁' · '山翁' 등이 이를 뚜렷이 드러낸다). 그러므로 이 작품은 김성원이 56세부터 벼슬살이하기(1580~1581년 침랑, 1581~1586년 제원도 찰방) 전이고 정철이 창평에 낙향하여 '지날 손[過客]'으로 성산에 머물던 시기인 1576년(김성원 52세, 정철 41세)에 지어진 것으로 봄이 적절할 것이다.

⁴ 엇디 훈 江山(강산)을 가디록 나이 녀겨
⁵ 寂寞(적막) 山中(산중)의 들고 아니 나시논고
⁶ 松根(송근)을 다시 쓸고 竹床(죽상)의 자리 보아
⁷ 져근덧 올라안자 엇던고 다시 보니
⁸ 天邊(천변)의 썬눈 구름 瑞石(서석)을 집을 사마
⁹ 나눈 둣 드눈 양이 主人(주인)과 엇더훈고
¹⁰ 滄溪(창계) 흰 물결이 亭子(정자) 알픠 둘러시니
¹¹ 天孫(천손) 雲錦(운금)을 뉘라셔 버혀내여
¹² 닛눈 둣 펴티눈 둣 헌ᄉ토 헌ᄉ홀샤
¹³ 山中(산중)의 冊曆(책력) 업서 四時(사시)를 모르더니
¹⁴ 눈 아래 헤틴 景(경)이 쳘쳘이 절노 나니
¹⁵ 듯거니 보거니 일마다 仙間(선간)이라
¹⁶ 梅窓(매창) 아젹 벼퇴 香氣(향기)예 잠을 ᄭᅵ니
¹⁷ 仙翁(선옹)의 히올 일이 곳 업도 아니ᄒ다
¹⁸ 울밋 陽地(양지)편의 외씨를 ᄲᅦ혀 두고
¹⁹ 미거니 도도거니 빗김의 달화내니
²⁰ 靑門 故事(청문고사)를 이제도 잇다 훌다
²¹ 芒鞋(망혜)를 뵈야 신고 竹杖(죽장)을 훗더디니
²² 桃花(도화) 핀 시내길히 芳草洲(방초주)의 니어셰라
²³ 닷봇근 明鏡中(명경중) 절로 그린 石屛風(석병풍)
²⁴ 그림애룰 버들 사마 西河(서하)로 홈ᄭᅴ 가니
²⁵ 桃源(도원)은 어드매오 武陵(무릉)이 여긔로다
²⁶ 南風(남풍)이 건듯 부러 綠陰(녹음)을 혜텨내니
²⁷ 節(절) 아눈 괴ᄭᅩ리눈 어드러셔 오돗던고
²⁸ 羲皇(희황) 벼개 우희 풋줌을 얼픗 ᄭᅵ니

²⁹ 空中(공중) 저즌 欄干(난간) 믈 우희 떠 잇고야

³⁰ 麻衣(마의)를 니믜 추고 葛巾(갈건)을 기우 쓰고

³¹ 구브락 비기락 보는 거시 고기로다

³² 흐룻밤 비씌운의 紅白蓮(홍백련)이 섯거 픠니

³³ 브람씌 업시셔 萬山(만산)이 향긔로다

³⁴ 濂溪(염계)를 마조 보와 太極(태극)을 뭇줍는 둧

³⁵ 太乙 眞人(태을진인)이 玉字(옥자)를 헤혓는 둧

³⁶ 鸕鶿巖(노자암) 건너 보며 紫微灘(자미탄) 겨틱 두고

³⁷ 長松(장송)을 遮日(차일) 사마 石逕(석경)의 안자후니

³⁸ 人間(인간) 六月(유월)이 여긔는 三秋(삼추)로다

³⁹ 清江(청강)의 썻는 올히 白沙(백사)의 올마 안자

⁴⁰ 白鷗(백구)를 벗을 삼고 줌길 줄 모르느니

⁴¹ 無心(무심)코 閑暇(한가)후미 主人(주인)과 엇더후니

⁴² 梧桐(오동) 서리둘이 四更(사경)의 도다 오니

⁴³ 千巖(천암) 萬壑(만학)이 나진둘 그러홀가

⁴⁴ 湖洲(호주) 水晶宮(수정궁)을 뉘라셔 옴겨온고

⁴⁵ 銀河(은하)를 뛰여 건너 廣寒殿(광한전)의 올랏는 둧

⁴⁶ 짝 마존 늘근 솔란 釣臺(조대)에 셰여 두고

⁴⁷ 그 아래 비를 씌워 갈대로 더뎌 두니

⁴⁸ 紅蓼花(홍료화) 白蘋洲(백빈주) 어느 수이 디나관듸

⁴⁹ 環碧堂(환벽당) 龍(용)의 소히 빗머리예 다하셰라

⁵⁰ 清江(청강) 綠草邊(녹초변)의 쇼 머기는 아히들이

⁵¹ 夕陽(석양)의 어위 계워 短笛(단적)을 빗기 부니

⁵² 믈 아래 좀긴 龍(용)이 줌 씨야 니러날 둧

⁵³ 니씌예 나온 鶴(학)이 제 기술 더뎌두고 半空(반공)의 소소쓸 둧

⁵⁴ 蘇仙(소선) 赤壁(적벽)은 秋七月(추칠월)이 됴타 호디
⁵⁵ 八月(팔월) 十五夜(십오야)롤 모다 엇디 과호는고
⁵⁶ 纖雲(섬운)이 四捲(사권)호고 믈결이 채 잔 적의
⁵⁷ 하놀의 모든 둘이 솔 우희 걸려거든
⁵⁸ 잡다가 빠딘 줄이 謫仙(적선)이 헌亽홀샤
⁵⁹ 空山(공산)의 싸힌 닙흘 朔風(삭풍)이 거두 부러
⁶⁰ 쎄구름 거느리고 눈조차 모라오니
⁶¹ 天公(천공)이 호亽로와 玉(옥)으로 고즐 지어
⁶² 萬樹(만수) 千林(천림)을 꾸며곰 낼셰이고
⁶³ 앏여흘 ᄀ리 어러 獨木橋(독목교) 빗겻는디
⁶⁴ 막대 멘 늘근 즁이 어니 뎔로 간닷 말고
⁶⁵ 山翁(산옹)의 이 富貴(부귀)를 놈ᄃᆞ려 헌亽 마오
⁶⁶ 瓊瑤窟(경요굴) 隱世界(은세계)를 ᄎᆞᆽ리 이실셰라
⁶⁷ 山中(산중)의 벗이 업서 漢紀(한기)를 빠하 두고
⁶⁸ 萬古(만고) 人物(인물)을 거亽리 혜혀 ᄒᆞ니
⁶⁹ 聖賢(성현)도 만커니와 豪傑(호걸)도 하도 할샤
⁷⁰ 하놀 삼기실 제 곳 無心(무심) 홀가마는
⁷¹ 엇디혼 時運(시운)이 일락배락 ᄒᆞ얏는고
⁷² 모롤 일도 하거니와 애둘음도 그지업다
⁷³ 箕山(기산)의 늘근 고블 귀논 엇디 싯돗던고
⁷⁴ 박소리 편계ᄒᆞ고 조장이 ᄀᆞ장 놉다
⁷⁵ 人心(인심)이 눗 ᄀᆞᆺᄐᆞ야 보도록 새롭거놀
⁷⁶ 世事(세사)논 구롬이라 머흐도 머흘시고
⁷⁷ 엇그제 비즌 술이 어도록 니건누니
⁷⁸ 잡거니 밀거니 슬ᄏᆞ장 거후로니

⁷⁹ 무옴의 미친 시룸 져그나 흐리느다
⁸⁰ 거믄고 시울 언저 風入松(풍입송) 이야고야
⁸¹ 손인동 主人(주인)인동 다 니저 부려셔라
⁸² 長空(장공)의 썻는 鶴(학)이 이 골의 眞仙(진선)이라
⁸³ 瑤臺(요대) 月下(월하)의 힝혀 아니 만나신가
⁸⁴ 손이셔 主人(주인)두려 닐오디 그디 건가 흐노라

당시 하당장은 52세였는데, 경신년(1560; 36세)에 서하당을 지은 뒤로 16년 동안 성산을 거의 벗어나지 않았다.

이 작품 속에서의 '지날 손'은 나(정철)이고 '서하당 식영정 주인'은 하당장(김성원)이다. '선옹(仙翁)'과 '산옹(山翁)'은 하당장을 가리킨 말이다. 나는 손이 주인의 말을 이끌어내고 평가하며 주인이 주된 화자(話者)로서 진술하는 방식과 손이 주인의 생각을 대신 진술하는 방식을 불분명하게 섞어 쓰면서, 하당장이 노년에 성산에서 신선처럼 지내는 운치 가득한 생활상과 사람됨을 주로 표현하였다. 그러면서도 뒷부분에서 그가 불운하여 뜻을 펼치지 못하는 애달픔을 술과 풍류로 달램도 나타내었다.

우리 사족들의 본분은 학식과 도덕을 갖추어서 관직에 나아가 임금님을 보필하여 백성들에게 좋은 정치를 베푸는 것이 아닌가? 그러나 하당장은 그때까지 그렇게 할 기회를 얻지 못하고 있었던 것이다.

이 작품을 지으면서 송순 공이 지은 <면앙정가(俛仰亭歌)>([참고])의 표현을 적지 않게 참고하였다.

그해에 셋째 형님(정황)이 김제 군수가 되셨다. 그래서 찾아갔다가 고 제봉(高霽峰; 高敬命, 다른 호는 苔軒, 1533~1592)과 함께 그곳 죽정(竹亭)에 묵었는데, 내가 제봉에게 "공의 운수점(運數占)은 내가 탄복하는데, 어찌 내게 한 말씀도 없습니까?" 하니, 제봉이 "여러 말 말고, 사주(四柱; 사람이 태어

난 年月日時의 네 干支)만 말하시오." 했다. 그러고는 새벽에 "나는 공과 사 귀기를 바라오. 공은 틀림없이 좌상(左相; 좌의정)이 될 터이나, 만년에 '송(松)'으로 돌아가지 않는다면 '강(江)'으로 돌아가게 될 것이오."라고 말했다. 내가 자세히 물었으나, 그는 다른 말은 하지 않고 잠들어 버렸다.

그 말이 얼마 전까지는 '송강(松江)에 은퇴하지 않으면 강계(江界)로 귀양 갈 것'이란 뜻으로 여겨졌었다. 그런데 지금 내가 노년에 이곳 강화(江華)에서 큰 곤란을 겪고 있으니, 그 '강'이 강화를 말한 것은 아닐지?

제봉은 하당장과 친했는데, 그 여러 해 전에 내게 시를 지어준 것[4]이 있다. 그는 광주 출신으로 무오년(1558)의 식년 문과에 장원급제하였고, 계해년(1563)에 교리에서 울산 군수가 되었다가 파직된 뒤 귀향해서 산수를 유람하고 있었다.

그 뒤 관직에 복귀하여 나를 서울 남산 근처에 있는 그의 초당으로 초대하였다. 그때 나는 다음의 단가를 지었지.

南山(남산)뫼 어드메만　高 學士(고학사) 草堂(초당) 지어
곳 두고 돌 두고　바회 두고 믈 둔논이
술조차 둔논 양ᄒᆞ야　날을 오라 ᄒᆞ거니

[현대어] 남산 뫼 어드메인가 고 학사가 초당 지어/ 꽃 두고 달 두고 바위 두고 물 두었나니,/ 술조차 두었는 양하여 나를 오라 하거니.

그는 작년에 의병을 모아서 금산(錦山)에서 왜적에 맞서 싸우다가 작은 아들 고인후(高因厚)와 함께 순국하였다.

---

4) 고경명, 『제봉집』 권2, '시', 〈서하당 음시정원외계함(棲霞堂 吟示鄭員外季涵)〉.

한편, 나는 을해년(1575)에 어머님 상례가 끝난 뒤로 여자 없이는 밤을 보내기 어려운 날들이 적지 않았다. 그래서 가끔씩 광주 등지의 창가(娼家)를 찾았다가, 병자년(1576) 4월 초부터 임질(淋疾; 淋菌이 일으키는 性病)로 한 달 가까이 고생하였다.[5] 학질(瘧疾; 말라리아 병원충을 가진 학질모기에게 물려서 감염되는 전염병)에 걸린 두 손주(業兒, 陽兒)를 데리고 잠시 내려와 있던 아내 대하기가 무척 민망했다.

그리고 그해 가을에는 창질(脹疾; 몸이 붓는 질병)로 잠도 못 이룰 정도로 고생을 많이 했다. 그때 우습게도 내가 죽기 전에 과년(過年)한 맏딸을 시집보내겠다고 하여, 부랴부랴 여기저기 알아보아서 혼처(延安 李至男의 장남 李基稷)를 정하였다. 그러고는 겨울에 서울집에서 열린 혼례에 참석했다가 얼마 뒤에 창평으로 돌아갔다.

정축년(1577; 42세) 3월에 주상께서 사헌부 집의에 제수하셔서, 나는 상경하여 상소로 물러갈 것을 빌었다. 그러고는 창평으로 돌아가려다가, 몸이 좋지 않은 데다 어머님과 아버님의 기일(忌日; 4월 13일 어머니 제사, 4월 21일 아버지 제사)이 얼마 남지 않았기에, 도로 와서 서호정사(西湖精舍)에서 「계주문(戒酒文)」을 지었다.

내가 술을 즐기는 이유가 넷이 있으니, 불평이 하나요, 흥취가 둘이요, 빈객을 대접하는 것이 셋이며, 그리고 남이 권하는 것을 거절하기 어려운 것이 또 하나이다.

불평이 있을 적엔 운명으로 돌리는 것이 옳고, 흥취가 날 때는 휘파람이나 읊조리는 것이 옳고, 빈객을 대우할 적엔 성심껏 하는 것이 옳으며, 비

---

5) 그 사실을 알린 『송강선조 유필(松江先祖遺筆)』(http://www.gasa.go.kr/?gasa=22&mode=view&uid=2255&start=10), 20면의 「아이에게 부침[寄兒]」(4월 24일) 편지는 이해에 쓴 것으로 추정된다.

록 남이 심하게 권한다 할지라도 내 뜻만 이미 확고하면 남의 말로 해서 흔들리지 않음이 옳을 것이다. 그런데 이 네 가지 옳은 것은 버리고 저 한 가지도 옳지 못한 것 가운데에만 종시 미혹되어, 이로써 일생을 그르침은 무슨 까닭이냐? ······.

뜻이 구학(丘壑; 산수를 즐김)에 있다면, 마땅히 문을 닫고 출입을 끊으며, 말과 행동거지를 삼가야 할 것이어늘, 동정(動靜)이 일정하지 않고 말에 실수가 있으며 온갖 간사하고 망령된 것들이 다 이 술에서 나오게 된다. 바야흐로 술에 취했을 때는 마음 내키는 대로 마구 행동거지를 하다가, 술이 깬 뒤에는 미혹하여 깨닫지 못한다. 다른 사람이 혹 이를 말해 주면, 처음에 믿지 않다가, 나중에 그 실상을 알게 되면 부끄러워서 죽고 싶다. 오늘도 이와 같고, 내일도 또 이와 같아서, 허물과 뉘우침이 산더미처럼 쌓이되 잘못을 고칠 때가 없으니, 나와 친한 이는 슬퍼하고 사이가 먼 이는 침을 뱉는다. 천명(天命)을 더럽히고 인기(人紀; 도덕규범)를 업신여겨 명교(名敎; 사람이 지켜야 할 도리를 밝히는 가르침)에 버림받음이 얕지 않다.

이달 초하룻날 가묘(家廟)에 하직하고 국문(國門; 都城)을 나서 강을 건너려 할 때 전송하는 이가 배에 가득하였다. 머리를 서울로 돌려 지난 일을 생각해 보니, 흡사 도적이 대낮에 칼을 뺐다가 사람을 대하자 놀라고 궁하여 어찌할 줄 모르는 것 같았다. 큰 죄를 지은 것 같이 종일 불안하여, 가다가 강 위로 다시 왔다.

마침 선친의 기일이 임박하여, 목메어 울음을 삼키며 애통해하는 중에, 선한 마음의 실마리가 싹터서 드디어 몹시 분하여 자책했다. ······.

부리기 어려운 것이 마음이요, 잃어버리기 쉬운 것이 의지다. 마음이여 의지여, 누가 이를 주장하는가? 주인옹(마음)이여, 늘 깨어 있는가? 진실로 이 말처럼 하지 못한다면, 내 어찌 다시 이 강물을 보겠는가?

만력(萬曆) 5년(1577) 정축 4월 7일 서호정사에서 쓰다.

그러나 술을 조심하겠다는 것이지 끊겠다는 말은 없다. 술을 끊지 않을 것이라면 그때 왜 그런 글을 지었는지 모르겠다.

한참 만에 서울로 돌아왔더니 친우들과의 관계가 좀 소원해졌다. 함께 말 나눌 사람이 거의 없어진 것이다. 율곡은 그해 2월에 율곡리로 돌아가 있었고, 우계(牛溪; 성혼, 자 호원)는 여전히 우계에 틀어박혀 있었으며, 구봉(龜峯; 송익필, 자 운장)은 구산(龜山; 현 경기도 고양시 一山西區 구산동)의 선영 아래에 서실(書室)을 지어서 지내고 있었다.

서호(서강)의 풍수정(風樹亭)에서 병으로 누워 있으면서 율곡을 생각하여 여름과 가을에 칠언율시 한 편씩을 지었는데(〈西湖病中 憶栗谷〉), 다음은 여름에 지은 것이다.

君恩未報鬢先秋(군은미보빈선추)	임금님 은혜 갚기 전에 귀밑털이 먼저 세어,
壯志如今已謬悠(장지여금이류유)	장하던 뜻이 지금엔 이미 글렀네.
松菊每懷陶令徑(송국매회도영경)	도연명(陶淵明)의 소나무와 국화를 늘 생각하노니,
蓴鱸欲問季鷹舟(순로욕문계응주)	순챗국과 농어를 계응(중국 西晉代의 문인 張翰)의 배에 묻고 싶네.
交遊隔世吾何托(교유격세오하탁)	교유도 막혔으니, 나는 어디에 의지할까?
名利驚心可以休(명리경심가이휴)	명리에 놀란 마음은 쉼이 좋겠지.
惟是槽頭看春酒(유시조두간춘주)	오직 술통에서 봄 술을 보니,
月中三峽細分流(월중삼협세분류)	달빛 속에 세 골짜기로 가늘게 나눠 흐르네.

11월에 셋째 누님(계림군 후처)의 상을 만나서 고양에 가 있다가, 인성왕후(仁聖王后; 인종비)께서 승하하셔서 대궐에 들어가 장례에 임했다.

무인년(1578; 43세) 4월에 다시 직제학이 되었다가, 5월에 당상관인 통정대부 승정원 동부승지로 승진했다.

그해에 율곡과 화해하였다. 그는 해주 수양산(首陽山) 아래에 은병정사(隱屛精舍)를 지어 지내다가, 3월에 대사간이 되어 서울로 와서 사은(謝恩)한 뒤 사직하고 율곡리로 돌아갔다.

나는 조정에서 어느새 동인 강경파의 영수가 된 이발(李潑; 본관 光山, 자 景涵, 호 東巖·北山, 1544~1589. 1576년부터 이조 정랑을 지냈고 당시에 사헌부 장령이었음)과 자주 부딪쳤다.

나는 젊을 때부터 이발과 그의 동생 이길(李洁; 자 景淵, 1547~1589)이 미웠고, 그들의 집안도 싫었다. 그 집안은 일찍부터 전라도에서 크게 이름을 떨친 명문거족이었다. 그 둘의 5대조인 이선제(李先齊; 호 蕫門)는 예조 참판과 예문관 제학 등을 지냈고, 일찍이 광주의 노비가 목사(牧使)를 구타한 일로 인해 광주목이 무진군(武珍郡)으로 강등되었던 것을 상소를 통해서 20년 만에 회복시켜 광주에 공을 세웠다. 그리고 그들의 아비 이중호(李仲虎; 자 士文, 1516~?)는 본가를 광주 남쪽의 남평현(南平縣; 현 전남 나주시 남평읍 일대)에 두었는데, 문과에 급제하여 승지와 전라 감사 등을 지냈으며, 문장과 학문이 인근 유림(儒林)의 사표(師表)가 되었다고 한다. 서울에서 아버지가 잘생긴 딸들 덕에 왕실과 연(緣)을 맺어서 낮은 벼슬을 얻었다가 그 혼인 때문에 화(禍)를 만나서 애꿎은 귀양살이를 하고 난 뒤에 기반도 별로 없는 전라도의 시골로 내려갔던 우리 집안과는 격이 크게 차이 나서, 내게 시새움과 열등감을 많이 느끼게 했던 것이다. 그 집안은 그 뒤 기축옥사(己丑獄事; 1589. 10~1591. 5) 때 멸문(滅門)당하였다. 내심 고소하기도 했지만, 내가 저지른 일이라고 소문나서 영 찜찜하다.

여덟 살 아래인 이발은 일찍부터 율곡과 우계를 존경하여 그 둘에게는 깍듯했으면서도, 내게는 늘 깔보는 듯이 쌀쌀맞게 대하였다.

그해(1578년)에 율곡의 주선으로 이발과 화해하는 자리를 가졌는데, 그 때 내가 술에 많이 취해 있었기에 그 전말(顚末)은 잘 기억나지 않지만, 그는 내 수염 몇 가닥을 뽑는 무례를 저질렀으며 나는 그의 얼굴에 침을 뱉었다. 그 뒤에 원망스럽기도 하고 좀 미안하기도 하여, 그에게 차운한 시를 보냈다.

〈次贈李潑(차증이발)〉　　　　　차운하여 이발에게 주다
綠楊官北馬蹄驕(녹양관북마제교)　푸른 버들 관북(이발의 집이 있던 北岳 아래?)에는 말발굽이 씩씩한데,
客枕無人伴寂寥(객침무인반적요)　나그네 베개에는 사람이 없어 적료와 짝하네.
數箇長髥君拉去(수개장염군랍거)　몇 개 긴 수염을 그대가 뽑아가니,
老夫風采便蕭條(노부풍채변소조)　노부의 풍채가 문득 쓸쓸해졌네.

그해 11월에 대사간에 제수되었다.

나는 동인의 젊은것들이 설쳐대며 나랏일을 그르치는 것이 분해서 물러나 귀향하려 했는데 그 명이 내리니, 몇 달 전에 대사간을 그만두고 파주로 가 있던 율곡에게 편지를 보내어 내 거취에 대해 물었다. 그가 답하기를, "선비들이 그대를 의심하는 것은 그들의 과실이지만, 그대도 말을 삼가지 않아서 스스로 취한 것이니, 전혀 그들만 잘못했다는 것은 옳지 않소. 지금 공직(供職)하지 않으면 의심과 간격이 더욱 깊어지고, 뜬 말이 더욱 떠들썩하여 그대와 마침내 합하지 않을 것이요, 후일 그들을 공격할 사람들이 그대를 빙자하여 핑계를 삼을 것이니, 사류에 과실이 있더라도 사

류를 공격하는 사람은 반드시 소인이오. 만일 소인이 그대를 빙자하여 핑계 삼는다면 하수(河水)를 기울여도 그 치욕을 씻지 못할 것이오. 반드시 금일 공직하여 의론을 화평하게 하여 사림의 의심을 풀도록 하는 것이 옳소."라고 했다. 그래서 직에 나아갔다.

그런데 그 얼마 전에 진도 군수 이수(李銖)가 윤두수(도승지)·윤근수(경기도 관찰사) 형제와 그들의 조카 윤현(尹晛; 이조 좌랑)에게 쌀을 뇌물로 바쳤다는 제보를 김성일(金誠一; 이조 좌랑)이 입수해서 경연(經筵; 임금이 학문을 강론·연마하고 더불어 신하들과 국정을 협의하던 일) 자리에서 폭로하였다. 그 뒤로 허엽(부제학)·박대립(朴大立; 대사헌)·이산해(대사간) 등이 이수와 '삼윤(三尹)'을 탄핵할 때 서인들이 동조하지 않거나 삼윤을 옹호한 것을 탄핵해서, 동·서 붕당 싸움이 격화되었다.

나는 그 사안에 애매한 점이 있고 삼윤은 그런 사람들이 아니라고 옹호했다가, 12월에 대사성으로 또 병조 참지로 갈렸다. 이에 벼슬을 그만두었고, 여러 차례 관직에 제수되었지만 나아가지 않았다.

한동안 서울에서 40리 떨어진 고양에 머물면서 조정의 동향을 살폈는데, 삼윤이 파직되는 등 정세가 단시일 내에 호전될 기미가 보이지 않았다. 오히려 사헌부에서 나와 손암을 '소인배'요 '사당(邪黨)'이라고 논척했다고 한다. 죽일 놈들, 그 흉악한 말들을 우리에게 쓰다니!

나는 뜻을 펼 수 있을 때까지 벼슬 않기로 하고, 기묘년(1579; 44세)에 주로 고양 수동(현 '송강마을')에서 지냈다.[6]

---

6) 『송강별집』 권2, '부록', 「연보 상」과 김장생의 「송강정문청공철 행록」에는 무인년(1578; 43세)과 기묘년(1579; 44세)에 정철이 창평에 내려갔다는 말이 없으며(을해년[1575] 10월과 신사년[1581] 8월 그리고 을유년[1585] 8월에는 귀향했다고 명기함), 다른 여러 정황들로 보아도 그는 이 동안 고양에 있었을 것으로 판단된다.

신원동 일대의 위성사진 지도(각뿔 표시는 수동과 옛 새원 자리)

　그동안에라도 가끔씩 동경하던 죽림칠현(竹林七賢)[7]처럼 자유롭고 한가

---

7) 중국 위(魏)・진(晉) 교체기에 부패한 정치권력에 등을 돌리고 죽림에 모여 금(琴)과

하게 살고자 했었지.

그러면서 술에 빠지게 되었다.

    劉伶(유영)은 언제 사롬고　晉(진) 젹의 高士(고사)로다
    季涵(계함)은 그 뉘러니　當代(당대)예 狂生(광생)이라
    두어라 高士(고사) 狂生(광생)을　므러 므슴 흐리

[현대어] 유영은 언제 사람인고? 진 적의 고사(인격이 높고 성품이 깨끗한 선비)로다./ 계함은 그 누구러니? 당대에 광생(방탕한 사람)이라./ 두어라 고사 광생을 물어 무엇하리?

그런데 나는 밤에 여자가 있어야 했는데, 수동에서는 창기(娼妓)를 찾아가기가 어려웠으며, 산재(山齋)에 반반한 계집종도 없었다.

그래서 고양에 세거(世居)하던 진주 유씨(晉州柳氏) 집안 고(故) 경원 부사 유용(柳溶) 공의 서녀(庶女)인 시문 잘 짓고 인물도 괜찮은 처녀를 소실(小室)로 맞아들였다.[8] 이에 대해, 서울집의 아내도 그전까지의 내 엽색(獵色)

    술을 즐기며 청담(淸談)으로 세월을 보낸 일곱 선비인 완적(阮籍), 혜강(嵆康), 산도(山濤), 향수(向秀), 유영(劉伶), 완함(阮咸), 왕융(王戎).

8) 『송강선조 유필』(http://www.gasa.go.kr/?gasa=22&mode=view&uid=2255&start=10), 34면의 그 앞면들과는 필체가 다른 부전지(附箋紙)에는 "송강의 별실 진주 유씨는 판서 유진동의 서매[松江別室晉州柳氏 判書柳辰仝庶妹]"라고 적혔으며 이를 따른 저술들도 있지만, 사실과 다르다.
    그녀는 유한평(柳漢平; 1464~1498)의 아들인 유진동(柳辰仝; 호 竹堂; 1497~1561. 함경도 관찰사와 공조 판서 등을 지냈음)의 서손녀(庶孫女)이며 유용(柳溶; 1526~1569. 유진동의 둘째 아들로, 石川 林億齡의 동생 林九齡의 사위이며, 孤竹 崔慶昌과 同壻임. 함경도 慶源에서 죽었음)의 서녀로서, 유형(柳珩; 1566~1615. 유용의 둘째 아들로, 임진왜란 때 삼도수군통제사 李舜臣의 막료로 활약하였으며, 뒤에 삼도수군통제사, 경상도와 평안도의 병마절도사 등을 역임했음)의 서매다. 진주류씨대종회, 『진주류씨 역대인물전(晉州柳

행각에 넌더리가 나서 체념했던지 크게 탓하지는 않았으며, 필요한 재물도 보내주었다.

스무 살이 조금 넘은 '유아(柳娥)'는 마흔 살을 한참 넘긴 '서울 형님'과는 만지거나 품는 맛이 달랐지.

이후 나는 산재에서 낮에는 그녀와 함께 시를 지어 주고받으면서 운치 있게 지냈으며, 밤에는 그녀의 싱싱하고 날씬한 몸을 즐겼다.

그 밖에도, 책을 읽거나 부근 가둔천(街頓川; 恭陵川, 深川)에서 낚시를 자주 했으며, 별서의 일꾼들이 농사짓는 것을 종종 감독하였다.

그 무렵에 나는 한가로움을 매우 중시했던 것 같다.

〈題保閒堂(제보한당)〉[9]	보한당에 쓰다
生世身閒旣不易(생세신한기불이)	세상에 나서 몸이 한가롭기 쉽지 않고,
得閒能保固應難(득한능보고응난)	얻은 한가함은 능히 지키기가 참 어렵다.
松江我亦專閒趣(송강아역전한취)	송강 나 또한 오로지 한가로움에 뜻 두고,
野水閒雲伴釣竿(야수한운반조간)	들물과 한가한 구름에 낚싯대를 짝한다.

氏歷代人物(傳)』(2006; http://www.jinjuryu.com/htmls/jokbo/inmul.pdf), 71면 등; 김창원, 「송강 정철의 전라도 순천(順天) 은거와 전후 미인곡(前後美人曲)의 창작」, 『우리문학연구』 제46집(우리문학회, 2015), 49면 참고.

9) 『송강별집』 권1에는 제목 뒤에 '경오(庚午)'(1570년)라고 적혀 있지만, 그해에는 정철이 서울에서 2월부터 교리, 예조 정랑을 지내다가 4월에 부친상을 만나 거상(居喪) 중이어서 그렇게 지낼 수 있는 처지가 아니었다.

가둔천 가를 지나다니다 보니, 그 남쪽에 있는 새원[新院][10]의 원주(院主)[11]가 오고 가는 손들을 응대하느라고 무척 수고로워 하고 있었다.

> 새원 원쥬 되여   널 손님 디내옵니
> 가거니 오거니   인수(人事)도 하도 할샤
> 안자셔 보노라 ㅎ니   슈고로와 ㅎ노라

[현대어] 새원 원주가 되어 지나는 손님 지내옵네./ 가거니 오거니 인사도 많기도 많구나./ 앉아서 보노라 하니 수고로워 하노라.

나라면 그렇게 바쁘고 고되게 근무하려 하지 않을 것 같았다. 그래서 내가 원주가 되었을 경우를 가상(假想)해 보았다.

> 새원 원쥬 되여   되롱 삿갓 메오 이고
> 세우(細雨) 샤풍(斜風)의   일간듁(一竿竹) 빗기드러
> 홍뇨화(紅蓼花) 빅빈쥬뎌(白蘋洲渚)의   오명가명 ㅎ노라

[현대어] 새원 원주가 되어 도롱이 삿갓 메고 이고/ 가는 비와 비스듬히 부는 바람에 낚싯대 하나 비껴들어/ 붉은 여뀌꽃과 흰 마름 우거진 물가에 오며가며 하노라.

---

10) 현 고양시 덕양구 신원동 신원고등학교 부근에 있던 공릉천 남쪽의 공무용(公務用) 숙식시설로서, 중종 때나 명종 때에 기존의 원을 옮겼거나 새로 설치되었을 것으로 추정된다(1530년에 편찬된 『新增東國輿地勝覽』에는 나오지 않음).
11) 공무 여행자의 숙식시설인 원우(院宇)의 관리를 맡은 자로, 세종 27년(1445)부터 인근의 백성 중에서 유능한 자를 원주로 임명하고 잡역을 면제해 주었다.

새원 원쥬 되어 싀비(柴扉)룰 고텨 닷고
뉴슈(流水) 쳥산(靑山)을 벗 사마 더뎟노라
아히야 벽뎨(碧蹄)예 손이라 커든 날 나가다 ᄒᆞ고려

[현대어] 새원 원주가 되어 사립문을 다시 닫고/ 유수 청산을 벗 삼아 던졌노라./ 아이야, 벽제역의 손이라 하거든 날 나갔다 하구려.

늦여름이나 초가을에는 비바람 불면 우장(雨裝)으로 낚싯대 들고 꽃과 풀 우거진 물가를 돌아다니며, 산천이 아름다워지면 새원의 문을 닫고 산천 속에 들어서 함께하는 것은 어떨지?

내가 권 습재(權習齋; 權擘, 자 大手, 1520~1593. 石洲 權韠의 아버지) 공에게 보낸 칠언율시 〈신원산거 기시습재(新院山居寄示習齋; 신원의 산에서 지내며 습재에게 부쳐 보이다) 2수〉도 그 무렵 작일 것이다.

邇來門徑謝鉏荒(이래문경사서황)	요즈음에 문 앞길의 거친 풀을 매지 않음은
爲是輪蹄異洛陽(위시윤제이낙양)	바퀴 오름(車馬가 다님)이 서울과 달라서라네.
借問山中半日睡(차문산중반일수)	빌려 묻노니, 산중의 반나절 잠이
何如陌上一生忙(하여맥상일생망)	길 위에서 일생 동안 바쁨과 어떠하뇨?
墻根樹密身逃暑(장근수밀신도서)	담 밑 나무가 빽빽해 몸이 더위를 피하고,
石竇泉寒齒挾霜(석두천한치협상)	돌구멍 샘이 차가워서 이에 서리가 끼네.

時把桑麻話田父(시파상마화전부)	때로 뽕나무와 삼을 잡고 농부와 이야기하다가,
不知西嶺已頹光(부지서령이퇴광)	서쪽 재로 이미 해 기울어진 줄을 모르네.
野院蕭條草樹荒(야원소조초수황)	들의 원이 쓸쓸하고 초목도 거칠어지니,
亂蛙無數叫斜陽(난와무수규사양)	어지러운 개구리가 수없이 석양에 부르짖네.
臨岐更覺親朋少(임기갱각친붕소)	갈림길에서 친한 벗 적음을 다시 깨달으며,
感物偏傷節序忙(감물편상절서망)	사물에 느껴서 절서가 바쁨에 마음 상한다.
身厭葛衫凉換暑(신염갈삼양환서)	몸이 갈포 적삼 싫어지니 서늘함이 더위와 바꾸고,
面慙銅鏡髮垂霜(면참동경발수상)	구리거울 속의 서리 내린 머리털이 부끄럽다.
龍泉尙有干霄氣(용천상유간소기)	용천검은 아직도 하늘 찌를 기운이 있어,
匣裏時時見紫光(갑리시시현자광)[12]	갑 속에서 때때로 자줏빛 광채를 보

---

12) 이 시에 대하여 권벽이 차운한 〈차운송강견기(次韻松江見寄) 이수(二首)〉가 있다("楊惲田頭理穢荒 子眞巖下採迷陽 人傳尺素書應罕 夢失雙靑眼太忙 尙有交情比膠漆 遙知詩語帶水霜 思量莫作南歸計 竚見盆中月月光", "三徑曾知半就荒 彈冠只是爲王陽 靑雲垂翅應無慍 白髮催年倍覺忙 山割別腸尖似劍 月窺情夢冷如霜 何當卷取詩書去 却向隣家借壁光"; 權擘, 『習齋集』권3, '시').

이네.

전원생활을 즐기는 중에도 조정에서 활약하고 싶은 '하늘 찌를 기운'이 때때로 솟구치고 있었던 것이다.

그러구러 그 한 해를 좀 갑갑한 중에도 즐겁게 보내려고 했었지.

그 한 해 동안 율곡·우계·구봉 등과는 간간이 서신으로 교류하였다. 그런데 율곡과 구봉은 내가 친구들에게 보낸 편지에서 내 의견('구봉의 말을 모범으로 할 것')을 자기들의 말인 것처럼 전했음을 알고는, 구설(口舌)을 부를 수 있다면서[13] 나를 좀 꺼리는 듯하였다.

구봉은 그해 7월에 전년에 이어 또 그 처(妻; 昌寧 成氏)와의 사이에서 난 아들을 잃었다고 하였다. 어떻게 위로해야 할지 몰랐다.

참, 그해 4월에 셋째 형님의 둘째 딸인 주상의 귀인(貴人)이 해산(解産)하러 친정에 갔다가 별세하여, 6월에 고양 선영에다 장사 지냈지.

한편, 그 몇 년 뒤에 들은 말로, 내가 그해 10월에 담양의 면앙정에서 열린 송순 공의 회방연(回榜宴; 과거 급제 60주년을 기념한 잔치)에 참석해서 앞장서 제안하여 제봉(고경명) 공과 고봉(기대승) 선생 그리고 임자순(林子順; 林悌; 본관 羅州, 호 白湖, 1549~1587)과 함께 송 공의 가마[竹輿]를 메었다고 하였다. 관련된 사람들이 여럿인데도, 사실이 아닌 일이 왜 그렇게 소문나게 되었을까?[14]

---

13) 송익필, 『구봉집』 권4, '현승편 상(玄繩編上)', 「숙헌(율곡)에게 답하는 편지[答叔獻書]」 속의 '숙헌이 기묘년(1579) 8월 6일에 송익필(구봉)에게 보낸 편지' 뒤에 실린 '송익필이 8월 29일에 숙헌에게 보낸 편지'와 '숙헌이 9월 23일에 송익필에게 보낸 편지' 참고.

14) 송순, 『면앙집』 권5, '부록'의 「가장(家狀)」(1781년 黃胤錫 찬)과 「행장(行狀)」(1795년 宋煥箕 찬) 그리고 그 뒤에 이루어진 「연보」에서는 '기묘년(1579; 87세) 10월에 담양의 면앙정에서 열린 송순의 회방연(回榜宴)에 정철과 고경명(제봉)·기대승(고봉)·

나는 그 헛소문을 듣고 나서였던가에 다음의 단가를 지었다.

심의산 세네 바회 감도라 휘도라 드러
오뉴월 낫계즉만 살얼음 지핀 우희 즌서리 섯거 티고 자최눈 디엇거놀 보앗는다
님아 님아 온 놈이 온 말을 호여도 님이 짐쟉 호쇼셔

[현대어] 심의산(불교에서 하늘나라에 닿아 있는 거대한 산이라고 말하는 須彌山)을 서너 바퀴 감돌아 휘돌아 들어,/ 오뉴월 한낮쯤 살얼음 지핀 위에 된서리 섞어 치고 자국눈 떨어진 것을 보았는가?/ 임아 임아, 온[百] 놈이 온 말을 하여도 임이 짐작하소서.

임제(백호)와 규암(圭菴; 宋麟壽, 당시 전라도 관찰사였다고 함) 등 100여 명이 모였는데, 정철이 제안하여 밤에 정철·고경명·기대승·임제가 송순이 탄 가마를 메고 따뜻한 방[溫室]으로 갔다'고 하였다. 그러나『송강별집』권2,「연보」의 그해(44세) 기록에는 그 일에 관한 말과 정철이 그곳이나 창평으로 갔다는 말이 없으며, 기대승은 그 7년 전인 1572년에 사망했고 송인수(1499~1547)는 그 32년 전에 사망했으니,『면앙집』에 실린 그 일 관련 기록들은 신뢰하기 어렵다.

그런데도 앞의 잘못된 이야기가 세간에 사실인 양 알려져서, 1798년(正祖 22) 6월에 전라도 향시(鄕試)의 시제(詩題)를 "면앙정에서 가마를 메다[荷興俛仰亭]"로 한 일이 있었으며(『日省錄』'正祖 22년 戊午 6월 18일 庚戌'조 참고), 그해 8월 12일에 정조 임금이 이서구(李書九)에게 "… 면앙정은 본래 호남의 명승지이며 면앙정의 주인(송순)은 바로 기묘명현(己卯名賢) 중 가장 명성이 있는 사람이다. 그가 순여(筍輿; 대로 엮어 만든 가마)를 타고 정자에 올라갈 때 고경명·기대승·임제와 같은 당대의 명류(名流)가 모두 좌우에서 부축하고 그의 가마를 메고 호위하며 인도했으니, 이것으로 보면 그 사람이 호남에서 명망이 높다는 것을 알 수 있다. 그래서 이번에 호남에서 응제(應製; 임금의 특명으로 임시로 치르던 과거)할 때 '면앙정에서 가마를 메다'로 시제를 삼게 한 것이다. …."라고 말하기도 했다(같은 책, '정조 22년 무오 8월 12일 癸卯'조).

[참고]

〈면앙정가(俛仰亭歌)〉 송순(宋純) 작

无等山(무등산) 흔 활기 뫼히 동다히로 버더 이셔/ 멀리 쎄쳐와 霽月峰(제월봉)이 되여거놀/ 無邊(무변) 大野(대야)의 므솜 짐쟉 ᄒ노라/ 일곱 구비 흔머 움쳐 므득므득 버러놋 둣/ 가온대 구비노 굼긔 든 늘근 뇽이/ 선줌을 굿 씨야 머리롤 안쳐시니/ 너른바회 우희 松竹(송죽)을 헤혀고 亭子(정자)롤 안쳐시니/ 구름 탄 쳥학이 千里(천리)를 가리라 두 나릐 버럿눈둣/ 玉泉山(옥천산) 龍泉山(용천산) 누린 물히 亭子(정자) 압 너븐 들히 兀兀(올올)히 펴진 드시/ 넙써든 기노라 프르거든 희지 마니/ 雙龍(쌍룡)이 뒤트ᄂᆞ 둣/ 긴 깁을 치폇ᄂᆞ 둣/ 어드러로 가노라 므솜일 비얏바/ 닷ᄂᆞ 둣 ᄯᆞ로ᄂᆞ 둣 밤눗즈로 흐르ᄂᆞ 둣/ 므 조친 沙汀(사정)은 눈 ᄀᆞ치 펴졋거든/ 어즈러운 기럭기ᄂᆞ 므스글 어르노라/ 안즈락 ᄂᆞ리락 모드락 훗트락/ 蘆花(노화)을 사이 두고 우러곰 좃ᄂᆞ뇨/ 너븐 길 밧기요 '기'[긴] '히'[해]ᄂᆞᆯ 아러/ 두르고 ᄭᅩ즌 거슨 모힌가 屛風(병풍)인가 그림가 아닌가/ 노픈 둣 ᄂᆞᄌᆞᆫ 둣 근ᄂᆞ 둣 닛ᄂᆞ 둣/ 숨거니 뵈거니 가거니 머믈거니/ 어즈러온 가온디 일홈ᄂᆞ 양ᄒᆞ야 하놀도 젓치 아녀/ 웃독이 셧ᄂᆞ 거시 秋月山(추월산) 머리 짓고/ 龍歸山(용귀산) 鳳旋山(봉선산) 佛臺山(불대산) 漁灯山(어정산)/ 湧珍山(용진산) 錦城山(금성산)이 虛空(허공)의 버러거든/ 遠近(원근) 蒼崖(창애)의 머믄 짓도 하도 할샤/ '희'[흰] 구름 브흰 煙霞(연하) 프르니ᄂᆞ 山嵐(산람)이라/ 千巖萬壑(천암만학)을 제 집을 삼아 두고/ 나명셩 들명셩 일히도 구ᄂᆞ지고/ 오르거니 ᄂᆞ리거니 長空(장공)의 써나거니 廣野(광야)로 거너거니/ 프르락 불그락 여토락 지트락/ 斜陽(사양)과 서거지어 細雨(세우)조츠 ᄲᅳ리ᄂᆞ다/ 藍輿(남여)롤 비야ᄐᆞ고 솔 아릐 구븐 길노 오며 가며 ᄒᆞᄂᆞ 적의/ 綠楊(녹양)의 우ᄂᆞ 黃鸎(황앵) 嬌態(교태) 겨워 ᄒᆞᄂᆞ괴야/ 나모새 ᄌᆞᄌᆞ지어 樹陰(수음)이 얼린 적의/ 百尺(백척) 欄干(난간)의 긴 조으름 내여 펴니/ 水面(수면) 凉風(양풍)'야

이'[이야] 긋칠 줄 모르는가/ 즌서리 빠진 후의 산빗치 금슈로다/ 黃雲(황운)은 또 엇지 黃頃(황경)의 펴거지요/ 漁笛(어적)도 흥을 계워 돌룰 ᄯᅩ라 브니는다/ 草木(초목) 다 진 후의 江山(강산)이 매몰커놀/ 造物(조물)리 헌ᄉᆞᄒᆞ야 氷雪(빙설)노 ᄭᅮ며내니 瓊宮(경궁) 瑤臺(요대)와 玉海(옥해) 銀山(은산)이 眼底(안져)의 버러셰라/ 乾坤(건곤)도 가옴열샤 간 대마다 경이로다/ 人間(인간)을 ᄯᅥ나와도 내 몸이 겨를 업다/ 니것도 보려 ᄒᆞ고 져것도 드르려코/ ᄇᆞ람도 혀려 ᄒᆞ고 ᄃᆞᆯ도 마즈려코/ 봄으란 언제 줍고 고기란 언제 낙고/ 柴扉(시비)란 뉘 다드며 딘 곳츠란 뉘 쓸려뇨/ 아ᄎᆞᆷ이 낫브거니 나조히히라 슬흘소냐/ 오놀리 不足(부족)거니 내일리라 有餘(유여)ᄒᆞ랴/ 이 뫼히 안즈 보고 져 뫼히 거러 보니/ 煩勞(번노)ᄒᆞᆫ ᄆᆞ음의 ᄇᆞ릴 일리 아조 업다/ 쉴 ᄉᆞ이 업거든 길히나 젼ᄒᆞ리야/ 다만 훈 靑黎杖(청려장)이 다 뫼 되여 가노미라/ 술리 닉어거니 벗지라 업슬소냐/ 블니며 트이며 혀이며 이아며/ '오'[왼]가짓 소리로 醉興(취흥)을 빈야거니/ 근심이라 이시며 시룸이라 브터시랴/ 누으락 안즈락 구부락 져즈락/ 을프락 프람ᄒᆞ락 노혜로 노거니/ 天地(천지)도 넙도 넙고 日月(일월) 혼가ᄒᆞ다/ 羲皇(희황)을 모을너니 니 적이야 긔로괴아/ 神僊(신선)이 엇더턴지 이 몸이야 긔로고야/ 江山風月(강산풍월) 거놀리고 내 百年(백년)을 다 누리면/ 岳陽樓(악양루) 上(상)의 李太白(이태백)이 사라오다/ 浩蕩情懷(호탕정회)야 이예셔 더흘소냐/ 이 몸이 이렁 굼도 亦君恩(역군은) 이샷다.

[필사본 『잡가(雜歌)』]

#6. 좌초 탈출과 〈관동별곡〉·〈훈민가〉
― 45세(1580년, 庚辰年, 宣祖 13년, 明 神宗 萬曆 8년) ―

계사년(1593, 선조 26) 12월 11일 경신(庚申) 일기

맑고 한낮에 햇무리[日暈; 해의 둘레에 둥글게 나타나는 흰빛의 테]가 몇 차례 짐.

오늘은 추위가 많이 누그러졌다. 아침에 아픈 몸을 이끌고 집 주변을 조금 걸었는데, 기력이 너무 쇠해서 여러 번 넘어질 뻔하였다. 종명이가 지켜보고 있다가 나를 부축했다. 그 덕에 송정포구(松亭浦口) 근처에 가서 할아비강(조강) 너머 개성(開城) 쪽과 황해도 배천군(白川郡) 쪽도 좀 바라보았다. 모처럼 마음이 상쾌하였다.

45세이던 경진년(1580) 정월에 강원도 관찰사에 제수되었다. 나는 주상 전하와 조정으로부터 멀어지는 점 그리고 신혼의 '유아(소실 진주 유씨)'와 떨어지는 것이 좀 아쉽기도 했지만, 잊지 않고 벼슬을 내려 주신 성은(聖恩)이 망극하기도 한 데다, '삼대 추증(三代追贈)'의 영예를 얻을 수 있으며,[1] 감사(監司; 관찰사의 별칭)의 임기가 360일(1년)이어서 조정에 복귀하기도 수월하고 조정의 언로(言路)를 거의 장악한 동인들의 화살을 덜 받을 수 있기에, 왕명을 받들었다.

---

1) 조선시대 2품관 이상의 고관(高官)을 특별 대우하던 제도. 직계존속 3대(부모, 조부모, 증조부모)를 거슬러 그 부모에게는 본인과 같은 관계(官階)를, 조부모 이상에게는 1품씩 낮추어 모두 당상관(堂上官)으로 추증하였다.
　종2품직인 관찰사는 정3품인 자가 맡더라도, '종친 및 문무관으로 실직(實職) 2품 이상의 관직에 있는 자는 3대에 관직을 추증한다'는 『경국대전』 권1, 「이전(吏典)」, '추증(追贈)'의 규정에 따라 그의 부모에게 추증했다고 한다.

관찰사는 종2품직이지만, 강원도 관찰사는 정3품 당상관인 통정대부가 많이 맡던 자리다. 당시 내 품계(品階)가 통정대부였던지라, 그 관직 앞에 '수(守; 관직이 품계보다 높음을 나타냄)' 자를 붙이게 되었다('守江原道觀察使'). 강원도 관찰사는 도정(道政)을 통할(統轄; 모두 거느려 다스림)하며[2] 병마절도사(兵馬節度使)와 수군절도사(水軍節度使)를 겸임했다.

서울집으로 가서 부임할 채비를 갖추고는, 입궐하여 주상 전하께 사은숙배(謝恩肅拜)한 뒤에 수행원 몇을 대동하고 말을 타고 길을 떠나, 경기도의 양주(楊州)·양근(楊根)·지평(砥平)·여주(驪州) 등을 거쳐서 2월에 강원도 원주목(原州牧)에 있는 감영(監營)에 부임하였다.

한 달여 동안에 감영 사람들과 관내(管內) 업무를 파악하였다.

강원도는 대관령(大關嶺)의 동쪽 해안지역들[嶺東]과 서쪽 산간지역들[嶺西]로 나뉘며, 소속된 지역은 대도호부(大都護府) 하나[江陵], 목(牧) 하나[原州], 도호부 다섯[淮陽, 襄陽, 春川, 三陟, 鐵原], 군(郡) 일곱[平海, 通川, 旌善, 高城, 杆城, 寧越, 平昌], 현(縣) 열둘[縣令 관할 셋: 金城, 蔚珍, 歙谷; 縣監 관할 아홉: 伊川, 平康, 金化, 狼川, 洪川, 楊口, 麟蹄, 橫城, 安峽]의 스물여섯 고을이다.

땅은 넓지만, 산이 많고 평탄하지 않은 들에 모래와 돌이 많아서 인구와 물산(物産)은 형편없이 적은 지방인데, 백성은 2만 호(戶), 밭은 3만 이랑[畝]에 불과해, 한 도(道)이지만 민호와 물자·재력은 함경도의 함흥(咸興) 한 부(府)와 비등했다. 그리고 상당수 고을들의 토지와 인구는 호남이나 영남(嶺南)의 큰 촌락 하나만도 못한 편이었다.

---

2) 관찰사의 임무는 지방관 감찰(監察)과 지방 장관(長官)의 두 가지로 대별된다. 지방관 감찰 기능은 도내를 순력하며 예하 지방관들의 비리를 적발하고 근무성적을 매기는 포폄(襃貶; 옳고 그름이나 선하고 악함을 판단하여 결정함)을 행하는 것이었다. 관찰사는 비리를 적발하기 위하여 풍문(風聞) 탄핵권을 부여받았다.

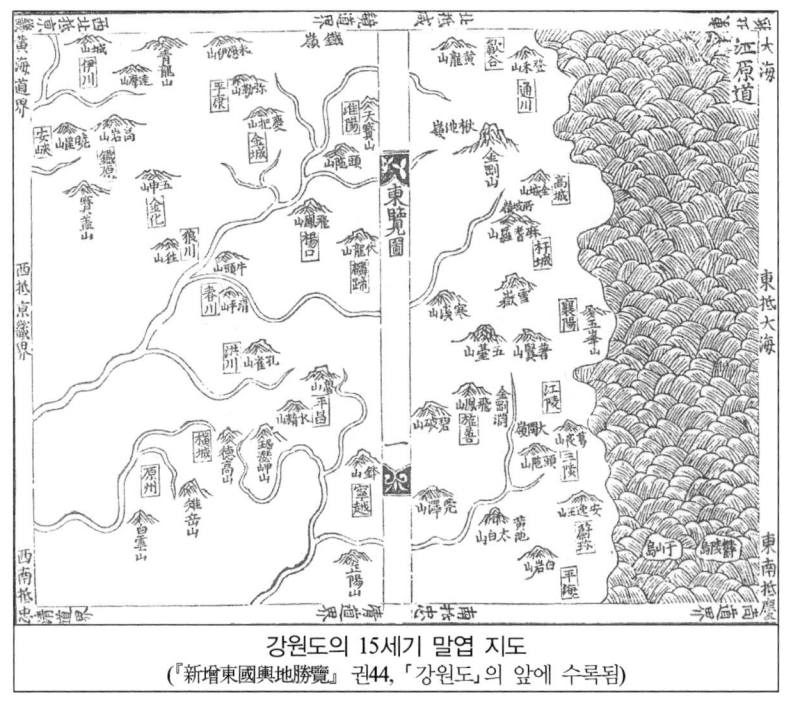

강원도의 15세기 말엽 지도
(『新增東國輿地勝覽』 권44, 「강원도」의 앞에 수록됨)

　3월부터 관찰사의 주된 임무인 봄과 가을에 한 차례씩 실시하는 도내(道內) 각 고을 순력(巡歷)에 많은 수행원들을 거느리고 나섰다.
　그런데 늦봄부터 초여름까지 동안에는 비 오는 날이 적지 않은 데다가 강원도의 좁고 험한 도로들은 수십 명이 함께 다니기 어려운 곳이 많으며 나도 긴 일정에 몸이 무척 힘들 것이므로, 모든 고을들을 한꺼번에 다 돌아볼 수 없었다. 그래서, 관례에 따라 나머지 고을들 순력은 강원 도사(都事)에게 맡기며, 나는 봄철 순력에서 큰 고을들과 금강산(內金剛과 外金剛) 그리고 관동팔경(關東八景; 통천 叢石亭, 고성 三日浦, 간성 淸澗亭, 양양 洛山寺, 강릉 鏡浦臺, 삼척 竹西樓, 평해 望洋亭과 越松亭 또는 흡곡 侍中臺) 등을 가 보기로 하고, 영서의 작은 고을들은 가을철 순력 때 직접 돌아보기로 했다.
　원주의 감영을 출발하여 북행해서 춘천도호부, 철원도호부, 회양도호부 등을 거쳐 금강산에 들었다가, 동해안쪽으로 나와서 흡곡현, 고성군, 통천군, 간성군, 양양군, 강릉대도호부, 삼척도호부, 울진현, 평해군까지 내려갔다가, 다시 북상하여 삼척에서 서쪽으로 향해 영월군 등을 거쳐서 5월에 원주 감영으로 돌아갔다.

한동안 쉬면서 여독(旅毒)을 다스린 뒤에, 그 순력의 과정과 견문 그리고 감회 등을 기봉(岐峯) 백광홍(白光弘; 본관 海美, 자 大裕, 1522~1556, 전라도 長興 출신, 玉峯 白光勳의 형) 공이 평안도 평사(評事)로서 관서지방을 돌아다닌 뒤에 지은 장가 〈관서별곡(關西別曲)〉(1555년; [참고])의 선례(先例)를 참고하여 장가 〈관동별곡(關東別曲)〉으로 나타내었다.

나는 봄 순력 전에 강원도와 그 관내 고을들에 관한 『신증동국여지승람(新增東國輿地勝覽)』[3]을 비롯한 각종 읍지(邑誌)들과 고려 때 안축(安軸; 호 謹齋, 1287~1348)의 「관동와주(關東瓦注)」및 이곡(李穀, 호 稼亭, 1298~1351)의 「동유기(東遊記)」등 관련 문헌들을 널리 찾아 읽고 구전(口傳) 설화들을 수집하여, 그 순력이 관찰사로서의 공적(公的) 임무를 수행하는 것 외에도 내 개인적으로도 뜻깊은 일이 될 수 있게 하려 했다. 그리고 이를 〈관동별곡〉 작품 속에 구현하고자 했다. 특히 내 속에 잠재해 있던 막연한 신선의식(神仙意識)을 구체화하기로 한 것이었다.

내가 생각하는 신선에는 도교(道敎)의 신선사상처럼, 하늘 위의 신선들

---

3) 1481년(成宗 12)에 왕명으로 노사신(盧思愼)・강희맹(姜希孟)・서거정(徐居正)・성임(成任)・양성지(梁誠之)・김자정(金自貞) 등이 편찬한 지리서 『동국여지승람(東國輿地勝覽)』(총 50권)을 1530년(中宗 25)에 이행(李荇)・윤은보(尹殷輔)・신공제(申公濟)・홍언필(洪彦弼) 등이 증보(增補)한 책(총 55권 25책).

내용은 각 도(道)의 연혁(沿革)과 총론(總論)・관원(官員)을 적은 뒤에, 그 소속 목(牧)・부(府)・군(郡)・현(縣)별로 건치(建置) 연혁, 군명(郡名), 성씨(姓氏), 풍속, 형승, 산천, 토산(土産), 성곽, 관방(關防), 봉수(烽燧), 누정(樓亭), 학교, 역원(驛院), 불우(佛宇), 사묘(祠廟), 능묘(陵墓), 고적(古跡), 명환(名宦), 인물, 제영(題詠) 등의 순서로 기재하였으며 『동국여지승람』이후 1530년에 증보된 것은 '신증(新增)'으로 표시했다.

뿐만 아니라 사람 세상을 떠나 산속에서 도를 닦아 불로장생(不老長生)하는 하계(下界; 사람이 사는 이 세상)의 선인(仙人)들도 포함된다.

상천(上天)의 자미원(紫微垣; 北極星을 포함하는 별자리)에 옥황상제(玉皇上帝)께서 계시고 여러 신선들이 보좌하는데, 지상 사람들의 운명은 이들에 의해 좌우된다. 옥황상제께 선택된 사람들만 선인이 될 수 있고, 그중에서도 뛰어난 이들만 승천(昇天)하여 신선들 속에 끼일 수 있다. 그들은 산속에 숨어 살면서 벽곡(辟穀; 곡식은 안 먹고 솔잎·대추·밤 등만 날로 조금씩 먹음)과 단약(丹藥) 복용 등의 여러 가지 수련을 쌓으면 몸에 날개가 돋아 하늘을 날아서 상천에 올라가 신선이 된다고 한다('羽化登仙').

남들에게는 내놓고 말하지 못했고 형제보다 가깝던 율곡(이이)과 우계(성혼)에게도 드러내지 않았지만, 언젠가부터 나는 내가 본디 하늘 위에서 신선으로 있다가 옥황상제께 죄를 지어서 인간(사람 세상)에 귀양 온 적선인(謫仙人)이 아닐까 하는 생각을 품고 있었다.

아마도 어릴 적에 외톨이로 살면서 몇몇 사람들 외에는 남들과 잘 어울리지 못하여 나를 남들과 다른 특별한 사람으로 생각했고, 기묘년에 고양 신원에서 죽림칠현처럼 지내면서 내가 술을 좋아하고 시를 꽤 잘 짓는 것이 천상에서 인간으로 귀양 온 시선(詩仙)이었다는 이백(李白; 자 太白)과 비슷하다고 스스로 여겨서 그러한 생각을 가지게 되었을 수도 있다.

강원도에 관한 자료들을 찾다 보니, '신라 사선(新羅四仙)'이라는 영랑(永郎)·술랑(述郎)·안상(安詳)·남석(南石)이 영동지방을 돌아다니다가 평해의 월송정(越松亭 또는 月松亭) 부근에서 신선이 되어 하늘나라 또는 동해로 갔다는 전설이 눈에 확 띄었다.

영랑은 영동지방과 금강산 오유(娛遊; 즐기고 놂)로써 이름나서 그 행적이 고려시대부터 문인들 사이에 회자되었지만, 그의 신원(身元)은 밝혀지지 않았다. 그리고 술랑과 안상 및 남석에 대하여는 알려진 것이 거의 없는 듯하다.

신라 사선은 늘 사선봉(四仙峰)이 있는 통천군의 총석정(叢石亭)에서 놀았는데, 그 무리가 갈석(碣石; 우뚝 선 돌)을 세워서 이를 기록했다고 한다. 또 사선은 고성군 삼일포(三日浦)의 물 가운데 작은 섬에서 놀며 삼 일간 돌아가지 않았고, 물 남쪽 작은 봉우리의 북쪽 벼랑에 '영랑도 남석행(永郞徒南石行)' 또는 '술랑도 남석행(述郞徒南石行)'이라는 단서(丹書; 바위나 돌에 새긴 글) 여섯 자로 된 비(碑)를 남겼다. 그리고 고성군 남쪽의 단혈(丹穴)도 사선이 놀던 곳이라고 전한다.

간성군 남쪽에 있는 영랑호(永郞湖)의 동쪽 작은 봉우리가 반쯤 호수 가운데로 들어간 곳에 옛 정자 터가 있는데, 영랑 선도(永郞仙徒)가 유상했던 곳이다. 강릉대도호부의 한송정(寒松亭; 강릉부 동쪽 15리) 부근도 사선이 놀던 곳인데, 술랑 선도(述郞仙徒)가 놀았다고 한다. 그 근처 경포대(鏡浦臺)도 영랑 선인이 놀던 곳이라고 한다.

그 이남에서는 사선의 행적이 삼척도호부와 울진현에서는 보이지 않고 평해군에서 보이는데, 월송정 부근에 신라 선인 술랑 등이 놀고 쉬었다고 민간에 전한다. 이 밖에, 금강산의 영랑봉(永郞峰)·영랑재[永郞岾] 등도 영랑 등이 노닐었던 곳이라고 한다.

그들의 마지막 행적에 관한 전승은 찾기 어렵지만, 중국 설화에 선인이 바다 가운데의 삼신산(三神山; 蓬萊山, 方丈山, 瀛洲山)에 산다고 한 것에 따라서 동해의 섬으로 갔다고 추측되기도 했다.

봄 순력 때 내가 적선인일 수 있다는 자의식(自意識)을 신라 사선의 행적을 추적하여 확인하고, 이를 장가 작품으로 구현하기로 했다.

문갑 속에서 〈관동별곡〉을 적은 종이를 꺼내어 들여다보면서 그 창작 당시의 여러 생각들을 떠올려본다.

1 江湖(강호)애 病(병)이 깁퍼 竹林(듁림)의 누엇더니
2 關東(관동) 八百 里(팔백리)에 方面(방면)을 맛디시니
3 어와 聖恩(성은)이야 가디록 罔極(망극)ᄒᆞ다
4 延秋門(연추문) 드리ᄃᆞ라 慶會 南門(경회남문) ᄇᆞ라보며
5 下直(하직)고 믈너나니 玉節(옥졀)이 알ᄑᆡ 셧다
6 平丘驛(평구역) 물을 ᄀᆞ라 黑水(흑수)로 도라드니
7 蟾江(셤강)은 어듸메오 雉岳(치악)이 여긔로다
8 昭陽江(쇼양강) ᄂᆞ린 물이 어드러로 든단 말고
9 孤臣(고신) 去國(거국)에 白髮(백발)도 하도 할샤
10 東州(동쥬) 밤 계오 새와 北寬亭(북관뎡)의 올나ᄒᆞ니
11 三角山(삼각산) 第一峰(졔일봉)이 ᄒᆞ마면 뵈리로다
12 弓王(궁왕) 大闕(대궐) 터희 烏鵲(오쟉)이 지지괴니
13 千古(쳔고) 興亡(흥망)을 아ᄂᆞ다 몰ᄋᆞᄂᆞ다
14 淮陽(회양) 녜 일홈이 마초아 ᄀᆞᄐᆞᆯ시고
15 汲長孺(급댱유) 風彩(풍채)를 고텨 아니 볼 게이고
16 營中(영즁)이 無事(무ᄉᆞ)ᄒᆞ고 時節(시졀)이 三月(삼월)인 제
17 花川(화쳔) 시내 길히 楓岳(풍악)으로 버더 잇다
18 行裝(행쟝)을 다 썰티고 石逕(셕경)의 막대 디퍼
19 百川洞(백쳔동) 겨ᄐᆡ 두고 萬瀑洞(만폭동) 드러가니
20 銀(은) ᄀᆞᄐᆞᆫ 무지게 玉(옥) ᄀᆞᄐᆞᆫ 龍(용)의 초리
21 섯돌며 쑴ᄂᆞᆫ 소리 十里(십리)의 ᄌᆞ자시니
22 들을 제ᄂᆞᆫ 우레러니 보니ᄂᆞᆫ 눈이로다
23 金剛臺(금강대) ᄆᆡᆫ 우 層(층)의 仙鶴(션학)이 삿기 치니
24 春風(츈풍) 玉笛聲(옥뎍셩)의 첫ᄌᆞᆷ을 ᄭᅢ돗던디
25 縞衣(호의) 玄裳(현샹)이 半空(반공)의 소소ᄯᅳ니

26 西湖(서호) 녯 主人(주인)을 반겨서 넘노는 둣
27 小香爐(소향로) 大香爐(대향로) 눈 아래 구버보고
28 正陽寺(정양사) 眞歇臺(진헐대) 고텨 올나 안존마리
29 盧山(여산) 眞面目(진면목)이 여긔야 다 뵈ᄂ다
30 어와 造化翁(조화옹)이 헌ᄉ토 헌ᄉ홀샤
31 놀거든 뛰디 마나 셧거든 솟디 마나
32 芙蓉(부용)을 고잣ᄂ 둣 白玉(백옥)을 믓것ᄂ 둣
33 東溟(동명)을 박ᄎᄂ 둣 北極(북극)을 괴왓ᄂ 둣
34 놉흘시고 望高臺(망고대) 외로올샤 穴望峰(혈망봉)이
35 하놀의 추미러 므ᄉ 일을 ᄉ로리라
36 千萬劫(천만겁) 디나ᄃ록 구필 줄 모ᄅᄂ다
37 어와 너여이고 너 ᄀᄐ 니 쏘 잇ᄂ가
38 開心臺(개심대) 고텨 올나 衆香城(중향성) 브라보며
39 萬二千峰(만이천봉)을 歷歷(역력)히 혀여ᄒ니
40 峰(봉)마다 밋쳐 잇고 긋마다 서린 긔운
41 묽거든 조티 마나 조커든 묽디 마나
42 뎌 긔운 흐터내야 人傑(인걸)을 문돌고쟈
43 形容(형용)도 그지업고 體勢(체세)도 하도 할샤
44 天地(천지) 삼기실 제 自然(자연)이 되연마ᄂ
45 이제 와 보게 되니 有情(유정)도 有情(유정)홀샤
46 毗盧峰(비로봉) 上上頭(상상두)의 올라 보 니 긔 뉘신고
47 東山(동산) 泰山(태산)이 어ᄂ야 놉돗던고
48 魯國(노국) 조븐 줄도 우리ᄂ 모ᄅ거든
49 넙거나 넙은 天下(천하) 엇찌ᄒ야 젹닷 말고
50 어와 뎌 디위를 어이ᄒ면 알 거이고

51 오르디 못 ᄒ거니 ᄂ려가미 고이 홀가
52 圓通(원통)골 ᄀᆞᄂᆞᆫ 길로 獅子峰(사자봉)을 ᄎ자가니
53 그 알피 너러바회 化龍(화룡)쇠 되여셰라
54 千年(천년) 老龍(노룡)이 구비구비 서려 이셔
55 晝夜(주야)의 흘녀 내여 滄海(창해)에 니어시니
56 風雲(풍운)을 언제 어더 三日雨(삼일우)를 디련ᄂ다
57 陰崖(음애)예 이온 플을 다 살와 내여ᄉ라
58 摩訶衍(마하연) 妙吉祥(묘길상) 雁門(안문)재 너머디여
59 외나모 써근 ᄃ리 佛頂臺(불정대) 올라ᄒ니
60 千尋絶壁(천심절벽)을 半空(반공)애 셰여 두고
61 銀河水(은하수) 한 구비를 촌촌히 버혀 내여
62 실 ᄀᆞ티 플텨 이셔 뵈 ᄀᆞ티 거러시니
63 圖經(도경) 열두 구비 내 보매ᄂᆞᆫ 여러히라
64 李謫仙(이적선) 이제 이셔 고텨 의논 ᄒ게 되면
65 廬山(여산)이 여긔도곤 낫단 말 못ᄒ려니
66 山中(산중)을 ᄆ양 보랴 東海(동해)로 가쟈ᄉ라
67 藍輿(남여) 緩步(완보)ᄒ야 山暎樓(산영루)의 올나ᄒ니
68 玲瓏(영롱) 碧溪(벽계)와 數聲(수성) 啼鳥(제조)ᄂᆞᆫ 離別(이별)을 怨(원)ᄒᄂᆞᆫ 듯
69 旌旗(정기)를 썰티니 五色(오색)이 넘노ᄂᆞᆫ 듯
70 鼓角(고각)을 섯부니 海雲(해운)이 다 것ᄂᆞᆫ 듯
71 鳴沙(명사)길 니근 물이 醉仙(취선)을 빗기 시러
72 바다흘 겻티 두고 海棠花(해당화)로 드러가니
73 白鷗(백구)야 ᄂᆞ디 마라 네 버딘 줄 엇디 아ᄂᆞᆫ
74 金幱窟(금란굴) 도라드러 叢石亭(총석정) 올라ᄒ니

45세(1580년) 163

⁷⁵ 白玉樓(백옥루) 남은 기동 다만 네히 셔 잇고야

⁷⁶ 工倕(공수)의 셩녕인가 鬼斧(귀부)로 다드문가

⁷⁷ 구투야 六面(육면)은 므어슬 象(상)톳던고

⁷⁸ 高城(고성)을란 더만 두고 三日浦(삼일포)를 추자가니

⁷⁹ 丹書(단셔)는 宛然(완연)ᄒ되 四仙(사선)은 어디 가니

⁸⁰ 예 사흘 머믄 後(후)의 어디가 또 머믈고

⁸¹ 仙遊潭(선유담) 永郞湖(영랑호) 거긔나 가 잇는가

⁸² 淸澗亭(청간정) 萬景臺(만경대) 몃 고디 안돗던고

⁸³ 梨花(이화)는 볼셔 디고 접동새 슬피 울 제

⁸⁴ 洛山(낙산) 東畔(동반)으로 義相臺(의상대)예 올라안자

⁸⁵ 日出(일출)을 보리라 밤듕만 니러ᄒ니

⁸⁶ 祥雲(상운)이 집픠는 동 六龍(육룡)이 바퇴는 동

⁸⁷ 바다히 떠날 제는 萬國(만국)이 일위더니

⁸⁸ 天中(천중)의 티쓰니 毫髮(호발)을 혜리로다

⁸⁹ 아마도 녈구름 근쳐의 머믈셰라

⁹⁰ 詩仙(시선)은 어디 가고 咳唾(해타)만 나맛ᄂ니

⁹³ 天地間(천지간) 壯(장)ᄒᆞᆫ 긔별 주셔히도 홀셔이고

⁹² 斜陽(사양) 峴山(현산)의 躑躅(척촉)을 므니볼와

⁹³ 羽蓋芝輪(우개지륜)이 鏡浦(경포)로 누려가니

⁹⁴ 十里(십리) 氷紈(빙환)을 다리고 고텨 다려

⁹⁵ 長松(장송) 울흔 소개 슬ᄏᆞ장 펴뎌시니

⁹⁶ 믈결도 자도 잘샤 모래를 혜리로다

⁹⁷ 孤舟(고주) 解纜(해람)ᄒ야 亭子(정자) 우히 올나가니

⁹⁸ 江門橋(강문교) 너믄 겨틔 大洋(대양)이 거긔로다

⁹⁹ 從容(종용)ᄒᆞᆫ댜 이 氣像(기상) 闊遠(활원)ᄒᆞᆫ댜 뎌 境界(경계)

100 이도곤 フ즌 디 쏘 어듸 잇닷 말고
101 紅粧(홍장) 古事(고사)룰 헌ㅅ타 ᄒ리로다
102 江陵(강릉) 大都護(대도호) 風俗(풍속)이 됴흘시고
103 節孝(절효) 旌門(정문)이 골골이 버러시니
104 比屋(비옥) 可封(가봉)이 이제도 잇다 홀다
105 眞珠館(진주관) 竹西樓(죽서루) 五十川(오십천) ᄂ린 믈이
106 太白山(태백산) 그림재룰 東海(동해)로 다마 가니
107 출하리 漢江(한강)의 木覓(목멱)의 다히고져
108 王程(왕정)이 有限(유한)ᄒ고 風景(풍경)이 못 슬믜니
109 幽懷(유회)도 하도 할샤 客愁(객수)도 둘 듸 업다
110 仙槎(선사)룰 ᄯᅴ워내여 斗牛(두우)로 向(향)ᄒ살가
111 仙人(선인)을 ᄎᄌ려 丹穴(단혈)의 머므살가
112 天根(천근)을 못내 보와 望洋亭(망양정)의 올은말이
113 바다 밧ᄀᆫ 하ᄂᆯ이니 하ᄂᆯ 밧ᄀᆫ 므서신고
114 ᄀᆺ득 노ᄒᆫ 고래 뉘라셔 놀래관디
115 블거니 씀거니 어즈러이 구ᄂᆞᆫ디고
116 銀山(은산)을 것거 내어 六合(육합)의 ᄂ리ᄂᆞᆫ 둣
117 五月(오월) 長天(장천)의 白雪(백설)은 므스 일고
118 져근덧 밤이 드러 風浪(풍랑)이 定(정)ᄒ거놀
119 扶桑(부상) 咫尺(지척)의 明月(명월)을 기드리니
120 瑞光(서광) 千丈(천장)이 뵈ᄂᆞᆫ 둣 숨ᄂᆞᆫ고야
121 珠簾(주렴)을 고텨 것고 玉階(옥계)룰 다시 쓸며
122 啓明星(계명성) 돗도록 곳초 안자 ᄇ라보니
123 白蓮花(백련화) ᄒᆫ 가지를 뉘라셔 보내신고
124 일이 됴흔 世界(세계) 놈대되 다 뵈고져

¹²⁵ 流霞酒(유하주) ᄀ득 부어 들두려 무론 말이
¹²⁶ "英雄(영웅)은 어디 가며 四仙(사선)은 긔 뉘러니"
¹²⁷ 아미나 맛나보아 녯 긔별 뭇쟈 ᄒ니
¹²⁸ 仙山(선산) 東海(동해)예 갈 길히 머도 멀샤
¹²⁹ 松根(송근)을 베여 누어 픗줌을 얼픗 드니
¹³⁰ 꿈애 ᄒᆞᆫ 사ᄅᆞᆷ이 날드려 닐은 말이
¹³¹ "그디를 내 모ᄅᆞ랴 上界(상계)예 眞仙(진선)이라
¹³² 黃庭經(황정경) 一字(일자)를 엇디 그릇 닐거 두고
¹³³ 人間(인간)의 내려와서 우리를 ᄯᆞᆯ오는다
¹³⁴ 져근덧 가디 마오 이 술 ᄒᆞᆫ 잔 머거 보오"
¹³⁵ 北斗星(북두성) 기우려 滄海水(창해수) 부어 내여
¹³⁶ 저 먹고 날 머겨놀 서너 잔 거후로니
¹³⁷ 和風(화풍)이 習習(습습)ᄒ야 兩腋(양액)을 추혀드니
¹³⁸ 九萬里(구만리) 長空(장공)애 져기면 ᄂᆞᆯ리로다
¹³⁹ "이 술 가져다가 四海(사해)예 고로 ᄂᆞ화
¹⁴⁰ 億萬(억만) 蒼生(창생)을 다 醉(취)케 밍ᄀᆞᆫ 後(후)의
¹⁴¹ 그제야 고텨 맛나 ᄯᅩ ᄒᆞᆫ 잔 ᄒᆞ쟛고야"
¹⁴² 말 디쟈 鶴(학)을 ᄐᆞ고 九空(구공)의 올나가니
¹⁴³ 空中(공중) 玉簫(옥소) 소리 어제런가 그제런가
¹⁴⁴ 나도 ᄌᆞᆷ을 ᄭᅵ여 바다ᄒᆞᆯ 구버보니
¹⁴⁵ 기픠를 모ᄅᆞ거니 ᄀᆞ인들 엇디 알리
¹⁴⁶ 明月(명월)이 千山萬落(천산만락)의 아니 비쵠 ᄃᆡ 업다

이 작품의 전 146개 행에서 금강산 탐승(探勝)까지의 전반부 68개 행에서는 부임 과정과 영서지방 순력을 7개 행과 8개 행으로 간략히 처리한

뒤에 금강산 일대가 압도적인 비중을 지니게 했으며(53개 행; 제16～68행), 영동지방 순력인 후반부 78개 행에서는 사선 관련 지역들이 거의 다 언급되면서도 평해지역이 가장 강조되었다(35개 행; 제112～146행). 그리고 작품에 나타난 여정은 실제 여정 그대로가 아니라 작자인 나의 관심이나 의식에 의해 취사선택된 것이다.

이러한 점들은, 이 작품이 전편(全篇)의 형상화(形象化)를 통어(統御)하는 주제와 구성의 중심축을 가졌기 때문이다.

이 작품의 주제는 '나의 신선의식을 도출하여 실현함' 곧 '신라 사선 찾기와 적선인으로서의 자아정체성 확인'이며, 전체 구성도 그러한 주제의 구현을 중심축으로 하였다.

제1행에서의 '죽림'은 대가 많은 창평을 연상시킬 수도 있지만, 실은 그 전년의 고양 수동에서의 죽림칠현 같은 삶을 말한 것이다.

원주의 감영을 떠나서 영서지방을 순력하던 일은 매우 속도감 있고 간략하게 요점만 뽑아서 표현하였다.

제8～9행은 춘천도호부를 돌아볼 때의 감회로서, 임금님 및 조정과 멀어진 상태의 씁쓸한 느낌을 나타내었다. 철원도호부(동주)를 거친 뒤 회양도호부에서의 감회를 나타낸 제14～15행에서는 그 이름이 전한(前漢) 무제(武帝) 때 강직하여 직간(直諫)을 많이 한 명신(名臣) 급암(汲黯; 자 長孺)이 파직되자 은거했다가 다시 태수가 되어서 무위(無爲)의 정치로 잘 다스렸다는 옛날 중국의 회양과 마침 같다고 말함으로써, 당시의 내 처지와 자부심을 급암에 견주어서 표현하였다.

그러다가 금강산에 들어서는 그 일대의 빼어난 절경들을 필력(筆力)을 다해 훌륭하게 표현함에 주력하는 가운데서도, 은연중에 내가 지닌 신선의식을 도출하여 부상(浮上)시키려 했다.

정선(鄭敾; 호 謙齋, 1676~1759)의 「금강전도(金剛全圖)」(1734년; 국보 제217호)
(https://blog.naver.com/yieg0713/223371561458에서 전재)

　처음에는 나를 중국 북송대의 은일고사(隱逸高士)로 서호(西湖)의 고산(孤山)에서 매화를 아내 삼고 학(鶴)을 아들 삼았다는 임포(林逋)에 비유하였다. 입산을 계기로 하여 목민관(牧民官)에서 선인이라고 할 수 있는 은일고 사로 변한 것이다. 또 금강산의 승경(勝景)을 중국의 여산(廬山)과 비교하면서는 '소선(蘇仙)'이라는 소식(蘇軾; 자 子瞻, 호 東坡)이 표현한 "不識廬山眞面目(불식여산진면목; 여산의 진면목을 알지 못하겠네)"을 정반대의 뜻으로 바꾸어서 끌어 썼으며, 그 끝부분에서는 '이 적선(이백)'을 직접 지칭하여 그의 판단에 대해 회의적인 견해를 나타내었다.

이를 통해 나는 자신을 은근히 선인으로 널리 여겨지는 인물들의 표현이나 판단을 바꾸거나 회의할 수 있는 대등한 위치에 올려놓고자 하였고, 이로써 어렴풋하게나마 내가 그들 특히 '이 적선'과 마찬가지로 선인이라는 자의식을 도출하여 부상시켰다.

전반부의 끝부분은 내가 '이 적선'과 마찬가지로 적선인이라는 자의식을 은근히 드러낼 뿐만 아니라, 그 뒤의 동해안 쪽 여정이 '이 적선'과 같은 '취선(醉仙)'으로서 '사선 찾기' 위주로 이루어질 것임을 암시하고 이끌어내는 구실도 한다. 그러기에 나는 내 신선의식을 도출하여 부상시킨 뒤에는 금강산에서 사선과 무관한 장소들을 건너뛰고 곧바로 후반부 첫머리에서부터 그 신선의식의 실현을 보이기 시작하였다.

이러한 나의 관심이나 의식을 후반부에서 뚜렷이 드러내었다.

그 앞부분에서 나는 스스로를 '취선'이라 하고, 동해안의 여러 지역들에서 신라 사선을 찾아서 그 행적을 따랐다.

삼척도호부에 들른 뒤에는 사선 찾기의 다음 행로에 대하여 갈등을 보였고, 망양정(望洋亭)[4]에서는 사선 찾기의 성공 가능성에 대한 회의를 드러내었다.[5]

---

4) 정철이 강원도 관찰사였을 때는 평해군의 북쪽 40리 기성면(箕城面) 망양리(望洋里) 현종산(懸鍾山) 기슭에 있었다. 고려 때는 망양리 해안에 세워져 있었으나, 조선 성종 2년(1471)에 평해 군수 채신보(蔡申保)가 현종산 기슭으로 옮겼다.

그 갈등과 회의는 작품의 최종 완성을 기하는 마지막 부분에서 해소되고 해결되어서, 꿈속에서 드디어 목적을 달성하여 신라 사선의 한 사람을 만나서 그에게서 내가 본래 '상계(하늘 위의 세계)의 진선(眞仙)이었다가 사소한 잘못을 저질러서 인간에 내려온 사람'이라는 말('옛 기별')을 들음으로써 '적선인으로서의 자아정체성'을 확인하고는, 잠을 깨어서 그 확인(깨달음) 이후에 굽어봄을 통해 펼쳐진 무궁하고 밝은 세계 곧 신선의 경지를 표현하였다.

"나도 잠을 깨어 바다를 굽어보니/ 깊이를 모르거니 가인들 어찌 알리/ 명월이 천산만락에 아니 비친 데 없다."

그 표현은 중국 신선사상의 주요 기반이 된 『장자(莊子)』(중국 戰國時代 宋나라의 사상가 莊周 저)의 「소요유(逍遙遊)」(內篇 제1)에서의 "하늘이 푸르른 것은 본래의 빛깔인가? 멀어서 끝닿는 바가 없어서인가? (鵬새가) 아래를

---

5) '선사(仙槎)'는 울진의 옛 별칭이기도 한데(『신증동국여지승람』 권45, '蔚珍縣', '郡名'), '민간에 전하기를 박망후(博望侯) 장건(張騫; ?~BC 114; 중국 漢 武帝 때 使臣으로서 西域으로의 교통로를 개통함에 크게 공헌했음)이 뗏목을 타고 이곳에 왔다고 한 까닭으로 이른 것'이라고 한다(『關東誌』, 「蔚珍」, '郡名'). 그리고 사마천(司馬遷), 『사기(史記)』 권123, 「대원 열전(大苑列傳)」에서의 '한나라 사신이 하수의 근원을 궁구하였다'("漢使窮河源"·"太史公曰 … 今自張騫使大夏之後也 窮河源")는 대하(Bactria)에 있던 대월지(大月氏)를 찾아갔던 장건이 황하(黃河) 발원지에 이르렀다고 한 것인데, 후세에 이를 토대로 하여 장건이 하원(河源)을 찾아서 뗏목을 타고 천하(天河; 銀河水)에 이르러 견우(牽牛)와 직녀(織女)를 만났다고 하는 중국 전설(「荊楚歲時記」 등)이 생겨났다.

이로써 보면, 제110행은 천상의 신선이 된 장건을 만나기 위해 신선 뗏목을 타고 북두성과 견우성 사이에 흐르는 은하수로 향할 것인지 또는 계속 신라 사선을 만나고자 하여 그 앞 여정에서 빠뜨린 사선 유적지인 단혈(丹穴; 고성군 소재)로 찾아가 머물 것인지에 대해 갈등한다는 뜻이다. 그리고 제125~128행에서는 '영웅(英雄; 장건)이나 사선을 찾아 '옛 기별'을 묻기가 매우 어렵다고 한 것으로서, 신선 찾기의 성공 가능성에 대한 회의를 드러내었다. 이처럼 제108~111행 부분과 제112~128행 부분은 화자(話者; 정철)의 신선 찾기에서의 갈등과 회의를 드러내는 것으로서, 사선 찾기에서의 위기를 나타낸다.

굽어보아도 또한 이 같을 따름이다(天之蒼蒼 其正色邪 其遠而無所至極邪 其視下也 亦若是則已矣)."와 「제물론(齊物論)」(내편 제2)의 '만물은 서로 조화를 이루는 일체(一體)이므로, 차별 없이 존중하며 있는 그대로 따뜻하게 감싸야 한다'는 사상, 그리고 「추수(秋水)」(外篇 제17)에서의 "큰 지혜를 가진 이는 …… 사물의 양이 무궁함을 안다(大知 …… 知量無窮)." 등과 상통한다. 또한 '명월이 천산만락에 빠짐없이 두루 비침'을 인지할 수 있는 위치는 매우 높은 곳이므로, 이는 내가 신선이 되어 하늘 높이 날면서 하계를 굽어보는 것으로 해석될 수 있다.

이러한 구성과 표현들은 내가 선인이라는 의식을 가지고, 나의 관동여행이 그 선인(나)이 옛 선인들(신라 사선)을 만나기 위해서 그들의 행방을 찾아 옛 행적을 따르는 것인 양하고, 최종적으로는 내가 본래는 '상계의 진선'이었던 '적선인'임을 알려줄 수 있다.

그러기에 후반부에 나타난 여정은 실제 여정과는 달리, 신라 사선의 행적과 관련된 장소가 없는 고을들은 누락시키거나, 또는 짤막하게 말하거나 암시적으로 나타냄에 그쳤다.

그리고 후반부의 기술 내용 대부분이 관찰사의 공적 임무와 무관한 사적인 관심사의 추구와 그 감회로 되어 있고, 그 가운데 사선의 행적과 관련된 것이 대다수를 차지하는 점도 '사선 찾기-만나기' 등 신선의식 실현 위주의 창작의식에 따른 취사선택의 결과이다.

망양정 일대가 깎아지른 벼랑으로 이루어졌고 신라 사선의 행적에 관한 전승이 전혀 없음에 비해, 월송정 부근은 사선의 동해안 쪽 행적이 끝난 곳으로서, 만 그루나 되는 푸른 솔숲에 신선이 학을 타고 찾아오기도 한다고 상상되고 있었던 데다, 그곳에서 아스라이 바라보이는 울릉도(鬱陵島; 당시에는 사람들이 살지 않았음)가 신선들이 사는 바다 가운데 섬이라고 여겨지기도 했다. 게다가 빽빽한 그곳 소나무들 사이에는 땅강아지와 개미가 다니지 않아서, 5월의 더위를 피해 시원한 솔숲에서 소나무에 기대거나 솔뿌리를 베고 누워서 졸거나 잠자기에 적합한 곳이다.

망양정을 그린 정선의 진경산수화(眞景山水畵)

월송정과 그 부근을 그린 정선의 진경산수화

이 때문에, 월송정 부근은 나의 '신선(신라 사선) 찾기-만나기' 과정에서의 위기를 '꿈'을 통해서 해결하고 사건을 종결하여 작품을 완성시키기 위한 공간으로서 최적의 장소이다. 그러므로 이곳을 작중 종착지로 삼은 것은 나의 신선의식 실현을 효과적으로 구현하기 위한 최선의 설정이었을 것이다.

더구나 평해군 관아에서 6, 7리밖에 떨어지지 않은 평탄한 지형에 있는 그 절경을 내가 어찌 가 보지 않을 수 있었을까?

이처럼 후반부에서는 나의 신선의식 실현이 구성의 중심축이었다.

작품의 전체 구성은 신선의식을 중심으로 하면, '도입부(부임과정, 영서지방 순력), 발단부(금강산 탐승), 발전부(영동지방 순력), 위기부(삼척의 뒤, 망양정), 결말부(꿈, 꿈을 깬 뒤)'로 되었다. 이는 시상의 변화가 거의 없는 단조로운 구성이 아니라, 전환을 보인 위기단계가 있음으로써 그 굴곡 있는 시상 전개를 통해 동성(動性)을 보이며 흥미를 한층 불러일으키는 효과를 기한 구성이라고 할 수 있다.

이 작품에는 신선과 관련된 어휘와 표현들이 적지 않게 쓰였는데, 그 어휘와 표현들은 전반부의 금강산 탐승에서부터 뚜렷이 나타나서 후반부에서 많이 쓰였고, 특히 이백과 신라 사선에 관련된 시어들이 두드러졌다. 나는 작품의 구성과 더불어 이러한 시어들의 사용을 통해서도 후반부가 금강산 탐승에서 도출된 신선의식의 실현으로 이루어졌으며 그것이 이백과 신라 사선을 중심으로 한다는 점을 알려주고자 했다.

발단부인 금강산 탐승에서의 표현에서는 소식과 이백의 시문을 주로 참고하였다. 이는 구성에서처럼 은근히 나를 소식·이백과 대등한 위치인 선인 반열에 올려놓고자 했다.

후반부의 표현에서도 이백과 소식의 시문을 많이 참고하였다. 망양정까지는 주로 이백의 시를 참고했지만, 결말부에서 내가 풋잠(잠든 지 얼마 안 되어 깊이 들지 못한 잠)에 들어 꿈속에 사선이 나타나 내게 말을 건네고 이를 통해서 자아정체성을 확인하고 꿈에서 깨어난다는 상황 설정은 소식의

〈후적벽부(後赤壁賦)〉[6] 결말부에서 '꿈속에 한 도사(道士)가 우의(羽衣)를 펄럭이며 지나가다가 내게 말을 건네고는 자신의 정체('鶴')가 파악되자 웃었는데, 내가 놀라 깨어나서 문을 열어 살펴보았으나 간 곳을 알 수 없었다'고 한 설정을 참고하였다. 또 꿈속에서 사선이 말한 "황정경(黃庭經; 道家의 經文) 일자(一字)를 어찌 그릇 읽어두고"도 소식의 시 〈부용성(芙蓉城)〉에 나온 말("竟坐誤讀黃庭經")을 끌어 쓴 것이다.

그러나 이백과 소식의 시문을 참고한 표현을 많이 쓰기는 했지만, 그 표현들은 원 출전의 표현을 그대로 쓰기만 한 것이 아니다.

전반부의 금강산과 중국 여산을 비교하는 대목에서 소식의 시구를 차용하면서도 금강산이 더 낫다는 점을 나타내기 위해 원시(原詩)와 반대의 뜻으로 바꾸었다. 또 결말부의 '잠-꿈' 설정에서도 소식의 〈후적벽부〉 결말부가 '꿈속 방문자의 정체'가 '학'임이 확인되도록 함에 그친 것을 변형시켜서, 꿈속 방문자와의 만남으로써 나의 사선 찾기가 달성되도록 하고, 이를 통해서 내 정체성인 '적선인'이 확인되도록 했을 뿐만 아니라, 그 확인 이후에 내게 펼쳐진 신선의 경지를 표현할 수 있게도 하였다.

이렇듯이 나는 옛사람의 시문에서의 표현을 많이 참고하거나 끌어 썼지만, 그 뜻이나 방법을 그대로 따르는 표절에 떨어지지 않고, 원 시문의 뜻을 발전적으로 변화시켜서 새로운 뜻을 이끌어내어, 나의 의도나 처지·상황에 적합하게 하여 내 신선의식 실현을 인상적이고도 효과적으로 표현하였다.

---

6) "是歲十月之望 步自雪堂 將歸于臨皐 二客從予 過黃泥之坂 霜露旣降 木葉盡脫 人影在地 仰見明月 顧而樂之 行歌相答 已而歎曰 '有客無酒 有酒無肴 月白風淸 如此良夜何?' … 反而登舟 放乎中流 聽其所止而休焉 時夜將半 四顧寂寥 適有孤鶴 橫江東來 翅如車輪 玄裳縞衣 戛然長鳴 掠予舟而西也 須臾客去 予亦就睡 夢一道士 羽衣翩僊 過臨皐之下 揖予而言曰 '赤壁之遊樂乎?' 問其姓名 俛而不答 '嗚呼噫嘻 我知之矣 疇昔之夜 飛鳴而過我者 非子也耶?' 道士顧笑 予亦驚悟 開戶視之 不見其處"

그러한 표현방법 면에서 특기할 점들은 다음 등이 있다.

위기부 앞부분에서 "선사(仙槎)를 띄워내어 두우(斗牛; 北斗星과 牽牛星)로 향(向)할까/ 선인(仙人)을 찾으러 단혈(丹穴)에 머물까"라고 한 표현은, '신선이 타는 뗏목'과 '울진현의 고칭(古稱)'의 두 가지 뜻을 지닌 '선사'를 쓴 중의법(重義法)과 그 말에 관련되는 중국 전설을 끌어 쓴 용사(用事)를 통해, 나의 신선의식 실현을 위한 선인 찾기 행로에 대한 판단의 갈등을 축약적으로 표현하면서 그 뒤의 여정이 울진행임도 암시하고자 했다.

표현의 절묘함이 가장 두드러진 곳은 결말부다. 그 처음의 "송근(松根)을 베어 누워 풋잠을 얼풋 드니"는 첫째, 머리가 소나무[松] 뿌리를 넘어감[越]으로써 '월송(越松)'을 나타내게 되어, 월송정 부근 소나무 숲에서 누워 잠잤다는 것을 절묘하게 표현한 바다. 그런데 이는 표현의 묘미를 추구한 것에만 그치지 않고, 둘째, 그 월송정 부근에서의 '잠-꿈'의 상황 설정을 통하여 그곳과 관련된 신라 사선을 그 꿈속에 자연스럽게 끌어들일 수 있게 했으며, 셋째, '풋잠'이라고 함으로써 그 잠-꿈에서 곧 깨어나게 될 것임을 암시하였다.

이러한 표현을 기반으로 해서, 둘째의 상황에서 "꿈에 한 사람이 날더러 이른 말이/ ……/ 인간(人間)에 내려 와셔 우리를 따르는가?"라고 하여, 나는 사선의 현몽(現夢)을 통해 그동안의 사선 찾기-따르기의 목적인 사선과의 만남을 자연스럽게 달성하였고, 또 그의 말을 통해 적선인으로서의 자아정체성 확인이 이루어질 수 있게 했다. 그리고 셋째에 따른 결과로서 나는 "나도 잠을 깨어 바다를 굽어보니/ 깊이를 모르거니 가인들 어찌 알리?/ 명월(明月)이 천산만락(千山萬落)에 아니 비친 데 없다"라고 하여, 자아정체성 확인과 깨어남[覺夢] 이후에 내게 펼쳐진 신선의 경지를 구상화하였다. 또한 제137·138행에서 어렴풋이 예비되었던 결과이기도 하지만, 내가 마침내 우화등선(羽化登仙)하여 신선의 경지를 얻게 되었다는 점은

"굽어보니"와 하늘 높이 날아야 인지할 수 있는 정황만을 제시하는 축약적·암시적인 방식으로써 표현되었다.

나는 이 작품에서 다양한 표현법들을 적절히 구사하여 신선의식 실현이라는 주제를 인상적이고도 효과적으로 구현하는 일을 꽤 훌륭하게 달성하였고, 특히 결말부에서는 신선의식 실현의 결과들을 절묘하게 구체화했던 것이다."

〈관동별곡〉은 내 시문 창작에서 가장 득의(得意)한 작품이라고 할 수 있을 것이다.

그런데 한문으로 된 시(詩)·부(賦)나 산문으로써도 이러한 주제를 효과적으로 구체화하여 표현할 수 있었을까?

나는 불가능했을 것으로 판단한다. 특히 사람들이 감탄하는 금강산의 뛰어난 경치 등에 대한 구체적이고 핍진(逼眞)한 생생한 묘사는 우리말로 된 장가가 아니고서는 제대로 이루어낼 수 없었을 것이다.

봄 순력 동안에 지은 한시 작품들 속에서도 나는 신선의식을 다소간 드러내었다.

〈嶺東雜詠(영동잡영)〉　　　　　　영동잡영
行裝竊比永郞仙(행장절비영랑선)　내 행장을 몰래 영랑선에 비하니,
萬二峯頭碧海前(만이봉두벽해전)　만이 봉머리가 푸른 바다 앞이네.
千樹梨花渾似雪(천수이화혼사설)　천 그루 배꽃은 눈 내린 듯한데,
孤舟又下鏡湖天(고주우하경호천)　외로운 배는 또 경호의 하늘을 내려간다.

---

7) 성호경, 『조선시대 시가 연구』(태학사, 2011), 439~472면, 473~504면 참고.

내 영동 순력을 신라 사선 중의 영랑선의 유람에 비하였다.

⟨襄陽妓有紅粧者 戱賦一絶(양양기유홍장자희부일절)⟩ 양양 기생 홍장에게
절구 한 수를 희롱하여 주다

紅粧何必鏡湖間(홍장하필경호간)	홍장이 어찌 반드시 경호 사이에 있으랴?
千載安詳此地還(천재안상차지환)	천 년 전 안상이 여기에 돌아왔네.
不復扁舟勞遠望(불부편주노원망)	멀리서 넓직한 배가 다시 오길 바라지 말고,
一宵同倚玉欄干(일소동의옥난간)	하룻밤을 함께 옥난간에 기대자.

고려 말의 '홍장 고사'[8]와 신라 사선 중의 안상을 빌려서 기녀에게 밤을 함께 보내자는 수작을 건 것이다.

사선에 관한 전승과 유적이 있는 곳은 물론이고, 사선의 행적과 직접적인 관계가 없는 삼척도호부에서도 신선을 말하였다.[9]

그러나 위태롭고 요란스럽기 짝이 없는 망양정은 신선에 관한 말을 할

---

8) 서거정(徐居正; 호 四佳亭, 1420~1488), 『동인시화(東人詩話)』에 실린 그 내용은 대략 다음과 같다.
   혜숙공(惠肅公) 박신(朴信; 1362~1444)이 강원도 안렴사(按廉使)로 갔을 때 강릉의 기녀 홍장을 사랑하여 아주 깊이 정들었는데, 임기가 끝나 서울로 돌아갈 때 강릉 부윤이던 조운흘(趙云仡; 1332~1404)이 "홍장은 이미 죽어서 신선이 되어 떠나갔습니다."고 속이고는, 그녀를 마치 신선처럼 꾸민 뒤에 박신을 경포대로 유인하여 만나게 해서 놀려주었다.
9) ⟨죽서루(竹西樓)⟩ "竹樓珠翠映江天(죽루주취영강천) 上界仙音下界傳(상계선음하계전) 江上數峯人不見(강상수봉인불견) 海雲飛盡月娟娟(해운비진월연연)"(죽서루의 주렴과 취죽이 강물에 비치니,/ 천상의 신선음악이 하계에 내려오네./ 강 위엔 몇 봉우리뿐 사람은 보이지 않고,/ 바닷구름이 날아 없어져 달빛이 곱구나).

형편이 아니었다.

⟨望洋亭(망양정)⟩　　　　　　　　망양정
驚濤擊石怒雷騰(경도격석노뢰등)　놀란 물결이 돌을 쳐서 성난 우레가 날고,
餘沫吹人骨戰兢(여말취인골전긍)　남은 거품이 사람에게 불어서 뼈가 떨리네.
剗却玉山飛片片(잔각옥산비편편)　옥산을 깎아내어 조각조각 날리고,
折來銀柱落層層(절래은주낙층층)　은기둥을 꺾어 와서 층층이 떨어뜨리네.
腥傳海雨魚龍鬪(성전해우어룡투)　비린내가 바닷비에 전하니 어룡이 싸우고,
光射扶桑日月升(광사부상일월승)　빛이 부상을 쏘자 일월이 오르네.
行盡關東一千里(행진관동일천리)　관동의 일천 리를 다 지나고,
望洋亭上獨來登(망양정상독래등)　망양정 위에 홀로 와서 올랐노라.

가을 순력에서는 봄 순력 때 빠뜨렸던 횡성현·평창군·홍천현 등 영서지방의 작은 고을들 위주로 다녔는데, 그때도 금강산을 구경하였다.

⟨楓嶽道中遇僧(풍악도중우승)⟩　풍악으로 가는 길에서 중을 만나다.
前途有好事(전도유호사)　앞길에 좋은 일이 있는지,
僧出白雲間(승출백운간)　중이 흰 구름 사이에서 나오네.
萬二千峯樹(만이천봉수)　일만 이천 봉의 나무들은
秋來葉葉丹(추래엽엽단)　가을이 오니 잎잎이 붉었구나.

그러나 그때 지은 한시 작품들에서는 신선의식을 굳이 표현하려고 하지 않았다.

한편, 내가 병인년(1566)에 북관 어사(北關御史)로 함경도 순시를 마치고 돌아오는 길에 강원도 통천군에서 '정 진사(鄭進士)'라 하고 그 고을 군수와 실컷 술 마시고 나서, 동침한 기생에게 '10년 뒤에 감사가 되어 다시 오리라.' 했더니, 기생이 '감사보다 찰방(察訪)이 얻기도 쉽고 오기도 빠를 것이 아닙니까?' 하였다.

그 14년 뒤에 과연 감사가 되어서 그곳을 순력하는데, 그 기생은 여전히 그곳에 있었다. 그래서 오언절구 한 수를 지어 주었다.

十五年前約(십오년전약)	15년 전 약속이
監司察訪間(감사찰방간)	감사냐 찰방이냐였는데,
吾言雖或中(오언수혹중)	내 말이 비록 혹 맞았더라도,
俱是鬢毛斑(구시빈모반)	둘 다 귀밑털이 아롱졌구나.

내가 강원 감사 때 백성들의 숨은 사정을 마음을 다해서 묻고 공납(貢納)과 부역(賦役)을 고르게 하며 교화(敎化)를 숭상하여 권선징악하니, 그들이 용동(聳動; 두렵거나 놀라서 몸이 솟구쳐 뛰듯 움직임)했다고 한다.

당시에 나는 백성들을 교화하기 위해서, 서산(西山) 진덕수(眞德秀) 선생의 두 권유문(「西山眞先生潭州諭俗文」,「泉州勸諭文」)에서 요지만 가려 뽑아서 단가 〈훈민가(訓民歌)〉 16수를 지었다.[10]

---

10) 『송강집』 권2, 「홍주관 판기(洪州館板記)」.
　　한편, 1519년(중종 14)에 김정국(金正國; 본관 義城, 호 思齋, 1485~1541, 당시 황해도 관찰사)이 편찬, 간행한 『경민편(警民編)』을 이후원(李厚源; 본관 全州, 호 迂齋, 1598~1660, 金長生의 문인)이 원본에다 〈훈민가〉 등을 덧붙여서 1658년(孝宗 9)경에 간행한

(1) 아바님 날 나ᄒ시고 어마님 날 기르시니

　　두 분곳 아니면 이 몸이 사라시랴

　　하놀 ᄀᆞ튼 ᄀᆞ업손 은덕을 어듸 다혀 갑ᄉ오리

[현대어] 아버님 날 낳으시고 어머님 날 기르시니/ 두 분 곧 아니면 이 몸이 살았으랴?/ 하늘 같은 가없는 은덕을 어디다가 갚으리까?

(2) 형아 아이야 네 술흘 몬져 보와

　　뉘손듸 타 나관대 양ᄌ조차 ᄀᆞᄐᆞᆫ다

　　ᄒᆞᆫ 졋 먹고 길러나 이셔 닷ᄆᆞ음을 먹디 마라

[현대어] 형아 아우야, 네 살을 만져 보라./ 뉘에게서 태어났길래 모양조차 같은가?/ 한 젖 먹고 길러나 있어 딴마음을 먹지 마라.

(3) 님금과 빅셩과 ᄉᆞ이 하놀과 짜히로디

　　내의 셜운 이룰 다 아로려 ᄒᆞ시거든

　　우린돌 술진 미나리룰 혼자 엇디 머그리

[현대어] 임금과 백성 사이 하늘과 땅이로되/ 나의 섧은 일을 다 아오려 하시거든/ 우린들 살진 미나리를 혼자 어찌 먹으리?

(4) 어버이 사라신 제 셤길 일란 다ᄒᆞ여라

　　중간본(重刊本) 이본(異本)에서는 중국 북송대의 진양(陳襄)이 지은 「선거권유문(仙居勸誘文)」에서의 13조목을 바탕으로 하였다고 했다.

디나간 휘면　애닯다 엇디ㅎ리
평싱에 곳텨 못홀 일이　잇뿐인가 ㅎ노라

[현대어] 어버이 살아계신 때 섬길 일랑 다하여라/ 지나간 후면 애달파도 어찌하리?/ 평생에 다시 못할 일이 이뿐인가 하노라.

(5) 혼 몸 둘헤 논화　부부를 삼기실샤
　　이신 제 흠끠 늙고　주그면 혼디 간다
　　어디셔 망녕의 써시　눈 흘긔려 ㅎㄴ뇨

[현대어] 한 몸 둘에 나눠 부부를 만들었구나./ 있을 때 함께 늙고 죽으면 한데 간다./ 어디서 망녕의 것이 눈 흘기려 하는고?

(6) 간나히 가논 길흘　스나히 에도ᄃ시
　　스나희 녜논 길흘　계집이 츼도ᄃ시
　　제 남진 제 계집 아니어든　일홈 뭇디 마오려

[현대어] 부인네 가는 길을 사내가 돌아가 듯/ 사내가 가는 길을 부인네 비켜 가듯/ 제 남편 제 아내 아니거든 이름 묻지 말진저.

(7) 네 아돌 효경(孝經) 닑더니　어도록 비환ᄂ니
　　내 아돌 쇼혹(小學)은　모리면 무츨로다
　　어니 제 이 두 글 비화　어딜거든 보려뇨

[현대어] 네 아들 『효경』 읽더니 얼마나 배웠는가?/ 내 아들 『소학』은 모레

면 마치겠네./ 어느 때 이 두 글 배워 어질어짐 보려나?

⑻ ᄆᆞᄋᆞᆯ 사람둘아 올ᄒᆞᆫ 일 ᄒᆞ쟈스라
   사ᄅᆞᆷ이 되여 나서 올티옷 못ᄒᆞ면
   ᄆᆞ쇼ᄅᆞᆯ 갓 곳갈 싀워 밥 머기나 다ᄅᆞ랴

[현대어] 마을 사람들아, 옳은 일 하자꾸나./ 사람이 되어 나서 옳지 곧 못하면,/ 마소를 갓 고깔 씌워 밥 먹이나 다르랴?

⑼ 풀목 쥐시거든 두 손으로 바티리라
   나갈 ᄃᆡ 겨시거든 막대 들고 조ᄎᆞ리라
   향음주(鄕飮酒) 다 파ᄒᆞᆫ 후에 뫼셔 가려 ᄒᆞ노라

[현대어] 팔목 쥐시면 두 손으로 받치리라./ 나갈 데가 계시면 막대 들고 좇으리라./ 향음주 다 파한 후에 모셔 가려 하노라.

⑽ ᄂᆞᆷ으로 삼긴 듕의 벗 ᄀᆞ티 유신(有信)ᄒᆞ랴
   내의 왼이ᄅᆞᆯ 다 닐오려 ᄒᆞ노매라
   이 몸이 벗님곳 아니면 사ᄅᆞᆷ 되미 쉬올가

[현대어] 남으로 생긴 중에 벗 같이 유신하랴?/ 나의 그른 일을 다 이르려 하는구나./ 이 몸이 벗님 곧 아니면 사람됨이 쉬울까?

⑾ 어와 뎌 족하야 밥 업시 엇디ᄒᆞᆯ고
   어와 뎌 아자바 옷 업시 엇디ᄒᆞᆯ고

머흔 일 다 닐러스라 돌보고져 ᄒᆞ노라

[현대어] 아, 저 조카야, 밥 없이 어찌할꼬?/ 아, 저 아저씨, 옷 없이 어찌할꼬?/ 험한 일 다 일러라, 돌보고자 하노라.

⑿ 네 집 상ᄉᆞ둘흔 어도록 출호ᄂᆞ다
　 네 ᄯᆞᆯ 셔방은 언제나 마치ᄂᆞᆫ다
　 내게도 업다커니와 돌보고져 ᄒᆞ노라

[현대어] 네 집 상사(喪事)들은 얼마나 차리느냐?/ 네 딸 서방은 언제나 맞추는가?/ 내게도 (재산이) 없다만 돌보고자 하노라.

⒀ 오ᄂᆞᆯ도 다 새거다 호믜 메오 가쟈ᄉᆞ라
　 내 논 다 미여든 네 논 졈 미여 주마
　 올 길히 ᄲᆞᆼ ᄯᅡ다가 누에 먹켜 보쟈ᄉᆞ라

[현대어] 오늘도 날이 샜다. 호미 메고 가자꾸나./ 내 논 다 매면 네 논 좀 매어 주마./ 올 길에 뽕 따다가 누에 먹여 보자꾸나.

⒁ 비록 못 니버도 ᄂᆞ미 오ᄉᆞᆯ 앗디 마라
　 비록 못 먹어도 ᄂᆞ미 밥을 비디 마라
　 훈젹곳 ᄠᅱ 시른 휘면 고텨 씻기 어려우리

[현대어] 비롯 못 입어도 남의 옷을 빼앗지 마라./ 비록 못 먹어도 남의 밥을 빌리지 마라./ 한 번 때 묻어지면 다시 씻기 어려우리.

⒂ 상뉵(象陸) 쟝긔 ᄒᆞ디 마라 숑ᄉᆞ 글월 ᄒᆞ디 마라
집 배야 무슴 ᄒᆞ며 ᄂᆞᆷ의 원슈 될 줄 엇디
나라히 법을 세우샤 죄 잇는 줄 모로ᄂᆞ다

[현대어] 상륙(쌍륙) 장기 하지 마라. 송사 글 하지 마라./ 집 망쳐 무엇 하며 남의 원수 어찌 되랴?/ 나라가 법을 세웠으니 죄 있는 줄 모르는가?

⒃ 이고 진 뎌 늘그니 짐 프러 나를 주오
나ᄂᆞᆫ 졈엇쩌니 돌히라 무거올가
늘거도 셜웨라커든 지믈조차 지실가

[현대어] 아고 진 저 늙은이, 짐 풀어 나를 주오./ 나는 젊었으니 돌인들 무거울까?/ 늙기도 섧다 하겠거늘 짐조차 지실까?

이에서 ⑴과 ⑵ 그리고 ⑽은 면앙정(俛仰亭) 송순(宋純) 공이 지은 작품을 빌린 것이다.[11]

나는 이 작품들을 7월에 모든 촌락들에 게시하게 해서, 촌락의 부녀자와 아이들로 하여금 항상 외우게 해서 감동시키려 하였다.

그리고 평해 사람[李順砌]의 형제 사이에 일어난 송사를 판결하고 나서 다음의 단가도 지었다.

---

11) 송순, 『면앙집』 권4, '잡저(雜著)'에 한역으로 실려 있는 작품들 중 '〈오륜가(五倫歌)〉 5편' 중의 제1·4·5수가 〈훈민가〉의 ⑴·⑷·⑽과 시상이 똑같은데, 〈자상특사황국옥당가(自上特賜黃菊玉堂歌)〉("風霜 섯거 틴 날의~")와 "잘새는 ᄂᆞ라들고~" 같은 송순 작 시조 작품들이 정철 작으로 『송강가사(松江歌辭)』 등에 실려 있는 것으로 보아, 그 작품들은 정철이 송순의 작품을 빌린 것이거나 또는 정철의 후손들이 정철 작으로 오인한 것으로 판단된다.

강원도 빅셩들아 형뎨숑ᄉ ᄒᄂ디 마라
죵쥐 밧쥐ᄂᆞᆫ 엇기예 쉽거니와
어듸 가 ᄯᅩ 어들 거시라 흘긧할낏 ᄒᆞᄂᆞ다

[현대어] 강원도 백성들아, 형제 송사 하지 마라./ 종과 밭은 얻기에 쉽거니와/ (형제는) 어디 가서 또 얻을 것이라고 흘깃할낏 눈 흘기는가?

촌락의 부녀자들과 아이들이 한시문을 이해하지 못하기도 하지만, 이러한 은근한 가르침의 전달도 한시문으로써는 효과적으로 달성하기 어렵기 때문에, 나는 우리말로 된 단가로써 나타내었던 것이다.

한편, 나는 계문(啓文; 임금에게 아뢰는 글)으로 삼척도호부에 있는 목조황고(穆祖皇考; 太祖 李成桂의 高祖父 목조 李安社의 아버지 李陽茂)의 능(陵)과 목조황비(穆祖皇妣; 이양무의 아내 平昌 李氏)의 능으로 전해지는 곳들의 풍수를 자세히 판단하여 개축(改築) 및 제사를 헌의(獻議)했다. 그리고 상소하여 영월군에 있는 노산군(魯山君; 端宗) 묘도(墓道)에 봉표(封標; 나라에서 伐採를 금하는 산의 경계에 세우는 표) 세우기를 청했고, 강원도의 고치기 어렵게 된 폐단을 진술하기도 했다.

그러나 이러한 노력에도 불구하고, 내 모나고 별난 성행(性行) 등으로 인해 강원도 백성들에게 부정적인 인상을 상당히 남긴 것 같다.[12]

그해의 좋은 일로, 고양에 있던 유아(소실 진주 유씨)에게서 서자 지명(之

---

12) 강원도지방에 전해 오는 감사 정철에 대한 설화들은 대다수가 그를 완고하고 부도덕한 인물로 묘사하였다. 심술궂은 벼슬아치인 그가 양양의 '누룩바위'를 뭉개서 부자 마을을 망하게 하고, 간성군과 춘천 청평사(淸平寺)의 혈(穴)을 끊는 등의 악행을 저질렀다는 것이다. 『양양군 민속지』(신광종합출판인쇄, 2001), 81~83면, 89면; 최웅·김용구·함복희, 『강원설화총람Ⅵ 속초시·고성군·양양군』(북스힐, 2006), 359~361면 등 참고.

溴)이를 얻었다.

나는 이듬해인 신사년(1581) 2월에 관찰사의 임기를 마치고, 병조 참지에 제수되어서 조정으로 돌아갔다.

낮에 햇무리가 몇 차례 지더니, 한밤중에 빗소리가 들리기 시작한다. 온 몸이 쑤셔 오고 두통도 생긴다.

[참고]

〈관서별곡(關西別曲)〉 백광홍(白光弘) 작

關西(관서) 名勝地(명승지)예 王命(왕명)으로 보니실시/ 行裝(행장)을 다사리니 칼 혼ᄂ 쑨이로다/ 延詔門(연조문) 니달아 모화고기 너머 드니/ 歸心(귀심)이 쌘르거니 故鄕(고향)을 思念(사념)ᄒ랴/ 碧蹄(벽제)에 말 가라 臨津(임진)에 비 건너 天'水'[壽]院(천수원) 도라드니/ 松京(송경)은 故國(고국)이라 滿月臺(만월대)도 보기 슬타/ 黃岡(황강)은 戰場(전장)이라 荊棘(형극)이 지엇도다/ 山日(산일)이 半斜(반사)컨을 歸鞭(귀편)을 다시 쌔와 九'硯'[峴](구현)을 너머 드니/ 生陽館(생양관) 기슭에 버들죠차 프르럿다/ 感松亭(감송정) 도라드러 大同江(대동강) ᄇ릐보니/ 十里(십리) 波光(파광)과 萬重(만중) 烟柳(연류)는 上下(상하)의 어릐엿다/ 春風(춘풍)이 헌ᄉᄒ야 畵船(화선)을 빗기 부니/ 綠衣紅裳(녹의홍상) 빗기 안자 纖纖玉手(섬섬옥수)로 綠琦琴(녹기금) 니이며/ 皓齒(호치) 丹脣(단순)으로 采蓮曲(채련곡) 브르니/ 太乙(태을) 眞人(진인)이 蓮葉舟(연엽주) 틋고 玉河水(옥하수)로 ᄂ리ᄂ 둣/ 셜미라 王事(왕사) 靡鹽(미고)ᄒ돌 風景(풍경)에 어이ᄒ리/ 練光亭(연광정) 도라드러 浮碧樓(부벽루)에 올나가니/ 綾羅島(능라도) 芳草(방초)와 錦繡山(금수산) 烟花(연화)는 봄비슬 자랑ᄒ다/ 千年(천년) 箕壤(기양)의 太平(태평) 文物(문물)은 어제론 닷 ᄒ다마ᄂ/ 風月樓(풍월루)에 쑴ᄭ여 七星門(칠성문) 도라드니/ 細馬駄(세마태) 紅

衣(홍의)예 客興(객흥)이 엇더ᄒᆞ뇨/ 樓臺(누대)도 만ᄒᆞ고 山水(산수)도 하건
마ᄂᆞᆫ/ 百祥樓(백상루)에 올나 안ᄌᆞ 淸川江(청천강) 브라보니/ 三叉(삼차) 形勢
(형세)난 壯(장)흠도 가이업다/ ᄒᆞ믈며 決勝亭(결승정) ᄂᆞ려와 鐵甕城(철옹성)
도라드니/ 連雲(연운) 粉堞(분첩)은 百 里(백리)에 버려잇고/ 天設(천설) 重岡
(중강)은 四面(사면)에 빗겻도다/ 四方(사방) 巨陣(거진)과 一國(일국) 雄觀(웅
관)이 八道(팔도)이 爲頭(위두)로다/ 梨園(이원)의 꼿 피고 杜鵑花(두견화) 못
다 진 제/ 營中(영중)이 無事(무사)커늘 山水(산수)를 보랴 ᄒᆞ야 藥山(약산) 東
臺(동대)에 술을 실고 올나가니/ 眼底(안저) 雲天(운천)이 一望(일망)에 無際
(무제)로다/ 白頭山(백두산) 니린 물이 香爐峯(향로봉) 감도라/ 千里(천리)를
빗기 흘너 臺(대) 압프로 지니가니/ 盤回(반회) 屈曲(굴곡)ᄒᆞ야 老龍(노룡)이
꼬리치고 海門(해문)으로 드난 듯/ 形勝(형승)도 ᄀᆞ이업다 風景(풍경)인달 안
니 보랴/ 綽約(작약) 仙娥(선아)와 嬋姸(선연) 玉鬢(옥빈)이/ 雲錦(운금) 端粧(단
장)ᄒᆞ고 左右(좌우)의 버려이셔/ 거믄고 伽倻鼓(가야고) 鳳笙(봉생) 龍管(용관)
을 부르거니 니애거니 ᄒᆞᄂᆞᆫ 양은/ 周穆王(주목왕) 瑤臺上(요대상)의 西王母
(서왕모) 만나 白'雲'[雪]曲(백설곡) 브ᄅᆞ난 듯/ 西山(서산)에 히 지고 東嶺(동
령)의 달을 안고/ 綠鬢(녹빈) 雲鬟(운환)이 半含(반함) 嬌態(교태)ᄒᆞ고 盞(잔)
밧드는 양은/ 洛浦(낙포) 仙女(선녀) 陽臺(양대)에 ᄂᆞ려와 楚王(초왕)을 놀니
ᄂᆞᆫ 듯/ 이 景(경)도 됴커니와 遠慮(원려)ᄂᆞᆫ들 이즐쇼냐/ 甘棠(감당) 召伯(소백)
과 細柳(세류) 將軍(장군)이/ 一時(일시)예 同行(동행)ᄒᆞ야 江邊(강변)으로 巡
下(순하)ᄒᆞ니 煌煌(황황) 玉節(옥절)과 偃蹇(언건) 龍旗(용기)ᄂᆞᆫ/ 長天(장천)을
빗기 지나 碧山(벽산)을 썰쳐 간다/ 都南(도남)을 너머 드러 비고기 올나
안자/ 雪寒(설한)지 뒤에 두고 長白山(장백산) 구버보니/ 重岡(중강) 複關(복
관)은 갈쇼록 어렵도다/ 百二(백이) 重關(중관)과 千里(천리) 劒閣(검각)도 이
럿텃 ᄒᆞ더도/ 八萬(팔만) 貔貅(비휴)ᄂᆞᆫ 啓道(계도) 前行(전행)ᄒᆞ고/ 三千(삼천)
鐵騎(철기)는 擁後(옹후) 奔騰(분등)ᄒᆞ니/ 胡人(호인) 部落(부락)이 望風(망풍)

投降(투항)ᄒ야/ 白頭山(백두산) 나린 물의 一陣(일진)도 업도다/ 長江(장강)이 天塹(천참)인달 地利(지리)로 혼쟈 ᄒ며/ 士馬(사마) 精强(정강)ᄒ들 人和(인화) 업시 ᄒ올쇼냐/ 韶華(소화)도 슈이 가고 山水(산수)도 閒暇(한가)홀 제 아니 놀고 어이ᄒ리/ 受降亭(수항정)의 비 쑴여 鴨綠江(압록강) 너리 져어/ 連江(연강) 列鎭(열진)은 장긔 버듯 ᄒ엿거늘/ 胡地(호지) 山川(산천)을 歷歷(역력)히 지니 보니/ 皇城(황성)은 언제 ᄲᅳ며 皇帝墓(황제묘)는 뉘 무덤고/ 感古(감고) 興懷(흥회)ᄒ야 盞(잔) 고쳐 부어라/ 琵琶串(비파관) 누리 저어 坡渚江(파저강) 건너가니/ 層巖 絶壁(층암절벽) 보기도 죠토다/ 九龍(구룡)쇼의 비를 미고 統軍亭(통군정)의 올나가니/ 臺隍(대황)은 壯麗(장려)ᄒ야 枕夷夏之交(침이하지교)로다/ 帝鄕(제향)이 어듸미오 鳳凰城(봉황성) 갓갑도다/ 歸西(귀서)ᄒ 리 이시면 好音(호음)이나 보니고져/ 千盃(천배)에 大醉(대취)ᄒ야 舞袖(무수)를 썰치니/ 薄暮(박모) 寒天(한천)의 鼓笛聲(고적성)이 지지괸다/ 天高地廻(천고지회)ᄒ고 興盡悲來(흥진비래)ᄒ니 이 ᄯᅳ히 어듸미오/ 思親(사친) 客淚(객루)는 졀로 흘너 모로미라/ 西邊(서변)을 다 보고 返旆(반패) 還營(환영)ᄒ니/ 丈夫(장부) 胸襟(흉금)이 저긔나 ᄒ리로다/ 셜미라 華表柱(화표주) 千年鶴(천년학)인들 날 가타니 ᄯᅩ 보안난다/ 어늬제 形勝(형승)을 記錄(기록)ᄒ야 九重天(구중천)의 ᄉ로료/ 未久(미구) 上達(상달) 天門(천문) ᄒ리라

[『기봉집(岐峯集)』 권4]

#7. 쾌주(快走)와 방황

— **46세**(1581년, 辛巳年, 宣祖 14年, 明 神宗 萬曆 9년)~
50세(1585년, 乙酉年, 선조 18년, 명 신종 만력 13년) —

계사년(1593, 선조 26) 12월 12일 신유(辛酉) 일기
 간밤에 내리던 비는 새벽에 그쳤고, 낮에 맑았다가 저녁에 안개가 사방에 끼고 달무리(달 언저리에 둥그렇게 생기는 구름 같은 허연 테)가 짐.
 낮 동안 온몸의 통증이 많이 덜해졌다.
 벗들로부터도 오래 기별이 없다. 우계(성혼)는 편지했을 법한데.

신사년(1581, 선조 14; 46세) 2월에 나는 강원도 관찰사 임기를 마치고 조정으로 복귀하였다. 병조 참지에 제수되었다가, 4월에 성균관 대사성이 되었다.
 6월에 좌의정 노수신(盧守愼) 공이 병을 이유로 사직상소를 올린 데 대해 윤허하지 않는다는 비답(批答; 임금의 대답)을 내가 주상의 뜻을 받들어서 지었는데, 그 글¹⁾ 속에 대신을 경멸하는 내용이 있다는 이유로 사헌부의 탄핵을 받았다. 사실 내 생각으로도 그 글은 논핵(論劾; 잘못이나 죄과를 논하여 꾸짖음)에 가까웠다.

---

1) "물러갈 만한 의(義)가 없는데 반드시 물러가려는 뜻을 가지는 것은, 곧 구차하게 몸만 생각하고 나라는 저버리는 것에 지나지 못하는 것이다. 경(卿)이 정승의 자리에 앉았던 날부터 여러 사람들이 좋은 인재 얻은 것을 기뻐하며, 모두들 좋은 세상을 멀지 않아 볼 수 있으리라 하였는데, 지금에 이르도록 아무런 소식이 없으니, 이것이 어찌 홀로 과인(寡人)의 죄라고만 하리오? 바로 군신이 서로 맹서하여 정신을 가다듬고 잘못을 반성하는 데에 여가가 없어야 할 것이어늘, 어찌 차마 사리(私利)만을 품고 대의(大義)를 경홀(輕忽)히 할까 보냐?"

그런데 율곡(이이)은 뜻밖에도 "노 정승이 나라의 비상한 은혜를 받았고 상감께서 의지하고 도우심이 매우 컸는데도, 아무런 건의한 바 없이 날마다 술이나 마시고 지내다가 사람들의 나무람을 듣게 되자 병을 핑계하고 나오지 않기 때문에, 비답의 말씀이 이러한 것이다. 이것이 비록 비답의 체(體)에는 합당하지 않으나, 사실은 공론(公論)이다."라며 나를 두둔하였다. 왜 평소의 그답지 않게 그랬을까?

그러나 많은 사람들이 벌떼처럼 들고일어나서 나를 배격한 데다 율곡마저 곤경에 처했으므로, 나는 조정에 있기가 곤란하였다.

그래서 8월에 사직하고, 창평으로 돌아갔다.

그때 소실 유아(진주 유씨)와 두 살 된 지명이를 데리고 갔다.

9월에 송천(양응정) 선생의 부음(訃音)을 듣고 나주로 가서 곡하였다.

그 뒤 12월에 특명으로 전라도 관찰사가 되었다.

관찰사는 평안도와 함경도 외에는 가족을 동반하지 못하므로, 유아 모자를 순천의 둘째 형수님(南原 尹氏) 사는 집에 가 있게 하였다.

사은숙배하러 상경하여, 영의정 사암(박순) 공과 이조 판서 정지연(鄭芝衍) 공 그리고 호조 판서 율곡이 많이 힘써주었음을 알았다. 정 공에게 감사 인사를 하며, "방금 남도(南道)를 살펴보니, 조심스러운 것이 많고 군사의 일도 매우 많다고 합니다. 나 같은 백면서생(白面書生)으로서 군사 일을 알지 못하면서 어찌 그 적임자가 되겠습니까?" 하니, 정 공이 "세상 의론이 모두 그대가 선비의 절개가 있다고 일컫는데, 그 절개를 굳게 지킨다면 어디에 간들 잘하지 못하겠소?" 하였다. 나는 웃으면서 "공명과 부귀는 상공께서 다하시고 홀로 괴로운 선비의 절개를 송강 나 한 사람에게만 맡기시면, 내가 어떻게 이겨내겠습니까?" 했다.

내가 임신년(1572)에 이조 정랑일 때 정 공은 이조 좌랑이었는데, 어느새 판서가 되었다. 그 댁에서 술 취하여 농으로 일절(一絶)을 지었다.

塵中豈識今丞相(진중기식금승상)	티끌 속에서 지금의 승상을 어찌 알아보았으리?
醉後猶呼舊佐郞(취후유의구좌랑)	취한 뒤에 오히려 옛 좌랑이라고 부르네.
握手前楹談絶倒(악수전영담절도)	기둥 앞에서 손잡고 크게 웃으며 이야기 나누니,
終南山色送靑蒼(종남산색송청창)	종남산(남산)이 푸른빛을 보내주네.

얼마 뒤 전주부(全州府)의 감영에 부임하였다.

거기에는 조여식(趙汝式; 趙憲, 본관 白川, 호 重峯, 1544~1592)이 전라 도사로 있었는데, 그는 친하게 지낸 최영경·이발·김우옹(金宇顒; 자 肅夫, 호 東岡)의 말을 믿고 나를 소인배로 여겨서 '함께 일할 수 없다'며 관직을 버리고 떠나려 했다. 내가 그를 만나서 "듣자니 그대가 나를 소인배로 여겨 떠나려고 한다는데, 그게 사실이오?" 하니, 그렇다고 했다. 그래서 "그대와 나는 평소 모르는 사이인데, 어찌 그런 줄을 알겠소? 머물면서 함께 일을 해보고 참으로 소인임이 확인되면 그때 떠나도 늦지 않을 것이오." 하였으나, 그는 듣지 않고 떠났다. 그 뒤 그가 존경하던 우계와 율곡이 권하여 되돌아왔는데, 나와 함께 일하면서 서로 교분이 매우 두터워졌다. 그는 "제가 처음에 남의 말을 잘못 듣고서 하마터면 공을 잃을 뻔했습니다."고 하였다.

전라도는 큰 지방인 데다 왜구(倭寇)의 침략이 잦기도 해서 병마절도사가 2원(員)으로 관찰사가 겸하는 외에 한 사람이 더 있다. 족형(族兄)인 양사영(梁思瑩; 본관 南原, 자 季溫, 梁允仁의 아들로 정철의 할아버지 鄭潙의 형 鄭澕의 외손자) 공이 그 병마절도사로 있어서, 전주의 운주헌(運籌軒)에서 함께 술 마시다가 취하여 칠언절구 한 수를 지었다.

兄爲節度弟觀察(형위절도제관찰)　　형은 절도사요 아우는 관찰사라,
南服安危屬一家(남복안위속일가)　　남방의 안위가 한 집안에 달렸네.
坐使妖氛淸海徼(좌사요분청해요)　　앉아서 요기가 바다에서 깨끗해지
　　　　　　　　　　　　　　　　게 시키고,
運籌軒下酌流霞(운주헌하작유하)　　운주헌 아래서 유하주 마십시다.

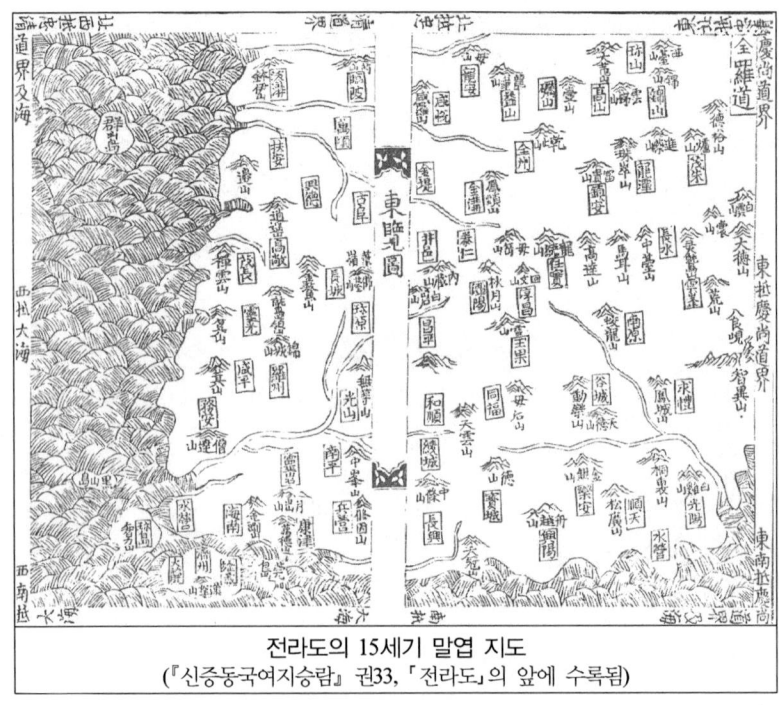

전라도의 15세기 말엽 지도
(『신증동국여지승람』 권33, 「전라도」의 앞에 수록됨)

이듬해(1582년; 47세) 봄에 관내 순력을 나섰는데, 이번에는 직무를 충실히 수행함을 주안점으로 하였다.

바다 건너 제주도(濟州島)는 제주 목사에게 그곳 수령들의 고과(考課; 最, 殿 등의 근무 성적)를 매겨서 보내라고 하면서 시를 지어 보냈다.

〈寄瀛洲使君(기영주사군)〉	영주(제주) 사또에게 부치다
已誤尋眞計(이오심진계)	신선 찾을 계획이 이미 틀렸으니,
誰傳度海書(수전도해서)	누가 바다를 건너 글을 전할까?
相思一枕夢(상사일침몽)	한 베개의 꿈을 서로 그리는데,
山雨杏花初(산우행화초)	산 비에 살구꽃이 처음 피었네.

나는 남행하여 몇몇 고을들을 순력하였다.

순천도호부에 들러서는 사흘간 머물렀는데, 날마다 둘째 형수님께 가서 문안하고 나서 돌아와 관사(官舍)에서 잤다. 그동안에 함께 간 도사 조여식(조헌)이 두려워서, 많이 그리워하였고 반가웠으면서도 유아와 지명이를 따로 만나 정을 나눌 시간을 가질 엄두를 내지 못했었지.

그 뒤에 큰 배를 처음 타고 남해안의 진지(陣地)들을 돌아보았다.

다음은 방답포(防踏浦; 현 麗水市 突山島 남쪽 끝)로 내려가며 지은 시다.

戰船張帆截大洋(전선장범절대양)	전선에 돛을 펴고 대양을 가르니,
亂峯無數劍攢鋩(난봉무수검찬망)	무수한 어지러운 봉우리가 칼날을 모은 듯하네.
東邊直擣扶桑穴(동변직도부상혈)	동쪽 가 일본 소굴을 바로 찧으면,
不用金湯禦犬羊(불용금탕어견양)	개와 양(왜구)을 막을 금성탕지(金城湯池)가 쓸데없으리.

배멀미로 고생도 했지만, 여러 진지들에서 왜구의 침노(侵擄)에 대한 방비가 철저한 것 같아서 마음이 든든하였다.

지금의 삼도수군통제사(三道水軍統制使) 이순신(李舜臣; 본관 德水, 자 汝諧, 시호 忠武公, 1545~1598)이 그 얼마 전까지 고흥군(高興郡) 남쪽 발포진(鉢浦

鎭)의 수군만호(水軍萬戶; 종4품직)로 있었다. 그는 너무 강직하여 앞뒤 전라 좌수사(全羅左水使)들과 내 전임(前任) 전라 감사에게 밉보였으나 전라 도사 조여식 덕에 부당한 고과 등을 피했다가, 그해 정월에 군기경차관(軍器敬差 官)으로 온 서군수(徐君受; 萬竹 徐益)가 그가 군기를 오래 정비하지 않았다 고 하며 조정에 파직을 청하여,[2] 파직되어 떠났지.

남해안 순시를 마치고 진도군(珍島郡)의 배 안에서 시를 지어서 하옹(霞 翁; 서하 김성원)에게 보내어 화답시를 구하였다.

三春餘幾日(삼춘여기일) 　삼월의 봄이 며칠이나 남았을꼬?
百歲已殘生(백세이잔생) 　백 세면 이미 인생도 다하거니.
海上烟花老(해상연화노) 　바다 위의 안개꽃(기생)은 늙었지만,
樽前病眼明(준전병안명) 　술잔 앞에선 병든 눈도 밝아지는구나.

면앙정 송순 공이 2월에 별세하였다고 하기에, 제문을 지어 담양도호부에 들러서 곡했다.

봄 순력 동안에는 함께 간 조여식의 눈치가 보여서 여러 고을들에서 기생을 가까이하지 못했다. 조여식은 그 뒤 임기가 차서 서울로 갔다.

3월에 서울집에서 아내가 막내아들 홍명(弘溟)이를 순산(順産)했다고 알려 왔다. 노산(老産)임에도 모자가 다 무탈하여 매우 다행이었다.

5월에 옥봉(玉峯) 백광훈(白光勳)이 서울에서 46세로 병사하여, 그의 나주

---

2) 정철의 상소문·헌의문(獻議文) 등을 모아서 엮은 유묵집(遺墨集)『백세보중(百世葆 重)』(전 5책)의 제1책(http://www.gasa.go.kr/?gasa=22&mode=view&uid=1513) 12〜14면에 있는 이순신 등의 파직을 청한 글(萬曆 10년[1582] 6월 21일)은 전라도 관찰사 정철의 글이 아니라, 군기경차관 서익이 승정원에 보낸 보고서의 부본(副本)일 것으로 추측된다(그 글에서는 이순신의 당시 관직을 종9품직인 '權管'이라고 잘못 말하였다).

목 본가에 가서 그 아들의 분상(奔喪; 먼 곳에서 부모의 죽음을 듣고 집으로 급히 돌아감)에 부의(賻儀) 등을 전했다. 그리고 9월에 그를 영암군(靈巖郡)에 장사 지낼 때 만장(輓章)과 제문을 지어 보냈다.

옥봉은 백광홍 공의 아우로 장흥(長興)에서 난 천재인데, 어릴 때 강진(康津)의 이후백 공에게 배운 뒤, 서울로 가서 송천(양응정) 선생께 수학하였고, 귀향해서 진도에서 귀양살이하던 노수신 공에게 배웠다. 진사가 되었으나 과거시험 공부를 폐하고 강호에서 시와 서도(書道)를 즐겼다.

그는 임신년(1572, 선조 5)에 명나라 사신이 오자 노수신 공을 따라 백의(白衣; 벼슬이 없는 선비)로 제술관(製述官)이 되어 시재(詩才)와 서필(書筆)로써 사신을 감탄케 하여 '백광 선생(白光先生)'이라는 칭호를 얻었다.

서울에서 율곡, 구봉(송익필), 고죽(孤竹) 최경창(崔慶昌), 간이(簡易) 최입(崔岦), 손곡(蓀谷) 이달(李達; 서얼), 아계(鵝溪) 이산해, 청천(菁川) 하응림(河應臨)과 더불어 '팔문장(八文章)'의 칭호를 받았고, 글씨에도 일가를 이루었다. 이치를 중시한 송시(宋詩)의 풍조를 버리고 자연스러운 서정을 중시한 당시(唐詩)를 따르며 시풍을 혁신하였기에, 고죽·손곡과 함께 '삼당시인(三唐詩人)'이라고 불렸다.

그는 마흔 살이 넘어서 관직에 나섰지만, 참봉(參奉)에 그쳤다.

송천 선생은 그가 어렸을 때 지은 시를 보고 '적선(謫仙)이 다시 났다'라 하셨고, 이후백 공은 늘 그를 '절세기보(絶世奇寶)'라 칭했다고 한다.[3] 나와의 교유도 적지 않았다.

그해 여름에 나는 음식을 먹으면 번번이 토해내어 50여 일을 근근이 죽으로 연명하여 몸이 몹시 수척해졌고, 7월 초에 하부 요처(要處)에 종기가 생겼으며 또 두통과 복통이 심하고 사지가 찢어지는 듯 아팠으며 한기와

---

3) 백광훈, 『옥봉별집(玉峯別集)』 '부록', 「연보」 참고.

열기가 반복되고 정신이 혼미해지고 원기가 떨어져 지척지간을 움직이는데도 누군가에 의지해야 하게 되었다. 이에 전라 감사 사직을 요청하는 상소를 올렸지만, 허락하는 명이 내려오지 않았다.[4]

건강이 쉬이 회복되지 않은지라, 가을 순력 때 남해안 일대는 조여식의 후임 도사 이기남(李期男)에게 맡기고 나는 내륙의 고을들을 돌아다녔다.

그때의 순력에서 특히 기억나는 것으로, 처음에 함께 출발한 이기남이 기생과 이별한 뒤 내내 아쉬워하길래 시를 지어서 놀려주었다.

別路重重隔(별로중중격)	이별의 길은 거듭거듭 멀어지고,
愁腸寸寸灰(수장촌촌회)	근심의 속은 마디마디 재가 되네.
靑山人獨去(청산인독거)	청산에서 사람은 홀로 가는데
暝樹鳥雙廻(명수조쌍회)	저물녘의 나무에 새는 쌍으로 도네.

여러 고을에서 내게 저녁에 흥겹고 즐거운 시간을 만들어 주었는데, 태인현에서는 술자리에서 한 기생이 내가 전에 지은 〈장진주사(將進酒辭)〉를 노래로 불러주었다.

다음날 김제군으로 행차하여 지은 칠언절구 두 수다.

六十一塘蓮子花(육십일당연자화)	예순한 곳 못들에 피었던 연꽃이
秋來香盡奈如何(추래향진내여하)	가을 오니 향기 다함을 어찌하랴?
客愁無寐碧城夜(객수무매벽성야)	나그네 시름으로 잠 못 드는 벽성(김제)의 밤,
明月滿天凉露多(명월만천양로다)	밝은 달은 하늘 가득한데 찬 이슬이

---

4) 『백세보중』 제1책, 40~41면 참고.

많구나.

千里蓬山不可忘(천리봉산불가망) 　　천리 밖의 봉래산(임금님이 계신 곳)을 잊을 수 없네.
待臣衣帶御爐香(대신의대어로향) 　　신하의 옷과 띠며 어로의 향이여.
樓頭蕭瑟碧梧樹(누두소슬벽오수) 　　누각 앞 소슬한 벽오동이
一夜不眠秋氣凉(일야불면추기량) 　　하룻밤 잠 못 들고 가을 기운만 차구나.

몸도 좋지 않은 데다 가을이 깊어지니, 임금님과 가족들이 부쩍 그리워졌던 것이다.

남원도호부에 들렀다가, 그곳 부사가 광한루(廣寒樓)에 차린 술자리에서 나는 단가를 지어 불렀다.

興亡(흥망)이 수 업ᄉ니　帶方城(대방성)이 秋草(추초)로다
나 모른 디난 일란　牧笛(목적)의 븟텨 두고
이 됴흔 太平烟火(태평연화)의　ᄒᆞᆫ 잔 ᄒᆞ디 엇더리

[현대어 역] 흥망이 수 없으니 대방성이 추초(가을풀)로다./ 나 모르는 지난 일일랑 목적(목동의 피리)에 부쳐 두고,/ 이 좋은 태평세월에 한 잔 하되 어떠리?

그날 저녁에 참한 기생 하나가 객관(客館; 客舍)으로 왔는데, 열다섯 살로 아직 남자를 겪지 않았다고 하였다. 머리를 얹어주고 이틀 밤을 함께했더니, 내가 떠날 때 그 아이가 전주 감영까지 따라가서 모시겠다고 매달렸

다. 큰일 날 일인지라, 떼어놓느라고 애를 먹었다. 그때 무엇을 약조하여 그 애를 달랬는지는 기억나지 않는다.

9월에야 벼슬이 갈려서, 서울로 가서 가선대부(嘉善大夫; 종2품 하계)에 올라 행(行; 관직이 품계보다 낮을 때 붙임) 승정원 도승지가 되었다.

12월에 예조 참판이 되었다가, 갑자기 함경도 관찰사에 제수되었다. 북방의 상황이 위급해져서 차출된 것이었다. 나는 군사에 관한 일을 잘 모르는 데다 추위를 많이 타는 체질인데도, 엄동설한에 그 위험하며 춥고 험한 곳으로 가게 되었다.

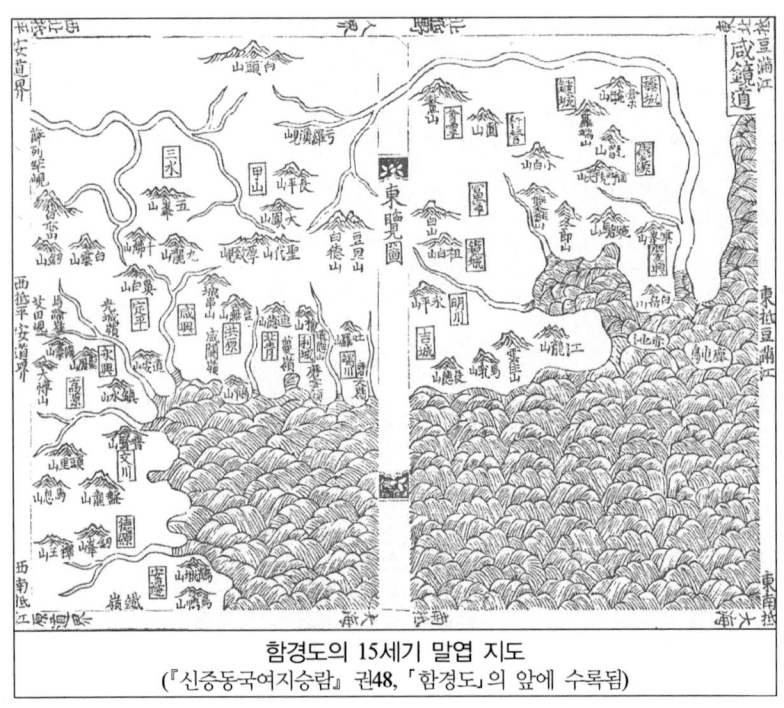

함경도의 15세기 말엽 지도
(『신증동국여지승람』 권48, 「함경도」의 앞에 수록됨)

서울을 출발해서 함경도에 들어서자, 안변도호부(安邊都護府; 당시에는 함경도에 속했음) 교수(敎授)였던 차복원(車復元; 車天輅, 본관 延安, 호 五山, 1556

~1615)이 내 일행을 따랐다. 그는 화담(花潭; 徐敬德) 선생의 문인(門人)인데, 그다지 신실(信實)해 보이지 않았지만 글재주는 뛰어났다. 그 뒤 3일 만에야 여진족(女眞族)의 침노에 관한 자세한 보고를 덕원(德源)도호부로 가는 도중에 들었고, 경성(鏡城)도호부에 가서 10여 일을 머물렀다.

그동안인 계미년(1583) 정월 말에 여진족 이탕개(尼湯介, 泥湯介) 등의 무리 1만이 두만강(豆滿江)을 넘어와서 아산보(阿山堡)와 경원진(慶源鎭)을 포위하였다. 경원 부사 김수(金燧)와 온성 부사 신립(申砬) 등이 분전했지만, 중과부적이어서 두 곳 다 함락되고 말았다.

경원진 소식을 급히 알리자, 조정에서는 경기도 관찰사이던 정언신(鄭彦信)을 새 함경도 관찰사 겸 순찰사(巡察使; 지방에 파견되어 군사 업무 등을 처리하던 종2품의 임시 관직)로 삼았다. 나는 경성에서 그의 일행을 기다렸다가, 거의 맡아보지도 못한 직무를 인계(引繼)하고 아무 보람 없이 서울로 귀환하게 되었다.

병인년(1566)에 내가 북관 어사로 갔을 때 우연히 단가 한 수를 지었더니 그 얼마 뒤에 명묘(명종)께서 승하하신 일이 있었는데, 귀경길에 오른 일행이 길주목(吉州牧)에 머물 때 한 늙은 기생이 그 단가를 노래 불렀다. 나는 술에 취해 이에 관한 칠언절구를 지었다.

二十年前塞下曲(이십년전새하곡)	20년 전의 새하곡이
何年落此妓林中(하년낙차기림중)	어느 해에 이곳 기생들 가운데 떨어졌나?
孤臣未死天涯淚(고신미사천애루)	외로운 신하가 죽지 못해 천애에서 짓는 눈물을,
欲向康陵灑曉風(욕향강릉쇄효풍)	강릉(명종의 능)을 바라보며 새벽바람에 뿌려 볼까 하노라.

단천군(端川郡)에 이르러서는 마천령(摩天嶺)의 원수대(元帥臺)에 올라 그 고을 사람에게 술을 가져오도록 명하여, 한 순배 돌아서 괴로움이 사라지자 시를 지었다.[5]

千仞江頭一杯酒(천인강두일배주)　천 길 강머리에서 술 한 잔 하니,
朔雲飛盡海茫茫(삭운비진해망망)　북녘 구름이 날아 다해 바다가 아득하네.
元戎秦捷知何日(원융진첩지하일)　장수의 승전보는 어느 날 들을꼬?
老子逢春欲發狂(노자봉춘욕발광)　늙은이는 봄을 만나 미치려 하네.

다음은 함흥부의 의월정(宜月亭)에서 지은 시다.

〈宜月亭(의월정) 二首(이수)〉　의월정에서. 2수
白岳連天起(백악연천기)　백악은 하늘에 잇닿아 일어섰고,
城川入海遙(성천입해요)　성의 내는 바다에 들어 아득해졌네.
年年芳草路(연년방초로)　해마다 향기로운 풀길에
人度夕陽橋(인도석양교)　사람들은 석양의 다리를 건너네.

夕霏生睥睨(석비생비예)　저녁연기가 성 위의 낮은 담에서 나고,
春酒滿觥船(춘주만굉선)　봄 술이 배 모양 술잔에 가득하네.
烽火休傳警(봉화휴전경)　봉화가 경보(警報) 전함을 멈췄으니,
王師且壓邊(왕사차압변)　임금님 군대가 또 변경을 진압하네.

---

5) 정철의 함경도 관찰사 때와 그 직후의 일은 차천로(車天輅), 『오산설림초고(五山說林草藁)』(『大東野乘』 권5)의 "癸亥春(계해춘) …"을 참고하였다.

세상에서 절창(絶唱)이라고 하는데, 속(俗)되지는 않은 편이다.[6]

윤2월에 서울로 돌아가서 도로 예조 참판이 되었다.

3월에 특명으로 자헌대부(資憲大夫; 정2품 하계)에 올라 예조 판서가 되었는데, 4월에 '술을 즐겨서 위엄을 잃으므로 종백(宗伯; 예조의 으뜸 벼슬)으로서 적합하지 않다' 하여 탄핵을 받았다.

그래서 술을 끊기로 결심하였다.

〈已斷酒(이단주)〉	이미 술을 끊었다
問君何以已斷酒(문군하이이단주)	그대에게 묻노니, 어찌하여 술을 끊었나?
酒中有妙吾不知(주중유묘오부지)	술 속에 묘리 있음을 나는 모르네.
自丙辰年至辛巳(자병진년지신사)	병진년(21세)부터 신사년(46세)까지
朝朝暮暮金屈卮(조조모모금굴치)	아침마다 저녁마다 술잔 들었다.
至今未下心中城(지금미하심중성)	이제까지 마음속 성을 못 떨어뜨렸으니,
酒中有妙吾不知(주중유묘오부지)	술 속에 묘리 있음을 나는 모르네.

나는 곧 지돈령부사로 갈렸고, 6월에 형조 판서가 되었다.

한편, 율곡은 신사년(1581) 10월에 자헌대부 호조 판서에 올랐고 11월에 홍문관과 예문관의 대제학을 겸하였으며, 임오년(1582) 정월에 이조 판서가 되었고 8월에 형조 판서가 되었으며, 9월에 숭정대부(崇政大夫; 종1품 하계)에 올라 의정부 우찬성이 되었고 12월에 다시 병조 판서가 되었다가,

---

6) 홍만종(洪萬宗; 1643~1725), 『소화시평(小華詩評)』 권상(卷上)에서는 〈제낙민루(題樂民樓)〉라 하며 "鄭松江 … 世稱絶唱 然余意不俗則似矣 絶唱則未也."라고 했다.

그해(계미년, 1583) 6월에 삼사(三司; 사헌부, 사간원, 홍문관)의 탄핵을 받자, 파주의 율곡리로 물러났다. 그는 8월에 황해도 해주의 수양산(首陽山) 아래 석담(石潭)으로 가서 은거하면서 단가 〈고산구곡가(高山九曲歌)〉 10수[7]를 지었는데, 읽어 보니 그는 나와는 다르게 진정으로 자연을 사랑한 사람이었음이 느껴졌다. 주상께서 계속 부르셔서 그는 9월에 이조 판서를 다시 배수(拜受)하였다. 그리고 우계가 그해 3월에 주상의 특지(特旨)로 통정대부 병조 참지에 제수되어 5월에 서울로 들어왔다. 그는 9월에 이조 참의가 되고 11월에 가선대부 이조 참판에 올랐다.

8월에 주상께서 율곡과 우계를 참소한 송응개(宋應漑; 대사간)·허봉(許篈; 부제학)·박근원(朴謹元; 도승지)의 찬출(竄黜) 여부에 대해 물으셔서 내가 소회를 통쾌하게 진술했더니, 주상께서 나를 칭찬하시고는 그 셋의 관직을 삭탈하고 멀리 귀양 보내셨다.

이에 나는 다시 예조 판서가 되었다.

그해에 고죽(孤竹) 최경창(崔慶昌)이 45세로 죽었다.

그는 시에 매우 뛰어나서 옥봉(백광훈)·손곡(이달)과 함께 '삼당시인'으로 불렸으며, 글씨에도 능했다. 풍류에도 뛰어나서 거문고도 잘 타고 피리도 잘 불었으며, 활은 무신(武臣)보다 잘 쏘았다.

일찍이 사암(박순) 공의 제자가 되었고, 송천(양응정) 선생께 시를 배웠으며, 이후백 공의 문하에도 들었다. 율곡·구봉·옥봉·간이(최입) 등의 여러 재자(才子)들과 함께 무이동(武夷洞; 현 서울시 마포구 城山洞에 있던 마을)에서 수창하여 '팔문장계(八文章稧)'로 칭했으며, 나와 서군수(서익) 등과도 삼청동에서 문예와 풍류로써 친밀하게 교유했다.

---

7) 이이, 『율곡전서』 권2, '시 하(下)'의 끝에 '부(附)'라 하여 실린 한시 〈고산구곡가〉는 이이 작 시조 작품을 뒤에 송시열(宋時烈)이 한역한 것이다.

그는 무진년(1568, 선조 1) 증광시(增廣試)에 급제하여 벼슬길에 들었는데, 5년 뒤 북평사(北評事)로 함경도 경성(鏡城)에 부임하여 홍원(洪原) 출신의 관기(官妓) 홍낭(洪娘)을 만나서 서로 사랑했고, 임기가 끝나 서울에 돌아올 때 홍낭을 데려와서 첩으로 삼았다. 병자년(1576)에 성균관 전적일 때 그 일이 알려져서 사헌부의 탄핵으로, 그는 파직당하고 홍낭은 경성의 관기로 되돌아갔다. 이에 둘은 6년간 생이별하였다. 이 동안에 홍낭이 그에게 여러 차례 편지를 보냈는데, 단가 한 수("묏버들 굴히 것거 보내노라 님의손디/ 자시는 창밧긔 심거 두고 보쇼셔./ 밤비예 새 닙곳 나거든 날인가도 너기쇼셔.")를 지어서 보내자, 그는 그것을 칠언절구로 옮겼는데("折楊柳寄與千里人爲試向庭前種 須知一夜生新葉 憔悴愁眉是妾身") 홍낭의 단가에는 못 미치는 것 같다. 이러한 두 사람의 애틋한 염문(艷聞)은 온 장안(長安)에 회자되었다. 나도 그 멋진 단가를 외우고 있다.

그 뒤에 주상께서 그를 발탁하여 종성 부사에 임명하시자, 두 사람은 경성에서 재회했다. 그러나 북병사(北兵使)가 고죽이 군정(軍政)을 소홀히 하고 창기(娼妓)에만 빠져 있다고 장계(狀啓)하여, 주상께서 그를 면직시키고 곧 서울로 돌아오게 하셨다. 그는 도중에 경성에 들렀다가, 이듬해 봄에 그곳 객관(客館)에서 갑자기 쓰러져서 죽었다고 한다. 문무겸전(文武兼全)하고 다정다감했던 참 아까운 인재가 요절하였다.

내가 병인년(1566)에 북관 어사로 갈 때 그가 전송하며 지은 시 〈송정어사철지관북(送鄭御史澈之關北)〉("咸關北上馬頻顚 雪嶺西看海接天 客路重陽又何處 黃花冷落古城邊")은 수작(秀作)으로 널리 알려졌다.

갑신년(1584; 49세) 정월 16일에는 율곡이 병으로 서울 대사동(大寺洞; 현 종로구 仁寺洞)의 우사(寓舍)에서 세상을 떠났다.

나는 그 얼마 전에 위독하다는 전갈을 받고 가서 그를 보았는데, 이윽고 숨을 거두었다. 하늘이 무너진 듯했다. 그는 진실로 일세(一世)의 현인(賢

사)으로서, 내 벗이라기보다는 스승이었다.

율곡의 영구(靈柩)를 홍제원(弘濟院)까지 호송(護送)하여 보내고, 두 달 뒤에 제문을 지어 파주 율곡리의 빈소로 가서 제사하였다.

유만력(維萬曆) 12년 세차(歲次) 갑신(甲申) 3월 무인삭(戊寅朔) 16일 계사(癸巳)에 자헌대부 …… 정모(鄭某)는 삼가 주과(酒果)로써 돌아간 내 벗 숭정대부 …… 율곡 이공의 영전에 전(奠)을 올립니다.

슬프도다, 우리 숙헌이여. 공은 나와 동년생으로 월일에 선후가 있을 뿐이다. 병진년(1556)에 경로(景魯; 李希參)를 따라 공을 알게 되었는데, 그때 금강산에서 처음 서울로 왔다. 맑은 물의 부용 같은 그 높은 재주와 성한 이름은 한 세상의 으뜸으로 다시 없을 것 같았다. 나는 젊고 또 어리석어서, 다만 이르기를 공이 문인(文人) 중의 제일이라고 하였다. 그러나 교유한 지 이미 오래고 나 역시 일을 살필 줄 알게 되면서부터 비로소 공의 공인 것임을 알았다. 홀로 문장뿐이랴? 학문에서도 깊었다. 학문의 순수하고 바름은 대개 천품이 도(道)에 가까워서 노력하지 않아도 얻어진 것이다. 만년에 다시 연마하고 사색하여, 세월이 쌓인 연후에 학문이 더욱 나아가고 식견이 더욱 맑아져서 마치 높고 크나큰 배가 하나의 돛으로 천 리를 항행함과 같아 선배도 또한 혹 미치지 못하였다.

아! 어찌 쉽게 속인과 더불어 말할 수 있으랴? 희로(喜怒)가 없고 사생(死生)에 태연하며, 얻고 잃은 것이나 영화롭고 욕됨을 다 잊어버려, 외물(外物)로 마음에 두지 않음과 같은 것은 곧 천성으로 그러했던 것이다. 소통하고 민달(敏達)하여 일에 부딪히면 막힘이 없는 이, 그대가 아니었던가? 임금을 부모와 같이 사랑하고, 나라를 집과 같이 걱정하여, 강호에서나 낭묘(廊廟)에서나 그 마음을 달리하지 않은 이도 그대가 아니었던가? 충(忠)과 신(信)으로 사람을 대하고, 사물과 접하되 서로 더불어 다투는 일이 없으니 사람들 모두가 군자라 이르는 것은 그대의 덕이요, 비록 드넓고 큰 도량으로 용납하지 않는 것이 없으면서도 악인을 대하여는 사색(辭色)을 빌리지 않았음은 그대의 개결(介潔)함이었다.

아! 조정의 의논이 둘로 나뉘어져 물결이 부딪치고 불이 세찰 때, 공은 이를 조정하려고 힘을 다하여, 차라리 말을 여러 번 달리할지언정 사림의 신망을 잃거나 나랏일을 그르치지 않으려 했던 그 뜻이 슬프다. 마침내 이 때문에 참소를 만나 거의 불측함을 만날 뻔했으나, 천일(天日)이 조림(照臨)하여 이미 물러갔다가 돌아와, 바야흐로 성스러운 총애가 높아서 바르게 달리며 멀리 걸으려는데, 들보가 문득 꺾였도다. 삶은 기약이 있는 것 같고, 죽음은 빼앗김이 있는 것 같도다.

아! 하늘이 우리나라를 복되게 하지 않으려 하심인가? 정력을 다하고 마음을 괴롭혀서 조금도 힘을 남기지 않고 나랏일에 죽은 것은 옛날에도 비할 만한 이가 없다. 죽는 날 도성에서 달려와 슬피 부르짖은 이들은 모두 공의 얼굴도 알지 못한 사람들이니, 어찌 이에까지 이를까?

공을 사랑하는 이가 많지만 공을 사랑하지 않는 이도 있고, 공을 슬퍼하는 이가 여럿이지만 공을 슬퍼하지 않는 이도 있지만, 또한 공에게 무슨 손상이 있으리오? 나 같은 못난 자로서 무엇이 이를 만한 것이 있으리오만, 공이 홀로 나를 너그럽게 대해 준 것이 지금까지 30년이며, 또 나의 성급하고 속 좁음과 격한 괴롭힘으로 말미암아 절교할 만한 때도 어찌 적었으리오만, 마침내 옛 의리를 잃지 않고 끝까지 난만(爛漫)하게 같이 가게 하였으니, 공은 진실로 어질었도다.

아! 나랏일을 꾀하고, 인재를 선발하며 용렬한 나 같은 사람도 함께 들어 쓰려 하니, 이것은 내가 유능해서가 아니라, 원컨대 배워서 시국의 어려움을 함께 건져보려는 것이었다. 그런데 공이 세도(世道)에 뜻이 없는 양 문득 나를 버리고 돌아감은 무슨 일인가? 호원(浩原; 성혼)의 학문과 재식(才識)으로도 오히려 공 없이 혼자만으로는 능히 운영치 못하거든, 하물며 나 같이 아무것도 모르는 자로 장차 어떻게 나라에 만분의 일이라도 도움 될 수 있으리오?

아! 공이 시국을 걱정하는 한결같은 마음은 죽음에 이르러서도 쇠하지 않아서, 임종시에도 내 손을 잡고 정녕히 부탁한 것이 나랏일 아님이 없었다. 죽어서도 역시 단결된 이 기운이 흩어지지 않아, 상서로운 구름과 단비가 되어 풍년이 들어 우리 백성들로 하여금 함포고복(含哺鼓腹; 실컷 먹고 배를 두드림)케 하려는가? 모진 바람과 빠른 우레가 되어 이매망량(魑魅魍魎; 온갖 도깨비)이 멀리 달아나 자취를 감추어 버리게 하려는가? 기린과 봉황이 되어, 어려 좋은 일이 아울러 이르고 만 가지 복이 모이게 하려는가? 태산교악(泰山喬嶽)이 되어 우리 신도(神都)를 지켜 햇수를 천백 년 늘리려는가? 공은 이 네 가지에서 반드시 묵묵히 도울 것이요, 결코 용렬한 사람과 같이 그 혼과 기운이 살아서는 꿈틀거리고 죽으면 바람과 연기처럼 날려 흩어지지 않으리라.

아! 내가 공을 곡하고부터는 갑자기 다시는 사람 세상에 뜻이 없으니, 마치 한 마리 외로운 새가 그림자와 서로 위로하는 것 같으며, 오동나무 없는 줄, 구멍 없는 대와 같아서, 비록 거문고를 타고 젓대를 불고 싶으나 어찌할 수 없으니, 나 역시 끝난 듯하다. 아! 친구란 하늘이 혈기(血氣)를 합한 것도 아닌데, 어찌 이에 이르는가?

서호의 물은 다시 조수(潮水)가 밀려들고 동산의 달도 다시 오르리라. 봉래의 오색 빛도 어제 같도다. 슬프다! 우리 숙헌은 어느 때나 다시 돌아오시려나?

말이 다하고 전이 파(罷)하니, 한 번 큰 소리로 길게 부르짖습니다. 상향(尙饗; 적지만 歆饗하소서).

읽기를 마친 뒤 대성통곡하였다.

율곡은 파주의 자운산(紫雲山) 기슭 선영에 묻혔다.

나는 2월에 대사헌이 되었는데, 율곡의 별세로 인한 충격에서 벗어나지 못하여 절망적으로 술과 여색에 탐닉했다. 그 흉악하다는 양매창(楊梅瘡; 오늘날의 매독) 따위에 걸리지 않은 것이 천행(天幸)이었다. 그러나 그 무렵부터 몸이 망가져 갔을 것이다.

내가 기방(妓房)과 창가(娼家)를 자주 출입하자, 그 얼마 전에 순천에서 숭례문(崇禮門) 밖 용산(龍山)의 촌집으로 옮겨와 있던 유아(소실 진주 유씨)가 시를 지어서 간(諫)하였다.

憲長官非下(헌장관비하)	대사헌 벼슬이 낮지 않으며,
精忠聖主知(정충성주지)	정성스러운 충성은 성주께서 아시는데,
如何經國手(여하경국수)	어찌하여 나라를 경륜할 솜씨로
日近翠眉兒(일근취미아)[8]	날마다 푸른 눈썹 아이를 가까이하시나?

무척 무안하였지만, 나도 자신을 제어할 수 없었다.

4월에 동인인 함경 감사 권극례(權克禮)를 논핵하였으며, 5월에는 먼 곳으로 귀양 간 동인 허봉・송응개・박근원 등을 좀 가까운 곳으로 옮길 것과 버린 사람들을 거두어 쓸 것을 주청했다. 우리 서인들은 아우성쳤지만, 이는 주상의 뜻이었다. 주상께서는 서인이 너무 득세함을 우려하여 제왕

---

8) 『송강선조 유필』(http://www.gasa.go.kr/?gasa=22&mode=view&uid=2255&start=10), 34면의 부전지 참고.

　한편, 허균(許筠), 『학산초담(鶴山樵談)』(허균, 『惺所覆瓿藁』 권26, '부록1'), 24면의 "東方婦人能詩者鮮(동방부인능시자선)…"에서는 정철의 첩이 남편[良人]의 호색을 간한 시를 "都憲官非下(도헌관비하) 忠誠聖主知(충성성주지) 徒將經國手(도장경국수) 日日對蛾眉(일일대아미)"라고 하였다.

(帝王)의 용인술(用人術)을 쓰셔서, 서인 영수이며 허·송·박을 죄 주라고 앞장서서 청했던 내게 그 일을 맡기신 것이었다.

8월에 지의금부사가 되었다가, 얼마 뒤 다시 대사헌이 되었다. 주상께서 내게 회색 털 말을 하사하셔서 타고 다니자, 사람들이 나를 '총마어사(驄馬御史; 중국 後漢의 侍御史 桓典처럼 매우 엄정한 감찰관)'라고 하였다.

12월에 1품인 숭정대부에 올라 의정부 우찬성이 되었다.

당시 의정부에서 사암(박순) 공은 영의정이었고, 노수신 공과 정유길(鄭惟吉) 공은 좌의정과 우의정이 되었고, 심수경(沈守慶) 공은 좌참찬이었는데, 그 네 사람과 나는 모두 장원급제 출신이었다. 그래서 다섯 사람이 장원계축(壯元契軸)을 만들어서 이름을 '정부용두회축(政府龍頭會軸)'이라고 했는데, 사람들이 한때의 성사(盛事)로 일컬었다.

을유년(1585; 50세)에 나는 지천명(知天命)해야 한다는 나이에 접어들었다. 하늘이 내게 명한 것은 과연 무엇일까?

군자가 되라는 것일까? 적선인(謫仙人)으로서 다시 신선이 됨일까?

'수신(修身) 제가(齊家) 치국(治國) 평천하(平天下)'? 나는 아직 그 어느 것 하나도 제대로 이루지 못하고 있지 않은가? 그래도 '효도의 마침[孝之終]'이라는 '입신양명[立身行道 揚名於後世]하여 부모를 드러냄[以顯父母]'은 좀 하고 있는 것 같다.

정월에 부제학이던 신 백록(辛白麓; 辛應時, 본관 寧越, 자 君望, 1532~1585)이 별세하였다. 나는 조문한 뒤에 단가 한 수를 지었다.

辛君望(신군망) 校理(교리) 적의 내 마ᄎᆞᆷ 修撰(수찬)으로
上下番(상하번) ᄀᆞ초와 勤政門(근정문) 밧기러니
고은 님 옥 ᄀᆞᄐᆞᆫ 양지 눈의 암암 ᄒᆞ여라

[현대어] 신군망이 교리 적에 나는 마침 수찬으로/ 상하번 갖추어 근정전 문밖에 있더니,/ 고운 임 옥 같은 모양이 눈에 암암하여라.

정묘년(1567)인가 기사년(1569)인가에 홍문관에서 친하게 어울렸지. 그의 잘생긴 모습이 눈앞에 아른거리는 듯하였다.

그 무렵에 정세가 급변하여 동인이 득세하자, 3월에 나는 허울뿐인 판돈령부사(判敦寧府事)로 갈렸다. 그리고 부제학 김우옹과 수찬 정여립(鄭汝立)이 이어서 율곡·우계·사암 공을 폄훼하였는데, 그 여파가 내게도 미쳤다. 그러나 당시에는 나를 힘써서 구해줄 사람들이 없었다. 이 때문에, 우계가 권하기도 해서, 나는 4월에 차(箚; 상소문)를 올려서 사직을 청한 뒤, 주상께서 윤허하시지 않았는데도 5월에 조정에서 물러났다.

처음에는 충청도 음성(陰城)·죽산(竹山)과 경기도 여주(驪州)·고양 사이를 일정한 처소도 없이 돌아다니면서 주색(酒色)에 빠져 지냈다.[9]

이윽고 창평에 내려가기로 하였는데, 고양의 부모님 산소에 사태(沙汰)가 나서 수동으로 가서 선영을 여러 날 손보아야 했다.

그런데 뜻밖에도 3년 전 전라 감사 때 머리를 얹어주었던 남원의 기생이 700리 길을 걸어서 수동으로 찾아왔다. 많이 성숙해지고 예뻐져서 처음에는 알아보지 못하였다. 나는 기억나지 않지만 헤어질 때 좀 더 자라면 첩실(妾室)로 들이겠다고 내가 약조하였기에, 이름을 '강아(江娥)'[10]로 하고 그동안 수절(守節)했다고 말하였다.

---

9) 유성룡(柳成龍), 『운암잡록(雲巖雜錄)』(『대동야승』 권55), 「잡기(雜記) (1)」 참고.
10) 고양시 신원동 송강마을의 '의기 강아 묘(義妓江娥墓)' 비석(1998) 등에 나오는데, 그녀에 대한 설명은 대체로 박종화(朴鍾和; 호 月灘, 1901~1981) 작 소설 〈자고 가는 저 구름아〉(『朝鮮日報』 연재, 1961. 7. 25~1965. 7. 15; 단행본은 삼성출판사, 전 5권, 1965 등)에서의 허구를 따른 듯하다. 여기서는 정철은 전라 감사 때 머리를 얹어준 남원 기생이라는 점 외의 개연성이 부족한 내용들은 따르지 않는다.

나는 산소 일은 끝났지만, '강아'의 노독(路毒)이 풀리지 않았던 데다 함께 갈 종과 타고 갈 말도 없었고 날씨도 뜨거웠으므로, 남쪽으로 떠나지 못하고 있었다. 이에 대해, 병으로 동지중추부사를 그만두고 귀향해 있던 우계가 구봉과 서신으로 나를 크게 비난했다고 한다.[11]

이에 경로(이희삼)에게 해명하는 편지를 썼다.

나는 선산의 절박한 재해(災害)로 고양에 와 있는데, 백방(百方)으로 많은 구설(口舌)만 얻게 되니 가탄(可嘆)할 일이구려. 시사(時事)가 이에까지 이름은 천명이라 어찌하리오? …….

나는 이미 생활의 근거를 근기(近畿)지역에 정하려 했으나, 조석(朝夕)을 이을 수 없고 나쁜 말과 훼방하는 말만 귀에 들려오니, 오래지 않아 다시 좀 먼 곳으로 가려 하오.

---

11) 송익필, 『구봉집』 권5, '현승편 하(玄繩編下)', 「호원에게 답하는 편지[答浩原書]」의 앞에 실린 우계가 을유년(1585) 6월 22일에 구봉에게 보낸 편지 속의 "듣건대 계함이 지금 고양의 묘 아래에 와 있는데, 한 기생('一紅粧')이 곁에 붙어 있으므로 머뭇거리고 돌아보며 차마 남쪽으로 가지 못하면서 핑계를 대어 말하기를 '종과 말이 없다'라 하고 또 '날씨가 뜨겁다'라 한답니다. 생각건대 가을과 겨울 사이에는 반드시 한강을 건너지 못할 것입니다. 천하에 어찌 이같이 우스운 일이 있단 말입니까? 율곡이 이 사람을 어질다 하여 자기 몸이 위태롭게 되며 욕을 당하는 것도 돌아보지 않고 온 나라 사람들과 서로 어긋난 것은 오로지 이 사람 때문이었습니다. 그런데도 율곡이 죽은 뒤에 갑자기 평소 지키던 바를 깨뜨려서, 뒷날 천고의 웃음거리가 되었습니다. 늘 이 생각을 하면 나도 모르는 사이에 통탄하게 됩니다."와, 이에 대해 구봉이 우계에게 답한 글 속의 "내려 보이신 계함의 일은 척연(惕然; 근심스럽고 두려움)한 데다 부끄러움이 더합니다. 내가 여러 차례 편지를 보내어 은미(隱微)한 말로 규계(規戒)하였으나 움직이게 하기에 부족했습니다. 그의 말뜻을 보니, 다시는 천리(天理)와 인욕(人欲)의 경계를 나누어서 서로 다투는 도리가 없습니다. 어찌겠습니까? 다시금 이미 죽은 벗을 위해 슬퍼할 뿐입니다. 원컨대 형께서 엄한 말로 경계해 주지 자주 하는 것을 혐의쩍게 여기지 말고, 안 들어준다고 하여 저상(沮喪)되지도 말기 바랍니다. …." 참고.

그리고 다음의 시를 함께 부쳤다.

〈高陽山齋有吟 寄景魯(고양산재유음기경로) 十首(십수)〉 고양 산재에서 읊어 경로에게 부치다. 10수

余之痛飮甚於哭(여지통음심어곡)　　내 통음은 곡하는 것보다 심하니,
不必黃龍是酒場(불필황룡시주장)　　황룡(南宋의 장군 岳飛가 치려고 했던 金나라 수도)만 반드시 술자리가 아니네.
待得妖氛霽城闕(대득요분제성궐)　　대궐에 요기가 걷히기 기다려서,
五雲深處奉君王(오운심처봉군왕)　　오색구름 깊은 곳에서 임금님을 받들리라. [제2수]

去國遲廻笑此行(거국지회소차행)　　서울 떠남을 늦추며 빙빙 돌자 이 걸음을 비웃는데,
此行終是戀春城(차행종시연춘성)　　이 걸음도 끝내는 춘성(봄날의 都城)을 그리워하리.
江南處處非無竹(강남처처비무죽)　　강남[12]도 곳곳에 대가 없지 않지만,
恐得三閭澤畔名(공득삼려택반명)　　'삼려[屈原]의 택반'이라는 이름 얻을까 두렵네. [제7수]

閒居無事理壺觴(한거무사이호상)　　한가롭게 지내면서 일 없어 술잔만 다스리니,

---

12) 정철의 시문에서 쓰인 '강남(江南)'은 대체로 '호남(湖南; 전라도)'을 많이 뜻하였다. 이는 고려 성종(成宗) 때인 995년에 전국에 10도를 설치하면서 전주(全州)를 중심으로 한 현재의 전라북도 일원에 해당하는 지방을 '강남도(江南道)'로 한 데서 연유한 듯하다(현재의 광주광역시와 전라남도 일원은 당시에 '海陽道'라고 했음).

始覺人間日月長(시각인간일월장)	사람 세상 세월이 긴 것을 비로소 깨달네.
萬事欲抛塵土裏(만사욕포진토리)	만사를 진토 속에 내던지려 하니,
世人莫笑此人狂(세인막소차인광)	세상 사람이여, 이 사람이 미쳤다고 비웃지 마오. [제10수]

나는 정세가 확 바뀌기 전까지는 희망이 없음을 알고 자포자기하는 심경에 빠졌다.

8월에는 양사의 논척을 받아서 이름을 천부(天府; 임금의 祠堂인 祖廟의 守藏과 禁令을 맡은 곳)에 써 붙임[13]에까지 이르렀다.

이에 심기일전(心機一轉)하려 하여, 정말 술을 끊기로 했다.

 ᄀᆞᆺ 쉰이 져믈가ᄆᆞᄂᆞᆫ 간 디마다 술을 보고
 닛집 드러내여 웃는 줄 므스 일고
 젼젼의 아던 거시라 몯내 니저 ᄒᆞ노라

[현대어] 갓 쉰이 젊을까마는 간 데마다 술을 보고/ 잇집 드러내어 웃는 줄 무슨 일고?/ 오래전에 알던 일이라 못내 잊어 하노라.

창평으로 떠나기 전에 우계를 찾아갔더니, 그는 내게 '사대부에게 기첩(妓妾)은 당치 않다'고 하며 '과음은 건강을 해치니, 부디 이전처럼 술을 마시지 마오.'라고 경계하여, 나는 '기생은 돌려보내겠으며, 술도 끊겠소.'라

---

13) 나라를 그르친 사람의 이름을 국가에서 엄중히 보관하는 문서(史冊 등)에 기록했다는 뜻인 듯함.

고 말했다. 그러자 우계는 기뻐하여 내게 시를 지어 주었는데, 그 시에 "술 맛을 잊으면 한가로운 맛이 깊으니, 만향정 위에 앉아 마음을 본다(酒味忘來閑味深 晚香亭上坐觀心). ……."라고 하였다.[14]

바로 그날이었던가? 배를 타고 임진강을 건너는데, 두 사람이 저쪽 언덕에 있다가 배가 당도하자 서로 읍(揖)하고 각기 성명을 통했다. 그들이 하는 말이 "우리가 이쪽에서 존장(尊丈)의 거동과 풍채가 비범함을 바라보고 서로 말하기를 '성 우계인가 아니면 민 지평(杏村 閔純; 1519~1591)인가?' 했는데, 서로 대면하고 보니 비로소 우리가 착각했다는 것을 알았습니다." 하였다. 이에 절구를 지어서 사례했다.

我非成閔卽狂生(아비성민즉광생)	나는 성도 민도 아닌 곧 광생으로,
半百人間醉得名(반백인간취득명)	반백 년을 술 취하여 이름 얻었소.
欲向新知說平素(욕향신지설평소)	새로 알게 된 이에게 평소처럼 말하려니,
靑山送罵白鷗驚(청산송매백구경)	청산은 꾸짖고 백구는 놀라리라.

세상에서는 이 시에 대해 '호탕하고 방일(放逸; 제멋대로 거리낌 없이 방탕하게 놂)하여 얽매이지 않았다.'고 평한다지.[15]

그리고 그 무렵에 습재(習齋; 權擘) 공에게 다음의 시를 지어 보냈다.

---

14) 곽열(郭說; 1548~1630), 『서포집(西浦集)』 권6, 「서포일록(西浦日錄)」, '시화' 참고. 한편, '만향정'은 김육(金堉; 호 潛谷, 1580~1658) 작 한시(오언절구) 〈만향정 차송강운(晚香亭次松江韻)〉(『潛谷遺稿』 권2, '시')이 있는 것으로 보아, 정철이 지은 한시로서 『송강집』에 실려 전하지 않는 작품에 쓰인 말인 듯하다(陶淵明처럼 국화를 사랑하는 시상일 가능성이 적지 않음).
15) 홍만종, 『소화시평』 권상(卷上) "鄭松江澈…" 참고.

〈新院山居 寄示習齋(신원산거기시습재) 二首(이수)〉 새원의 산에 있으면서 습재에게 부쳐 보이다. 2수

每憶松江舊業荒(매억송강구업황)　　늘 생각하니 송강의 옛 터전이 거칠어졌으리라,

鍛爐中散離山陽(단로중산이산양)　　대장간 하던 중산(中散大夫 嵇康)이 산양(혜강의 은거지)을 떠났으니.

消殘物外烟霞想(소잔물외연하상)　　물외의 산수 생각은 사라지고

辦得人間卯酉忙(판득인간묘유망)　　사람 세상의 벼슬살이 바쁨만 얻었도다.

一歲九遷都夢寐(일세구천도몽매)　　한 달에 아홉 번 벼슬 옮김(임금의 총애를 많이 받음)이 모두 꿈이어라,

修門重入幾星霜(수문중입기성상)　　대궐문에 거듭 들어감이 몇 해였던가?

春糧更適南州遠(용량갱적남주원)　　찧은 양식 가지고 멀리 남쪽 고을로 다시 가니,

宣政無由覲耿光(선정무유근경광)　　선정전(昌德宮의 便殿) 밝은 빛을 뵈올 길 없어라.　[제2수]

앞으로 나는 벼슬살이에 연연하지 않고 도를 찾는 사람이나 강호생활을 즐기는 사람이 되려고 했던 것이다.

날씨가 추워지기 전에 창평으로 내려갔다.

#8. 좌절기와 〈사미인곡〉·〈속미인곡〉

— **50세**(1585년, 乙酉年, 宣祖 18년, 明 神宗 萬曆 13년) ~
54세(1589년, 己丑年, 선조 22년, 명 신종 만력 17년) —

계사년(1593, 선조 26) 12월 13일 임술(壬戌) 일기

비 오다가 갬.

종명이가 근친휴가(覲親休暇) 7일간(왕복 日數 제외)이 끝나서 비가 오는데도 아침 일찍 서울로 떠났다.

출발 전에 작별인사를 하면서 조속히 또 휴가를 얻어 오겠다고 했다.

을유년(1585; 50세) 9월에 나는 귀향길에 올라서, 마음 아팠지만 도중에 '강아(江娥)'가 남원으로 무사히 돌아가서 잘 지낼 수 있게 조처하고, 지실의 시골집에 4년 만에 쓸쓸히 귀환했다.

짐을 풀고는 성산의 서하당을 찾았다. 하당장(霞堂丈; 서하 김성원)은 5년 전부터 벼슬살이로 그곳을 떠나서 당시에 제원도(濟源道) 찰방(察訪)으로 금산(錦山)에서 근무하고 있어서 만날 수 없었다. 식영정에도 가 보았는데, 왕년의 인걸들은 간데없지만 산천은 의구(依舊)했다.

그때 서하당의 오동나무들은 잎을 거의 다 떨어뜨리고 앙상한 가지들만 보였다. 이에 단가 한 수를 지었다.

  머귀닙 디거야 알와다 ᄀᆞ올힌 줄을
  細雨(세우) 淸江(쳥강)이 서ᄂᆞ럽다 밤긔운이야
  千里(쳔리)의 님 니별ᄒᆞ고 ᄌᆞᆷ 못 드러 ᄒᆞ노라

[현대어] 오동잎 져서야 알았다, 가을인 줄을./ 가는 비 맑은 강이 서늘하다 밤기운이야./ 천 리에 임 이별하고 잠 못 들어 하노라.

면앙정 송순 공이 지은 단가 〈서하당 벽오가(棲霞堂碧梧歌)〉[1]를 오언절구로 번곡(飜曲)한 것도 그 무렵 같다.

樓(누) 밧 푸른 머구 鳳凰(봉황)아 아니 온다
無心(무심)혼 쏘기달의 홀노 徘徊(배회) ᄒᆞᄂᆞᆫ ᄯᅳ견
언제나 鳳凰(봉황)이 오면 노라볼ᄭᅩ ᄒᆞ노라

[현대어] 누각 밖 푸른 오동, 봉황아 아니 오느냐?/ 무심한 조각달에 홀로 배회하는 뜻은/ 언젠가 봉황이 오면 놀아볼까 하노라.

樓外碧梧樹(누외벽오수)	다락 밖에 벽오동나무 심었건만,
鳳兮何不來(봉혜하불래)	봉황이여 어찌 아니 오는가?
無心一片月(무심일편월)	무심한 한 조각 달에
中夜獨徘徊(중야독배회)[2]	한밤중에 홀로 서성대누나.

---

1) 『송강가사』와 『송강별집 추록(追錄)』 권2, '유사(遺詞)'에서는 이 작품을 정철의 작품들 속에 수록했지만, 1588년 가을의 몇 달 뒤에 곽열(郭說; 자 夢得, 호 西浦)이 정철을 방문하러 창평에 갔다가 정철이 광주로 출타해서 만나지 못하고 식영정 주인 김성원을 찾자, 그가 벽오 몇 그루를 가리키며 '이 나무는 송순의 노래 속에 오동을 심어 봉황을 이끈다고 이른 것'이라 말했다고 하니("歲戊子秋 … 歸時歷訪息影亭主人前察訪金繫遠 金乃故宋二相純之女婿也 庭畔有碧梧數株 指而話余曰 '此樹 二相歌中所謂樹梧引鳳凰者也' ….";『西浦集』 권6,「西浦日錄」, '詩話'), 송순 작으로 보아야 할 것이다(송순의 『면앙집』에는 그 번역이 실려 있지 않다).

2) 『송강별집 추록』 권2, '유사'에서는 이 번사(飜辭)의 작자를 '권필(權韠)'이라고 하였지만, 『송강집』 권1에 정철의 작품들 가운데 실렸으며, 권필의 『석주집(石洲集)』에

병술년(1586) 봄이 되자, 임금님과 조정이 많이 그리워졌다.

나 올 적 언제러니 秋風(추풍)의 落葉(낙엽) ᄂ데
어름 눈 다 녹고 봄곳치 픠도록애
님 다히 긔별을 모ᄅ니 그를 셜워 ᄒ노라

[현대어] 나 올 적 언제러니? 추풍에 낙엽 나데./ 얼음 눈 다 녹고 봄꽃이 피도록에/ 임 쪽 기별을 모르니 그를 설워하노라.

나는 여름에 분토골의 당지산(깃대봉) 너머 냇가 언덕 위(현 古西面 院江里 院柳洞)에 초막을 새로 지어서 '죽록정(竹綠亭)'이라 이름하고, 자주 그곳에서 지냈다. 그때 자호(自號)를 '칩암거사(蟄菴居士)'라 했지.

〈贈道文師(증도문사)〉   도문사(詩僧이었을 듯함)에게 주다
小築新營竹綠亭(소축신영죽록정)   조그맣게 죽록정을 새로 짓고서,
松江水潔濯吾纓(송강수결탁오영)   송강의 물 맑으니 갓끈을 씻는다.
世間車馬都揮絶(세간거마도휘절)   세상 거마들을 모두 물리치고,
山月江風與爾評(산월강풍여이평)   산달과 강바람을 그대와 함께 평하리라.

그때의 나는 굴원(屈原) 작 〈어부사(漁父辭)〉[3]에 나오는 쫓겨난 삼려대부

는 실리지 않았다.
3) "屈原旣放 游於江潭 行吟澤畔 顏色憔悴 形容枯槁 漁父見而問之曰 '子非三閭大夫與? 何故至於斯?' 屈原曰 '擧世皆濁 我獨淸 衆人皆醉 我獨醒 是以見放' 漁父曰 '聖人不凝滯於物 而能與世推移 世人皆濁 何不淈其泥而揚其波 衆人皆醉 何不餔其糟而歠其醨? 何故深

(三閭大夫) 같은 처지였거나 강호객(江湖客)이 되어 있었다.

죽록정을 1770년에 고쳐 세운 송강정(松江亭)의 위치(각뿔 표시)

思高擧 自令放爲?' 屈原曰 '吾聞之 新沐者必彈冠 新浴者必振衣 安能以身之察察 受物之汶汶者乎? 寧赴湘流葬於江魚之腹中 安能以皓皓之白 而蒙世俗之塵埃乎?' 漁父莞爾而笑 鼓枻而去 乃歌曰 '滄浪之水淸兮 可以濯吾纓.滄浪之水濁兮 可以濯吾足 遂去不復與言."

다음은 그 무렵에 지은 시다.

〈宿松江亭舍(숙송강정사) 三首(삼수)〉　송강의 정사에서 자며. 3수
借名三十載(차명삼십재)　　30년을 이름만 빌렸으니,
非主亦非賓(비주역비빈)　　주인이 아니고 객도 아니네.
茅茨纔盖屋(모자재개옥)　　띠풀로 겨우 지붕이나 이고는,
復作北歸人(부작북귀인)　　다시 북으로 갈 사람이라네.

主人客共到(주인객공도)　　주인과 객이 함께 도착하면
暮角驚沙鷗(모각경사구)　　저물녘의 모래 위 갈매기를 놀래더니,
沙鷗送主客(사구송주객)　　(이제는) 갈매기가 주객을 전송하려고
還下水中洲(환하수중주)　　도리어 물 가운데 모래톱에 내려오도다.

明月在空庭(명월재공정)　　밝은 달이 빈 뜰에 있는데,
主人何處去(주인하처거)　　주인은 어디 갔을까?
落葉掩柴門(낙엽엄시문)　　낙엽은 사립문을 가리고,
風松夜深語(풍송야심어)　　바람과 솔이 밤 깊도록 속삭이네.

다시 봐도 멋진 시다. 자연스러운 당시(唐詩)의 풍격을 보이면서 유현(幽玄)한 이치를 지닌 듯한 송시풍(宋詩風)의 장점도 곁들이지 않았는가?

그해 여름인가에 하당장이 찰방 임기(1,800일)를 마치고 성산으로 귀환하여, 우리 둘은 다시 자주 어울릴 수 있게 되었다.

나는 식영정 계단 아래의 대나무를 두고 시(〈訪息影亭 題階下竹 示主人〉)를 지어서 하당장에게 보였다.

五年不到星山逕(오년부도성산경)	5년 동안 성산의 지름길에 이르지 못했더니,
脩竹千竿已上霄(수죽천간이상소)	수죽 천 그루가 하늘로 솟았네.
此老本非棲遯客(차로본비서둔객)	이 늙은이 본래 은둔객 아니지만,
山人何事又迢迢(산인하사우초초)[4]	산인은 무슨 일로 또 멀리 있었소?

하담장은 거문고를 나보다 더 즐겨 탔는데, 그가 타는 거문고 소리는 절묘하기까지 했다. 나는 이를 다음의 단가로 나타내었다.

거믄고 大絃(대현) 올나 한 棵(과) 밧글 디퍼시니
어룸의 마킨 믈 여흘이셔 우니는 둣
어듸셔 년닙픠 디는 비솔이는 이룰 조차 마초ᄂᆞ니

[현대어] 거문고 대현 올라 한 과 밖을 짚었으니,/ 얼음에 막힌 물이 여울에서 우니는 듯./ 어째서 연잎에 지는 빗소리는 이를 좇아 맞추나니?

그때 서하당 옆 부용당(芙蓉堂)의 연못에는 연꽃들이 탐스럽게 피었는데, 내가 지은 단가의 수작(秀作) 중 하나로 여겨지는 다음의 작품은 그 무렵에 지었던 것 같다.

明珠(명주) 四萬斛(사만곡)을 년닙픠다 바다셔
담는 둣 되는 둣 어드러 보내는다

---

4) 김성원,『서하당유고(棲霞堂遺稿)』'부록'에 실린 정철 작 〈방식영정 제계하죽 시주인(訪息影亭題階下竹示主人)〉(丙戌).

헌ᄉᆞᆫ 믈방올른 어위 계워 ᄒᆞᄂᆞ다

[현대어] 고운 구슬 사만 곡(斛)을 연잎에다 받아서,/ 담는 듯 되는 듯 어디로 보내는가?/ 야단스러운 물방울은 흥겨워하느냐?

연못에 떨어지는 빗방울들을 관찰하여 묘사한 작품이다.

연잎에 떨어져 내리는 빗방울들을 '명주 4만 곡(80만 말 또는 60만 말)'으로 비유하고, 빗방울들이 넓은 연잎 위를 도르르 굴러서 오목한 가운데로 모여들었다가 가득 차면 한꺼번에 쏟아지곤 하는 모습을 누군가가 연잎을 되[升]로 삼아서 명주를 담아서 어딘가로 보내는 듯하다고 하며, 떠들썩한 물방울 떨어지는 소리를 흥에 겨워 수다 떠는 것으로 의인화하여, 그 정경을 적실(的實)하고 생동감 있게 표현하려 했다.[5]

하당장은 한시뿐만 아니라 우리말 노래도 잘 지었다.

녈 구룸이 심히 구저 ᄇᆞᆰ근 달을 가리오니
밤ᄯᅮᆼ의 혼자 안자 이둘오미 그지업다
ᄇᆞᄅᆞᆷ이 이 ᄯᅳ들 아라 비를 모라 오도다

[현대어] 지나는 구름이 심히 궂어서 밝은 달을 가리니,/ 밤중에 혼자 앉아 애달파함이 그지없다./ 바람이 이 뜻을 알아 비를 몰아오도다.

그가 자당(慈堂)께 술잔을 올릴 때 달빛이 희미하고 비가 또한 내리므로 지었다고 했다.

---

5) 성호경, 『시조문학의 이해』(북메이트, 2023), 383면 참고.

그런데 나는 지난 을유년 가을부터 우계에게 약속한 대로 술을 끊고 지냈더니, 몸이 한결 좋아졌다. 그러나 1년 가까이 지나니 더 참기 어려워져서 병술년에 다시 술을 가까이하였다.

그 무렵에 술과 문답하는 것으로 한 단가들을 장난삼아 지었다.

일이나 일우려 ᄒ면　처엄의 사괴실가
보면 반기실시　나도 조차 돈니터니
진실로 외다옷 ᄒ시면　마ᄅ신ᄃᆞᆯ 엇디리　[〈주문답(酒問答)〉 1]

[현대어] 일이나 이루려 하면 처음에 사귀었을까?/ 보면 반기실새 나도 좇아다니더니/ 진실로 그르다 하시면 그만둠이 어떠리?

내 말 고텨 드러　너 업스면 못 살려니
머흔일 구즌일　널로 ᄒ야 다 닛거든
이제야 ᄂᆞᆷ 괴려 ᄒ고　녯 벗 말고 어디리　[〈주문답〉 2]

[현대어] 내 말 다시 들어 너 없으면 못 살려니/ 험한 일 궂은 일 너 때문에 다 잊거든/ 이제야 남 괴려 하여 옛 벗 버려 어쩔고?

일뎡 百年(백년) 산들　긔 아니 草草(초초)ᄒᆞᆫ가
草草(초초)ᄒᆞᆫ 浮生(부생)애　므스 일을 ᄒ랴 ᄒ야
내 자바 권ᄒᆞ논 잔을　덜 먹으려 ᄒᆞᆫ다　[〈주문답〉 3]

[현대어] 일정 백 년 산들 그 아니 구차한가?/ 구차한 덧없는 인생에 무슨 일을 하려 하여/ 내 잡아 권하는 잔을 덜 먹으려 하느냐?

나는 술과 함께하면서 유유자적하게 지내고자 했었지.

    아히도 採薇(채미) 가고 竹林(죽림)이 븨여셰라
    헤친 碁局(기국)을 뉘라셔 주어 주리
    취ᄒ여 松根(송근)을 지혀시니 날 새논 줄 몰래라

[현대어] 아이도 채미 가고 죽림이 비었구나./ 흩어진 장기판을 뉘라서 주워 주리?/ 취하여 솔뿌리를 기대었으니 날 새는 줄 몰라라.

가을에 나는 육로로 충청도 충주(忠州)에 가서 배를 타고 여강(驪江; 南漢江)을 지나다가 동인들의 배척으로 이조 참의에서 여주 목사로 밀려나 있던 이해수(李海壽; 본관 全義, 자 大仲, 호 藥圃, 1536~1598)와 만나서 술 마셨고,[6] 서울집에 가서 가족들과 함께 한가위[秋夕]를 지낸 뒤에 고양의 부모님 산소에 성묘하고 돌아왔다.

그해 겨울에 다음의 단가를 지었다.

    松林(송림)의 눈이 오니 가지마다 곳치로다
    ᄒᆞᆫ 가지 것거내여 님 겨신 ᄃᆡ 보내고져
    님이 보신 후제야 노가디다 엇디리

[현대어] 송림에 눈이 오니 가지마다 꽃이로다./ 한 가지 꺾어내어 임 계신 데 보내고져./ 임이 보신 후에야 녹아지다 어떠하리?

---

6) 『송강속집』 권2, 「연풍 원에게 답한 글[答延豊倅書]」은 이때 지었을 것이다.

나는 그때에도 진정한 강호객이 되지 못하고 있었던 것이다.
어느새 또 동지(冬至)가 되니 처량해졌다.

客裏又逢冬至日(객리우봉동지일)	객지에서 동짓날을 또 만나서,
閉門高臥悄無人(폐문고와초무인)	문 닫고 높이 누워서 사람 없음을 근심한다.
年華忽忽那能駐(연화홀홀나능주)	세월은 홀홀히 가는데 어찌 머물게 할 수 있으리?
燈火悠悠自可親(등화유유자가친)	등불만 유유하여 절로 친해진다.
草屋風霜淹土窟(초옥풍상엄토굴)	초가집이 바람과 서리에 토굴처럼 적셨고,
玉墀環珮隔楓宸(옥지환패격풍신)	옥계단에 환패 소리 올리던 궁궐도 멀다.
羈心正似橫天斗(기심정사횡천두)	나그네 마음은 바로 하늘에 비낀 북두성 같아서,
深夜光芒北照秦(심야광망북조진)	깊은 밤에 빛살을 북쪽 서울로 비추네.

그해에 그 전년 가을부터 내가 품었던 지실 집의 얼굴 반반한 계집종 애복(愛福)이가 딸을 낳았다.

한편, 내가 창평에 있는 동안 조정의 정세가 요동쳤다. 서인은 크게 위축되었으며, 동인의 세가 주상의 비호를 받아 매우 성하였다. 그리고 공주(公州) 교수 조여식(重峯 趙憲)과 생원 이귀(李貴) 등이 병술년(1586)부터 무자년(1588)까지 해마다 상소하여 율곡·우계·사암 공과 나의 무고(無辜)함을 논변했다고 한다. 조여식의 병술년 소(疏)는 다음과 같다.

…… 김개(金鎧)는 윤원형(尹元衡)의 여당(餘黨)으로 이황(李滉)이 등용됨을 꺼려 음(陰)으로 저지하고 세상이 밝아짐을 방해하므로, 정철이 묘연(眇然)한 말직(末職)에 있으면서 생명을 잊고 쟁론(爭論)했던 것입니다.

다행히 상감의 밝으심에 힘입어 그 질투를 죄 주어 김개가 이미 쫓겨나게 된즉 이황이 다시 올 기세가 있었으나, 평중(平仲; 중국 春秋時代 齊나라의 名臣 晏嬰)이 중니(仲尼; 孔子)를 알지 못하였고, 장손(臧孫; 臧孫辰. 춘추시대 魯나라의 大夫)이 오히려 전금(展禽; 춘추시대 노나라의 대부)을 저지하여, 좋은 세상이 될 기회를 다시 잃어버리게 된 것입니다.

이이(李珥)의 임신년 소는 간사한 싹트는 조짐을 미리 보고 깊은 근심과 커다란 탄식을 하는 수만에 달하는 말이 한 글자 한 글귀가 다 임금을 사랑하는 충성에서 나오지 않은 것이 없었습니다.

정철은 기대승(奇大升)에게 배웠고, 기대승은 이황에게 배웠으며, 이이인즉 친히 경해(警欬; 윗사람의 기침 소리나 말씀)를 이황에게서 이어받았으며, 또 조광조(趙光祖)의 순국(殉國)을 사모하였으니 원대한 꾀와 기개(氣慨)는 소종래(所從來; 지내온 내력)의 연원(淵源)이 있어서 정충(精忠)의 격렬함이 위로 상감의 마음을 감동시킨 것입니다. 정철이 강원도를 살필 제 백성의 부역을 고르게 했으며, 북쪽으로 갔을 때는 공억(供億; 부족한 것을 공급하여 안정시킴)이 비록 번다하지만 극도로 피폐한 고을이 이에 힘을 입어 보존하게 되었습니다. 그 맑은 이름과 곧은 절개는 오탁한 세상을 용동(聳動)시켰으므로 이이가 심히 존중하여 기필코 같이 벼슬에 오르려 하였습니다. 또 보합(保合; 만족하여 화합함)의 책임은 박순(朴淳)에게 있으므로 박순은 이이를 들고 정철을 천거하였으니, 이야말로 재상의 당연한 직무입니다.

이이는 생각에 임금님께 충성스러운 말을 아뢸 즈음 불가불 무서워하고 꺼릴 만한 선비가 없어서는 안 될 것이라 하여, 그 벗 한 사람을 가려 임금의 좌우에 두었으니, 곧 성수침(成守琛)의 아들 성혼(成渾)입니다.

성혼은 학문을 가정에서 배워 얻었고 또 이황의 여운(餘韻)을 받았으며 문을 닫고 경(經)을 연구하되 마음을 기르고 욕심을 적게 하니, 온 조정에 이름을 좋아한 선비치고 누가 이이·성혼의 등용을 싫어할 사람이 있사오리까?

그러나 이 두 사람은 말세의 풍속을 헤아리지 않고 문하의 선비를 모두 어진 이로 믿어서 허심탄회로 대하여 깨닫게 하려 하며 기어코 착한 선비가 되도록 하려 했으나, 양외(楊畏; 중국 北宋의 奸臣)가 여대방(呂大方; 북송의 대신. 鄕約을 처음 만들었음)을 배반하고 형서(邢恕; 북송의 간신. 程顥의 제자)가 정자(程子; 정호)를 해침과 같은 자가 많았던 것입니다.

그리고 정철은 헌가(獻可; 북송의 문신 呂誨. 王安石을 탄핵했음)의 밝음이 있어서 사람에 대하여 현부(賢否)를 미리 살피되, 이이인즉 늦게 깨달은 것이 곧 군실(君實; 북송의 학자 司馬光)을 의심했던 것입니다. 이러므로 정철을 원망한 자들은 골수에 사무쳐서 이이와 성혼까지 함께 서인 영수로 지목하였으나, 이이가 권력을 잡았을 때 공평한 마음으로 뭇사람들의 모범이 되었으니, 유성룡(柳成龍)·김응남(金應男)·이발(李潑) 같은 무리도 어찌 일찍이 청망(淸望; 淸宦의 후보자)에 들지 않았습니까? ……

조여식이 참 고마운 일을 해 주었다. 그 일을 구봉(송익필)이 부추겼다는 말도 있었는데, 뒤에 구봉에게 물었더니 빙긋이 웃기만 하였다.

그런데 여식은 상소를 계속하다가 병술년과 기축년(1589)에 귀양살이하게 되었다.

그리고 그 몇 년 동안에 이의중(이의건)과 이경로(이희삼) 그리고 곽몽득(郭夢得; 西浦 郭說. 聽松 成守琛과 杏村 閔純의 문인) 등이 나를 위로하러 멀리서부터 지실로 찾아와 주었다. 참 고마운 사람들이다.

정해년(1587; 52세)부터 나는 마음이 조급해졌다. 을유년에 조정에서 물러나고 치욕적이게도 이름이 천부(天府)에 써 붙여진 뒤로 새 실직(實職)에 제수되지 않은 것이었다. 그대로 벼슬길이 끝날 수도 있을 것 같았다.

간간이 절망적인 심경이 되어서 술을 과음했더니, 건강이 많이 나빠졌다. 그래서 정해년 가을에 비첩(婢妾) 애복이 모녀와 함께 둘째 형수님(남원 윤씨)이 살던 순천으로 가서, 애복이에게 쇠약한 형수님을 돌보게 하고 나는 당분간 거기서 요양하며 지내려고 했다.

9월 초에 우계에게 당시의 내 상황을 편지로 써서 순천에서 부쳤더니, 9월 하순에 답장이 왔다.

6, 7월 이래로 편지를 받지 못하였으니, 그리운 마음을 이루 다 말할 수 없습니다. 사람들을 만나면 언제나 그곳 소식을 묻곤 하였는데 모두 노형(老兄)이 평안하다고 대답했으므로, 다소 목이 타는 듯한 그리움을 위로할 수 있었습니다. 그러던 차에 지금 이달 초이튿날 순천에서 부치신 편지를 받았으니, 어찌 기쁘고 반가운 마음을 감당할 수 있었겠습니까? 급히 봉함을 열어 보고 근황(近況)이 좋지 못함을 알게 되니 염려되는 마음 그지없습니다.

허준(許浚; 본관 陽川, 호 龜巖, 1539~1615, 庶出인 名醫. 당시 內醫院 僉正)이 와서는, "지난번에 이경로를 만났는데 '노형이 술을 끊고 수양해서 얼굴이 붉은 옥과 같으며 술 때문에 생긴 코끝의 붉은 반점도 모두 없어졌다'."고 말하므로, 몹시 기뻐하고 다행스럽게 여겼는데, 이제 편지를 보니, 잘못 전해진 뜬소문이 아닌가 싶습니다.

삼가 생각건대, 종가(宗家)의 대사는 반드시 몸소 처리하셔야 할 터인데 병환 때문에 가지 못했다 하니, 병환이 가볍지 않다는 것을 알겠으므로 깊이 우려되는 마음을 견딜 수 없습니다. ……. 삼가 술과 여색을 멀리하시어 안정(安靜)되고 담박함으로써 취미를 삼기를 빕니다. 이렇게 하면 만향정(晚

香亭) 앞의 가을 풍경에 부끄럽지 않을 것입니다."[7]

몹시 민망했다. 그 뒤로 한동안 나도 우계도 서로 편지하지 않았다. 그 며칠 뒤에 서울의 아내(문화 유씨)가 여섯 살 된 홍명(弘溟)이(막내아들)를 데리고 지실의 집에 내려와 있다는 전갈도 있었고 또 내 몸 상태가 좀 나아지기도 해서, 순천에서 창평으로 돌아갔다.[8]

〈自江南還石堡(자강남환석보)〉[9] 강남으로부터 석보로 돌아오며
免作江南鬼(면작강남귀) 강남의 귀신이 됨을 면하고,
還爲石底龜(환위석저구) 도로 석저촌(광주 충효동) 거북이 되었네.
曉朝輸嚥息(효조수연식) 새벽 아침 조식(調息)에 힘을 바치면,
天地入期頤(천지입기이) 천지도 백 년의 수(壽)로 들어간다지.
夢幻看人事(몽환간인사) 인간사를 몽환인 양 보고,
行藏付酒巵(행장부주치) 나가고 감춤을 술잔에 맡겼나니,

---

7) 성혼, 『우계집』 권4, '간독 1', 「정 이상(鄭二相)에게 답한 편지」 정해년(1587) 9월.
8) 윤기헌(尹耆獻), 「장빈거사호찬」(『대동야승』 권51)에서는 "정해년(1587) 가을에 나는 송강의 집에 있었는데, 이장영(李長榮, 호 竹谷, 1521~1589)이 막 중시(重試)에 장원하여 또한 송강을 보러 왔다."고 하였다. 그러나 당시 정철은 서울에 가 있지 않았을 것이고, 선공감 정이던 이장영이 중시에 장원한 때도 그 전해(1586) 9월이었으니 (1587년에 대사간에 올랐음), 기억에 착오가 있었을 것이다.
9) 이 작품은 『송강속집』 권1에 '무자(戊子; 1588년)'에 지었다고 되어 있다. 그러나 전라도 관찰사가 된 윤두수가 창평에 있던 정철을 방문한 것이 정해년(1587) 가을이며 구봉 송익필이 창평의 정철을 찾아와서 몇 달간 머무른 것이 무자년 초(겨울에 피는 寒梅가 지는 때) 무렵부터였으니(송익필, 『구봉집』 권1, '오언절구 39수', 〈詠棲霞寓客〉에서의 "閉戶落寒梅" 참고), 정해년에 지어졌을 가능성이 적지 않다.
한편, 이 시에서의 '강남'은 '소강남(小江南)'으로 칭해지던 '순천'을, '석보'는 지실의 내 건너편 '석저촌'을 말한다. 김창원, 「송강 정철의 전라도 순천 은거와 전후 미인곡의 창작」, 『우리문학연구』 제46집(우리문학회, 2015), 42면 참고.

溪橋舊白髮(계교구백발)　　시냇물 다리의 옛 백발이
髣髴二天詩(방불이천시)　　〈이천〉 시[10]와 방불하구나.

그 무렵에 나는 신선이나 달인(達人; 널리 사물의 이치에 통달한 사람)이 되려는 듯이 인간사를 꽤 달관하는 자세를 가지게 되었나 보다.

다음은 낙향한 뒤로 세 번째 동짓날을 맞은 내 심경을 표현한 시다.

〈次壽翁韻(차수옹운) 三首(삼수)〉　수옹[11]의 시에 차운하다. 3수
萬里秦城客(만리진성객)　　만 리 밖 진성(서울)의 나그네,
三年楚郡留(삼년초군류)　　3년이나 초군에 머물렀네.
美人天共遠(미인천공원)　　미인(임금)은 하늘과 함께 멀고,
徂歲水同流(조세수동류)　　가는 세월은 물과 같이 흐른다.
夢斷麒麟閣(몽단기린각)　　기린각(功臣이 됨)의 꿈은 끊어지고,
吟悲蟋蟀秋(음비실솔추)　　귀뚜라미의 가을을 슬피 읊조린다.
防身一長劍(방신일장검)　　몸을 지키는 긴 칼 한 자루로
世事入搔頭(세사입소두)　　세상일에 머리만 긁나니. [제1수]

이대로 재기(再起)의 꿈을 버려야 하는가 하고 생각하니 서글펐다.

---

10) '이천(二天)'은 두보(杜甫)의 오언율시 〈강정왕낭주연전소수주(江亭王閬州筵錢蕭遂州)〉 속에 쓰였는데, 이 시에서 두보는 낭주의 왕 자사(刺史)가 수주 소 자사에게 베푼 전별연 광경을 묘사하면서 늙어서 타향살이하는 자신의 시름도 표현했다.

11) 『송강속집』 권1, '오언율시'에서는 '수옹'을 '유순선(柳順善; 호 素齋)의 호'라고 잘못 주석하였지만, '수옹'은 구봉 송익필의 별호(別號)이며(김성원, 『서하당유고』 권상, 〈次壽翁宋翼弼韻〉의 주 "一號龜峯."), 그 원운(原韻)이 송익필, 『구봉집』 권2에 전한다(〈宿歸鶴亭〉 4수의 제2수: "吾友客南國 高亭墨尙留 孤舟無繫處 風海憺安流 別裏看明月 愁邊又一秋 浮雲連漢樹 遙夜幾回頭."). 김태환, 「정철의 단가 "새원 원쥐 되어" 연작의 배경」, 『정신문화연구』 제36권 제2호(한국학중앙연구원, 2013), 311면 참고.

무자년(1588; 53세) 초에 구봉이 2년 가까이 순흥 안씨(順興安氏) 집안의 추노(推奴)를 피해 돌아다니다가 창평을 찾았다.

나는 하당장께 부탁하여 구봉을 서하당에서 지낼 수 있도록 했다.

구봉은 그 당시의 자신인지 나인지를 두고 다음의 시를 지었지.

〈詠棲霞寓客(영서하우객)〉　서하당에 부쳐 사는 객을 읊다
念時生白髮(염시생백발)　시절을 걱정하니 흰 머리털이 나고,
閉戶落寒梅(폐호낙한매)　문을 닫고 있으니 찬 매화가 진다.
京友斷書札(경우단서찰)　서울의 벗들과는 편지가 끊겼고,
山禽惟去來(산금유거래)[12]　오직 산새들만 오가는구나.

그리고 내가 그에게 지어 준 칠언율시 작품(확인되지 않음)에 대해 그가 차운한 두 수(〈次松江所贈韻 二首〉) 중의 첫 수는 다음과 같다.

松風竹月眞消息(송풍죽월진소식)　솔바람과 대숲 달은 참 소식이요,
澗飮霞棲亦夙緣(간음하서역숙연)　계곡물 마시고 놀에 깃듦도 숙연(일찍이 정해진 인연)이라네.
終怪達人離道遠(종괴달인이도원)　달인이 도를 멀리 떠남이 끝내 괴이했는데,
更知窮處雅懷堅(갱지궁처아회견)　궁벽한 데서 고아한 마음 굳히고 있음을 다시 알겠네.
他鄕萍水悲衰鬢(타향평수비쇠빈)　타향을 부평처럼 떠돌며 쇠한 귀밑털을 슬퍼하고,

---

12) 송익필, 『구봉집』 권1, '오언절구 39수'.

京國煙花憶舊年(경국연화억구년)	서울에서 경치 즐기던 옛날을 생각하네.
萬事浮雲空起滅(만사부운공기멸)	만사가 뜬구름처럼 일어났다가 사라지니,
淡然相照此心全(담연상조차심전)[13]	담담하게 이 마음 온전함을 서로 비추네.

과분하게도 그는 당시의 내가 도를 찾는 달인이었다고 말한 것이다.

몇 달 뒤에 구봉은 창평을 떠나 다시 유랑길에 올랐고, 그 얼마 뒤에 아내도 홍명이와 함께 서울집으로 돌아갔다.

주상 곁을 떠난 지 3년이 지나자, 나는 조정에서 임금님 곁에 있던 시절과 임금님을 간절히 그리워하는 마음이 사무치고 넘쳐흘렀다.

그래서 장가(가사) 〈사미인곡(思美人曲)〉을 지었다.

¹ 이 몸 삼기실 제 님을 조차 삼기시니
² 호싱 緣分(연분)이며 하눌 모룰 일이런가
³ 나 하나 졈어 잇고 님 하나 날 괴시니
⁴ 이 무음 이 사랑 견졸 디 노여 업다
⁵ 平生(평생)애 願(원)하요디 혼디 녜쟈 하얏더니
⁶ 늙거야 므스 일로 외오 두고 그리는고
⁷ 엇그제 님을 뫼셔 廣寒殿(광한전)의 올낫더니
⁸ 그 더시 엇디하야 下界(하계)예 느려오니
⁹ 올 저긔 비슨 머리 헛틀언디 삼년일쇠

---

13) 같은 책, 권2, '칠언율시 100수' 〈차송강소증운(次松江所贈韻) 이수(二首)〉.

¹⁰ 臙脂粉(연지분) 잇니마는 눌 위ᄒ야 고이 홀고
¹¹ ᄆᆞ음의 미친 실음 疊疊(첩첩)이 싸혀 이셔
¹² 짓ᄂᆞ니 한숨이오 디ᄂᆞ니 눈믈이라
¹³ 人生(인생)은 有限(유한)ᄒᆞᆫᄃᆡ 시름도 그지업다
¹⁴ 無心(무심)ᄒᆞᆫ 歲月(세월)은 믈 흐ᄅᆞᆺ ᄃᆞᆺ ᄒᆞᄂᆞ고야
¹⁵ 炎凉(염량)이 ᄯᅢ를 아라 가는 ᄃᆞᆺ 고려 오니
¹⁶ 듯거니 보거니 늣길 일도 하도 할샤
¹⁷ 東風(동풍)이 건듯 부러 積雪(적설)을 헤텨내니
¹⁸ 窓(창) 밧긔 심근 梅花(매화) 두세 가지 픠여셰라
¹⁹ ᄀᆞᆺ득 冷淡(냉담)ᄒᆞᆫᄃᆡ 暗香(암향)은 므ᄉ 일고
²⁰ 黃昏(황혼)의 ᄃᆞᆯ이조차 벼마ᄐᆡ 빗최니
²¹ 늣기는 ᄃᆞᆺ 반기는 ᄃᆞᆺ 님이신가 아니신가
²² 뎌 梅花(매화) 것거내여 님 겨신 ᄃᆡ 보내오져
²³ 님이 너를 보고 엇더타 너기실고
²⁴ 곳 디고 새 닙 나니 綠陰(녹음)이 ᄭᆞᆯ렷ᄂᆞᆫᄃᆡ
²⁵ 羅幃(나위) 寂寞(적막)ᄒᆞ고 繡幕(수막)이 뷔여 잇다
²⁶ 芙蓉(부용)을 거더 노코 孔雀(공작)을 둘러 두니
²⁷ ᄀᆞᆺ득 시름한ᄃᆡ 날은 엇디 기돗던고
²⁸ 鴛鴦錦(원앙금) 버혀 노코 五色線(오색선) 플텨내여
²⁹ 금자히 견화이셔 님의 옷 지어내니
³⁰ 手品(수품)은 ᄏᆞ니와 制度(제도)도 ᄀᆞ즐시고
³¹ 珊瑚樹(산호수) 지게 우희 白玉函(백옥함)의 다마 두고
³² 님의게 보내오려 님 겨신 ᄃᆡ ᄇᆞ라보니
³³ 山(산)인가 구롬인가 머흐도 머흘시고
³⁴ 千里(천리) 萬里(만리) 길히 뉘라셔 ᄎᆞ자갈고

³⁵ 니거든 여러 두고 날인가 반기실가

³⁶ ᄒᆞᄅᆞ밤 서리김의 기러기 우러녈 제

³⁷ 危樓(위루)에 혼자 올나 水晶簾(수정렴)을 거든마리

³⁸ 東山(동산)의 ᄃᆞᆯ이 나고 北極(북극)의 별이 뵈니

³⁹ 님인가 반기니 눈믈이 절로 난다

⁴⁰ 淸光(쳥광)을 믜워내여 鳳凰樓(봉황루)의 븟티고져

⁴¹ 樓(누) 우히 거러 두고 八荒(팔황)의 다 비최여

⁴² 深山(심산) 窮谷(궁곡) 졈낫 ᄀᆞ티 밍그쇼셔

⁴³ 乾坤(건곤)이 閉塞(폐색)ᄒᆞ야 白雪(백설)이 ᄒᆞᆫ 비친 제

⁴⁴ 사ᄅᆞᆷ은 코니와 ᄂᆞᆯ새도 긋처 잇다

⁴⁵ 瀟湘(소상) 南畔(남반)도 치오미 이러커든

⁴⁶ 玉樓(옥루) 高處(고처)야 더옥 닐러 므솜ᄒᆞ리

⁴⁷ 陽春(양츈)을 부처내여 님 겨신 ᄃᆡ 쏘이고져

⁴⁸ 茅簷(모쳠) 비쵠 히롤 玉樓(옥루)의 올리고져

⁴⁹ 紅裳(홍샹)을 니믜ᄎᆞ고 翠袖(취수)ᄅᆞᆯ 半(반)만 거더

⁵⁰ 日暮(일모) 脩竹(슈쥭)의 혬가림도 하도 할샤

⁵¹ 댜ᄅᆞᆫ 히 수이 디여 긴 밤을 고초안자

⁵² 靑燈(쳥등) 거론 겻틱 鈿箜篌(전공후) 노하 두고

⁵³ ᄭᅮᆷ의나 님을 보려 ᄐᆞᆨ 밧고 비겨시니

⁵⁴ 鴦衾(앙금)도 ᄎᆞ도 출샤 이 밤은 언제 샐고

⁵⁵ ᄒᆞᄅᆞ도 열두 째 ᄒᆞᆫ ᄃᆞᆯ도 셜흔 날

⁵⁶ 져근덧 싱각 마라 이 시름 닛쟈 ᄒᆞ니

⁵⁷ ᄆᆞ음의 미쳐 이셔 骨髓(골수)의 ᄭᅦ텨시니

⁵⁸ 扁鵲(편작)이 열히 오다 이 병을 엇디ᄒᆞ리

⁵⁹ 어와 내 병이야 이 님의 타시로다

⁶⁰ 출하리 싀어디여 범나븨 되오리라

⁶¹ 곳나모 가지마다 간 디 죡죡 안니다가

⁶² 향 므틴 늘애로 님의 오시 올므리라

⁶³ 님이야 날인 줄 모르셔도 내 님 조추려 ᄒ노라

　제목의 '미인(美人)'은 굴원(屈原)의 〈이소경(離騷經)〉[14] 속의 말을 따라서 '임금'을 뜻하였다. '임금님을 그리워하는 노래'인 것이다.

　내가 임금님을 간절히 그리워하는 마음을 천상 백옥경(白玉京; 玉皇上帝가 사는 하늘 위의 서울)에서 선녀(仙女)로 있다가 이 세상으로 쫓겨 내려온 여인이 옥황상제를 절절히 그리워하는 양상으로써 나타내었다.

　그 여인이 임을 그리워하여 소식을 기다리고 헤매다니는 양상이 당시의 나의 심정 및 상황과 흡사하지 않은가?

　이 작품은 주제와 표현 등에서 무오사화(戊午史禍; 1498년)로 순천에서 귀양살이하다가 별세했던 매계(梅溪) 조위(曺偉; 1454~1503)[15] 공이 지은 〈만

---

14) "帝高陽之苗裔兮 朕皇考曰伯庸 攝提貞于孟陬兮 惟庚寅吾以降 皇覽揆余于初度兮 肇錫予以嘉名 名余曰正則兮 字余曰靈均 紛吾旣有此內美兮 又重之以修能 扈江離與辟芷兮 紉秋蘭以爲佩 汨余若將不及兮 恐年歲之不吾與 朝搴阰之木蘭兮 夕攬洲之宿莽 日月忽其不淹兮 春與秋其代序 惟草木之零落兮 恐美人之遲暮 不撫壯而棄穢兮 何不改乎此度 乘騏驥以馳騁兮 來吾道夫先路. … 亂曰 已矣哉 國無人莫我知兮 又何懷乎故都 旣莫足與爲美政兮 吾將從彭咸之所居."

15) 조위(본관 昌寧, 자 太虛)는 경상도 금산군(金山郡; 현 경북 金泉市)에서 태어났다. 7세에 이미 시를 지었고, 문장이 뛰어난 서제(庶弟) 조신(曺伸; 호 適庵, 1454~1529, 驛官이 됨)과 함께 학문에 힘썼으며 자형인 김종직(金宗直; 본관 善山, 호 佔畢齋, 1431~1492)에게 성리학을 배웠고, 1472년(성종 3)에 생원·진사시에 합격했다.

　1474년 식년 문과에 급제하여, 승문원 정자, 예문관 검열이 되었고, 이듬해에 금주령(禁酒令)을 어겨서 고신(告身)을 빼앗기고 금산에 부처(付處)되었다가, 1476년에 부활된 사가독서 문신으로 뽑혔다. 그 뒤 홍문관의 여러 벼슬을 거쳐 응교가 된 뒤(수찬이던 1481년에 왕명으로 『杜詩諺解』의 서문을 지었음), 어머니 봉양을 위해 외직을 청하여 함양 군수가 되었다. 이어 의정부 검상, 사헌부 장령 등을 거쳐 도승지가

분가(萬憤歌)〉([참고])의 영향을 크게 받아서 지은 것이다.

그러면서도 나는 〈사미인곡〉에서 제 마음속 생각들과 그에 의한 행동들을 펼치는 인물[話者]을 임에 대해 아무런 원망과 의심을 품지 않고 무조건적으로 사랑하고 그리워하는 여인으로 선명하게 설정했으며, 그녀의 생각과 행동에 대한 서술들도 이에 맞추어서 통일성 있게 하였다. 이에 따라, 작품에서 여성스러운 느낌이 훨씬 짙게 나타나게 되었다. 그리고 표현에서 사람들이 이해하기 어려운 한자어들과 중국 고사성어(故事成語)의 사용을 가급적 줄이려고 했다. 그 결과로, 버림받은 신하의 애절한 연군(戀君)의 심정을 사람들이 이해하거나 공감하기가 〈만분가〉보다 훨씬 쉬울 수 있게 되었을 것이다.

그 얼마 뒤에 이 작품으로써 다 표현하지 못한 절절한 정회(情懷)를 후편(後篇)인 〈속사미인곡(續思美人曲)〉(〈속미인곡〉)으로 표현하였다.

¹ "뎨 가는 뎌 각시 본 듯도 흔뎌이고
² 天上(천상) 白玉京(백옥경)을 엇디ᄒ야 離別(이별)ᄒ고
³ 히 다 뎌 져믄 날의 눌을 보라 가시ᄂ고"
⁴ "어와 네여이고 이내 스셜 드러보오
⁵ 내 얼굴 이 거동이 님 괴얌즉 ᄒ가마는

되었고, 호조 참판, 충청도 관찰사, 동지중추부사를 역임했다.
  1498년(연산군 4)에 성절사(聖節使)로 명나라에 다녀오던 중에 무오사화(戊午史禍)가 일어나서, 전에 성종의 명으로 김종직의 시고(詩稿)를 수찬할 때 「조의제문(弔義帝文)」을 실었다 하여 평안도 의주에 유배되었다. 1500년에 전라도 순천으로 옮겨진 뒤, 유배가사인 〈만분가(萬憤歌)〉를 지었으며, 1503년에 그곳에서 죽었다. 이듬해에 갑자사화(甲子士禍)에 연루되어 부관참시(剖棺斬屍)당했다.
  김종직·김굉필(金宏弼; 호 寒暄堂) 등과 함께 초기 사림파의 대표적 인물이었다. 박식하며 문장이 뛰어나고 아름다워서 문하에 많은 문사가 배출되었다.
  저서로『매계집』이 있으며, 시호는 문장(文莊)이다.

⁶ 엇딘디 날 보시고 네로다 녀기실시
⁷ 나도 님을 미더 군ᄯᅳ디 젼혀 업서
⁸ 이리야 교퇴야 어즈러이 ᄒᆞ돗썬디
⁹ 반기시ᄂᆞᆫ 눗비치 녜와 엇디 다ᄅᆞ신고
¹⁰ 누어 싱각ᄒᆞ고 니러 안자 혜여ᄒᆞ니
¹¹ 내 몸의 지은 죄 뫼 ᄀᆞ티 ᄡᅡ혀시니
¹² 하놀히라 원망ᄒᆞ며 사ᄅᆞᆷ이라 허믈ᄒᆞ랴
¹³ 셜워 플텨 혜니 造物(조물)의 타시로다”
¹⁴ "글란 싱각 마오 미친 일이 이셔이다"
¹⁵ 님을 뫼셔 이셔 님의 일을 내 알거니
¹⁶ 믈 ᄀᆞᄐᆞᆫ 얼굴이 편ᄒᆞ실 적 몃 날일고
¹⁷ 春寒(춘한) 苦熱(고열)은 엇디ᄒᆞ야 디내시며
¹⁸ 秋日(추일) 冬天(동천)은 뉘랴셔 뫼셧ᄂᆞᆫ고
¹⁹ 粥早飯(죽조반) 朝夕(조석)뫼 녜와 ᄀᆞᆺ티 셰시ᄂᆞᆫ가
²⁰ 기나긴 밤의 ᄌᆞᆷ은 엇디 자시ᄂᆞᆫ고
²¹ 님다히 消息(소식)을 아므려나 아쟈 ᄒᆞ니
²² 오놀도 거의로다 니일이나 사ᄅᆞᆷ 올가
²³ 내 ᄆᆞ음 둘 ᄃᆡ 업다 어드러로 가쟛 말고
²⁴ 잡거니 밀거니 놉픈 뫼히 올라가니
²⁵ 구롬은 ᄏᆞ니와 안개ᄂᆞᆫ 므스일고
²⁶ 山川(산천)이 어둡거니 日月(일월)을 엇디 보며
²⁷ 咫尺(지척)을 모ᄅᆞ거든 千里(천리)ᄅᆞᆯ ᄇᆞ라보랴
²⁸ 출하리 믈ᄀᆞ의 가 ᄇᆡ길히나 보랴 ᄒᆞ니
²⁹ ᄇᆞ람이야 믈결이야 어둥졍 된뎌이고
³⁰ 샤공은 어디 가고 븬 ᄇᆡ만 걸렷ᄂᆞᆫ고

³¹ 江天(강천)의 혼자 셔셔 디ᄂᆞᆫ 히룰 구버보니
³² 님다히 消息(소식)이 더옥 아득 ᄒᆞ더이고
³³ 茅簷(모쳠) 촌 자리의 밤듕만 도라오니
³⁴ 半壁(반벽) 靑燈(쳥등)은 눌 위ᄒᆞ야 불갓ᄂᆞᆫ고
³⁵ 오르며 ᄂᆞ리며 헤쯔며 바자니니
³⁶ 져근덧 力盡(역진)ᄒᆞ야 픗ᄌᆞᆷ을 잠간 드니
³⁷ 精誠(졍셩)이 지극ᄒᆞ야 ᄭᅮᆷ의 님을 보니
³⁸ 玉(옥) ᄀᆞᄐᆞᆫ 얼구리 半(반)이나마 늘거셰라
³⁹ ᄆᆞ음의 머근 말ᄉᆞᆷ 슬ᄏᆞ장 ᄉᆞᆲ쟈 ᄒᆞ니
⁴⁰ 눈믈이 바라 나니 말ᄉᆞᆷ인들 어이ᄒᆞ며
⁴¹ 情(졍)을 못 다ᄒᆞ야 목이조차 몌여ᄒᆞ니
⁴² 오뎐 된 鷄聲(계셩)의 ᄌᆞᆷ은 엇디 ᄭᅢ돗던고
⁴³ 어와 虛事(허사)로다 이 님이 어디 간고
⁴⁴ 결의 니러 안자 窓(창)을 열고 ᄇᆞ라보니
⁴⁵ 어엿븐 그림재 날 조출 ᄲᅮᆫ이로다
⁴⁶ 출하리 싀여디여 落月(낙월)이나 되야 이셔
⁴⁷ 님 겨신 窓(창) 안히 번드시 비최리라"
⁴⁸ "각시님 둘이야 ᄏᆞ니와 구즌비나 되쇼셔"

천상 백옥경의 임과 이별하고 하계에서 해가 다 져서 어두운 때에 누구인가를 보러 가는 각시와 서로 아는 사람 간의 대화를 통해서 임 그리는 마음을 효과적으로 표현하려 했다.

제1~3행과 제14행 그리고 제48행은 지인(知人)의 말로서, '내'가 가탁(假託)된 각시의 심회 진술을 이끌어내는 역할을 한다.

끝부분에서 임의 소식조차 듣지 못해 절망한 각시가 '차라리 죽어져 새

벽의 지는 달이 되어서, 잠자는 임을 조금 훤히 비추리라'고 하자, 그녀의 말을 이끌어내고 조언하는 역할을 하는 지인이 '달보다는, 오랫동안 소리 내어서 임의 잠을 깨우는 비나 되소서'라고 충고한다. 임에 대해 보다 적극적인 행동을 취하라는 것이다.

이 후편은 전편(前篇; 〈사미인곡〉)에 비해 독창성이 뚜렷하며, 한자어 사용을 더욱 줄였으므로 사람들이 이해하기가 더 쉬울 것이다.

아무튼 이 두 작품은 〈관동별곡〉에 버금가는 장가의 수작들이라고 할 만하다.

다음 작품은 그 얼마 뒤에 지었을 것이다.

〈大岾酒席呼韻(대점주석호운)〉	대점의 술자리에서 운을 부르다
一曲長歌思美人(일곡장가사미인)	한 곡 길게 노래하여 미인을 그리워하니,
此身雖老此心新(차신수로차심신)	이 몸은 비록 늙었어도 이 마음은 새롭다.
明年梅發窓前樹(명년매발창전수)	내년에 창 앞 나무에 매화가 피면,
折寄江南第一春(절기강남제일춘)	강남(호남)의 첫 번째 봄을 꺾어다 부치리라.

대점은 광주목 대치면(大峙面) 한재골(현 전남 담양군 大田面 大峙里)에 있는 큰 재다. 이곳에서의 시회(詩會)에 이은 술자리에서 나는 〈사미인곡〉을 노래했던 것이다.

'新(신)'과 '春(춘)'은 운(韻)이 달라 보여도, '人(인)'과 함께 모두 평성(平聲)의 '眞(진) 운'이다.

한편, 나는 서울의 홍문관으로 다시 돌아가는 꿈을 꾸다가 소쩍새 울음에 깨었다. 그 회포를 칠언절구 〈서회(書懷)〉로 표현하였다.

掖垣南畔樹蒼蒼(액원남반수창창)	궁궐 담 남쪽 두둑에는 나무가 울창하고,
歸夢迢迢上玉堂(귀몽초초상옥당)	아득하고 아득히 돌아간 꿈에서 옥당(홍문관)에 오르네.
杜宇一聲山竹裂(두우일성산죽열)	소쩍새 한 소리가 산 대나무를 찢을 듯하니
孤臣白髮此時長(고신백발차시장)	외로운 신하의 흰머리가 이때 늘어나네.

그 표현이 자못 참신하지 않은가?[16]

나는 을유년 가을에 창평에 내려와서 3년 동안에 줄곧 병으로 몸이 말라갔는데, 광주에서 지내다 무자년 3월에 식년 진사시에 합격해서 성균관에 들어간 기명(起溟)이(맏아들)의 병고(病苦)가 극심하다는 소식을 6월에 들었다. 그 이후 나는 번뇌로 또 병이 나서, 허약·소갈(消渴)·하혈(下血) 등 여러 증세가 일시에 섞여 발작하였다. 밥을 먹을 때에도 숟가락을 들기 어려운 지경이 한 달 남짓 되었으며, 얼굴이 검어지고 살이 여위어서 보는 이들이 놀라게 되었다.

그해 가을에는 당시 정권을 잡고 있던 동인들에 대해 미온적인 태도를 보인 우계에게 서운한 마음을 담은 편지를 보냈으며, 출타하여 원근의 여러 곳(충청도 燕岐, 광주 등)을 돌아다니기도 했다.

---

16) 이 작품은 허균, 『국조시산』 권3에도 실렸으며, 신흠(申欽), 『청창연담(晴窓軟談)』 하(『象村集』 권60)에서는 '시의 말이 주의가 산만하거나 조는 사람을 막대기로 심히 깨우친다'고 하였다("鄭松江解職在南中時 有詩日 … 語甚警策").

다음 시는 그 무렵에 남도(藍島; 현 해남군 北平面 烏山里 남쪽의 쪽섬인 듯 함)를 찾아갔다가 지은 작품인 것 같다.

〈失題(실제) 二首(이수)〉　　　　　제목을 잃다. 2수
身世年來水上萍(신세년래수상평)　　신세는 연래에 물 위의 부평이고,
功名如酒醉還醒(공명여주취환성)　　공명은 술처럼 취했다 도로 깨네.
新貴舊交皆眼白(신귀구교개안백)　　새 귀인과 옛 친구가 모두 백안시하는데,
西陽東竹盡山靑(서양동죽진산청)　　서쪽의 햇볕, 동쪽의 대나무로 온 산이 푸르다.
候人林逕微微掃(후인임경미미소)　　사람을 기다리려고 숲길을 조금 쓸고,
防虎柴扉密密扃(방호시비밀밀경)　　범을 막으려고 사립문을 단단히 닫는다.
秋晚幸尋藍島去(추만행심남도거)　　가을 늦게 다행히 남도(쪽섬)를 찾아가니,
亂松無數水泠泠(난송무수수령령)　　어지러운 소나무가 무수하고 물소리는 서늘하네. [제2수]

이젠 많이 졸려서, 그 뒤에 일어난 일들과 다른 작품들은 내일 생각해야겠다.

[참고]

　〈만분가(萬憤歌)〉　조위(曺偉) 작

　天上(천상) 白玉京(백옥경) 十二樓(십이루) 어듸매오/ 五色雲(오색운) 깁픈

곳의 紫淸殿(자청전)이 フ려시니/ 天門(천문) 九萬里(구만리)를 꿈이라도 갈 동말동/ 출하리 싀여지여 億萬(억만)번 變化(변화)ᄒ여/ 南山(남산) 늦즌 봄의 杜鵑(두견)의 넉시 되어/ 梨花(이화) 가디 우희 밤낫즐 못 울거든/ 三淸洞裏(삼청동리)의 졈은 한널 구름 되여/ ᄇ람의 흘리 ᄂ라 紫微宮(자미궁)의 ᄂ라 올라/ 玉皇(옥황) 香案前(향안전)의 咫尺(지척)의 나아 안자/ 胸中(흉중)의 싸힌 말ᄉᆷ 슬커시 ᄉ로리라/ 어와 이내 몸이 天地間(천지간)의 느저 나니/ 黃河水(황하수) 몰다만ᄂ 楚客(초객)의 後身(후신)인가 傷心(상심)도 フ이업고/ 賈 太傅(가태부)의 넉시런가 한숨은 무스 일고/ 荊江(형강)은 故鄕(고향)이라 十年(십년)을 流落(유락)ᄒ니/ 白鷗(백구)와 버디 되여 흠끠 놀자 ᄒ엿더니/ 어루ᄂ 듯 괴ᄂ 듯 ᄂ의 업슨 님을 만나/ 金華省(금화성) 白玉堂(백옥당)의 꿈이조차 향フ롭다/ 五色(오색)실 니음 졀너 님의 옷슬 못ᄒ야도/ 바다 フ튼 님의 恩(은)을 秋毫(추호)나 갑프리라/ 白玉(백옥) フ튼 이 내 ᄆ음 님 위ᄒ여 직희더니/ 長安(장안) 어제밤의 무서리 섯거 치니/ 日暮修竹(일모수죽)의 翠袖(취수)도 冷薄(냉박)훌샤/ 幽蘭(유란)을 것거 쥐고 님 겨신 ᄃ 부라보니/ 弱水(약수) フ리진 듸 구름 길이 머흐러라/ 다 서근 듥긔 얼굴 첫맛도 채 몰나셔/ 憔悴(초췌)ᄒᆫ 이 얼굴이 님 그려 이러컨쟈/ 千層浪(천층랑) ᄒ가온대 百尺竿(백척간)의 올나더니/ 無端(무단)ᄒᆫ 羊角風(양각풍)이 宦海中(환해중)의 나리나니/ 億萬丈(억만장) 소희 싸져 하놀 싸흘 모롤노다/ 魯(노)나라 흐린 술희 邯鄲(한단)이 므슴 罪(죄)며/ 秦人(진인)이 醉(취)ᄒᆫ 盞(잔)의 越人(월인)이 무음 탓고/ 城門(성문) 모딘 블의 玉石(옥석)이 흠끠 트니/ 뜰 압희 심은 蘭(난)이 半(반)이나 이우레라/ 梧桐(오동) 졈은 비의 외기러이 우러 녤 제/ 關山(관산) 萬里(만리) 길이 눈의 암암 불피ᄂ 듯/ 靑蓮詩(청련시) 고쳐 읇고 팔도 한을 슷쳐 보니/ 華山(화산)의 우ᄂ 새야 離別(이별)도 괴로왜라/ 望夫山前(망부산전)의 夕陽(석양)이 거의로다/ 기도로고 부라다가 眼力(안력)의 盡(진)톳던가/ 落花(낙화) 말이 업고 碧窓(벽창)이 어두브니/ 입

노른 삿기새들 어이도 그리건쟈/ 八月(팔월) 秋風(추풍)이 쮜집을 거두으니/ 뷘 긴의 ᄡᅳ인 알히 水火(수화)를 못 면토다/ 生離死別(생리사별)을 흔 몸의 혼자 맛다/ 三千丈(삼천장) 白髮(백발)이 一夜(일야)의 기도 길샤/ 風波(풍파)의 헌 비 투고 홈쯰 노던 져뉴덜아/ 江天(강천) 지논 히의 舟楫(주즙)이나 無恙(무양)혼가/ 밀거니 혀거니 灔澦堆(염여퇴)를 겨요 디나/ 萬里鵬程(만리붕정)을 멀니곰 견주더니/ 부람의 다브치여 黑龍江(흑룡강)의 ᄯᅥ러진 듯/ 天地(천지) ᄀᆞ이없고 魚雁(어안)이 無情(무정)ᄒᆞ니/ 玉(옥)ᄀᆞ튼 面目(면목)을 그리다가 말년지고/ 梅花(매화)나 보내고져 驛路(역로)를 부라보니/ 玉樑明月(옥량명월)을 녀보던 늣비친 듯/ 陽春(양춘)을 언제 볼고 눈비를 혼자 마자/ 碧海(벽해) 너븐 ᄀᆞ의 넉시조차 훗터지니/ 내의 긴 소매를 눌 위ᄒᆞ여 적시논고/ 太上(태상) 칠위(七位) 분이 玉眞君子(옥진군자) 命(명)이시니/ 天上(천상) 南樓(남루)의 笙笛(생적)을 울니시며/ 地下(지하) 北風(북풍)의 死命(사명)을 벗기실가/ 죽기도 命(명)이요 살기도 ᄒᆞᄂᆞ리니/ 陳蔡之厄(진채지액)을 聖人(성인)도 못 면ᄒᆞ며/ 縲絏非罪(유예비죄)를 君子(군자)인들 어이ᄒᆞ리/ 五月飛霜(오월비상)이 눈물로 어릐논 듯/ 三年大旱(삼년대한)도 寃氣(원기)로 니뢰도다/ 楚囚南冠(초수남관)이 古今(고금)의 흔둘이며/ 白髮黃裳(백발황상)의 셔툰 일도 하고 만타/ 乾坤(건곤)이 病(병)이 드러 混沌(혼돈)이 죽은 後(후)의/ 하놀이 沈吟(침음)ᄒᆞᆯ 듯 貫索星(관색성)이 비취논 듯/ 고졍으국(孤情依國)의 寃憤(원분)만 싸혓시니/ 추라리 轄馬(할마) ᄀᆞ치 눈 곰고 지내고져/ 蒼蒼漠漠(창창막막)ᄒᆞ야 못 미들손 造化(조화)일다/ 이러나 저러나 하놀을 원망ᄒᆞᆯ가/ 盜跖(도척)도 셩히 놀고 伯夷(백이)도 餓死(아사)ᄒᆞ니/ 東陵(동릉)이 놉픈 작가 首陽(수양)이 ᄂᆞ즌 작가/ 南華(남화) 三十篇(삼십편)의 議論(의론)도 하도 할샤/ 南柯(남가)의 디난 꿈을 싱각거든 슬므어라/ 故國松楸(고국송추)를 꿈의 가 몬져 보고/ 先人丘墓(선인구묘)를 ᄭᅵᆫ 後(후)의 싱각ᄒᆞ니/ 九回肝腸(구회간장)이 굽의굽의 그쳐셰라/ 瘴海陰雲(창해음운)의 白晝(백주)의 훗터디니/ 湖南(호남)

어늬 고디 鬼蜮(귀역)의 淵藪(연수)런디/ 魍魅魍魎(이매망량)이 슬커디 저즌 ᄀ의/ 白玉(백옥)은 므스 일로 靑蠅(청승)의 깃시 되고/ 北風(북풍)의 혼자 셔셔 ᄀ업시 우는 뜻을/ 하날 ᄀ튼 우리 님이 젼혀 아니 슬피시니/ 木蘭(목란) 秋菊(추국)에 香氣(향기)로온 타시런가/ 婕妤(첩여) 昭君(소군)이 薄明(박명)한 몸이런가/ 君恩(군은)이 믈이 되여 흘러가도 자최 업고/ 玉顔(옥안)이 곳이 로되 눈믈 ᄀ려 못 볼로다/ 이 몸이 녹아져도 玉皇上帝(옥황상제) 處分(처분)이요/ 이 몸이 싀여져도 玉皇上帝(옥황상제) 處分(처분)이라/ 노가디고 싀어지여 魂魄(혼백)조차 훗터지고/ 空山(공산) 髑髏(촉루) ᄀ치 님자 업시 구니다가/ 崑崙山(곤륜산) 第一峯(제일봉)의 萬丈松(만장송)이 되여 이셔/ ᄇ람 비 쓰린 소리 님의 귀예 들니기나/ 輪廻(윤회) 萬劫(만겁)ᄒ여 金剛山(금강산) 鶴(학)이 되어/ 一萬(일만) 二千峯(이천봉)의 ᄆ음ᄀ 소사 올나/ ᄀ을 둘 불근 밤의 두어 소ᄅ 슬피 우러/ 님의 귀의 들리기도 玉皇上帝(옥황상제) 處分(처분)일다/ 혼이 쑬희 되고 눈물로 가디 삼아/ 님의 집 창 밧긔 외나모 梅花(매화) 되여/ 雪中(설중)의 혼자 픠여 枕邊(침변)의 이위는 듯/ 月中疎影(월중소영)이 님의 옷의 빗취어든/ 어엿븐 이 얼굴을 네로다 반기실가/ 東風(동풍)이 有情(유정)ᄒ여 暗香(암향)을 블어 올려/ 高潔(고결)ᄒᆫ 이 내 싱계 竹林(죽림)의나 부치고져/ 빈 낙대 빗기 들고 뷘 비롤 혼자 씌워/ 白溝(백구) 건네 저어 乾德宮(건덕궁)의 가고지고/ 그려도 ᄒᆫ ᄆ음은 魏闕(위궐)의 달녀 이셔/ 닉 무든 누역 속의 님 향ᄒᆫ 쑴을 씨여/ 一片(일편) 長安(장안)을 日下(일하)의 ᄇ라보고/ 외오 굿겨 올히 굿겨 이 몸의 타실넌가/ 이 몸이 젼혀 몰라 天道(천도) 漠漠(막막)ᄒ니 물을 길이 젼혀 업다/ 伏羲氏(복희씨) 六十四卦(육십사괘) 天地萬物(천지만물) 삼긴 뜻을/ 周公(주공)을 쑴의 뵈와 ᄌ시이 뭇ᄌ곱고져/ 하늘이 놉고 놉하 말 업시 놉흔 뜻을/ 구룸 우희 ᄂᄂ 새야 네 아니 아돗더냐/ 어와 이내 가슴 산이 되고 돌이 되여 어듸어듸 사혀시며/ 비 되고 믈이 되여 어듸어듸 우러 녤고/ 아모나 이내 뜻 알니곳 이시면/

百歲交遊(백세교유)   萬世相感(만세상감) ᄒᆞ리라.

[안정복(安鼎福; 호 順庵, 1712~1791), 『잡동산이(雜同散異)』 44책]

#9. 여타 시가 작품들

계사년(1593, 선조 26) 12월 14일 계해(癸亥) 일기

    눈 내리고 추움.

    낮 동안 자리에 맥없이 누워서 자다 깨다를 반복하였다. 그래도 보름 전쯤에 든 고뿔은 이제 거의 다 나은 것 같다.

    얼마 전에 구해온 양식이 또 떨어져 가므로, 다시 그전처럼 하루 두 끼씩 묽은 죽을 끓여서 먹기로 하였다.

    오늘 밤에는 어제까지 살펴본 작품들 외의 시가 작품들에 대해 살펴볼까 한다.

    문갑 속을 뒤져서 시가 작품들을 정사(淨寫)해 둔 종이들을 찾아서 들여다본다.

    지금까지 나는 아마도 600수 이상의 한시 작품들과 100수 이상의 우리말 노래들을 지었을 것이다. 그러나 내가 잘 기록해 두지 않아서 잊어버렸거나 전란과 이동 등으로 인해 잃어버린 작품들이 상당수여서, 지금 문갑 속에는 빠진 것이 적지 않다.

    오늘날의 사람들이 애호하는 한시체는 전대(前代)와 마찬가지로 형식에서의 규칙이 엄격한 근체시이며, 형식에 제약이 없는 고체시(古體詩)는 애호되지 못하고 있다. 그리고 근체시 중에서는 칠언절구와 칠언율시가 가장 많이 지어지고, 그다음으로 오언율시가 지어지고 있을 것이다. 오언절구는 별로 애호되지 못하며, 배율(排律)은 미미한 정도에 불과하다. 그런데 나는 좀 별나게 오언절구를 칠언절구와 함께 가장 많이 지었으며, 칠언율

시가 그다음이고, 오언율시는 그보다 훨씬 적은 편이다.

수백 수나 되는 한시 작품을 이루 다 살필 수 없으니, 시체별(詩體別)로 나누어서 몇몇씩만 보아야겠다.

오언절구로는 다음의 작품들이 눈에 띤다.

〈山寺夜吟(산사야음)〉　　산사에서 밤에 읊다
蕭蕭落木聲(소소낙목성)　우수수 지는 나뭇잎 소리에
錯認爲疏雨(착인위소우)　성긴 비 내리는 줄 잘못 알았네.
呼僧出門看(호승출문간)　중을 불러 문을 나가서 보라고 하니,
月掛溪南樹(월괘계남수)[1]　"달이 개울 남쪽 나무에 걸렸습니다."

이 멋진 시는 언제 어디서 지었는지 기억나지 않는다.

〈贈栗谷(증율곡) 二首(이수)〉　율곡(이이)에게 주다. 2수
欲言言是垢(욕언언시구)　말하고자 하여 말하면 때가 되고
思默默爲塵(사묵묵위진)　묵묵히 생각만 하면 이도 티끌이 되네.
語默皆塵垢(어묵개진구)　말하건 말건 모두 티끌과 때가 되어서
臨書愧故人(임서괴고인)　글로 쓰려니 벗에게 부끄럽구나.

君言有斟酌(군언유짐작)　그대 말이 짐작이 있는 건지

---

1) 허균, 『학산초담(鶴山樵談)』(『성소부부고』권26, '부록1'), 25면에는 〈추야시(秋夜詩)〉라는 제목으로 약간 고쳐서 실려 있다.
   이 시는 구양수(歐陽修; 1007~1072, 北宋의 정치가・문인) 작 〈추성부(秋聲賦)〉 중의 "歐陽子方夜讀書 聞有聲自西南來者 悚然而聽之曰 '異哉' 初淅瀝以蕭颯 … 予謂童子 '此何聲也? 汝出視之' 童子曰 '星月皎潔 明河在天 四無人聲 聲在樹間' …."와 모티프에서 유사하지만, 시적으로 훨씬 더 잘 형상화된 작품일 것이다.

我意沒商量(아의몰상량)	내 뜻이 헤아림 없는 건지.
爛漫同歸日(난만동귀일)	난만히 함께 돌아가는 날엔
方知此味長(방지차미장)	바야흐로 이 맛의 깊을 알리니.

을해년(1575)에 율곡(이이)과 함께 동서 당론(黨論; 朋黨으로 갈라져서 대립하던 일)에 대해 논의하다가, 서로 뜻이 맞지 않아서 지은 시다.

〈遙寄霞堂主人(요기하당주인)〉 멀리 하당 주인에게 부치다(1)

骨肉爲行路(골육위행로)	골육[肉親]도 길을 달리하고,
親朋惑越秦(친붕혹월진)	친한 벗도 혹 상관없는 사이 되는데,
交情保白首(교정보백수)	사귄 정을 흰머리 되도록 지키기는
海內獨斯人(해내독사인)	천지에 이 사람뿐이네.

〈遙寄霞堂主人(요기하당주인)〉 멀리 하당 주인에게 부치다(2)

霞老平生友(하로평생우)	하당 노인은 평생의 벗으로,
難忘夢寐間(난망몽매간)	꿈에서도 잊기 어려워라.
吾方走塵世(오방주진세)	나는 바야흐로 티끌세상 달리고,
君獨臥雲山(군독와운산)	그대는 홀로 구름 산에 누웠네.

언젠가에 하당장(김성원)에게 보낸 시들인데, 뒷 작품은 꼭 연인에 대해 오매불망(寤寐不忘) 그리워하는 시 같다.

〈謝使相公見訪(사사상공견방) 三首(삼수)〉 사상(節度使를 이르던 말)공이 찾아옴에 감사하며. 3수

望月月方吐(망월월방토)	달을 바라니 달이 바야흐로 돋는데,

待人人獨立(대인인독립)	사람을 기다리며 사람이 홀로 섰네.
疏簾不用鉤(소렴불용구)	성긴 발은 갈고리가 필요 없고,
夜久秋寒入(야구추한입)	밤이 이슥하니 가을 추위가 드네.

柴門幸有客(시문행유객)	사립문에 다행히 손님 있으니,
天上謫來仙(천상적래선)	천상에서 귀양 온 신선이라.
市遠無兼味(시원무겸미)	저자가 멀어서 맛을 더할 수 없고,
敎兒煮玉涎(교아자옥연)	아이 시켜 옥연차를 다리게 하네.

相思一寸心(상사일촌심)	서로 그리는 한 마디 마음을
付與東流去(부여동류거)	동으로 흐르는 물에 부쳐 보냈지.
仙馭不須徐(선어불수서)	신선 수레 부디 늦지 마시길,
愁人正凝佇(수인정응저)	시름하는 이가 바로 붙박인 듯 서 있나니.

오음(윤두수)이 정해년(1587) 봄에 전라도 순찰사가 되었다가 여름에 관찰사가 되었는데, 가을에 창평에 있던 나를 방문한다고 해서 지었다. 〈사사상공내방(謝使相公來訪) 4수〉는 그가 찾아온 뒤의 작품이다.

〈秋日作(추일작)〉	가을날에 짓다
山雨夜鳴竹(산우야명죽)	산비가 밤에 대나무를 울리고,
草虫秋近床(초충추근상)	풀벌레는 가을이라 침상에 다가오네.
流年那可駐(유년나가주)	흐르는 세월을 어찌 머물게 하리?
白髮不禁長(백발불금장)	백발이 자라는 것을 금할 수 없구나.

어느 해에 지었는지는 잘 기억나지 않으나, 내가 이 시를 지은 뒤에 중

국 종이에 써서 우계에게 보이면서 '오래된 벽에 발라져 있던 것인데 작자를 알 수 없다'고 하였더니, 그가 재삼 읊어보더니 만당(晩唐; 중국 당나라 후기인 서기 836년부터 907년까지 사이) 사람의 시라고 했다. 이에 나는 "내가 공을 시험하고자 했더니 공이 과연 속았구려." 하였다.

우계는 고금의 시구(詩句)를 분별하는 안목이 매우 밝았는데도 속았으니, 아, 시를 아는 것은 어렵고도 어렵구나.[2)]

每恨箕山叟(매한기산수)	늘 한하노니, 기산의 늙은이(巢父와 許由)가
終身不事堯(종신불사요)	끝내 요 임금을 섬기지 않았음을.
松聲雖可愛(송성수가애)	솔 소리가 비록 사랑스러워도,
何似聽簫韶(하사청소소)	어찌 퉁소 소리처럼 들릴까요?

이는 내가 지은 작품으로 알려지기도 했지만,[3)] 석천(石川; 林億齡) 선생이 지어서 기묘사화(己卯士禍; 1519년) 이후 은거하던 우계(성혼)의 부친 청송(聽松; 成守琛) 선생께 부친 시다.

칠언절구로는 다음의 작품들이 보인다.

手栽松竹尙平安(수재송죽상평안)	손수 심은 송죽이 아직 평안하니,
金姓人家枕一山(김성인가침일산)	김씨 성 사람 집이 산 하나를 베고 누웠네.
溫飽要須知所本(온포요수지소본)	따뜻하고 배부름은 모름지기 근본을 알아야 하느니,

---

2) 홍만종(洪萬宗), 『시평보유(詩評補遺)』 상편(上編), "鄭澈…" 참고.
3) 같은 책, 같은 조.

昔人躬稼備艱難(석인궁가비간난)　　옛사람이 몸소 심어서 간난을 대비하셨네.

이것은 기사년(1569) 초여름에 하당장이 과거 보러 상경했다가 내게 그의 선조(先祖)가 지은 시를 보여주기에, 내가 차운한 것이다.

〈安參議自裕家 對酒戲吟(안참의자유가대주희음)〉 안자유 참의 집에서 술을 대하여 희롱해 읊다

君家有酒酸且醎(군가유주산차함)　　그대 집에 술 있어 시고 또 짠데,
酸味還同鄭季涵(산미환동정계함)　　신맛은 도리어 정계함 같다.
於國於家俱不用(어국어가구불용)　　나라에도 집에도 쓰임 안 되니,
不如歸去臥江南(불여귀거와강남)　　돌아가 강남에 눕는 것만 못하네.

을해년(1575)인가에 동강(東岡) 남언경(南彦經; 자 時甫, 1528~1594)과 함께 참의 안자유(安自裕; 자 季弘, 1517~1588) 공 댁에 갔는데, 내가 장난삼아 운자(韻字)를 평성의 '담(覃)' 운인 '정계함'에서의 '함(涵)'과 '남언경'에서의 '남(南)'을 써서 시를 짓자, 동강은 이에 차운하여,

人間師表安參議(인간사표안참의)　　사람 세상의 사표는 안 참의요,
天下風流鄭季涵(천하풍류정계함)　　천하의 풍류는 정계함이라오.
別有飄飄無定客(별유표표무정객)　　따로 정처 없이 표류하는 나그네 있으니,
不知名字但云南(부지명자단운남)　　이름과 자는 모르겠고 다만 '남'이라 하네.

이라고 재치 있게 지었다. 참 재미있던 추억이다.

〈聽潮樓月下作(청조루월하작)〉　　청조루 달 아래서 짓다
壯士襟期一劍知(장사금기일검지)　　장사의 흉금을 한 자루 칼이 아니,
聽潮樓上月明時(청조루상월명시)　　청조루 위에 달이 밝을 때,
不報君恩不返國(불보군은불반국)　　군은을 못 갚으면 돌아가지 않고,
寧爲精衛繞南陲(영위정위요남수)　　차라리 정위가 되어서 남쪽 변방을 휘감으리.

임오년(1582)에 전라도 강진의 청조루에서 지은 시다. 정위(精衛)는 염제(炎帝; 神農氏)의 딸 여와(女媧)가 동해에 빠져 죽어서 변한 새로, 늘 서산의 목석을 물어다 동해를 메우려 하였으나 이루지 못했다고 한다.

조여식(중봉 조헌)의 병술년(1586) 소(疏)에 '정모(정철)가 호남을 살필 적에 빙호(氷壺)처럼 깨끗하게 적심(赤心)으로 봉공(奉公)했으니, 그의 나라를 위해 힘을 다하는 마음이 청조루의 시에 선명하다'고 하였다.

〈別林子順悌作(별임자순제작)〉　　임자순(白湖 林悌)을 이별하고 짓다
曉起覓君君不在(효기멱군군부재)　　새벽에 일어나 그대 찾으니 그대는 없고,
長河雲氣接頭流(장하운기접두류)　　은하수 구름 기운만 두류산에 이어졌네.
他日竹林須見訪(타일죽림수견방)　　다른 날에 죽림으로 꼭 찾아오게.
濁醪吾與老妻謀(탁료오여노처모)　　나는 늙은 아내와 함께 막걸리를 준비하겠네.

임자순(1549~1587)은 나주 출신의 문장가로, 자유분방한 기남자(奇男子)였다. 정축년(1577, 선조 10) 알성시(謁聖試; 임금이 文廟에 참배한 뒤 실시하던 비정규 과거시험)에 급제하였는데, 뒤에 평안도 병마평사인가 평안 도사인가 가 되어 개성을 지나면서 명기(名妓)로 이름났던 황진이(黃眞伊)의 묘에 제사 지냈다가 조정의 비평을 당했다. 그때 그는 단가 "靑草(청초) 우거진 골에 자는다 누엇는다/ 紅顔(홍안)을 어듸 두고 白骨(백골)만 무쳣는이/ 盞(잔) 자바 勸(권)ᄒ 리 업스니 그를 슬허 ᄒ노라"를 지어 불렀다고 한다. 평양 기생 한우(寒雨)와 주고받은 단가들도 세상에 널리 알려졌다.
　예조 정랑을 지낸 뒤, 뜻이 세상과 맞지 않아서 명산을 찾아다니다가, 마흔 살도 못 되어서 죽었다. 임오년 가을인가에 내가 전라 감사로 지리산(智異山) 근방을 순력할 때 그를 만나서 객관에서 함께 자다가 일어나 보니, 벌써 떠나고 없었다.

　　　〈過花石亭(과화석정)〉　　　　　화석정을 지나며
　　　山形背立本同根(산형배립본동근)　산 모양은 등지고 서 있어도 뿌리는 하나요.
　　　江水分流亦一根(강수분류역일근)　강물은 나뉘어 흘러도 또한 한 근원이다.
　　　花石古亭人不見(화석고정인불견)　화석 옛 정자에 사람은 보이지 않아서,
　　　夕陽歸路重銷魂(석양귀로중소혼)　석양에 돌아오는 길에 거듭 혼을 녹이네.

　율곡이 갑신년(1584)에 별세한 뒤 율곡리의 임진강변에 있는 화석정을 지나 돌아오면서 지은 시다.

〈正月十六日作(정월십육일작)〉	정월 16일에 짓다
湛老栗翁今日逝(담로율옹금일서)	오늘은 담재(湛齋; 河西 金麟厚)와 율곡이 돌아가신 날,
從前食素老難能(종전식소노난능)	종전의 소식(고기반찬이 없는 식사)도 늙어선 못하겠네.
出處各應殊霽潦(출처각응수제료)	출처(세상에 나섬과 집에 들어 있음)는 각기 사정 따라 달라져도,
衿懷均是一條冰(금회균시일조빙)	옷깃 속에 품은 것은 고루 한 가지 얼음.

어느 해인가 하서(김인후) 선생과 율곡의 기일(忌日)에 지은 시다.

〈題碧澗堂(제벽간당)〉	벽간당[環碧堂]에 쓰다
碧澗泠泠瀉玉聲(벽간냉랭사옥성)	푸른 산골 물이 쌀쌀히 옥소리를 쏟아내니,
五更秋枕酒初醒(오경추침주초성)	오경의 가을 베개에서 술이 처음 깨네.
沙翁去後增嗚咽(사옹거후증오열)	사옹이 가신 후엔 더욱 목메어,
風樹興懷不忍聽(풍수흥회불인청)	풍수의 감회가 읾을 차마 듣지 못하겠네.

처외조부인 사촌(沙村; 金允悌) 할아버지의 작은 초가가 쌍계(雙溪) 위쪽 서석(瑞石)의 아래에 있는데, 옹(翁)이 손수 '벽간당'이라고 써서 초가의 북쪽 벽에 붙이셨다. 옹이 가신 후 그 후손들이 추모하여 시를 청하므로, 슬프게 읊어서 그 손자 김사고(金師古)에게 써 주었다.

〈寄示牛溪(기시우계)〉 우계에게 부쳐 보이다
禁掖何年捧玉音(금액하년봉옥음) 대궐에서 어느 해에 옥음을 받들었던가?
白頭三宿小臣心(백두삼숙소신심) 흰머리로 3년을 지낸 소신의 마음이여.
平生欲止陶公酒(평생욕지도공주) 평생 도연명의 술을 그치고자 하였으나,
每到愁時淺淺斟(매도수시천천짐) 매양 시름하는 때 되면 조금씩 마시게 되네.

조정에서 물러난 지 3년이 지난 무자년(1588)에 지었던가 보다.

〈病中偶吟(병중우음)〉 병중에 우연히 읊다
壽逾知命位三公(수유지명위삼공) 수는 지천명(50세)을 넘었고 자리는 삼공이라.
雖死猶勝八十翁(수사유승팔십옹) 비록 죽는다 해도 오히려 여든 살 늙은이보다 나으리.
唯有人間未盡酒(유유인간미진주) 오직 인간에서 술을 다하지 못했으니,
數年加我願天同(수년가아원천동) 내게 몇 년을 더한다면 소원을 이루겠네.

기축년(1589) 11월 이후에 지었는가 보다. 그런데 당시의 내 소원이 술을 다함이었다니 ……

〈詠紫薇花(영자미화)〉　　　　　　자미화를 읊다
一園春色紫薇花(일원춘색자미화)　　온 정원의 봄빛에 자미화(배롱나무 꽃)는
纔看佳人勝玉釵(재간가인승옥채)　　가인이 옥비녀를 겨우 이기는 듯.
莫向長安樓上望(막향장안누상망)　　장안을 향해 누 위에서 바라보지 말지니.
滿街爭是戀芳華(만가쟁시연방화)　　온 거리가 다투어 향기로운 꽃을 그리워할 것이네.

이 시는 언제 어디서 어떻게 지은 것인지 모르겠다.

〈望漢樓(망한루)〉　　　　　　　　망한루에서
望漢樓上漢江遠(망한루상한강원)　　망한루 위에서는 한강이 멀구나.
漢客思歸歸幾時(한객사귀귀기시)　　한양 나그네는 어느 때 돌아갈까?
邊心寄與柳亭水(변심기여류정수)　　변방의 마음을 유정의 물에다 부쳐 주었는데,
西入海門無盡期(서입해문무진기)　　다할 기약 없이 서쪽으로 바다에 드는구나.

얼마 전에 명나라에서 귀국한 뒤 탄핵을 받아 송정촌(松亭村)으로 물러나오면서 강화산성의 동문(東門)에 올라서 한양을 바라보며 지었다. 여기서의 유정(柳亭)은 한양 남쪽의 한강가에 있는 정자다.[4]

---

4) 홍계희(洪啓禧) 편, 『해행총재(海行摠載)』에 실린 김세렴(金世濂), 「해사록(海槎錄)」의 '숭정(崇禎) 9년 병자(1636) 8월 11일 임오' 참고.

오언율시 작품들은 두 편이 손에 잡힌다.

幅圓山水裡(폭원산수리)	산과 물이 한 폭 그림 같은 속에
灝氣滿寒亭(호기만한정)	청명한 기운이 찬 정자에 가득하다.
萬里雲開境(만리운개경)	만 리의 구름이 경계를 열고,
千年地有靈(천년지유령)	천 년 된 땅에 신령이 있다.
風前琴韻淡(풍전금운담)	바람 앞에 거문고 소리 맑고,
月下酒盃停(월하주배정)	달 아래 술잔을 그친다.
孤鶴南飛去(고학남비거)	외로운 학은 남쪽으로 날아가고,
海天一色靑(해천일색청)[5]	바다와 하늘은 한빛으로 푸르다.

강원 감사 때 양양(襄陽)의 독송정(獨松亭)에서 지은 시다.

⟨金沙寺(금사사)⟩	금사사
十日金沙寺(십일금사사)	금사사에서 열흘을 지냈는데,
三秋故國心(삼추고국심)	나라 걱정에 3년을 보낸 듯.
夜潮分爽氣(야조분상기)	밤 조수가 상쾌한 기운을 나누어 주는데,
歸鴈有哀音(귀안유애음)	돌아가는 기러기는 슬피 우네.
虜在頻看劍(노재빈간검)	오랑캐가 남아 있어 자주 칼을 보고,
人亡欲斷琴(인망욕단금)	그 사람 죽었으니 거문고를 끊으려 하네.
平生出師表(평생출사표)	평생에 알던 출사표를
臨亂更長吟(임난갱장음)	난리에 임해 다시 길게 읊는다.

---

5) 양양문화원,『양양의 누정대』, http://yangyang.or.kr/g5/bbs/board.php?bo_table=book16&wr_id=12&page=3.

임진년(1592) 7월에 내가 왕명을 받고 남으로 내려갈 적에 행차가 황해도 장연(長淵)의 금사사에 이르러 열흘 동안 묵었는데, 감개하여 지은 시다. 제6구에서의 '인(人)'은 그해 7월에 전라도 금산(錦山)에서 왜군과 싸우다 순국한 제봉(霽峰; 또는 苔軒) 고경명(高敬命) 공을 가리킨다.

칠언율시로는 다음의 세 편이 눈에 띈다.

〈宿桂林兄江亭(숙계림형강정)〉	계림 형의 강정에서 묵으며
王孫畵閣抗楊花(왕손화각항양화)	왕손의 그림 같은 누각이 양화나루에 솟았는데,
一水中分兩岸沙(일수중분양안사)	한 가닥 물이 중간에 나뉘어서 양 언덕 모랫가를 흐르네.
落月滿天飛白雪(낙월만천비백설)	떨어지는 달빛은 하늘 가득히 흰 눈을 날리고,
宿雲鋪地走靑蛇(숙운포지주청사)	묵은 구름은 땅을 덮어 푸른 뱀처럼 달리네.
菱歌相間棹歌發(능가상간도가발)	마름 따는 노래 사이에 뱃노래도 일어나고,
帆影遠隔山影斜(범영원격산영사)	돛 그림자는 멀리 산 그림자 너머에 비끼네.
四十二年如去鳥(사십이년여거조)	42년이 날아가는 새 같으니,
浮生不飮奈愁何(부생불음내수하)	덧없는 생에 마시지 않으면 시름을 어찌하리?

42세이던 정축년(1577)에 지었다. 자부(姊夫) 계림군(桂林君; 李瑠)은 을사년(1545)에 원통하게 처형되었다가 정축년 여름에야 신원되었는데, 양화

나루 옆에 있는 그의 정자는 여전히 빼어난 풍광을 자랑하고 있었지.

擲金佳句軼陰何(척금가구질음하)	금을 던지는 듯한 좋은 글귀는 '음하'를 넘어서고,
遊戲篇章日日多(유희편장일일다)	유희할 만한 시문들이 나날이 많아진다.
猛士銛鋒盛秘匣(맹사섬봉성비갑)	용맹한 군사의 날카로운 칼끝을 갑 속에 감추고,
美人粧額掩輕羅(미인장액엄경라)	미인의 단장한 얼굴을 엷은 비단으로 가렸네.
三年巧笑須傾國(삼년교소수경국)	3년의 귀여운 웃음은 모름지기 나라를 기울이겠고,
百勝神功要息戈(백승신공요식과)	백 번 이기는 신공은 전쟁을 멈추게 할 것이다.
若使兩陳評地位(약사양진평지위)	만약 '양진'에게 지위를 평하게 한다면,
應虛一座待君過(응허일좌대군과)	응당 한 자리 비워두고 그대 지나길 기다릴 것이네.

신묘년(1591) 봄에 지은 시다. '음하(陰何)'란 중국 양(梁)나라 시인 음갱(陰鏗)과 하손(何遜)을 이른 것이고, '양진(兩陳)'은 송나라의 진사도(陳師道; 호 后山)와 진여의(陳與義; 호 簡齋)다. 술을 너무 많이 마셔서 딸기코가 된 이정면(李廷冕, 본관 廣州, 자 孝移, 1556~?)은 글귀를 조탁하는 것이 음갱과 하손 못지않게 매우 정공(精工)하여 속된 투가 없으므로, 나는 본받아서 그의 시의 '내불출(內不出)'[6]을 따르려 했다.

〈失音(실음) 二首(이수)〉 소리를 잃다. 2수
天公厭我多言否(천공염아다언부) 하늘이 내 말 많음을 싫어하는지,
喉挾纏風響挾嘶(후협전풍향협시) 목구멍에 풍이 들어서 소리가 쉬었네.
殆似寒蟬鳴暫歇(태사한선명잠헐) 거의 가을 매미가 울다 잠깐 쉬는 듯하더니,
還如病鵲舌初癡(환여병작설초치) 도로 병든 까치 혀 같이 알아듣기 힘들어지네.
是非正悔呶呶習(시비정회노노습) 시비 가리며 떠들던 습관을 정히 뉘우치느니,
開闔方諳袞袞機(개합방암곤곤기) 열고 닫음이 천기(天機)의 흐름임을 바야흐로 알겠네.
呼馬呼牛都不應(호마호우도불응) 말이라 소라 불러도 도무지 반응 없으니,
臥看新月下山時(와간신월하산시) 새 달이 산을 넘을 때까지 누워서 보노라. [제1수]

이달 초에 지은 작품이다. 나는 이제 거의 폐인이 되었다.

한편, 어떤 시 작품들은 제목과 전문(全文)을 잊어버리고 그 일부분만 기억하기도 한다. 그중에서 다음의 구는 꽤 좋은 것 같다.

---

6) 이는 『주자어류(朱子語類)』 권1에 있는 주희(朱熹)의 말 "천지의 모양은 사람이 두 주발을 서로 합치고 물을 그 안에 담는 것과 같다. 손으로 늘 흔들다가 열면 물은 안에 있으면서 나오지 않지만, 잠깐이라도 손을 멈추면 물이 샌다[天地之形 如人以兩盌相合 貯水於內 以手常常掉開 則水在內不出. 稍住手 則水漏矣]."를 따른 듯하다.

〈失題(실제)〉　　　　　　제목을 잃다
何當化爲石(하당화위석)　　어떻게 하면 돌이 되어서
屹立暮江頭(흘립모강두)　　저무는 강 머리에 우뚝 서 있게 될꼬?

　누구에겐가 준 시의 끝구[末句]인데, 표현과 발상이 자못 뛰어나지 않은가?[7]

　이 작품들 말고도 각 시체별로 많은 시편(詩篇)들이 있지만, 피곤해서 더 읽기 어렵다. 특히 장편(長篇)의 오언고시와 칠언고시는 보기가 너무 힘들다. 그래서 비교적 짧은 칠언고시 한 편만 든다.

〈聖恩歌答江湖白鷗(성은가답강호백구)〉 〈성은가〉[8]로 강호의 백구에 답하다
畵省夜聽蓬瀛水(화성야청봉영수)　　화성(재상 관서)에서 밤에 봉래·영주의 물소리 듣고,
手搴薇花拜靈脩(수건미화배영수)　　손에 장미꽃(또는 紫微花) 뽑아 들고 임금님께 절한다.

---

7) 신흠, 『청창연담(晴窓軟談)』 하(『象村集』 권60) 참고.
　한편, 『송강속집』 권1, '시 오언절구'에는 '〈실제〉'라는 제목 뒤의 이 두 구의 출처가 『상촌집』의 '청창연담'이라고 한 뒤에, 이어서 이수광(李睟光; 1563~1628)의 『지봉유설(芝峯類說)』에 나온다고 하면서 "萬事何關客(만사하관객) 惟知酒有無(유지주유무)"를 실었는데, 이 둘은 별개의 작품들일 것이다.
8) 『송강별집 추록』 권2, '유사'에 실린 〈성은가(聖恩歌)〉 두 수는 다음과 같다.
　"江湖(강호) 둥실 白鷗(백구)로다/ 偶然(우연)이 밧튼 춤이 지거구나 白鷗(백구)둥에/ 白鷗(백구)야 셩너디 마라 世上(세상) 더려 ᄒ노라"; "江湖(강호)의 期約(기약) 두고 十年(십년)을 奔走(분주)ᄒ니/ 그 모라는 白鷗(백구)더론 더듸 온다 ᄒ것마는/ 聖恩(성은)이 至重(지중)ᄒ기로 갑고 가려 ᄒ노라"
　그런데 이에서 뒤의 작품은 타 가집들에 이항복(李恒福; 호 白沙, 1556~1618) 작 또는 정구(鄭逑; 호 寒岡, 1543~1620) 작 등으로 전해진다.

鷄聲曉催紫雲闕(계성효최자운궐)	닭 울음소리는 새벽에 자운궐을 재촉하고,
鶴影秋孤明月洲(학영추고명월주)	학 그림자는 가을에 명월주에서 외롭구나.
涓埃未報雨露恩(연애미보우로은)	물방울과 티끌만큼도 우로의 은택을 갚지 못하여,
一約猶遲方外求(일약유지방외구)	방외(세속을 벗어난 곳)에서 만나자던 약속이 아직도 더디네.
人間幸逢聖明主(인간행봉성명주)	사람 세상에서 다행히 성명한 임금님 만나서,
十年松江違白鷗(십년송강위백구)	10년을 송강은 백구와 어긋났네.
奔忙覊跡陌頭塵(분망기적맥두진)	분망하게 얽매인 자취가 길거리의 먼지 속에 있고,
浩蕩前期沙上秋(호탕전기사상추)	호탕했던 예전 기약은 모래 위의 가을이네.
唐虞日月卽我朝(당우일월즉아조)	요순(堯舜) 일월(시절)이 곧 우리 조정이라서,
玉節江東淸發謳(옥절강동청발구)	옥절이 강동에 이르니 맑은 노래 일어나네.
寒湖鳥語曉送誠(한호조어효송성)	찬 호수의 새도 전송하는 정성을 알고
急流中人遲退休(급류중인지퇴휴)	'급류 속 사람의 물러남이 더디다' 하네.
猩袍日晚學士班(성포일만학사반)	성포(붉은빛 도포) 입은 학사의 반열에 날이 저물고,

鷺夢雲空漁父舟(노몽운공어부주)	해오라기 꿈꾸는 하늘에 뜬 구름에 어부(강호의 隱士)의 배로다.
平沙十里雨霽後(평사십리우제후)	평평한 십리 모랫가에 비가 갠 뒤에는
回笑三秋蓼月幽(회소삼추요월유)	삼추에 여뀌에 비친 달빛의 그윽함이 도리어 우습다.
江湖淸趣我豈無(강호청취아기무)	강호를 즐기는 맑은 흥취 내 어찌 없을까만,
只緣天庭恩禮優(지연천정은례우)	단지 임금 은혜와 예우가 도타워서라네.
微臣縱之一字補(미신종지일자보)	보잘것없는 신하가 비록 한 글자의 도움도 없지만
聖恩看同夔契儔(성은간동기설주)	성은으로 기와 설(중국 舜 임금을 섬긴 名臣) 같이 보시네.
邦謨珍重納言地(방모진중납언지)	나랏일 꾀하는 진중한 납언 처지라,
是以東華吾久留(시이동화오구류)	이래서 나는 궁성에 오래 머문다.
歸來一計泛泛計(귀래일계범범계)	돌아와서 강호에 떠다닐 계획은
庶待邦家餘債酬(서대방가여채수)	바라건대 나라에 남은 빚 갚는 것을 기다려 주길.

납언은 승지의 별칭이니, 승정원 동부승지이던 무인년(1578)이나 도승지이던 임오년(1582) 9월에 지은 작품일 것이다.

그런데 내가 언제 벼슬을 버리고 강호에서 유유자적하게 지내겠다고 백구와 약속했는지는 기억에 없다.

우리말 노래는 단가 작품들을 화제(話題; 話柄, 이야깃거리) 위주로 분류해 보았다.

다음 작품들은 임금님과 연군(戀君)에 관한 단가들이다.

蓬萊山(봉래산) 님 겨신 디   五更(오경) 틴 나믄 소리
셩 넘어 구름 디나   슌풍의 들리ᄂ다
江南(강남)의 ᄂ려옷 가면   그립거든 엇디리

[현대어] 봉래산 임 계신 데 오경(새벽 3~5시) 친 남은 소리가/ 성 넘어 구름 지나 순풍에 들린다./ 강남에 내려가면 그립거든 어쩌리?

예셔 놀애ᄅᆞᆯ 드러   두세 번만 붓츠면은
蓬萊山(봉래산) 第一峯(제일봉)의   고온 님 보련마ᄂᆞᆫ
ᄒᆞ다가 못ᄒᆞᄂᆞᆫ 일을   닐러 무ᄉᆞᆷ ᄒᆞ리

[현대어] 예서 날개를 들어 두세 번만 부치면은,/ 봉래산 제일봉의 고운 임 보련만은,/ 하다가 못하는 일을 일러 무엇하리?

봉래산은 선인(仙人)이 산다는 삼신산(三神山)의 하나로서 금은(金銀)으로 지은 궁전이 있다고 해서, 나는 시가 작품들에서 대체로 임금님이 계시는 곳으로 말하였다.

이 몸 허러내여   냇믈의 씌오고져
이 믈이 우러녜여   漢江(한강) 여흘 되다 ᄒᆞ면
그제야 님 그린 내 병이   헐홀 법도 잇ᄂᆞ니

263

[현대어] 이 몸 헐어내어 냇물에 띄우고자./ 이 물이 울어 가서 한강 여울 되다 하면,/ 그제야 임 그린 내 병이 그칠 법도 있나니.

  내 양주 놈만 못흔 줄 나도 잠간 알건마눈
  연지도 부려 잇고 분씨도 아니 미니
  이러코 괴실가 뜻은 전혀 아니 먹노라

[현대어] 내 얼굴 남만 못한 줄 나도 잠깐 알건마는/ 연지도 버려 있고 분 때도 아니 미네./ 이러하고 괴실까 하는 뜻은 전혀 아니 먹노라.

나를 임 그리는 여인으로 비의(比擬)하여, 임의 사랑을 고대하다가 지쳐서 마침내 자포자기한 심정을 나타낸 것이다.

  이 몸이 俊傑(준걸)이런들 님이 언제 부리시리
  출하리 俗士(속사)라쟈 님을 조차 노닐러니
  俗士(속사)도 아니니 님 못 볼가 하노라

[현대어] 이 몸이 준걸이런들 임이 언제 버리시리?/ 차라리 속사라야 임을 좇아 노닐러니,/ 속사도 아니니 임 못 볼까 하노라.

끝 줄의 앞에서 '준걸(俊傑)도'가 빠진 것 같다.

  내 무음 버혀 내여 별돌을 밍굴고져
  구만리 댱텬의 번드시 걸려 이셔
  고은 님 계신 고디 가 비최여나 보리라

[현대어] 내 마음 베어 내어 별 달을 만들고자./ 구만리 장천에 번듯이 걸려 있어,/ 고운 임 계신 곳에 가 비추어나 보리라.

이것은 죽창(竹窓) 안정(安珽, 1494~1548)의 작품이라던데,[9] 그 표현이 마음에 들어서 내가 적어 둔 것이다.

그리고 다음은 연군과 잘 구별되지 않는 남녀 간 연정(戀情) 및 이별에 관한 단가들이다.

녯 스랑 이제 스랑 어제 嬌態(교태) 오늘 嬌態(교태)
'로다'[모다] 싱각ᄒᆞ니 ᄭᅮ미오 陳跡(진적)이라
첫 ᄆᆞᆷ 가시디옷 아니면 도라셜 법 인ᄂᆞ니

[현대어] 옛 사랑 이제 사랑 어제 교태 오늘 교태,/ 모두 생각하니 꿈이오 진적(지난날의 묵은 자취)이라./ 첫 마음 변치 곧 아니면 돌아설 법 있나니.

둘째 줄 처음의 '모다'가 '로다'처럼 적혀서, 자칫 첫 줄의 끝에 붙어서 '교태로다'로 읽힐 수 있을 것이다.

내 ᄒᆞᆫ낫 산깁 격삼 ᄲᅡᆯ고 다시 ᄲᅢ라
되나 된 벼퇴 몰뢰고 다료이 다려
ᄂᆞ는 ᄃᆞᆺ 눌란 엇게예 거러 두고 보쇼셔

---

9) 주세붕(周世鵬; 1495~1554), 『무릉잡고(武陵雜稿) 별집(別集)』 권7, 「고 양성 현감 안군정 묘지명 병서(故陽城縣監安君珽墓誌銘幷序)」의 "君嘗作歌曰 '我欲剚吾心 爲星月掛之 九萬里天上 庶望西方美人也'." 참고.

[현대어] 내 한낱 생견(生絹) 적삼 빨고 다시 빨아/ 되나 된 볕에 말리고 다리고 다려/ 나는 듯 날랜 어깨에 걸어 두고 보소서.

내게 하나뿐인 귀한 생견 적삼을 거듭 빨아 잘 말리고 다려서 임의 곁에 있는 날씬한 여인에게 입혀 두고 보시기라도 하라는 처절한 애정을 표현하였다.

길 우히 두 돌부텨　벗고 굼고 마조 셔셔
ᄇᆞ람 비 눈 서리를　맛도록 마즐만졍
人間(인간)에 離別(이별)을 모ᄅᆞ니 그룰 불워 ᄒᆞ노라

[현대어] 길 위에 두 돌부처 벗고 굶고 마주 서서/ 바람 비 눈 서리를 맞도록 맞을망정/ 사람 세상의 이별을 모르니 그를 부러워하노라.

나는 온갖 고난을 겪더라도 임과 이별하는 일을 피하고 싶었다.

花灼灼(화작작) 범나븨 雙雙(쌍쌍)　柳青青(유청청) 괴꼬리 雙雙(쌍쌍)
ᄂᆞᆯ즘승 긜즘승 다 雙雙(쌍쌍)ᄒᆞ다마ᄂᆞᆫ
엇디 이내 몸은　혼자 雙(쌍)이 업ᄂᆞ다

[현대어] 화작작 범나비 쌍쌍 유청청 꾀꼬리 쌍쌍./ 날짐승 길짐승 다 쌍쌍하다만은/ 어찌 이내 몸은 혼자 쌍이 없는가?

임과 이별한 외로운 상태를 그렸는데, '쌍쌍'과 '작작'·'청청'의 첩어(疊語; 반복복합어)들로써 말맛을 살리려 하였다.

夕陽(석양) 빗긴 날에 江天(강천)이 훈 빗친 제
楓葉(풍엽) 蘆花(노화)에 우러 녜눈 뎌 기럭아
ᄀᆞ을히 다 디나가되 쇼식 몰라 ᄒᆞ노라

[현대어] 석양 비낀 날에 강천(강 위의 하늘)이 한 빛인 제/ 풍엽 노화에 울며 가는 저 기럭아./ 가을이 다 지나가되 소식 몰라 하노라.

임 소식을 알지 못해 안타까운 마음을 표현하였다.
다음은 술과 음주에 관한 단가들이다.

鶴(학)은 어디 가고 亭子(정자)논 븨엿ᄂᆞ니
나는 이리 가면 언제만 도라올고
오거나 가거나 듕의 훈 잔 자바 ᄒᆞ쟈

[현대어] 학은 어디 가고 정자는 비었나니?/ 나는 이리 가면 언제만 돌아올꼬?/ 오거나 가거나 중에 한 잔 잡아 하자.

신사년(1581)인가에 서울을 떠나면서 지은 단가다.

선우음 춤노라 ᄒᆞ니 ᄌᆞ치옴의 코히 시예
半嬌態(반교태) ᄒᆞ다가 춘 ᄉᆞ랑 일흘셰라
돈 술이 못내 괸 젼의란 년듸 ᄆᆞ음 마쟈

[현대어] 선웃음(꾸며서 웃는 웃음) 참노라 하니 재채기에 코가 싸해/ 반교태 하다가 찬 사랑 잃을세라./ 단 술이 못내 괸 전에란 다른 데 마음 말자.

술이 익기를 기다리는 내 태도를 해학적(諧謔的)으로 표현하였다.

    쉰 술 걸러내여 믭ᄃ록 먹어 보세
    쁜 ᄂ믈 데워내여 ᄃ도록 십어 보새
    굽격지 보요 박은 잣딩이 무되ᄃ록 ᄃ녀 보세

[현대어] 신 술 걸러내여 맵도록 먹어보세./ 쓴 나물 데워내여 달도록 씹어 보세./ 굽격지 보요 박은 잣징이 무디도록 다녀 보세.

'굽격지 보요 박은 잣딩'은 '굽 달린 나막신의 총총 박은 잔 징'이다. 열악한 술과 반찬 그리고 불편한 신발로써라도 음주와 식사 그리고 보행을 꾸준히 해서 그 참된 경지나 효과를 맛보거나 얻자는 뜻이다.

    내 시름 어디 두고 ᄂ미 우음 블리잇가
    내 술잔 어디 두고 ᄂ미 므레 들니잇가
    옥 ᄀ튼 처엄 ᄆ음이야 가실 주리 이시랴

[현대어] 내 시름 어디 두고 남의 웃음 부러워하리까?/ 내 술잔 어디 두고 남의 물에 들리까?/ 옥 같은 처음 마음이야 가실 줄이 있으랴?

둘째 줄의 'ᄂ미 므레'는 '남의 물을' 곧 '남의 술을'의 뜻이다.
다음은 세태(世態)에 관한 단가들이다.

    中書堂(중서당) 白玉杯(백옥배)를 十年(십년) 만의 고텨 보니
    몱고 흰 비츤 어제론 듯 ᄒ다마는

엇더타 사룸의 ᄆᆞ음은 朝夕變(조석변) ᄒᆞᄂᆞᆫ고

[현대어] 중서당 백옥배를 10년 만에 다시 보니,/ 맑고 흰 빛은 어제론 듯 하다마는,/ 어떻다 사람의 마음은 조석변 하는고?

의정부 사인(舍人)과 검상(檢詳)의 집무소에 있는 백옥배는 10년 전 그대로인데, 그동안 사람들의 마음은 아침저녁으로 변했지. 나도 그랬을까? 이 단가는 임오년(1582)에 지었는가 보다.

나모도 병이 드니 亭子(정자)라도 쉬 리 업다
豪華(호화)히 셔신 제ᄂᆞᆫ 오 리 가 리 다 쉬더니
닙 디고 가지 것근 후ᄂᆞᆫ 새도 아니 안ᄂᆞ다

[현대어] 나무도 병이 드니 정자라도 쉴 이 없다./ 호화히 서 있는 제는 올 이 갈 이 다 쉬더니,/ 잎 지고 가지 꺾은 후는 새도 아니 앉는다.

지금의 내 신세가 꼭 그러하다.

귀 느리여 뎌 소곰 실라 갈쟉신돌
필연 千里馬(천리마)를 몰라야 보랴마는
엇더타 이제 분네ᄂᆞᆫ 술진 줄만 아ᄂᆞ니

[현대어] 귀 늘어지게 하여 저 소금 실어 가게 해본들,/ 필연 천리마를 몰라야 보랴마는,/ 어떻다 이제 분네는 살찐 줄만 아느냐?

천리마는 어떻게 하더라도 알아보게 되는데, 이제 사람들은 내달릴 기회를 얻지 못한 천리마를 살찐 줄로만 아는 것을 탄식한 노래다.

풍파의 일니던 비　어드러로 가닷 말고
구롬 머흘거든　처엄의 날 줄 엇디
허술한 비 두신 분네는　모다 조심 ᄒ쇼셔

[현대어] 풍파에 흔들리던 배 어디로 갔단 말인가?/ 구름이 험하거든 처음에 어찌 나왔느냐?/ 허술한 배 두신 분네는 모두 조심하소서.

신진 관료들에게 험난한 정치 현실에 조심하라고 경계한 작품이다.

어와 棟樑材(동량재)를　더리ᄒ여 브려이다
헐쓰더 기운 집의　議論(의논)도 한졔이고
뭇 지위 고조 자 들고　헤쓰다가 말려니

[현대어] 어와 동량재를 저리하여 어찌할꼬?/ 헐뜯어 기운 집에 의논도 많구나!/ 뭇 목수들이 먹통과 자를 들고 허둥대다가 말려는가?

새 집을 지으면서 동량재를 다룰 능력이 없는 서툰 목수들이 연장들을 들고 허둥대다가 만다는 것으로써, 나라를 떠받칠 인재를 잘 쓸 줄 모르는 조정의 한심한 상황을 비유해서 개탄하였다.

어와 버힐시고　落落長松(낙락장송) 버힐시고
져근덧 두던들　棟樑材(동량재) 되리러니

어즈버 明堂(명당)이 기울거든 므서스로 바티려뇨

[현대어] 어와 베었구나 낙락장송 베었구나!/ 조금만 두었던들 동량재 되리러니,/ 어즈버 명당이 기울거든 무엇으로 받치려나?

이는 하서(김인후) 선생 작으로, 금호(錦湖) 임형수(林亨秀, 본관 平澤, 자 士遂, 1514~1547) 공이 을사사화 뒤의 '양재역 벽서사건'으로 절도안치(絶島安置)되었다가 이내 사사(賜死)되었음을 개탄한 노래다.[10]
다음은 기타 화제들에 관한 단가들이다.

光化門(광화문) 드리ᄃᆞ라 內兵曹(내병조) 샹딕방의
ᄒᆞᄅᆞ밤 다ᄉᆞᆺ경의 스믈석뎜 티는 소리
그더디 陳跡(진적)이 되도다 꿈이론 듯 ᄒᆞ여라

[현대어] 광화문 들이달아 내병조 상직방(上直房)에/ 하룻밤 다섯 경(更)에 스물석 점 치는 소리,/ 그 덧에 진적이 되도다. 꿈이런 듯하여라.

병인년(1566)에 병조 정랑으로 경복궁의 내병조(궁궐 안에서 侍衛와 儀仗의 일을 맡아보던 관아로, 병조 관리들의 출장소) 상직방에 가서 숙직하던 일이 이제 꿈같은 묵은 자취가 되었구나. 언제 다시 대궐에 갈 수 있을까?

---

10) 김수항(金壽恒; 1629~1689), 『문곡집(文谷集)』 권18, 「금호임공 묘갈명 병서(錦湖林公墓碣銘幷序)」 속의 "金河西先生亦傷公冤死 作短歌 以棟梁材譬之 …."; 김인후, 『하서전집 속편(續編)』(1938)의 「임사수의 원통한 죽음을 추도하며 단가를 짓네(悼林士遂冤死作短歌)」("昨日伐了木 百尺長松非也歟 若使少焉在 可作棟樑材 此後明堂傾矣 于何以支之."; "엊그제 버힌 남기 백척장송 아니런가/ 져근덧 두엇든들 동량직 되리러니/ 이 뒤 명당이 기울면 어나 남기 밧치리") 참고.

青山(청산)의 부흰 빗발 그 엇디 날 소기는
되롱 갓망 누역아 너논 엇지 날 소기는
엇그제 비단옷 버스니 덜믈 거시 업서라

[현대어] 청산의 뿌연 빗발 그 어찌 날 속이냐?/ 되롱이 갓망 누역아 너는 어찌 날 속이냐?/ 엊그제 비단옷 벗으니 물들 것이 없어라.

기묘년(1579)에 고양 신원에서 한가롭게 지낼 때 지은 것 같다.

長沙王(장사왕) 賈 太傅(가태부) 혜어든 우옵고야
놈대되 근심을 제 혼자 맛다 이셔
긴 한숨 눈믈도 과커든 에에홀 줄 엇뎨오

[현대어] 장사왕 가 태부 생각건대 우습구나./ 남의 모든 근심을 제 혼자 맡아 있어,/ 긴 한숨 눈물도 과하거든 에에 울긴 어인 일고?

한대(漢代) 장사왕의 태부였던 재사(才士) 가의(賈誼)가 양왕(梁王)의 태부가 되었다가 양왕이 죽은 뒤에 계속 울다가 죽었는데, 남의 일들로 근심이 많은 나 자신을 그에 비의한 바일 것이다.

인누니 가누니 굴와 한숨을 디디 마소
췱하니 찌니 굴와 선우음 웃디 마소
비 온 날 니믜춘 누역이 볏귀 본돌 엇더리

[현대어] 있느니 가느니 가루어(맞서서 견주어) 한숨을 짓지 마소/ 취하니

깨니 가루어 선웃음 웃지 마소./ 비 온 날 여미어 입은 도롱이가 볕 조금 본들 어떠리?

음주 현장의 이러저러한 풍경들을 개탄하거나 비웃지 말라는 뜻일까? 비에 흠뻑 젖은 자가 볕 조금 쬐는 것을 용인하라는 뜻일까?

新羅(신라) 八百年(팔백년)의 놉ᄃ록 무은 塔(탑)을
千斤(천근) 든 쇠붑소리 티ᄃ록 울힐시고
들 건너 寂寞(적막) 山亭(산정)의 暮景(모경) 도울 ᄯᅮᆫ이라

[현대어] 신라 800년의 높도록 무은(모아 만든) 탑을/ 천근 든 쇠북소리 칠수록 울리는구나./ 들 건너 적막 산정의 모경 도울 뿐이라.

을유년(1585) 5월에 조정에서 물러나 한동안 기호(畿湖; 경기도와 충청도) 지방을 떠돌 때였던가 병술년(1586) 가을에 창평에서 고양에 성묘하러 가면서 충청도 충주에서 배를 타고 한강(남한강)을 지날 때였던가에 지은 것 같다. '높도록 무은 탑'은 충주의 한강변에 있는 신라 건국 800년 뒤에 조성된 7층 석탑(현 충북 충주시 中央塔面 塔坪里 소재 중앙탑)을 말한다.

쇠나기 한 줄기미 년닙페 솟ᄃ로개
믈 무ᄃᆫ 흔젹은 젼혀 몰라 보리로다
내 ᄆᆞᆷ 뎌 ᄀᆞᆮ야 덜믈 줄을 모ᄅᆞ고져

[현대어] 소나기 한 줄기가 연잎에 쏟아지도록,/ 물 묻은 흔적은 전혀 몰라 보리로다./ 내 마음 저 같아서 물들 줄을 모르고저.

다른 사람들은 대체로 연꽃을 많이 찬탄하지만, 나는 그보다는 물 묻은 흔적을 남기지 않는 연잎에 더 관심이 많았다.

　　青天(청천) 구름 밧긔　놉히 쁜 鶴(학)이러니
　　人間(인간)이 됴터냐　므스므라 누리온다
　　댱지치 다 써러디도록　누라갈 줄 모르는고

[현대어] 청천 구름 밖에 높이 뜬 학이더니,/ 사람 세상이 좋더냐, 무슨 까닭에 내려왔는고?/ 긴 깃이 다 떨어지도록 날아갈 줄 모르는가?

여기서의 '댱꼿'은 창평 분토골의 뒷산 이름 '당지(唐旨)'의 본이름과 같은데, 이 산봉을 부근에서는 '깃대봉'이라 부르기도 한다.

　　믈 아래 그림재 디니　드리 우히 듕이 간다
　　뎌 듕아 게 잇거라　너 가는 듸 무러 보쟈
　　막대로 흰 구름 ᄀᆞ르치고　도라 아니 보고 가노매라

[현대어] 물 아래 그림자 지니 다리 위에 중이 간다./ "저 중아, 거기 있거라. 너 가는 데 물어보자."/ 막대로 흰 구름 가리키고 돌아 아니 보고 가는구나.

운수승(雲水僧)의 탈속(脫俗)하고 유유자적함을 표현하였다.

　　우리 집 모든 일을　네 혼자 맛다 이셔
　　人間(인간)의 디디 마오　野樹(야수)의 걸렷다가

비 오고 보람 분 날이어든 自然(자연) 消滅(소멸) ᄒ여라

[현대어] 우리 집 모든 액(厄)을 너 혼자 맡아 있어,/ 사람 세상에 지지 말고 들나무에 걸렸다가,/ 비 오고 바람 분 날이거든 자연 소멸하여라.

민간에 전하는 〈지연가(紙鳶歌)〉를 내가 단가로 만들어본 것이다.[11]

기축년(1589; 54세) 7월에 사암(박순) 공의 부음(訃音)을 듣고 만시(挽詩) 두 수를 지었다.

我似失羣鴻(아사실군홍)	나는 떼를 잃은 기러기 같네.
依依何處托(의의하처탁)	이 몸을 어느 곳에 의탁하리오?
參商蘆葦間(삼상노위간)	서로 먼 갈대밭 사이에
影與寒雲落(영여한운락)	그림자가 찬 구름과 함께 떨어지리.
伯淳無福故(백순무복고)	백순(明道 程顥)이 복이 없는 까닭으로
天下也無福(천하야무복)	천하가 복이 없구나.
命矣奈如何(명의내여하)	운명이로다, 어찌하리오?
西風一痛哭(서풍일통곡)	가을바람에 한바탕 통곡하네.

8월에는 기명이(맏아들)가 서울에서 죽었다. 어려서부터 글재주가 꽤 있었는데, 전년에 진사시에 합격하고 성균관에 다니다가 병 때문에 서른두 살로 요절한 것이다. 억장이 무너지는 듯했다.

---

11) 한편, 권필(權韠)은 속전 〈지연가〉를 한시로 번역하였다("我家諸厄爾帶去 不落人家掛野樹 只應春天風雨時 自然消滅無尋處"; 『石洲集』 권7, '七言絶句', 〈翻俗傳紙鳶歌〉).

나는 아들을 고양에 장사 지내려 창평을 떠나면서 하당장과 이별하였고, 그 선인(仙人) 같은 이를 다시는 만나지 못하였다.

이 단가를 그때 지었던가?

거문고 大絃(대현)을 티니 ᄆᆞᄋᆞᆷ이 다 눅더니
子絃(자현)의 羽調(우조) 올라 막막됴 쇠온 말이
셟기는 젼혀 아니호되 離別(이별) 엇디 ᄒᆞ리

[현대어] 거문고 대현(가장 굵은 셋째 줄)을 치니 마음이 다 녹아지더니,/ 자현(대현에 비하여 줄이 가늘고 높은 소리를 내는 둘째 줄인 遊絃)의 우조[12] 올라 막막조(邈邈調; 막조)로 높여보니,/ 셟기는 전혀 아니하되 이별을 어찌 하리?

---

12) '우조'는 다양한 뜻으로 쓰였는데, 조선 초기 향악(鄕樂)에서의 거문고의 조(調) 개념으로는 4괘(棵)에서 나는 네 개의 조인 일지(一指)·이지(二指)·삼지(三指)·횡지(橫指)를 통틀어서 '낙시조(樂時調)'라 이르고, 7괘에서 나는 네 개의 조인 횡지·우조·팔조·막조를 통틀어 '우조'라고 하였다(국립민속박물관,『한국민속대백과사전』, https://terms.naver.com/entry.naver?docId=3561808&cid=58721&categoryId=58727 참고).

#10. 비상(飛上)

— 54세(1589년, 己丑年, 宣祖 22년, 明 神宗 萬曆 17년)~
55세(1590년, 庚寅年, 선조 23년, 명 신종 만력 18년) —

계사년(1593, 선조 26) 12월 15일 갑자(甲子) 일기
　맑음.
　오늘도 묽은 죽만 조금 먹었더니, 몸에 기력이 거의 생기지 않는 것 같다. 종일 자리에 누워 지내다가, 저녁에 아픈 몸을 겨우 일으켜서 하늘에 뜬 보름달을 구경하였다. 오늘 달빛은 눈부시게 밝다.
　몸은 엉망이지만 의식은 아직 또렷한 듯하니, 큰 논란이 있는 기축년(1589, 선조 22; 54세)과 경인년의 일들을 머릿속에 정리해 봐야겠다.

　기축옥사(己丑獄事), 내 기억에서 가장 지워버리고 싶은 일이다. 이 일로 인해 나는 얼마나 큰 고통을 겪게 되었는가?
　전년(1588)에 진사시에 합격하여 성균관에 들어갔던 장남 기명(起溟)이가 기축년 8월에 서른두 살로 죽자, 나는 영구(靈柩)를 고양 수동의 부모님 산소 옆쪽에 묻도록 했다. 그리고 큰아버님[鄭惟深]과 형님들이 모두 적자(嫡子; 正室이 낳은 아들)가 없어서 기명이가 우리 집안의 적통(嫡統)을 전하였기에, 나는 예법대로 3년복을 입기로 했다.
　우계(성혼)가 소식을 듣고 수동 별서에 차린 빈소를 찾아와서 나를 위로하였고, 원근의 지인들도 약 한 달 동안 적지 않게 조문(弔問)하러 왔다. 구봉(송익필)은 뒤에 남의 눈을 피해 조문 와서 여러 날 머물렀다.
　그런데 9월 말에 내게 전 홍문관 수찬 정여립(鄭汝立; 본관 東萊, 자 仁伯, 1546~1589)이 모반(謀反)한다는 제보가 들어왔다.

10월 1일에 황해도 관찰사 한준(韓準), 재령 군수 박충간(朴忠侃), 안악 군수 이축(李軸), 신천 군수 한응인(韓應寅)이 연명(聯名, 連名)으로 주상께 비밀 글을 올려서 정여립의 모반을 고변(告變)하였다.

당시 44세였던 정여립은 전라도 전주 출생으로, 일찍이 율곡(이이)의 문하에서 수학하였다. 성품이 과격했지만, 통솔력 있고 명석하였으며 경서·사서와 제자백가(諸子百家)에 통달했다고 한다. 경오년(1570, 선조 3)의 식년 문과에 급제하였고, 여러 하위직들을 거쳐 계미년(1583)에 예조 좌랑, 이듬해에 홍문관 수찬이 되었다.

여립은 본래 율곡과 우계의 촉망을 받던 서인이었으나 율곡 별세(1584년) 후 동인에 붙어서 서인을 공격하여, 주상께서 불쾌해하셨다. 조정에서 그를 자주 청망(淸望; 홍문관의 벼슬 후보자를 추천함)에 주의(注擬; 관원을 임명할 때 후보자 세 사람을 정하여 임금에게 올림)하였으나 끝내 주상의 윤허를 받지 못했기 때문에, 벼슬을 얻지 못하여 고향으로 돌아갔다. 그러나 동인들 사이에서는 여전히 인망과 영향력이 있어서, 전라도의 감사나 수령들이 다투어 그의 집을 찾았다고 한다.

그는 권세와 세력을 제멋대로 부리려는 뜻이 있었는데, 주상의 억제가 심하자 반역 모의를 하게 되었다. 이에 강학(講學)을 가탁하여 무뢰배를 불러 모았는데, 무사와 승도(僧徒)들도 그 가운데 섞여 있었다. 그는 진안현(鎭安縣)의 죽도(竹島)에 서실을 지어놓고 대동계(大同契)를 조직하여 매달 15일에 활쏘기 모임을 여는 등 세력을 확장해 갔다. 정해년(1587)에 왜선(倭船)들이 흥양현(興陽縣; 현 전남 高興郡)의 손죽도(損竹島)를 침범했을 때는 당시 전주 부윤 남언경(南彦經)의 요청에 응하여 대동계를 동원해서 물리치기도 하였다.

그리고 해서(海西; 황해도) 지방은 풍속이 완악(頑惡)한 데다가 30년 전에 임꺽정(林巨正)의 난(1559~1562. 1)이 일어난 바 있으므로, 그는 황해 도사가 되기를 청하였으나 뜻을 이루지 못했다. 그러자 안악의 변숭복(邊崇福), 해주의 지함두(池涵斗) 등과 몰래 서로 교결(交結)하여 돌려가며 꾀어내니 응하는 자가 수백 명이나 되었다고 한다.

한편, 수십 년 전에 충청도 천안(天安)의 사노(私奴) '길삼봉(吉三峯)'이란 자가 용맹이 뛰어나 흉포한 도적이 되었는데, 관군(官軍)이 체포하기 위해 엄습했으나 그때마다 탈주하여 이름이 나라 안에 자자했다.

그래서 여립은 지함두 등을 시켜서 해서 지방에 말을 퍼뜨리기를, '길삼봉·삼산(三山) 형제가 신병(神兵)을 거느리고 지리산으로 들어가기도 하고 계룡산(鷄龍山)으로 들어가기도 한다.' 하고, 또 '정팔룡(鄭八龍)은 신비하고 용맹한 사람으로 마땅히 왕이 될 것인데, 머지않아 군사를 일으킬 것이다.'고 했다. 그리고 이때 해서에 떠도는 말이 자자했는데, '호남 전주에 성인(聖人)이 일어나서 우리 백성을 구제할 것인데, 이때부터 국가가 태평하고 무사할 것이다.' 하였다. 어리석은 백성들이 그 말에 현혹되어 왁자하게 전파했다.

여립은 변란을 일으키려는 계책을 세워서 비밀로 부서(部署)를 약속하여, 기축년 한겨울에 한강의 결빙기를 이용하여 황해도와 호남에서 동시에 서울을 침범해서 대장(大將) 신립(申砬)과 병조 판서를 살해하고, 병권을 장악하기로 했다고 한다.

황해도 구월산(九月山)의 중들 중에 이에 호응하는 자가 있었는데, 중 의엄(義嚴)이 그 정상을 염탐하고 재령 군수 박충간에게 비밀히 말했으나, 박충간이 망설이며 고발하지 못했다. 안악의 교생(校生; 鄕校에 다니던 생도) 조구(趙球)가 늘 여립의 제자라고 하면서 무리를 많이 모아 술 마셨는데, 당시의 종적이 평소와 달랐다. 이에 안악 군수 이축이 엄습하여 잡아다가 실상을 물으니, 조구가 모든 역상(逆狀)을 고발했다.

이축이 편지로 박충간을 초청해서 두 사람이 의논하여, '신천 군수 한응인은 명사(名士)이므로 조정에 신임받을 수 있다' 해서, 조구를 신천에 보내어 연명하여 황해 감사 한준에게 보고하니, 한준이 장계를 올려서 고변하였다.

10월 2일 밤에 주상께서 삼정승, 여섯 승지, 입직 도총관 두 사람, 홍문관의 상하번(上下番)을 편전(便殿)에 불러 사관(史官)과 함께 입시케 하시고, 여립이 어떠한 사람인지 영의정 유전(柳㙉)·좌의정 이산해(李山海)·우의정 정언신(鄭彦信)에게 물어보셨다. 그러고는 금부도사를 나누어 파견하여 여립 등을 체포하고 고변한 자까지 함께 잡아 오게 하셨고, 토포사(討捕使)를 나누어 보내어서 비상사태에 대비하게 하셨다.[1]

고변자들 중의 박충간이 미리 알려주어서 그 모반을 조금 일찍 알고 있던 나는 10월 6일에, 죽은 기명이의 처남인 통례원 인의(通禮院引儀) 김장생(金長生; 본관 光山, 자 希元, 호 沙溪, 1548~1631, 黃岡 金繼輝의 아들)[2]에게 편지

---

1) 정여립 모반사건의 고변에 대해서는 『국조보감(國朝寶鑑)』 권30, '선조조7', '22년(기축년, 1589)조'를 주로 참고하였음.
2) 김장생은 13세부터 구봉 송익필의 문하에서 예학을 배우고 20세부터 율곡 이이 문하에서 성리학을 공부하여 예학과 성리학의 거두가 되었다.
　　1578년(선조 11)에 학행(學行)으로 천거되어 창릉 참봉이 되었고, 1580년에 우계 성혼의 문하에 들었다. 1581년에 돈령부 참봉이 되어 종계변무사(宗系辨誣使)인 아버지 김계휘(당시 대사헌)를 수행하여 명나라에 다녀왔다가, 이듬해 부친상을 당했다. 이후 1584년에 순릉 참봉, 평시서 봉사(平市署奉事) 등이 되었다. 그 뒤 동몽교관, 통례원 인의를 지내고, 정산 현감으로 나갔다.
　　임진왜란 때 호조 정랑이 되어 군량미 조달에 노력하였다. 그 뒤 단양 군수, 남양 부사 등을 지내며 선정을 폈다. 대북(大北)이 권력을 잡자, 벼슬을 사양하고 선영이 있는 충청도 연산현(連山縣; 현 충남 論山市 연산면)으로 내려갔다.
　　인조반정 이후 서인 산림파('山黨')의 영수가 되어 공신 세력에 맞섰다. 송익필·이이·성혼의 계승자로서 기호학파(畿湖學派)를 형성, 확장함에 기여했다. 문하에 김집(金集; 호 愼獨齋, 1574~1656, 아들), 송준길(宋浚吉; 호 同春堂, 1606~1672), 송시열(宋時烈; 호 尤庵, 1607~1689) 등이 있었다.
　　사후에 이조 판서를 거쳐 영의정에 추증되었다. 시호는 문원(文元).

를 보내어 다음날 아침 일찍 고양에 오게 했다.

사계(沙溪; 金長生) 수필(手筆)『송강상공 행장초(松江相公行狀草)』
전 54면 중의 8~9면
(http://www.gasa.go.kr/GDATA/gasa_data/bookinfodir/WA00000002/%EB%AC%B8%EC%B2%AD%EA%B3%B5%EC%9C%A0%EC%82%AC%EC%20%EC%82%AC%EA%B3%84%EC%88%98%ED%95%84_%EC%9D%B4%EB%AF%B8%EC%A7%80(3%EB%B3%B4)_005.jpg에서 전재)

내가 '정여립이 바드시 도망칠 것이다.'고 하니, 희원(希元; 김장생)이 '그럴 리가 있겠습니까?' 하였다. 내가 '주상께 숙배(肅拜)³⁾'를 하려 하는데, 어

---

3) 숙배는 신민(臣民)이 국왕에게 감사를 표시하는 충성과 복종의 서약의식이었다. 조선시대에는 통례원에서 관장하여 돈수사배(頓首四拜)를 행했는데, 그 대표적인 사은숙배는 오전에 행하였고, 2품 이상의 실직(實職)에 임명된 자가 그 이튿날 숙배할 때나 대신(1품)・국구(國舅)가 숙배할 때는 인의(引儀)의 창(唱)이 있었다.

떤가?' 하니, 희원이 '주상의 소명(召命)이 계시다면 모르겠지만 이런 때 숙배하시면 마치 기회를 노린 듯한 혐의를 받으니 옳지 못합니다.'고 했다. 내가 '역적이 주상을 해치려 했는데 내가 중신(重臣)이 되어(당시 여전히 종1품 숭정대부로서 판돈령부사의 직함을 띠고 있었던 듯함) 밖에 있으면서 변(變)을 구경만 하고 들어가지 않으면 되겠는가? 그것이 신하의 도리에 어떠한가? 그대의 말은 바로 혐의를 피하라는 것이겠지.' 하였다. 희원이 '이 때 숙배하시면 공은 반드시 추관(推官; 審問官)이 될 것이고 또 공신도 되겠습니다만, 이 같은 큰 옥사에는 반드시 억울하게 걸려드는 자가 있을 터인데, 공이 능히 하나하나 구해줄 수 있겠습니까?' 했다. 나는 '저들이 나 때문에 살게 된다면 반드시 크게 고맙게 여길 것이다. 그대의 말은 결국 혐의를 피하라는 것뿐이지, 신하의 의리에는 맞지 않다.'고 하였다.

날이 늦어서 나는 희원과 함께 말을 타고 서울로 갔는데, 그는 성안으로 들어가고 나는 서소문(西小門; 昭德門) 밖에서 잤다.[4]

며칠 뒤인 10월 11일에 내가 대궐에 들어가 숙배하니, 승정원과 홍문관에 입번(入番; 차례로 숙직함 또는 당직함)한 사람들이 모두 놀랐다고 한다. 그 뒤에 내가 역적을 체포하는 조치와 서울을 계엄(戒嚴)하는 데 대한 비밀 차자(箚子; 격식을 갖추지 않은 간단한 書式의 상소문)를 올리니, 주상께서 "경의 충절이 더욱 가상하다. 마땅히 의논하여 처리하겠다."고 답하셨다.

한편, 역당(逆黨)인 변숭복은 조구가 고변했다는 말을 듣고, 황해도 안악으로부터 여립이 있던 전라도 김제군 금구(金溝)의 별장까지 1,000리 길을

---

4) 김장생, 「송강상공 행장초(松江相公行狀草)」('沙溪 手筆『文淸公遺事』, 1808, http://www.gasa.go.kr/GDATA/pdf/A00000232.pdf) 참고.
　한편, 같은 글에서는 정철의 말을 따라서, 정철의 숙배와 관련하여 성혼(동지중추부사로 있다가, 1585년 9월에 양사의 탄핵으로 정철에 이어서 이름을 天府에 써 붙이게 되자 상소하여 自劾한 뒤로, 파주 우계에 가 있었음) 등이 모두 권하였다고 했지만, 『우계연보 보유』 권2, '잡록 하(雜錄下)'에서는 사실과 다르다고 하였다.

나흘 만에 달려가서 고하였다. 10월 7일에 여립이 아들 옥남(玉男)과 함께 죽도로 피신했다는 보고가 있었고, 8일에 황해도의 역당 이기(李箕)·이광수(李光秀) 등이 붙잡혀서 15일에 대궐 뜰에서 국문(鞫問; 鞫廳에서 刑杖을 가하여 重罪人을 신문하던 일)을 받자 모두 승복하고 복주(伏誅; 형벌을 순순히 받아 죽음)되었다. 17일에 여립은 관군의 포위가 좁혀들자 자살하였고, 정옥남은 체포되어 서울로 압송되었다.

28일에 내 사주(使嗾)를 받은 호남 출신 성균관생 양천회(梁千會)가 여립의 역모 등에 대해 상소문을 올려서, 역적과 결탁한 사우(師友)로 이발(李潑; 전 성균관 대사성)·이길(李洁; 전 홍문관 응교)·김우옹(金宇顒; 안동 부사)·백유양(白惟讓; 홍문관 부제학) 등이 있고, 절친한 친척으로 정언지(鄭彦智; 이조 참판)·정언신 등이 있다고 하였다.

11월 7일에 우의정 정언신이 양사의 탄핵을 받아 파직되자, 이튿날 나는 대광보국숭록대부(大匡輔國崇祿大夫; 정1품 상계)에 올라 의정부 우의정이 되어서, 역옥(逆獄; 역적에 대한 옥사)을 다스리는 위관(委官; 중한 죄인을 訊問할 때, 삼정승 중에서 임시로 임명하는 재판장)을 맡게 되었다. 내가 사양하려고 했더니, 같은 날에 이조 참판에 제수된 우계가 '변란이 벼슬아치들 사이에서 생겼기 때문에 널리 퍼질까 염려되니, 만약 다른 사람으로 하여금 주관하여 역옥을 다스리게 한다면 공변된 마음으로써 혐의를 처리할 수 없을 것이오.'하며 권하기에, 직에 나아갔다.

구봉의 권유에 따라, 나는 창덕궁 문밖의 삼청동 집에서 이른 새벽에 의금부(義禁府; 현 종로구 공평동 제일은행 자리에 있었음) 추국청(推鞫廳)으로 갈 때도 경복궁 서쪽에 있던 우계의 집에 들러서 가고 저녁에 나오면서도 우계를 찾아가서 거의 모든 일을 상의하려고 했다. 그런데 우계는 옥사에 깊이 관여하지 않으려 했다.

역적 여립과 그에게 직접 동조한 사람들을 처형하는 일에는 큰 어려움이 없었다. 그러나 그와 연루된 사람들을 처리함에서 상당한 논란이 있었다. 나는 전에 여립을 황해 도사와 김제 군수로 천망(薦望; 벼슬아치를 윗자리에 천거함)했던 이조 관원들을 치죄(治罪)해야 한다고 판단했다. 그러나 희원은 '이조가 어떻게 이렇게 될 줄 미리 알았겠습니까? 이는 공죄(公罪; 공무상의 과실)에 불과합니다. 공죄를 가지고 사람을 사지(死地)에 몰아넣으면 되겠습니까?'라며 강하게 반대했다. 나는 "공죄를 가지고 간혹 파직하기도 하고, 혹 고신(告身; 관원에게 품계와 관직을 임명할 때 주는 임명장)을 빼앗는 수도 자주 있다. 여립이 만약 군사를 거느릴 수 있는 직책을 얻었더라면 나라의 해가 적지 않았을 터이니, 비록 공죄일지라도 논계(論啓)를 하는 것이 어찌 해롭겠는가?"하고 말했지만, 그는 '절대 그렇지 않습니다. 이 일은 해서는 안 됩니다.'며 재삼 반대하였다.

이러한 의논을 이경로(이희삼)가 마침 서울에 들렀다가 듣고 그의 '6촌'이라는 좌상 이산해에게 말하니, 전에 이조 판서였던 이산해가 크게 놀라고 두려워했다. 구봉이 그를 찾아가니, 이산해가 '어느 한 어른이 기어이 나를 죽이려 드니, 나는 꼭 죽을 것이다.'라 말했다고 한다. 이로부터 이산해가 나와 우계에게 크게 원한을 품게 되었다.

얼마 뒤에 우계와 율곡의 문인인 정언 황신(黃愼; 본관 昌原, 자 思叔, 호 秋浦, 1560~1617)이 여립을 김제 군수로 추천했던 이산해를 추론(追論)하니, 주상께서 노하셔서 황신을 고산 현감으로 내치셨다.

12일에 주상께서 잡혀 온 역당을 친국(親鞫)하실 때 여립의 조카 정집(鄭緝)의 공술(供述; 형사 소송에서 당사자·증인·감정인이 관계 사항을 알림)과 그 일당인 낙안군(樂安郡; 현재는 전남 순천시와 寶城郡에 속함) 교생 선홍복(宣弘福)의 초사(招辭; 죄인이 자기의 범죄 사실을 진술한 말)에서 정언신·정언지·홍종록(洪宗祿)·정창연(鄭昌衍)·이발·백유양 등의 이름이 나왔다.[5]

정상(情狀)에 적확한 근거가 없었고 단지 여립과 편당(偏黨)을 지어서 추천하고 비호했으며 논의가 구차하였다는 연유뿐이었으나, 주상의 의심이 있으셨다. 그런데 역적의 집에 남아 있던 편지들(宣傳官이 정언신의 이름이 明記된 것은 없앴음)을 보게 되자, 그중에 이발의 서찰이 가장 많았다.

이발은 옥사가 일어나자 서울의 교외(郊外)에서 대죄(待罪)하였고, 11월에 함경도 종성으로 유배되었다가 다시 압송되어 고문받던 중에 장살(杖殺)되었다.

정언신·백유양·이길 등은 멀리 귀양보냈는데, 형을 더해야 한다는 논의가 일었다. 이에 경상도 남해현에 유배되었던 정언신은 사사(賜死)하라는 왕명이 내렸다가 내가 독계(獨啓)하여 감형되어 함경도 갑산(甲山)으로 이배(移配)되어서 죽었다. 백유양도 귀양 갔다가 역적에게 보낸 서찰에 주상을 범한 말이 많아서 다시 잡혀 고문받다가 죽었다. 주상께서 역적으로 처단하려 하시자, 대신이 아뢰기를, '경악(經幄; 經筵) 사이에서 한 정여립이 나온 것도 이미 불행한 일인데, 백유양이 무상(無狀)하기는 해도 어찌 다시 여립으로 삼을 수 있겠습니까?' 하니, 주상께서 아래에서 전단(專斷; 마음대

---

5) 이에 대해 『선조실록』(임진왜란 전의 記事가 조잡하고, 史論에 北人의 정치적 입장이 많이 반영됨) 선조 22년(1589) 12월 을유(12일) 기사에서는 다음과 같이 기술하였다. "낙안에 거주하는 교생 선홍복의 집에서 문서를 수색해 냈는데, 역적 정여립과 서로 통한 흔적이 있었다. 그를 잡아들여 심문하여 승복을 받은 뒤에 사형에 처했다. 그의 초사에 이발·이길·백유양 등이 관련되어서 모두 장사(杖死)하였고 이급(李汲) 또한 장사했다. … 그때 정철 등이 자기들과 친한 금부도사를 시켜 거짓으로 선홍복의 가서(家書)를 만들어 선홍복에게 은밀히 전하면서 '만약 이발·이길·백유양 등을 끌어넣으면, 너는 반드시 살아날 수 있다.' 하고, 큰 버선을 만들어 통을 넓게 하여 밖으로 제치게 하고, 그 말을 버선 안쪽에 써 두었다가 그가 결박되는 때 거기에 쓰인 대로 잊지 않고 진술하게 했다. 선홍복이 그 말을 믿고 낱낱이 그대로 진술하였는데, 자백이 끝난 뒤에 즉시 끌어내 사형에 처하려 하니, 선홍복이 크게 부르짖기를 '가서와 버선 안의 글에 이발·이길·백유양 등을 끌어대면 살려주겠다 해 놓고 어찌 도리어 죽이려 하느냐?'고 했으니, 정철 등이 사주하여 살륙한 것이 이토록 심하였다."

로 결정하고 실행함)한다고 책망하셨으므로 감히 다시 말하지 못했다.

나는 다른 대신에게 '이발의 죽음이야 어쩔 수 없거니와, 그의 아우 이길도 아울러 사형에 처해야 하는가?' 하고, 곧 독계하여 다시 품의(稟議)했으나 끝내 죽음을 면하지 못했다. 그리고 이발의 형 이급(李汲)도 아우에 연좌되어 죽었다.

이발의 형제들이 모두 죽은 뒤, 그들의 가족들도 옥에 갇혔다.

내가 박충간·이선경(李善慶)·이수준(李壽俊) 등에게서 '진짜 역적은 이발의 서종형(庶從兄)인 이빈(李濱)으로, 역적이 호서(충청도)의 입구를 차단하여 호남으로 가는 길을 막고 영남으로부터 새재[鳥嶺]를 넘어 한강을 건너려고 했다'는 말을 듣고, 그 말을 이수준에게서 먼저 들은 이조 정랑 이항복(李恒福; 본관 慶州, 자 子常, 호 白沙, 1556~1618)을 불러서 "이씨 집안이 멸족당하게 생겼소. 어쩌면 이처럼 슬픈 일이 있을까? 듣자니 진짜 역적은 딴 곳에 있다는데, 이발과 이길은 한때 가까이 지냈다는 이유로 이 지경에 이르게 되었소. 만일 진짜 역적을 잡아 처벌한다면, 그 모친과 손자가 죽음을 면할 수 있을 것이오." 하였다.

그러자 자상(子常; 이항복)이 "어디에 진짜 역적이 있습니까?"라고 묻기에, 나는 "듣자니 이빈이란 자가 있는데, 이렇게 이렇게 일을 꾸몄다고 하오." 했다. 그가 깜짝 놀라 벌떡 일어났다가 다시 앉으면서 말하기를, "어디에서 이런 말을 들었습니까?" 하여, 내가 웃으면서 "놀라지 마오. 나는 그대가 이미 이 말을 들었다는 사실을 알고 있소." 하니, 그가 "위관의 체통은 중대한 것인데, 이처럼 허무맹랑한 말을 어떻게 서슴없이 하실 수 있습니까?" 하였다.

그 뒤 열흘 남짓 지나서 또 자상을 불러서 "그 말은 의심할 것이 없소. 나는 계(啓)를 올리려고 하오." 하니, 그는 또다시 불가하다고 했다. 나는 또 열흘 남짓 지나 다시 그를 불러 놓고, 그 일을 적은 글을 내보이면서

'급하다'고 하였다. 그러자 그는 어쩔 수 없다는 듯 종이를 펼쳐 놓고 천천히 훑어보고서 "이러한 밀모(密謀)를 모두 계로 올린다면 끝을 맺기 어려울 듯합니다."라고 말하므로, 나는 "그렇다면 고치도록 하오." 하여, 그가 곧바로 대충 몇 마디 말을 고쳐서 계를 올렸다.

그날로 이빈 네 부자(父子)를 나포하여 심문했으나 굴복하지 않자, 장형(杖刑)으로 다스리기를 청하여 한 차례 장형을 내렸고, 또다시 장형을 청하자 주상께서 비망기(備忘記)로 답하시기를, "그 말을 아는 자는 반드시 역모의 실상을 자세히 알 것이다. 내 그 사람을 알고자 하노라." 하셨다. 내가 국문을 파하고 나와서 자상에게 '어떻게 대답해야 할까?'하고 물으니, 그는 "옥사(獄辭)에는 반드시 서로 연결된 계제(階梯; 순서나 절차)가 있습니다. 그렇지 않으면 결국은 허무맹랑한 데로 돌아갈 것이니, 사유(事由)를 갖추어 계를 올리지 않을 수 없습니다."라고 답했다. 이에 내가 "처음엔 찾아와서 말한 사람들이 많았는데, 이제는 모두 잊어버렸고 박충간·이수준·이선경 세 사람만을 기억할 뿐이오."라 말하고, 그에게 붓을 잡아 계초(啓草)를 쓰도록 하였다.

그 뒤 나는 희원(김장생)과 의논하면 반대할 게 뻔해서 그의 숙부인 김은휘(金殷輝)와 의논했더니, 그가 '박충간은 신훈대신(新勳大臣)이고, 이항복은 주상께서 신임하는 신하이니, 그들로써 대답하면 될 것이다.'라고 하여, 그 밀계(密啓)를 올리면서 이수준과 이선경의 이름은 지우고 박충간과 이항복의 이름만 들었다.

나는 대궐을 나오면서 사람을 보내어 자상을 불러서 "내가 그대의 이름을 말씀드렸소." 하자, 그는 "나포하라는 명령이 내려질 것이니, 소인은 사실대로 공초(供招; 범죄 사실에 대한 죄인의 진술)하고 물러 나올 것입니다."라고 하였다. 그리고 나서, 그는 이수준을 크게 꾸짖어 '이놈이 하마터면 나를 죽일 뻔하였다. 네가 망언(妄言)한 것을 나는 귀로 들었을 뿐 한 번도

입 밖에 내지 않았는데, 어떻게 감히 나를 팔아 끌어넣을 수 있는가?' 하고, 또 '나는 송강 노인에게 한 번도 말한 적이 없는데, 만일 나를 끌어넣는다면 나는 반드시 사실대로 공초할 것이다. 어떻게 이러한 계책을 꾸밀 수 있는가?'라고 말했다고 한다.

그 뒤로 나는 자상을 보면 미안하여 얼굴을 똑바로 대하기 어려웠다. 그렇지만 그때 나의 일 처리는 지극히 경솔했지만, 내 본심은 이발의 모친과 손자를 구하려다가 일이 난처해지자 그를 잘못 끌어넣어 말한 것이지, 그를 모함하고자 한 것은 결코 아니었다.[6]

경인년(1590) 5월에 82세였던 이발의 노모와 8세 된 아들 등도 엄형(嚴刑)으로 죽었는데, 그때의 위관은 유성룡[7]이었다. 노친네는 압슬(壓膝; 죄인

---

6) 김장생, 『사계전서(沙溪全書)』 권2, '서(書)', 「이자상 항복에게 줌[與李子常恒福]」에 대한 「이자상의 답서[附答書]」 참고.

7) 유성룡(柳成龍; 1542~1607)의 본관은 풍산(豊山), 자는 이현(而見), 호는 서애(西厓). 경상도 안동부 풍산에서 자라다가, 13세 무렵부터 서울 등지에서 살았다. 20세에 귀향하여, 이듬해에 퇴계(退溪) 이황(李滉)의 문하에 들어서 수학하였다. 1566년(명종 21) 별시 문과에 급제하여 벼슬길에 들었다. 여러 벼슬을 거쳐서, 1584년(선조 17)에 예조 판서가 되었으며, 1588년에 홍문관·예문관 대제학이 되었다. 이후 대사헌, 병조 판서, 지중추부사를 지내고, 1590년에 우의정에 승진했으며, 광국공신(光國功臣) 3등에 녹훈되고 풍원부원군(豊原府院君)에 봉해졌다.

1591년에 좌의정에 승진해서도 이조 판서를 겸하였다. 이해에 건저 문제로 서인 정철의 처벌이 논의될 때 동인의 온건파인 남인에 속해, 강경파인 북인의 이산해(李山海) 등과 대립하였다.

왜란이 있을 것에 대비해 형조 정랑 권율(權慄)과 정읍 현감 이순신(李舜臣)을 의주 목사와 전라도 좌수사에 천거하는 등 대책을 강구하였다.

1592년 4월 13일 일본이 대거 침입하자, 병조 판서를 겸하고 도체찰사로 군무(軍務)를 총괄했다. 이어 영의정에 올라 왕을 호종하여 개성에 이르러서, 나라를 그르쳤다는 탄핵을 받고 파직되었다가, 평안도 도체찰사가 되었다. 이듬해 명나라 장수 이여송(李如松)과 함께 평양성을 수복하였다. 그 뒤 다시 영의정이 되어 4도 도체찰사를 겸하여 군사를 총지휘했다.

1594년에 훈련도감이 설치되자 제조(提調)로서 군비 보완에 힘썼다. 1598년에 북

을 기둥에 묶어 사금파리를 깔아 놓은 자리에 무릎 꿇리고 그 위에 압슬기나 무거운 돌을 얹어서 자백을 강요함)로 죽어가면서도 형벌이 너무 지나치다고 꾸짖으면서 끝내 역모에 관한 일을 승복하지 않았으며, 이발의 문생들과 노비들도 모두 엄형을 가했으나 승복하는 자가 없었다지.

기축년 12월 14일에 정암수(丁巖壽)를 비롯한 전라도 유생 몇 명이 이산해·정언신·정인홍(鄭仁弘)·유성룡 등을 지척(指斥; 지적하여 탓함)하는 유소(儒疏; 유생들이 연명하여 올리는 소)를 올리면서, '전 현감 정개청(鄭介淸; 본관 固城, 자 義伯, 호 困齋, 1529~1590)[8]은 오랫동안 정여립과 교우가 친밀하여 온갖 사설(邪說)에 서로 호응한 자'라고 했다.

이 소를 올리자 주상께서 이산해와 유성룡을 인견(引見)하여 위로하시

인의 탄핵으로 관작을 삭탈당했고, 1600년에 복관되었지만 곧 은거하였다. 1604년에 호성공신(扈聖功臣) 2등에 책록되고 다시 풍원부원군에 봉해졌다.
도학·문장·덕행·글씨 등으로 이름을 떨쳤다. 시호는 문충(文忠)이다.
저서들이 여럿인데, 『서애집(西厓集)』과 『징비록(懲毖錄)』이 특히 유명하다.
8) 정개청은 전라도 나주의 향리(鄕吏) 자손으로, 어려서 보성(寶城)의 산사(山寺)에 들어가 10여 년간 성리학을 비롯하여 천문·지리·의약·복서(卜筮) 등의 잡학을 공부했다. 그 뒤 하산하여, 서울에서 박순(朴淳) 등을 종유하며 학문을 강구한 뒤, 전라도 무안의 엄담(淹潭)에 이주하여 학문에 힘쓰며 후진을 양성했다. 특히 예학과 성리학에 관심을 기울여 당시 호남의 명유(名儒)로 알려졌다.
1574년(선조 7; 43세)과 1583년에 유일(遺逸)로 천거되었지만, 관직을 사양하였다. 1577년부터 여러 곳의 참봉에 제수되었으나 모두 사은숙배 후 사퇴했다. 1583년에 나주 훈도를 지냈고, 1585년에 교정청 낭청(校正廳郞廳)으로 10여 일간 있었다. 1586년에 전생서 주부(典牲署主簿), 1588년에 곡성 현감을 지냈다.
1589년의 정여립 모반사건 때 연루자 색출이 지방 사류에까지 확대되는 와중에, 1590년 5월에 정여립과 동모했다는 죄목으로 체포되어서, 6월에 함경도 경원으로 유배되어 7월에 죽었다.
문생들이 400여 명에 달했는데, 당시 호남지방의 유력 가문 출신이 다수 포함되었다. 저서로 『우득록(愚得錄)』이 있다. 1616년(광해군 8)에 그를 제향하는 자산서원(紫山書院)이 엄담에 건립된 뒤로 1694년(숙종 20)까지 집권세력의 당색(黨色; 서인 또는 남인)에 따라 몇 차례 철거와 복구를 반복하였다.

고, 이어 "정암수 등이 국가의 역변(逆變)을 이용해 감히 무함하는 술책을 써서 근거 없는 말을 날조하고 사악하게 속이는 소를 올려 현상 명경(賢相名卿)을 모조리 지척하여 온 나라가 텅 빈 뒤에야 그만두려고 하니, 그 속셈을 따져 보면 장차 어찌하려는 것인가? 그 흉악하게 치는 양상이 더욱 해괴하다. 이는 반드시 간인(奸人; 남을 헐뜯고 이간질하는 사람)의 사주를 받은 것이 단연 의심이 없으니, 잡아들여 추국하고 율에 따라 죄를 적용하라."고 전교(傳敎; 임금이 명령을 내림)하셨다. 주상께서는 구봉을 염두에 두신 것 같았는데, 과연 16일에 '사노(私奴) 송익필·한필(翰弼) 형제를 체포하여 추고(推考)하라'는 어명을 내리셨다.

정개청은 전라도 나주의 한천(寒賤)한 출신으로, 어려서 집을 떠나 중이 되어 풍수설(風水說)을 배워 국내를 유람하면서 생활했는데, 어떤 사인(士人)이 머리를 기르도록 권하였다. 처음에 심의겸과 홍인경(洪仁慶)을 섬겼는데, 이를 인연으로 사암(박순) 공을 알게 되어 배우기를 청하자, 공이 여섯 살 아래인 개청을 친자제처럼 10여 년 동안 가숙(家塾)에 머물게 하고 가르쳤다고 한다. 그리고 누차 조정에 천거하여 관직을 제수시켜 6품에까지 올랐는데, 나아가기도 하고 사양하기도 했다. 무안(務安)에서 가난하게 살면서도 배움에 힘써 사론(士論)이 칭찬하였는데, 이는 모두가 사암 공이 인도한 결과였다.

그러다가 사암 공이 조정에서 배척당하자 개청은 자기에게 누가 미칠까 염려하여, 동인 정여립·이발·이길과 서로 결탁하고 서로 추켜세웠다. 이산해가 개청을 천거하여 곡성 현감에 제수되었는데, 어떤 사람이 그에게 '어떻게 해서 박순과 친분을 갖게 되었는가?' 묻자, 그는 '그 집에 책이 많다는 말을 들었기 때문에 소싯적에 그럭저럭 책을 빌려보았을 뿐이다.' 라 대답했다고 한다. 사암 공이 이 말을 듣고 '그는 본래 한천한 출신이니 시세에 편승하지 않는다면 어떻게 발신(發身)하겠는가?' 하여 그다지 탓하지 않았는데, 호남의 사인들로서 사암 공을 존경하는 자들은 모두 스승을 배반하고 이익을 취한 개청의 행위를 배척했으며, 특히 나는 그를 몹시 미워하였다.[9]

개청도 나를 싫어하여, 내가 임오년(1582)에 전라도 관찰사를 지낼 때 주색에 빠져서 호남의 사습(士習)을 잘못되게 하여 무너뜨렸다고 여러 사람에게 말했다고 하며, 내가 창평에서 머물고 있던 무자년(1588)에 인근 곡성 현감을 지내면서 나주에 있는 늙은 어버이를 근친(覲親)하러 왕래할 즈음에 내게 안부를 묻지 않았을 뿐만 아니라, 내 집 문 앞을 지나가면서도 나를 한 번도 찾아보지 않았다.[10]

경인년 정월에 무도(無道)한 호군(護軍) 홍여순(洪汝諄; 본관 南陽, 1547~1609)이 유소에서 정개청의 이름이 거론되고 역당으로 지칭된 것에 대하여 의심스러운 점이 있다고 해서, 나주 일대에 문서로 물었더니 그 지방 관리들은 모두 개청이 여립과 교분이 두터웠다고 하였다.

이에 대관(臺官; 사헌부의 벼슬아치)이 정개청을 잡아다가 국문할 것을 계청하면서 절의(節義)를 배척한 죄까지 아울러 논했는데, 5월에 체포되어 하옥된 그가 공초하기를 '일찍이 교정청(校正廳) 낭관(郎官)으로 있을 때 정여립과 동료로서 서너 번 얼굴을 알고 지냈을 뿐이다.'라고 하였다. 주상께서 개청의 공초를 보시고, 그가 역적과 몇 차례 통한 서신을 내리시며 전교하시기를 '교정청에서 한 번 보았다는 주장은 기망죄(欺罔罪)에 가깝지 않은가?' 하셨다. 또 그가 절의를 논변한 설[11]을 보시고 매우 미워하셔

---

9) 『선조수정실록』(西人과 南人의 정치적 입장이 반영됨) 선조 23년(1590) 2월 계유(1일) 기사 참고.
10) 윤선도(尹善道; 호 孤山, 1587~1671, 南人), 『고산유고(孤山遺稿)』 권3, '소(疏)', 「국시소(國是疏)」(1658. 6) 참고.
11) "… 개청은 일찍이 「절의청담변(節義淸談辨)」이라는 글을 지었다. 그 내용은 대개 동한(東漢)·서진(西晉)의 선비들은 성현의 학문에 종사할 줄 모르고 의리의 대요(大

서, 홍문관으로 하여금 그 설을 조목조목 공파(攻破)하여 여러 고을의 향교에 게시하도록 하셨다. 주상께서는 "여립은 반역한 개청이요, 개청은 반역하지 않은 여립이로다."라고 하실 정도로 그를 왕권을 위협하는 위험인물로 여기셨다.

개청은 장형을 받고 함경도 경원의 아산보(阿山堡)에 유배되어 7월에 장독(杖毒)으로 죽었다.

바야흐로 개청을 국문할 즈음에 그가 스스로 변명하여 "내가 지은 설은 본래 주자가 논했던 것으로, 고의로 절의를 배격하려 했던 것은 아니다."고 해서, 내가 꾸짖어 말하기를 "네가 주자를 어떻게 아는가? 주자도 스승을 배반했던가?" 하였는데, 뒤에 사람들이 이를 가지고 말하기를 '정개청이 정철로 말미암아 죽었다.'고 하였다.

옥사 초기에 역당들의 공초에 모두 주모자가 '길삼봉'이라고 하였는데, 삼봉이 누구인지에 대해서는 의견이 분분하였다. 그중에 성이 '최(崔)'로 지리산 아래에 산다는 말도 있었기 때문에, 내가 암시하기도 해서,[12] 여러

要)를 따르지 않으면서 의견만 장황하게 늘어놓다가 나라를 망하게까지 했으면서도 자기 잘못을 몰랐으니 또한 세교(世敎)에 아무 보탬이 없음이 명백하다는 것이었다. 이 말은 본래 주자(朱子)의 설이었는데, 개청은 글이 부족해 절의지사(節義之士)를 나라 망치는 사람이라고 한 것 같은 대목이 있었다. 그런데 그 문도들은 또 '우리 스승이 이런 논을 한 것은 정철이 호남의 사습(士習)을 잘못되게 무너뜨리고 있기 때문에 하신 것이다.'고 칭하였다. [정철이 절의를 숭상하면서도 방탕한 기질이 있어 조정을 오만하게 대하는 면이 있었기 때문이다.] 이런 까닭에 비판하는 자들은 개청이 절의를 배척하는 논을 지었다고들 하였다. …." 『선조수정실록』 선조 23년(1590) 2월 계유(1일) 기사.

12) 『선조실록』 선조 24년(1591) 8월 을사(13일) 기사의 "무고(誣告)한 사람들을 아뢴 대로 잡아 왔는데, 양천경(梁千頃)·양천회·강견(姜涀)·김극관(金克寬)·김극인(金克寅)과 전 찰방 조응기(趙應麒) 등이었다. … 천경·천회·강견 등은 2차의 형신(刑訊)을 받고서 '정철의 풍지(風旨)를 받아 최영경을 길삼봉이라고 사실무근한 말을 지어내어 서로 수창(酬唱)했다.'고 승복하였다." 참고.

사람들이 최영경(崔永慶; 본관 和順, 자 孝元, 호 守愚堂, 1529~1590)[13]을 지목하였다.

최영경은 나와 만난 적이 없는데도 나를 '성질을 못 참는 소인'이라 말했다고 한다. 또 안습지(안민학)가 그를 찾아가서 나를 칭찬하며 '이 사람이 국가에 마음을 다하는 것을 알 수 있다.'고 하자, '나는 오래도록 서울에 있었지만, 그 사람이 좋은 벼슬한다는 말만 들었을 뿐, 국가 대계를 건의했다는 말은 듣지 못하였다.'라 했다고 한다.[14]

그는 처음에는 율곡과 우계에게 인정받았는데, 뒤에는 이발・여립・정인홍 등과 서로 친하여 두 현자를 훼방하고 헐뜯었다. 심지어는 '박순과 정철을 반드시 참수하여 효시(梟示)한 뒤에야 국가의 일을 다스릴 수 있다'고 말하기까지 했다고 한다.

이때 우계가 부름을 받고 서울에 와서 말하기를, '최영경의 사람됨이 어찌 이 지경에 이른다고 의심한단 말인가?' 했으며, 사헌부에서 최영경의 관작을 삭탈할 것을 논하고 사간원에서도 발론(發論)하는 자가 있었으나 정언 황신이 우계의 말에 따라 저지하였다.

---

13) 최영경은 서울 출생으로, 어려서부터 학문에 재질을 보였으며 효행(孝行)으로 이름 났다.
　　서울에서 살다가, 중년 이후에 그의 선대의 옛집이 있는(또는 아우 餘慶의 처가가 있는) 경상도 진주의 도동(道洞)으로 은거하였다. 그 뒤 남명(南冥) 조식(曺植)을 찾아가서 그의 제자가 되었다. 학행으로 1572년(선조 5; 48세)부터 여러 관직에 제수되었으나 모두 나가지 않았고, 1575년에 시축(司畜)에 제수되자, 잠시 취임했다가 그만 두었다. 1576년에 덕천서원(德川書院; 현 경남 山淸郡 矢川面 소재)을 창건하여 스승 조식을 배향(配享)했다. 1581년에 사헌부 지평에 임명되었으나 사직소를 올리고 나가지 않았는데, 이 상소에서 붕당의 폐단을 논하였다.
　　1589년에 정여립 모반사건이 일어나자, 그는 삼봉(三峯)으로 무고되어 이듬해에 옥사(獄死)하였다. 1591년에 신원(伸寃)되어 대사헌에 추증되었고, 사제(賜祭)의 특전이 베풀어졌다. 1611년(광해군 3)에 덕천서원에 배향되었다.
14) 윤선도, 앞의 글 참고.

기축년 10월에 영의정 유전 공이 별세한 뒤, 경인년 2월에 이산해가 영상(領相; 영의정)에 올랐고, 나는 좌상(左相; 좌의정)이 되었다. 우상(右相; 우의정)에는 심수경(沈守慶) 공이 제수되어서 위관이 되었다가 곧 그만두고 물러났으므로, 3월에 유성룡이 우의정이 되었다.

5월에 전라도 순찰사 홍여순이 은밀히 주상께 장계하여 경상우병사[梁士瑩]가 경상도 진주에 있던 최영경을 잡아 왔기에, 나는 영상 이산해와 3월에 새로 우상이 된 유성룡 등과 함께 옥사를 다스렸다.

최영경을 엄히 문초하여 공초를 받을 때 그가 '간악한 무리가 이렇게 죄를 얽어 모함하였다.' 해서, 내가 "간악한 무리라니 누구를 지칭하는 것인가?"고 물었다. 그는 "바로 그대 같은 무리들을 말한다."고 하여, 나는 즉시 자리를 피했고 추관(심문관)들은 모두 질렸다.[15]

그를 문초할 때 내가 손으로 내 목을 그으면서 "저분이 늘 나를 이렇게 처결하고자 했지만, 나는 군자이니 오늘날에 어찌 저분의 불행을 마음으로 좋게 여길 수 있겠소?"라고 말하자, 유성룡이 "여기는 농담할 곳이 아닙니다."라고 하니, 내가 "알았소. 다만 뒷날에 이 말로 증거 삼으려는 것이오."라 말했다고 한다.[16] 그러나 나는 그 행동과 말이 기억나지 않는다. 그 역옥 때 나는 몸과 마음이 다 힘들어서 술에 취해 있는 날이 많았던 것이다.[17]

---

15) 『선조실록』 선조 23년(1590) 5월 임인(2일) 기사.
16) 『선조수정실록』 선조 23년(1590) 6월 신미(1일) 기사.
17) "공(정철)이 옥사를 다스릴 때에 술기운이 있고 사모(紗帽)를 비뚤게 썼으며 말소리가 거칠었다. 황 추포(黃秋浦; 黃愼)가 국청(鞠廳)에서 나와 우계를 찾아가서 말하기를, '위관이 항상 취하여 실의(失儀)하니 너무도 온당하지 않습니다.' 했다. 우계가 글을 보내어 송강을 청해 맞이하여 말하기를, '이 친구의 말을 들으면 형이 실수하는 일이 많다고 하는데, 어째서 술을 자제(自制)하지 않소?' 하니, 공이 즉석에서 굴복하여 사과하며 말하기를, '때로 망녕된 행동이 있었으니 젊은 친구에게 문책당하는 것은 당연하다. 부끄러움을 금할 길이 없다.' 하고, 이어서 같이 시를 논하며

우계가 내게 편지를 보내어, "최영경은 부모에게 효도하고 어른을 공경하며 깨끗이 수행(修行)하였으니, 어찌 역모에 가담할 리가 있겠소? 모름지기 힘써 구원하여 풀어 주어야 할 것이오." 하였다.

그러나 그는 익명시(匿名詩)가 나와서 주상께서 하문하셨지만 답변하지 못했음에도, 역적과 서신을 왕래한 사실을 자백하지 않았다.

나는 더 이상은 어찌할 수 없어서, 주상을 뵙고 "최영경의 옥사는 단서가 전혀 없습니다. 신이 들은 바로는, 그는 평소 기절(氣節)을 숭상하며 또 효도하고 우애한다고 이름 나서 영남의 사론(士論) 또한 그를 추존(推尊)하고 복종한다고 하니, 역모에 동참할 리가 없을 듯합니다."고 아뢰었다. 그러나 주상께서 살펴보지 않으시므로 감히 더 아뢰지 못하고 물러 나왔다([참고]). 그러고는 우계에게 답한 편지에 "보내온 편지에 그는 부모에게 효도하고 어른을 공경하며 깨끗이 수행하였으니 구원하여 풀어주라는 한 가지 일은 비단 일이 이루어지지 않았을 뿐만 아니라, 사체(事體; 일의 이치와 체면) 또한 온당치 못할 듯하오."라고 하였다.

얼마 뒤에 최영경이 증거 부족으로 석방되자, 사간원에서는 다시 국문할 것을 청하였고 사헌부에서는 멀리 유배 보낼 것을 청했는데, 주상께서는 사간원의 계청에 따르셨다. 이에 최영경은 9월에 다시 감옥에 갇혔다가, 곧 지병(폐병)으로 죽었다.

우계는 그를 옛 친구의 도리로 대우하여 그가 석방되던 날에 아들[成文濬]을 보내어 가서 위문하게 했으며, 그가 죽었다는 말을 듣고는 쌀을 보내어 초상에 부의(賻儀)하였다고 한다.

그러고는 내게 편지를 보냈는데, 그 대략에 '최영경이 죽었다고 하니,

조금도 개의하지 않았다."(金権의 기록)
　이긍익(李肯翊), 『연려실기술(燃藜室記述)』 권18, '선조조 고사본말(宣祖朝故事本末)', '선조조의 상신(相臣)', 「정철」.

서글프고 한탄스러운 마음을 이기지 못하겠소. 그는 말년에 방탕하여 제멋대로 행동하고 또 본분을 지키지 못했지만, 대체로 뜻이 높은 선비입니다. 이미 죄를 범한 실정이 없다면 조정에서 용서하여 치죄하지 않는 것이 옳을 터인데, 대신(臺臣; 사헌부 관원)들의 의논이 다시 일어나서 끝내 다시 감옥에 들어갔다가 죽었으니, 이러고서야 어떻게 사람들의 마음을 복종시킬 수 있겠소?' 하였다.

내가 귀양 간 뒤인 신묘년(1591) 8월에 최영경은 신원되었고, 그를 무고한 사람들은 국문을 받고 함경도로 유배되었는데, 양천경(梁千頃)·양천회·강견(姜涀) 등은 장독으로 죽었다.

경인년 3월에 나는 조대중(曺大中; 본관 昌寧, 1549~1590)의 일[18]로 다시 위관을 맡게 되어서, 그를 구하려 했다. 그러나 주상께서 진노하셔서 역률(逆律)로 다스리려 하시므로 할 수 없이 사형에서 낮추어 장형 및 유배형을 청했는데, 그는 장을 맞다가 죽고 말았다.

항간에서는 내가 나와 사이가 나쁜 사람들을 해치기 위해서 또는 조정에서 동인을 몰아내고 권력을 잡기 위해서 일을 꾸미고 사안을 부풀렸으며 호남의 선비를 거의 천 명이나 죽였다고 말하기도 한다는데, 결코 그렇지 않다. 그 역옥에서 내가 독단적으로 처리한 일은 얼마 되지 않으며, 그 옥사로 인해 죽은 사람들도 수백 명을 넘지 않는다.[19] 이러한 결과에 내

---

18) 조대중은 1582년(선조 15) 식년 문과에 급제하였다. 1589년에 전라 도사로 고을들을 순시하던 중 보성에 이르러 부안에서 데려온 관기(官妓)와 이별하며 눈물을 흘렸는데, 이것이 당시 역모로 처형된 정여립의 죽음을 슬퍼한 것으로 오해되어, 정여립의 일파로 몰려서 국문을 받다가 이듬해 장살되었다. 국문을 받던 중 읊은 시가 '난언(亂言)'이라 하여 죽은 뒤에 추형(追刑)을 당했다.

19) "옥사가 일어나던 처음에는 주상께서 수십 일간 친국하였고, 그 뒤에는 정국(廷鞫; 의금부에서 임금의 명령에 의하여 대궐 뜰에서 죄인을 신문함)에 대신이 아울러 참여했으며, 최후에는 삼성 교좌(三省交坐; 죄수를 의정부·의금부·사헌부가 습좌하여 심문함)로 추국하면서 한 대신이 감국(監鞫; 국문을 감독함)하였다. 경인년 5월 이전에는

잘못도 얼마간 있었겠지만, 대체로는 주상의 뜻을 충실히 받들다 보니 그렇게 되었을 뿐이다.

내가 기축년과 신묘년에 양천회를 사주하여 상소케 한 것과 역옥을 다스리는 동안에 술을 자주 마셔서 취한 중에 공평하지 못하거나 신중하지 못한 언행을 종종 했던 것[20]은 후회한다.

내가 독단적으로 일을 처리한다고 꾸짖는 주상의 말씀에 겁을 먹고 조대중·정개청·유몽정(柳夢井)·김빙(金憑)·윤기신(尹起莘) 등의 사정 하소연을 듣지 않은 채 주상의 뜻에 맞추어서 판결하자, 우계도 글로 꾸짖기를, "공이 일에 임하여 심수경 공보다 못할 줄을 누가 알았겠소?" 하였다. 이는 심 공이 나를 대신해서 위관이 되었을 때 자기의 주장을 논하고 고집하여 강직하게 뜻을 옮기지 않았으므로, 우계가 옳게 여겨서 이로써 규풍(規諷; 잘못을 깨우치도록 풍자함)한 것이다.

경인년 8월에 나는 역옥을 다스린 공으로 평난공신 2등('推忠奮義協策平難功臣')에 책록(冊錄)되었고, 명나라가 잘못 기록하였던 태조대왕의 종계(宗系; 본관이 全州인 太祖 李成桂를 본관이 星州인 고려 말기의 權臣 李仁任의 아들이

정철이 감국했고, 그 뒤에는 유성룡·이양원(李陽元) 등이 대신하였다. 기축년 10월부터 신묘년 5월까지 20개월 사이에 죽은 자는 수백 명이나 되었는데, 조신(朝臣)과 명관(名官) 중에서 죽은 자는 10여 인이었다(이발·이길·백유양·柳德粹·조대중·柳夢井·金憑은 장형으로 죽었고, 尹起莘·정개청은 장형을 받고 유배되던 도중에 죽었으며, 최영경은 옥사했다). 연좌되어 유배된 자는 몇백 명이었는데, 조신 중에서 귀양 간 자는 정언신·김우옹·홍종록 등이며, 파출(罷黜; 식무나 식업을 그만두게 함)된 자는 수십 인이었다. 이들은 모두 옥사가 일어난 초기에 결정된 자들이다. …." 『선조수정실록』 선조 24년(1591) 5월 을축(1일) 참고.

20) "정개청의 평소의 심사(心事)는 비록 볼만한 것이 없으나, 국청 신문에 즈음하여 정철이 다만 적과 친한지 여부만을 묻고 그쳤다면 괜찮을 것인데, 도리어 공평하지 못한 말씨를 입에서 발설하고 또 여립에게 비유한 것은 어째서인가? … 독단적으로 일을 처리한다는 하교(下敎)에 대해서는 정철이 진실로 변명할 수 없다. (己丑記事)" 이긍익, 앞의 책, 앞의 조 참고.

라고 기록했음)를 바로잡는 데 공이 있었다고 하여 광국공신 3등('輸忠翼謨光國功臣')에도 올랐으며, 인성부원군(寅城府院君)에 봉해졌다('인성'은 延日의 別稱임). 주상께서는 우리 공신들(평난공신 1등 3인, 2등 12인, 3등 7인; 광국공신 1등 3인, 2등 7인, 3등 9인)에게 공신회맹제(功臣會盟祭)를 열어서 특전을 베푸셨다.

광국 원종공신록(光國原從功臣錄) 3등의 일부
(https://archive.aks.ac.kr/viewer/viewer.do?itemId=book#imgnode.do?itemId=book&gubun=booktree&upPath=01%5E0167%5EL016708%5EL016708F02%5EL016708F0201%5EG002%2BAKS%2BKSM-XA.1591.1111-20101008.B010a_015_00291_YYY&dataId=G002%2BAKS%2BKSM-XA.1591.1111-20101008.B010a_015_00291_YYY-IMG.001.jpg%5EG002%2BAKS%2BKSM-XA.1591.1111-20101008.B010a_015_00291_YYY에서 전재)

그리고 신묘년에 들어서 광국 원종공신(原從功臣; 큰 공을 세운 正功臣에 따라 작은 공을 세운 사람에게 준 공신 칭호)을 정할 때, 관례에 따라 3등 속에 내 일족이 한껏 들어갔다.[21]

---

21) 정철의 형들인 '형조 정랑 정자(鄭滋; 1547년 사망), 진사 정소(鄭沼; 1572년 사망), 내섬시 부정(內贍寺副正) 정황(鄭滉)', 아들들인 '진사 정기명(鄭起溟; 1589년 사망), 현릉 참

언뜻 보면, 이 2, 3년 동안에 나는 4년여 동안의 좌절에서 벗어나서 하늘 높이 비상(飛上)하였다. 그러나 그 비상은 두고두고 나와 내 후손들을 괴롭힐 단초가 될 수 있을 것이다.

그동안에 오래된 병으로 나빴던 건강이 크게 악화되었다. 이해 가을에는 위관 때 노심초사하여 정력을 다 소비한 것이 병이 되어서 온몸에 아프지 않은 데가 없었고, 겨울에는 묵은 병 증세와 새 병 증세가 교대로 발작한 데다, 등에 종기까지 나서 심한 고통을 겪었다.

한편, 그 몇 년 동안에 내 친우들 간에 어려움이 좀 있었다.

우계는 기축년 11월에 이조 참판에 제수되었는데, 상소하여 사양했으나 윤허 받지 못하자, 서울로 가서 사은한 뒤에 진계(陳啓)하였다. 그 대략에, '신이 성상(聖上)의 분부를 받들어 병든 몸을 이끌고 길에 올라 이제야 비로소 서울에 이르렀으니, 태만히 한 죄를 용서받을 수 없습니다. 또 신은 어리석어 사람을 알아보지 못해서 간사한 자와 올바른 자를 구별하지 못했습니다. 적신(賊臣) 정여립은 10여 년 전에 신을 파주로 방문한 것이 서너 차례에 이르렀고, 서로 안부를 나누고 학문을 강론하여 편지를 주고받다가 갑신년(1584)에 이르러서 그만두었습니다. 이제 듣건대, 신하 중에 한 번 그와 서신을 통하고서 해직된 이가 있다고 하니, 삼가 바라건대 신의 죄를 다스려 조정의 기강을 엄하게 하소서.' 하였다. 12월에 병이 있어서 동지중추부사에 제수되었다.

봉(顯陵參奉) 정종명(鄭宗溟), 부사용(副司勇) 정진명(鄭振溟), 학생(學生; 品階가 없는 자) 정홍명(鄭弘溟, 10세), 학생 정지명(鄭之溟, 庶子, 12세)', 사위들인 '학생 이기직(李基稷; 1578년 사망), 학생 최오(崔澳; 1576년경 사망), 진사 임회(林檜)', 손자인 '학생 정운(鄭沄; 정기명의 아들, 16세)', 조카들인 '학생 정원명(鄭元溟; 정소의 孼子), 학생 정승명(鄭升溟; 정황의 서자), 학생 정상명(鄭翔溟; 정소의 얼자), 학생 정양명(鄭暘溟; 정황의 서자)' 이 3등 599명(1등 137명, 2등 136명)에 이름을 올렸다('학생 鄭尙賢'도 정철의 일족일 가능성이 없지 않지만, 관계가 확인되지 않는다).

경인년 3월에 주상께서 우계를 성균관 대사성으로 임명하시려다가, 조정의 의논이 갈려서 불발되었다. 그는 4월에 봉사(封事; 신하가 자신의 견해를 적어 밀봉해서 군주에게 올리는 상소)를 올려 백성을 길러 나라를 보전하며 탐관오리를 다스리고 현자를 등용하는 방도를 논했다. 그러나 그가 서울로 들어간 지 몇 달이 되었으나 한 번도 용안(龍顔)을 접견하지 못했으며, 병을 무릅쓰고 소장(疏狀; 상소문)을 올렸으나 채납(採納)되지 못하였다.

그는 5월에 대궐에 들어 사은하고는 소장을 올려 물러날 것을 청했으나 윤허 받지 못하자 병을 이유로 휴가를 신청했고, 이에 체직되어 파주로 돌아갔다. 이때 성균관 유생들이 상소하여 그를 만류할 것을 청했으나, 주상께서는 답하시지 않았다. 그가 그리 탐탁지 않으셨던 것 같다.

우계는 11월에 첨지중추부사에 제수되었다. 그리고 신묘년 봄에 율곡의 문집을 편정(編定)하였다.

구봉은 안씨 집안과 이발의 무리에게 미움을 받아 장차 죽을 지경에 빠져 세상에 의지할 곳이 없었다. 그때 내가 창평에 있으면서 그를 초청해 머물러 있게 하니, 여러 사람들이 내 의리를 칭송하였다.

내가 정승이 되자, 모함하는 자들이 '송익필이 정철의 시골집에 있으면서 선비들을 시켜 재상을 모함하고, 또 조헌으로 하여금 왕세자 세울 것을 건의하는 상소를 올리게 하려 했습니다.'라고 주상께 상소하였다. 그러자 주상께서 노여워하시며 특명으로 구봉을 잡아다 문초하고 형벌을 받게 하신 것이 여러 번이었다.

기축년 12월에 주상께서 '송익필·한필 형제는 조정에 원한을 품고 기필코 일을 일으키려 하였으며, 조헌이 상소문을 올린 것도 분명 이들이 시킨 것이라고 하니, 이는 극히 애통하고 한스러운 일이다.'라고 하셨다. 그러나 이 역시 이산해와 그 아들 이경전(李慶全; 1567~1644, 1590년에 문과에 급제하고 당시에 사가독서하고 있었음)이 나와 우계 그리고 중봉(重峯; 조헌)을 함정에 빠뜨리려고 참소한 바일 것이다. 그렇지 않다면, 구봉이 내 집에 있었다는 것을 주상께서 어찌 아셨으리오?

그때 구봉을 위하는 사람들은, '송강 정철의 집을 멀리 피하고 서로 가까이하지 마십시오. 반드시 서로 화가 될 것입니다.'라고 조언했다고 한다. 그러나 구봉은 듣지 않았으며 나 역시 개의치 않고 그를 초청하여 서로 만나기를 꺼리지 않았다. 이 역시 다른 사람들이 따르지 못할 큰 배포와 의리 있는 행위였을 것이다.

이경로(魯齋 李希參)는 여러 해 전부터 선농(先壟; 조상의 무덤 또는 그 근처의 땅)이 있는 강원도 울진현 해곡(海曲; 현 경북 울진군 梅花面 일대)으로 가서 유족하게 살고 있었는데, 종종 친구들에게 편지를 보냈고 가끔씩 서울에 발걸음도 하였다.[22] 그런데 경인년에는 그 전해부터의 담창(痰脹; 痰氣가 가슴과 배를 막음으로써 발생하는 痰症의 하나)으로 고생하고 있다고 했다.

이의중(李宜仲; 峒隱 李義健)은 아름다운 산수를 좋아하여 여러 경치 좋은 곳들을 유람하다가, 경기도 영평(永平; 현 抱川市 永中面)에 있는 백운산(白雲山) 아래에 오래 깃들어서 유유자적 생활하면서 후학을 양성하고 있었다. 그러나 경인년 가을에는 창병(脹病; 몸이 부어오르는 병증)과 요통으로 전혀 먹지 못하고 있었다 하니, 참 딱하다.

안습지(安習之; 楓崖 安敏學)는 갑신년(1584)에 모친상을 만나서 병술년(1586)에 복을 마친 뒤, 경상도의 현풍 현감이 되었고, 경인년에 전라도의 태인 현감이 되었다.

그런데 경인년에 우계가 서울에 갔을 적에 습지는 우계에 대하여 '세태에 따르면서 이익을 좋아하여 오래 사귄 친구를 등졌다.'고 손가락질했다

---

22) 이희삼, 『노재집(魯齋集)』(필사본) 12장(張) 〈차연치원운(次延致遠韻)〉의 「병서(竝序)」 (https://jsg.aks.ac.kr/data/serviceFiles/pdf/K4-5857_001.pdf); 성혼, 『우계속집』 권5, '간독', 「이경로 희삼에게 주다[與李景魯希參]」(1590. 8) 참고.

고 한다. 그러고는 내게 편지를 보내서 '성혼이 나에게 큰 죄를 가할 것이니, 도와 달라.'고 하였다. 그 사유가 무엇인지 나는 잘 모르겠고, 우계에게 물어보아도 까닭을 알지 못한다고 했다.[23]

습지는 굳세어서 굽히지 않고 악을 미워하는 마음을 가졌지만, 세상일을 바르게 파악하여 적절히 대응함에는 좀 어두운 편이다. 율곡 사후에 그는 나와 더욱 친하게 되었고 우계 및 구봉과는 소원해졌다.

습지가 일찍이 율곡과 나를 좋지 않게 보았던 최영경을 원수처럼 말하자 우계가 나무란 적이 있는데, 그때부터 그는 '우계가 망자(亡者; 율곡을 말함)를 저버리고 스스로 화를 면하려 한다'고 여겼던 것 같다.[24] 그게 아니라면, 그가 경인년에 율곡과 우계의 제자인 신응구(申應榘; 본관 高靈, 자 子方)를 비난한 데다 구봉의 잘못된 처사를 말하면서 '이는 무심하게 잘못을 저지른 경우가 아니다'라 해서 우계가 꾸짖은 일[25] 때문일 수도 있다.

---

23) 송익필,『구봉집』권5, '현승편 하(玄繩編下)',「우계의 편지 뒤에 적은 글[記牛溪書後]」인「우계가 보내온 편지」참고.
   "… 경인년(1590, 선조 23)에 내가 서울에 갔을 적에 안습지가 나에 대해 '세태에 따르면서 이익을 좋아하여 오래 사귄 친구를 등졌다.'라고 손가락질하였으며, 또 '성혼이 나에게 큰 죄를 가할 것이다.'라고 하면서, 송강에게 편지를 보내 도와달라고 했습니다. 내가 그것을 보고는 그 까닭을 알지 못하여 마음속으로 괴이하게 여기기만 했습니다. 그러나 옛 친구를 끊어서는 안 되므로 부드러운 얼굴빛을 하고서 물어보니, 그 역시 속마음을 다 말하지는 않았습니다. 이와 같은 상태로 지금까지 겨우겨우 예전처럼 지냈을 뿐입니다.
   그런데 무슨 생각으로 다시금 희원(김장생)과 노형(구봉)에게 이와 같은 짓을 한단 말입니까? 마음이 몹시 아프고 상해서 차라리 아무 말도 듣고 싶지 않습니다. 그에 대한 소식 역시 이태 동안이나 알지 못하고 있습니다. ….
   무술년(1598) 등석(燈夕; 4월 8일)에 혼(渾)은 절하고 올립니다. …."
24) 같은 책, 권5, '현승편 하'「호원에게 답하는 편지[答浩原書]」앞의「우계가 보내온 편지」(1585. 6. 22); 편자 미상,『기축록(己丑錄)』상(上),「수우당선생최공 행장(守愚堂先生崔公行狀)」(『대동야승』권16) 등 참고.
25) 성혼,『우계속집』권5, '간독',「아들 문준에게 주다[與子文濬]」(1590) 참고.

이도 아니라면, 그가 역당으로 처벌된 정언지·정언신 형제의 생질(甥姪)인 데다 전에 이발과도 친했으므로, 혹시나 우계가 위관이던 내게 자신도 처벌하라고 할지 몰라서 겁내어 그랬던 것일까? 혹은 또 다른 이유가 있었을까?[26]

머릿속이 복잡한 데다 기력이 떨어지니 온몸에 통증이 일어서, 더 이상 생각을 이어가기가 어렵다.

[참고]

『선조수정실록』 선조 30년(1597) 4월 신유(1일) 기사에는 다음의 기록이 있다.

> 이항복(李恒福)의 기축 기사(己丑記事)를 상고하여 보면 다음과 같다.
> 항복이 그때 문사낭청(問事郎廳)이었고, 철[鄭澈]이 위관(委官)이었는데, 하루는 철이 항복을 불러서 최영경(崔永慶)의 옥사에 대해 물으니, 항복이 "옥사가 일어난 지 이미 해를 넘겼는데, 한 사람이라도 누가 영경을 가리켜 삼봉(三峯)이라 한 자가 있었습니까? 지금 아무런 단서도 없이 소문만 듣고 처사(處士)를 잡아 가두었다가 불행하게도 죽는다면 반드시 공론이 있을 것입니다. 그렇게 되면 상공(相公)은 어떻게 그 책임을 면하겠습니까?" 하였다. 철이 크게 놀라, "내가 영경과 평소 논의가 서로 다르기는 하였지만, 어찌 서로 해치려고까지야 하겠소? 이는 본도에서 와전된 데서 나온 것이니, 나와 무슨 상관이겠소?" 하니, 항복이 "상공께서 모함한다고 말하는 것

---

26) 이와 관련하여, 정철의 막내아들 정홍명(鄭弘溟)은 「기옹소록(畸翁所錄)」(『송강별집』 권7)에서 기축옥사 이후 정철에 대한 비방이 세상에 가득하고 연루의 화가 함께 상의했던 성혼에까지 미치자, 성혼의 아들과 문인들이 책임을 정철에게만 돌리기 위해 정인홍(鄭仁弘) 무리들에게 아부하였다고 말했다.

이 아니라 근거가 없다는 것을 알면서도 좌시하고 구하지 않는 것이 어찌 추관(推官)의 체모(體貌)라 하겠습니까? 역적을 국문한다는 명목하에 죄수가 옥에 가득하니, 추관이 감히 하나하나 심리하지는 못하는 형편입니다. 그러나 영경은 죄수 중에서도 더욱 죄명을 삼을 만한 근거가 없고, 또 이 사람은 효우(孝友)하는 처사이니 어찌 구하지 않을 수 있겠습니까?" 하니, 철이 "내가 극력 구원해야겠다."고 말하였다.

그 후 재차 국문할 때, 영경이 당시의 일에 대해 대략 진술하고 또 성혼과 논의가 다른 이유에 대해 언급하였다. 국문을 마치고 철이 물러나와 항복을 불러 발끈 성내며 "그대도 그 공사(供辭)를 보았겠지만 그게 무슨 말이오?" 하니, 항복이 웃으며 "상공께서 불쾌하게 여기는 것은 바로 시사(時事)에 대해 언급한 것 때문이 아닙니까?" 말하니, 철이 그렇다고 하였다. 항복이 "그렇다면 상공은 당초 영경을 잘 모른 것입니다. 영경이 시배(時輩)들과 다른 까닭이 무엇입니까? 그의 논의가 다르다는 것은 재차 국문하기 전에 이미 알고 있는 일입니다. 그런데 만약 엄히 국문하는 마당에서 구차스레 자신의 전일 소견을 모조리 버리고 좀스럽게 억지로 듣기 좋은 말을 꾸며대어 요행히 면하기를 바란다면 어찌 참된 영경이라 하겠습니까? 영경으로 논할 것 같으면, 이번 공사에서도 처음 마음을 변치 않았으니 이것이 그의 고상한 점입니다. 그러나 이는 모두 논할 것이 없습니다. 지금 국문하는 것은 단지 삼봉인지의 여부만을 따질 뿐이니, 논의의 이동(異同)은 이 옥사와 아무 상관이 없습니다." 말하였다. 철이 기뻐하면서 "그대의 말이 옳소. 그 점은 내가 미처 생각하지 못하였소." 하였다.

수일 후에 철이 또 묻기를, "어느 날 갑자기 형추(刑推)하라는 명이 있게 되면 미처 구하지 못할까 염려되는데, 나는 옥사에 골몰하느라 정신이 없으니, 그대가 나를 위해 차자를 초(草)하여 대기해 주겠소?" 하니, 항복이 "이런 일을 어찌 남을 시켜 대신 초하라 하십니까? 상공이 직접 초하셔야

합니다."고 말하였다.

또 수일 후에 항복을 보고는 크게 기뻐하면서 "내가 이미 구해낼 계책을 마련하여 차자의 초를 잡아 놓았고, 또 유[柳成龍] 정승과도 약속이 되어 있소." 하였다. 항복이 "어떻게 약속했습니까?" 하니, 철이 "만약 형추라는 명이 있게 되면, 내가 급히 유상(柳相)에게 알리어 연명(聯名)으로 차자를 올려 구하면 일이 잘될 것이오." 하였다. 항복이 "유상과 과연 그렇게 약속했습니까?" 하니, 철이 "이미 굳게 약속이 되어 있소." 하였다.

그 후 공사(公事) 관계로 항복이 유성룡의 집에 가게 되어 그 자리에서 최영경의 억울함을 극론하였는데, 성룡이 단지 몇 마디 말로 대답하므로, 항복이 인하여 말하기를, "대신이 구하지 않으면 안 됩니다." 하니, 성룡이 "나 같은 자가 어찌 감히 구원하겠소?" 하였다. 항복은 철이 성룡과 약속했다는 말로써 묻고 싶었으나 사체(事體)에 구애되어 감히 말을 꺼내지 못하였다.

항복은 항상 "철은 영경을 끝내 털끝만큼도 해칠 생각이 없었고 구원하려는 뜻을 가졌었으며, 후세 공론의 죄인이 될까 두려워하는 기색이 얼굴과 말에 가득하였다."고 하였다.

#11. 추락

— **56세**(1591년, 辛卯年, 宣祖 24년, 明 神宗 萬曆 19년) ~
58세(1593년, 癸巳年, 선조 26년, 명 신종 만력 21년) —

계사년(1593, 선조 26) **12월 16일 을축**(乙丑) **일기**

맑음.

오늘은 입춘(立春)이다. 입춘은 새해 정월에 드는 것이 보통이지만, 올해는 윤달(윤11월)이 들어 있어서 12월로 앞당겨졌다.

봄기운이 일어서는 절기(節氣)이지만, 나는 온몸이 아픈 데다 기력도 떨어져 자리에서 몸을 일으키기가 힘들어서, 낮 동안 누워서 자다 깨다 하며 지냈다. 요불금(尿不禁; 尿失禁. 오줌이 뜻하지 아니하게 저절로 나오는 증상)이 잦아져서, 몇 번이나 젖은 속옷과 바지를 갈아입었다. 그래서 초저녁에 물을 데우게 해서 오랜만에 목욕을 했다.

늦저녁에 종명이가 다시 휴가를 얻었다며, 양식을 약간 가지고 왔다.

밤이 되니 통증이 더 심해져서, 잠이 오지 않는다.

신묘년(1591, 선조 24; 56세) 정월에 나는 우의정 유성룡·부제학 이성중(李誠中)·대사간 이해수(李海壽)를 만났다. 유성룡이 "공과 함께 중임을 맡았으니, 나라의 중대한 일을 하고 싶습니다." 하였다. 내가 "그 일이 무엇이오?" 묻자, 유가 "지금 중대한 일은 건저(建儲; 王世子를 세움)보다 더한 것이 없습니다."라 했다. 맞는 말이었다. 주상의 보령(寶齡)이 40세셨고 병환이 잦으셨던 것이다. 그래서 내가 "그렇소. 세자 책봉이 지금의 중대한 일이니, 함께 말해 봅시다. 다만 영의정(이산해)이 따를지 모르겠소." 하였다. 그러자 유가 "우리 두 사람이 말하면 영상(領相)이 어찌 따르지 않을

리 있겠습니까?"라 하여 서로 약속하고 헤어졌다.[1]

나는 2품 이상인 재상들 여럿에게 알리고, 영상에게 편지를 보내어 '날짜를 약속하여 궁궐에서 만나자'고 했는데, 영상이 오지 않았다. 다시 날짜를 잡아 약속을 하고 대궐에 갔는데, 영상은 또 오지 않았다.

이성중은 일이 지체된다고 하여 홍문관의 동료들과 시사(時事)를 논하는 차자(箚子)를 올리기로 했는데, 그중 한 조항이 세자를 세우는 것이었다. 이성중이 집에서 차자의 초안을 잡고 있을 때 아는 궁중 별감이 찾아가서 '조정에 큰 조치가 있을 것이라는 말이 궁중 내에 떠도니 차자를 올리지 마시라.'고 말했으나, 그는 믿지 않았다고 한다.

나도 별다른 걱정을 하지 않고 정월 하순의 조회 뒤 경연에서 그 말을 꺼냈는데, 주상께서는 용안에 노기를 띠고 아무 답도 않으셨다. 함께 간 이산해는 입을 떼지 않았으며, 유성룡도 감히 말을 하지 못했다. 다만 이성중과 이해수가 나서서 "이 말은 좌의정 혼자의 뜻이 아니라 신들 모두가 함께 논의했던 것입니다."고 하였다.

그런데 그날 밤에 주상의 특지(特旨)로 놀라운 일이 벌어졌다.

나는 좌의정에서 갈려서 실무가 없는 돈령부(宗親府에 속하지 않은 종친과 外戚들의 친목을 위한 사무를 맡아보던 관아) 영사(領事)가 되어 권력을 잃었다. 유성룡은 좌의정이 되었고 이양원(李陽元)이 우의정에 올랐다. 이성중은 충청 감사로 나갔고, 이해수는 또 여주 목사로 좌천되었다.

3월에 병조 좌랑이었던 이홍로(李弘老)가 유생 안덕인(安德仁)을 사주하여, '내가 모든 것을 제멋대로 하면서 나라를 망치고 있다'는 유소(儒疏)를 올리게 했다. 주상께서 안덕인 등을 인견하시고, '무슨 일이 나라를 망치

---

[1] 『선조수정실록』 선조 24년(1591) 2월 무진(1일) 기사에서는 세자 책봉 주청을 정철이 주도했다고 기술하였지만, 김장생, 「송강상공 행장초」에서는 그다음 날 김장생이 정철을 찾아가니 유성룡이 제의했다고 정철이 말하였다고 했다.

는 일이냐?'고 물으시자, 그들이 '대신이 되어 주색에 빠져 있으니, 틀림없이 많은 국사를 그르쳤을 것입니다.'라 대답하니, 주상께서 '주색이 무슨 나라를 그르치는 일이냐?'고 말씀하셨다 한다.

윤3월 6일에 사헌부가 '이조 정랑 유공진(柳拱辰)과 검열 이춘영(李春英)이 재상에게 붙어서 말을 만들어내고 일을 꾸민 죄'를 논핵하였는데, 주상께서 그 재상이 누구냐고 물으시자 내 이름을 들었다. 이에 양사(兩司)도 내가 '권세를 이용하여 붕당을 심고, 자기와 의견을 달리한 자를 배격하고, 사의(邪議)를 부채질하여 사화(士禍)를 꾸미려 하고 있다.'고 탄핵하여 파직할 것을 청했다. 주상께서는 세 번 만에 윤허하여 14일에 나를 영돈령부사에서 파직하셨으며, 16일에 내 죄상을 열거하여 조당(朝堂; 임금이 나라의 정치를 신하들과 의논하거나 집행하는 곳)에 방(榜)을 붙이도록 명하셨다. 그때 도승지 이항복이 방을 내걸 적에 윤색(潤色)하지 않고 전교(傳敎)한 말씀만 기록하여 파직당했다가, 얼마 뒤에 복직하였다.

4월에 들어, 기축옥사에서 조작과 무고 등이 있었다는 말이 나오기 시작했다.[2)]

5월에 대사간 홍여순(洪汝諄) 등이 나의 죄에 비해 벌이 너무 가볍다고 논하였으며, 6월 23일에는 양사가 합계(合啓)하여 '나와 백유함(白惟咸)·유공진·이춘영 등이 붕당을 만들어 조정 정사를 탁란(濁亂)시켰으며, 자신과 의견이 다른 사람을 모함하려고 호남의 유생들을 꾀어서 명경(名卿)·사대부 등을 모두 역적으로 몰아서 섬멸하려 했으니, 모두 멀리 귀양 보내라'고 하니, 주상께서 즉시 윤허하셨다. '토사구팽(兎死狗烹)'이었던가?

---

2) 『선조실록』 선조 24년(1591) 4월 경술(15일) 기사의 "전라 감사의 계본에, '전 군수 정설(鄭渫)이, 황한(黃漢) 등이 김극비(金克祕)를 시켜 칼을 만들어 이발에게 보냈다는 내용으로 상소를 올려 무고하였으나, 조사해 보니 별로 증거를 댈 만한 사람도 없고 근거도 없는 듯합니다.' 하였는데, 의금부에 내렸다." 참고.

이후 윤근수(尹根壽; 우찬성)·홍성민(洪聖民; 판중추부사)·이해수(여주 목사)에 이어, 황정욱(黃廷彧; 병조 판서)·황혁(黃赫; 우승지)·유근(柳根; 좌승지)·윤두수(尹斗壽; 호조 판서)·이산보(李山甫; 李山海의 從兄弟, 황해도 관찰사) 등 서인의 핵심 인사들에 대한 숙청이 이어졌다.

그 와중에, 일찍 남편을 잃고 오래 병들어 있던 최실(崔室)이(둘째 딸)가 죽었다. 나는 3월부터 유아(소실 진주 유씨)와 열두 살 된 지명이가 살던 용산 촌집[龍山村舍]에서 지내다가, 그때 약 백 리 거리인 남양(南陽)의 구포(鷗浦; 현 경기도 華城市 飛鳳面 鳩浦里)로 물러나 있었고 곧 주상의 처벌이 내려질 터였으므로, 빈소와 장례에 참석하지 못하고 참담하고 슬픈 심경을 담은 제문[[참고①]]만 지어 보낼 수 있었을 따름이다.

나에 대한 처벌은 처음에 함경도 명천(明川) 유배로 정해졌다. 그래서 유아 모자에게 노비 몇을 데리고 거기서 많이 멀지 않은 함흥의 연고 있는 집에 일단 가 있게 하였다. 그런데 주상께서 '대신이므로 배소를 남쪽으로 바꾸라.'고 하셔서, 나는 경상도 진주로 귀양 가게 되었다. 이에 따라 6월 하순에 진주로 출발했는데, 홍여순 등이 다시 논하여, '죄가 크고 악이 극에 달했으므로 궁황(窮荒)에 안치하여 흉악한 일을 막아야 마땅하다.'고 해서, 배소가 평안도 강계(江界)로 또 바뀌었다. 그 때문에 나는 3일 만에 행선지를 돌려서 서울을 거쳐 1,400리 거리인 강계로 압송되었다. 그동안 둘째 아들 종명이가 현릉 참봉(顯陵參奉)을 그만두고 나를 따라다녔다.

그때 나는 병이 심해서 길을 빨리 갈 수 없었다. 의금부 도사[李台壽]가 평안도 순안(順安)에 이르러 나의 병이 위중하여 길을 떠날 수 없다고 치계(馳啓; 임금에게 급히 書面으로 上奏함)하자, 주상께서 금부도사가 조정을 두려워하지 않고 간적(奸賊) 압송을 엄하게 수행하지 않아서 7일 노정을 거의 20일 걸렸다고 하여 그를 잡아다가 추국해서 정죄(定罪)하고 다른 도사를 보내어 대신 압송하게 하시고, 또 '정철은 성품이 교활하고 간독(奸毒)하여 배소에 가서도 잡인들과 오가면서 무슨 짓을 꾸밀지 알 수 없다.'고 하시면서 엄하게 위리안치(圍籬安置)하라고 명하셨다.

그리고 양사의 논핵에 따라 나와 가까웠던 사람들을 거의 다 귀양 보내거나 조정에서 축출하셨다. 그때 우성전(禹性傳; 본관 丹陽, 1542~1593, 당시 의정부 사인)은 동인이었는데도, 홍여순의 말에 동조하지 않았다가 나의 당여(黨與)로 몰려서 관직을 삭탈당하였다. 이에 동인이 내 처벌을 둘러싸고 온건파인 남인(南人)과 강경파인 북인(北人)으로 분당(分黨)했다고 한다.

내가 강계에 도착하기 전에, 대사헌이 된 홍여순 등의 북인이 내게 사율(死律)을 가할 것을 논하였는데, 장인(이산해)과 다르게 남인이 된 대사간 이덕형(李德馨)이 내 죄명이 불분명해서 그것은 사람들의 마음을 승복시킬 수 없다고 반대하여, 여순은 끝내 뜻대로 하지 못했다고 한다.

나는 평생에 꿈이 반드시 맞았다. 그해에 화를 당하여 남양의 구포로 가 있다가, 새벽녘에 곁에 있는 사람을 보고, "꿈에 내가 강계 부사가 되었으니 그곳이 유배지가 될 것이다."고 말했는데, 얼마 뒤 서울에서 사람이 와서 진주로 정배(定配)되었다고 말하니, 내가 탄식하여, "평생에 꿈을 믿었는데, 늙으니 꿈도 맞지 않는다." 했다. 그런데 남쪽으로 내려간 지 며칠 만에 강계로 유배지가 옮겨졌다. 꿈이 맞았던 것이다.

그리고 구봉(송익필)이 내가 멀리 귀양 간다는 말을 듣고서 지어 보낸 28구의 칠언배율 작품(〈聞故人遠謫 奉寄 十四韻〉)의 끝 구절 "聞道鯨波猶蕩漾(문도경파유탕양; 말 듣건대 고래 파도가 아직 넘실거린다니) 歸來須借子房籌(귀래수차자방주; 돌아와서 張子房의 젓가락을 꼭 빌리시오)"도 선견지명이 있는 것으로, 이듬해에 왜군이 바다를 건너서 쳐들어오자 영중추부사로 부름을 받아 조정에 복귀하였다.

내가 강계로 돌려서 귀양 갈 때, 권여장(권필) 등이 도중에서 나를 배웅하였으며, 우계(성혼) 등도 임진강가에서 나를 송별하였다.

금부도사에게 압송되어서 북으로 가다가 평안도 구성군(龜城郡)의 서산(西山)에서 시 한 수를 지었다.

〈西山漫成(서산만성)〉 서산에서 엉성하게 짓다
明時自許調元手(명시자허조원수) 밝은 때엔 정승감을 자부했는데,
晚歲還爲賣炭翁(만세환위매탄옹) 늘그막에 도리어 숯 파는 늙은이가 되었네.

進退有時知有命(진퇴유시지유명) 진퇴는 때와 운명이 있고,
是非無適定無窮(시비무적정무궁) 시비는 딱히 정함이 없이 끝없다.

膏肓未備三年艾(고황미비삼년애) 고질병에 3년 묵은 쑥을 갖추지 못하고,
飄泊難營十畝宮(표박난영십무궁) 뜬 생활에 열 이랑 집도 마련키 어렵네.

惟是老來能事在(유시노래능사재) 오직 늙어도 할 수 있는 일 있으니,
百杯傾盡百憂空(백배경진백우공) 백 잔 술을 기울여 온갖 근심 비우는 것이네.

'숯 파는 늙은이'는 백거이(白居易; 자 樂天, 호 香山居士, 772~846, 中唐의 시인)의 시 〈매탄옹(賣炭翁)〉에 나오는 관권(官權)과 관리에게 유린되고 수탈당하는 힘없고 곤궁한 사람이다. 내가 그 지경이 되었던 것이다.

7월 하순에 내가 강계 배소에 도착하자 그곳 부사 조경(趙儆)이 나를 후하게 대접했다가, 사간원의 탄핵으로 옥에 갇혔다.

강계에서의 위리안치는 참으로 서글펐다. 가시울타리가 처마와 얼마 떨어지지 않은 데다가 서너 길이나 높이 쌓아 있어서, 햇빛과 달빛이 잘 들지 않았다. 또 지붕의 서까래가 땅에 거의 닿아서, 함경도 삼수(三水)에서

귀양살이했던 이실지(李實之; 李春英)가 8월에 얼음을 밟고 찾아왔을 때 머리를 숙이고 몸을 구부려서야 겨우 방에 들어올 수 있었다. 그리고 내가 먹을 수 있는 것은 오직 귀리뿐이었다.[3]

얼마 뒤, 함흥에 가 있던 유아 모자가 사내종 하나를 데리고 와서 종명이가 있던 집 한 칸을 빌려서 나를 들여다보며 뒷바라지하였다.

그동안에 사정이 그렇기도 했지만, 더 나빠진 건강 때문에 나는 술을 마시지 않았고, 희학(戱謔)질(실없는 말로 농담하는 짓)도 그만두었다.

하루는 금부도사가 강계부 내에 달려 들어오니, 나를 죽이러 온 줄 알고 모두 놀라고 겁을 냈는데, 나는 태연하게 목욕하고 단정히 앉아서 왕명을 기다렸다. 사람들은 내가 담대하며 여유가 있다고 했지만, 예로부터 상신(相臣; 정승)으로서 귀양 간 사람치고 살아서 돌아간 이가 거의 없었기에 나는 체념하고 있었던 것이다.

강계에서 한 해를 보내면서 다음의 시를 지었다.

〈淸源棘裏(청원극리)〉	청원(강계의 별칭)의 가시 속에서
居世不知世(거세부지세)	세상에 살면서 세상을 모르고,
戴天難見天(대천난견천)	하늘을 이고서 하늘 보기 어려워라.
多情唯白髮(다정유백발)	다정한 것은 오직 백발이어서,
隨我又經年(수아우경년)	나를 따라 또 한 해를 보내는구나.

임진년(1592; 57세)이 되자, 어쩌면 내가 살아서 다시 세상에 나갈 수 있

---

3) 성혼, 『우계속집』 권5, '간독', 「안습지에게 답한 편지[答安習之]」(辛卯九月) 참고. 한편, 『한국민족문화대백과사전』의 「권필(權韠)」 항목 등에서는 "(권필이) 젊었을 때에 이안눌(李安訥)과 함께 평안북도 강계에서 귀양살이하던 정철을 찾아갔다."고 하였지만, 그 일은 문헌상의 근거를 찾기 어려운 데다가 개연성도 희박하다.

겠다는 생각이 들었다.

그래서 나는 부족했던 성리학 공부에 매진하기로 마음먹고, 낮에도 어둑한 그 집 안에서 『절요』(節要; 1553년 退溪 李滉 편찬 『朱書節要』)와 『대학』을 다시 열심히 읽었다. 『절요』는 열세 번째 읽었고, 『대학』은 소주(小註)까지 외웠을 뿐만 아니라 둘러친 울타리의 긴 나무에 껍질을 벗기고 그것을 써 두고 아침저녁으로 보았다.

유아는 그런 나를 격려해 주려고 무던히도 애썼지.[4]

2월에 강원도 울진현의 해곡(海曲)에 있던 이경로(이희삼)가 노복을 시켜 편지를 보내왔기에, 그에게 바로 편지를 써 보냈다.

삼천 리 밖에서 날아온 편지글을 두루 살피자 정황(靜況)이 더욱 건강하시다니 기쁘고 안심하는 마음 끝이 없으며, 계속 슬픈 눈물로 서로 생각한 나머지 몽매간(夢寐間)에까지 이름은 정신과 혼백이 피차 감통(感通)되어 그러한 것이오. 나만 어찌 홀로 그렇지 않으리오?

조롱 속에 갇혀 있는 한 목숨이 지금까지 살아 있는 것은 매우 괴이한

---

4) 『송강선조 유필』(http://www.gasa.go.kr/?gasa=22&mode=view&uid=2255&start=10), 34면의 부전지 기록에서는 "仲晦籬邊菊(중회이변국) 涵翁盞底香(함옹잔저향) '邦'[那]知十月後('방'[나]지시월후) 更有一重陽(갱유일중양)"(중회[朱子의 字]는 울타리 가의 국화이고,/ 함옹[鄭季涵]은 잔 바닥의 향이로다./ '나라가 알도다.'[어찌 알리?] 10월의 뒤에/ 다시 한 중양절[9월 9일]이 있는 줄을.)을 '송강의 별실(別室) 진주 유씨'가 지은 절구 2수 중의 하나라고 하였다(다른 한 수는 1584년 작 "憲長官非下 精忠聖主知 如何經國手 日近翠眉兒"임). 그렇다면 이때 지은 작품일 가능성이 없지 않다.

한편, 『송강유고(松江遺稿) 전(全)』(목판본, 충남대학교 소장, http://www.gasa.go.kr/?gasa=23&mode=view&uid=2256&start=150) 뒤의 붓글씨 기록에서는 "重晦籬邊菊(중회이변국) 涵翁酒底香(함옹주저향) 誰知九秋後(수지구추후) 更有一重陽(갱유일중양)"(重晦 黃岡 金公[金繼輝] 字)이라고 하였다. 그리고 『송강속집』 권1, '시 오언절구'에 정철 작으로 실린 〈김유회가 대분국(金孺晦家對盆菊)〉은 "儒晦籬邊菊(유회이변국) 涵翁酒底香(함옹주저향) 那知竹窓雪(나지죽창설) 別有一重陽(별유일중양)"이다.

일이오. 더구나 이 땅에는 다른 지방과 풍토가 현격히 달라서 심복통(心腹痛), 두통, 현기증 환자가 아닌 사람이 없고, 요사이는 이로 인해 목숨을 빼앗기는 이까지 많은데, 이 노물(老物)도 점차 전염되어 고통으로 날을 지내니 가소로운 일이오. 오늘날 사람을 향해 병을 말함이 너무 한가롭고 조용한 일이나 감히 누누이 하지는 못하오. 종전부터 귀양살이하는 이의 호구지책은 오로지 관가(官家)에 의뢰하는 것이 회재(晦齋; 李彦迪, 1491~1553) 때 (1547~1553년에 강계에서 귀양 살다가 죽었음)부터 이미 이루어진 고사(故事)인데, 지금 여기는 법령이 극히 엄하고 또 신관(新官; 새 강계 부사 洪世恭)과의 얼굴이 생소해서인지, 한 그릇 밥과 한 그릇 국도 다 스스로 경영해야 하며, 풍토가 심히 나쁘고 수화(水火)도 서로 도와주지 않으니, 이 사이의 간난과 고초는 다 형언할 수 없소. 그러나 속언(俗諺)에 이르되 '산 사람 입에 거미줄을 치는 일 없다' 했으니, 이만 믿고 안심할 뿐이오.

이는 그만두고, 이곳 역시 나를 감시하고 모함하는 사람이 있어서 헛된 말을 지어내어서 서울로 들여보내는데, 요사이는 또 구공(龜公; 구봉 송익필)이 멀지 않은 곳(평안도 熙川)에 와 있다고 하니 (모함하는 사람이) 장차 또 무슨 재괴(災怪)를 만들지 모르겠소. 그러나 모든 것이 이미 다 정해져 있는 것이니, 다만 안심함이 좋을 뿐, 어찌하리오? ······.

중춘(仲春; 2월) 상순(上旬)에 멀리 있는 나그네가.

3월 하순에 집을 에운 움타리가 바람에 거의 다 넘어졌다. 4월 28일에는 내가 태평성대의 유직(遺直; 옛사람의 遺風이 있는 곧은 사람)으로 거두어지며, 궁전 계단에 새벽 목탁이 울리고 이날 풀려나는 꿈을 꾸었다.[5]

그 전년부터 일본의 관백(關白) 풍신수길(豐臣秀吉; 도요토미 히데요시)이

---

5) 『송강선조 유필』, 34면의 「임진정월기(壬辰正月記)」 참고.

'정명가도(征明假道; 명나라를 치는 길을 빌려 달라)'를 요구한 것을 조선 조정이 거절했더니, 일본은 4월 13일에 16만 대군 중 제1진인 소서행장(小西行長; 고니시 유키나가)의 2만 병력부터 경상도 부산포(釜山浦)로 쳐들어왔다. 조총(鳥銃)으로 무장한 왜군이 파죽지세로 서울로 육박해 오자, 주상께서는 광해군을 세자로 책봉하신 뒤, 서울이 함락되기 사흘 전인 4월 30일에 몽진(蒙塵)하셨다. 대가(大駕)가 개성에 머물 때, 사간원이 '영상 이산해는 궁중 사람과 결탁하여 조정을 흐리고 어지럽게 했고 좌상 유성룡은 화의(和議)를 주장하다가 국사를 그르쳤다'고 논하여, 이산해는 삭탈관직되어 강원도 평해(平海)로 귀양 갔고 유성룡은 영의정이 되었다가 곧 파면되었다. 이때 서인들이 상당수 등용되었다.

주상께서 군민(軍民)들을 위로하시면서 소견을 말하라고 하셨을 때, 누군가 나를 석방하여 부르라고 청했다고 한다. 이에 주상께서는 5월 3일에 나를 영중추부사로 부르시며 "경이 평소 충효의 큰 절의를 지녔음은 다 아는 사실이다. 빨리 평양으로 가서 유홍(兪泓)·이항복 등과 함께 왕자들(信成君과 定遠君)을 호위하는 데 임하라."고 하교하셨다.

조보(朝報)와 여러 재상들의 편지가 이르렀는데도, 강계 부사는 평안 감사의 분부를 기다렸다가 늦게서야 위리(圍籬)를 열었다.

유아 모자에게 강계에서 그대로 있거나 상황에 따라 피난하다가 적당한 때를 봐서 다시 함흥으로 가라고 한 뒤, 나는 종명이와 함께 평양을 향해 길을 나서서, 24일에 도착했다.

왜적이 나라를 유린하고 주상께서 몽진하신 중에도, 나는 천생(天生) 시인이라서였던지 좋은 경치를 만나니 시심(詩心)이 움직였다.

曾爲關外使(증위관외사)	일찍이 관문 밖 사신이 되어,
飛步上池堂(비보상지당)	나는 듯한 걸음으로 지당에 올랐었지.

五月芙蕖滿(오월부거만)	오월의 연꽃이 가득하여,
三更枕席香(삼경침석향)	삼경의 베개 자리가 향기로웠네.
隔年仙夢斷(격년선몽단)	여러 해 지나서 신선 꿈도 끊어지고,
重到客襟凉(중도객금량)	거듭 이른 나그네는 마음이 서늘하네.
會把如船葉(회파여선엽)	마침 배처럼 생긴 잎을 잡고서
留連酌玉漿(유련작옥장)	옥장(이슬)을 따라 마시며 떠나지 못하네.

평양 대동문(大同門) 안의 애련당(愛蓮堂)에서 지은 시다.

주상께서 옮겨 계시던 평양의 행재소(行在所)에 갔지만, 주상께서는 여러 날이 지나도 나를 인견하지 않으셨다. 기다리다 못해, 6월 2일에 내가 뜰에 엎드려서 큰 소리로 통곡했더니 전각(殿閣)에 오르라고 하셔서 주상을 배알했는데, 주상의 말씀과 표정에 반기시는 빛이 없었으며, 여러 신료들도 나를 망나니나 송충이 보듯 했다. 다만, 동인의 공격으로 귀양 갔다가 전년에 방면되고 왜란으로 다시 기용되어서 주상을 호종(扈從)해 어영대장과 우의정을 거쳐 좌의정이 된 오음(梧陰; 윤두수)과 그의 아우 예조 판서 월정(月汀; 윤근수) 등 몇몇은 나를 반겨주었다.

주상께서 평양이 안전하지 않으니 다른 곳으로 옮기고자 하여 신하들을 불러 의논하시면서, '강계가 어떠냐?'고 물으셨다. 내가 "소신(小臣)은 막 강계에서 왔습니다. 그곳은 매우 춥고 궁벽한 변방으로서 풍토가 지극히 사나우니 식량을 조달하기가 어렵습니다."고 아뢰었고, 오음도 한쪽 구석인 강계로의 파천(播遷; 임금이 도성을 떠나 다른 곳으로 피난함)을 반대하자, 주상께서는 양궁(兩宮)을 나누어 세자를 강계로 보내서 항전(抗戰)을 지휘케 하는 일을 의논해 보라고 하셨다.[6]

---

6) 이하의 임진년(1592) 행적 서술은 주로 『선조실록』의 기사들을 바탕으로 하였음.

오음과 풍원부원군(豊原府院君) 유성룡이 영변(寧邊)은 의주(義州)로 가는 길 중간에 있는 데다 함흥으로 통하는 길도 있으니 우선 영변으로 피하는 것이 좋겠다고 아뢰자, 주상께서 그렇게 하자고 하셨다.

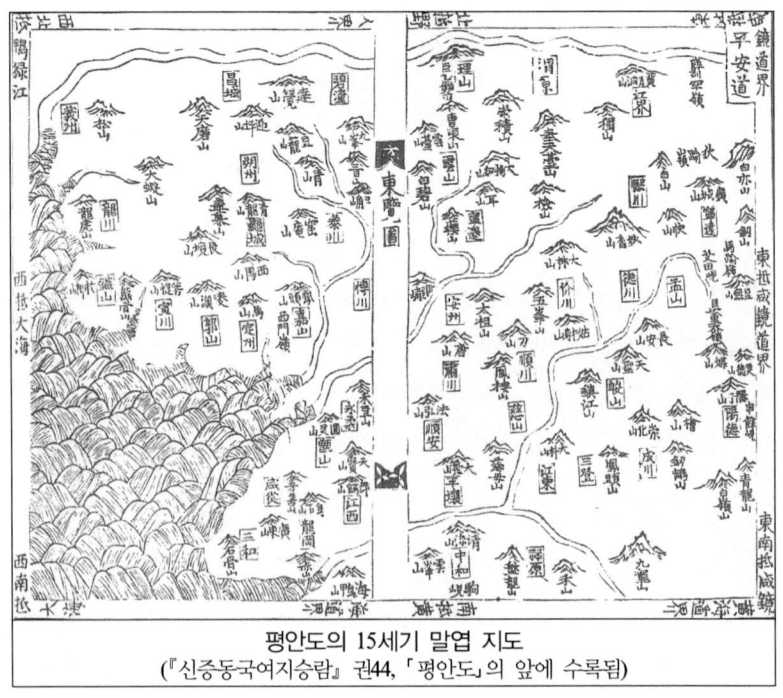

평안도의 15세기 말엽 지도
(『신증동국여지승람』 권44, 「평안도」의 앞에 수록됨)

며칠 뒤 대가가 박천(博川)에 이르렀는데, 평양이 함락되었다는 소식에 주상께서 세자에게 분조(分朝; 조정을 나눔)할 것을 명하셨다. 여러 사람들이 세자를 따라갔고, 나는 오음·월정·유성룡 등과 함께 주상을 호종하였다.

도중에 나는 유성룡과 상의하여 '지금 사세(事勢)는 오직 요동(遼東; 중국 遼河의 동쪽 지방)으로 건너감이 있을 뿐이다. 그러나 세자가 종묘사직을 맡으면서도 단지 감국(監國; 일시적으로 나라 다스리는 권한을 대행시킴)하라는 명만을 받았으니, 만일 대가(임금)가 요동으로 건너간 뒤에 소식이 통하지 않게 되면, 그간의 사세로 보아 대위(大位)를 일찍 정하지 않으면 안 된다. 우리가 양사와 더불어서 주상께 아뢰자.'고 하여, 대사간 정곤수(鄭崑壽)·지평 신경진(辛慶晉) 등과 함께 6월 18일에 선천(宣川)에서 청대(請對; 신하가 급한 일이 있을 때 임금에게 뵙기를 청함)했다가, 정작 주상을 뵙고는 이에 관한 말을 한마디도 펴지 못한 채 물러났다.

6월 22일에 의주에 이르러 관아 건물을 행궁으로 정했다.

주상께서 다음의 시를 지으셨다.

國事蒼黃日(국사창황일)	나랏일이 겨를도 없이 매우 다급한 날에
誰能李郭忠(수능이곽충)	이·곽의 충성을 누가 하겠는가?
去邠存大計(거빈존대계)	서울을 버린 것은 큰 계책을 위해서요,
恢復仗諸公(회복장제공)	회복할 것은 제공을 믿소.
痛哭關山月(통곡관산월)	관산의 달에 통곡하고,
傷心鴨水風(상심압수풍)	압록강의 바람에 상심하네.
朝臣今日後(조신금일후)	조정 신하들은 오늘 이후에도
寧復更西東(영부갱서동)	다시 서인이니 동인이니 할 것인가?

조정 신하들이 당쟁으로 나랏일을 소홀히 하여 외적의 침략을 받게 되었음을 통탄하신 것이다. 이광필(李光弼)과 곽자의(郭子儀)는 당나라 숙종(肅宗) 때 명장들로서 안사(安祿山과 史思明)의 난을 평정했다.

주상께서는 압록강을 건너려 하셨다. 이에 좌의정 오음이 하루에 다섯 번 계사(啓辭; 論罪에 관하여 임금에게 올리던 글)를 올리며 "종사(宗社)와 신민(臣民)을 온통 장차 누구에게 맡기고 가벼이 필부(匹夫)의 걸음을 하시려는 겁니까?" 했으나, 주상께서는 듣지 않고 명나라 요동의 관전보(寬典堡)에 자문(咨文; 공식적인 외교문서)을 보내어 궁빈(宮嬪)들을 데리고 명나라에 내부(內附; 한 나라가 다른 나라 안으로 들어가 붙음)하겠다고 청하셨다.

이에 대해, 명 황제께서는 요동의 관아에 성지(聖旨)를 내리셔서, "왜적이 조선을 함몰시켜 국왕이 도피하였다 하니, 짐(朕)의 뜻에 민망하고 측은하다. 구원병은 마땅히 내보낼 것이니, 사람을 시켜 그 나라 대신을 타일러서 충성을 다하여 나라를 보호하고 각처의 병마(兵馬)를 독려하여 모아서 성지(城池)를 굳게 지키고 험한 곳을 막아 힘써 회복하기를 도모할 것이요, 망하는 것을 앉아서 보지 말게 하라."고 하셨다고 한다.

그러나 조선이 일본과 내통했다거나 의주에 있는 조선 국왕이 가짜라는 등의 유언비어가 그치지 않으니, 명나라에서는 의심이 들어서 차관(差官; 특별한 임무를 맡아 파견된 관원)을 보내어 진위(眞僞) 여부를 살피게 하였다. 차관은 급히 달려 강을 건너와서 주상과 대면한 뒤에 돌아가서 '진짜 국왕이 맞다'고 보고하였다. 요동 총병(遼東摠兵) 양소훈(楊紹勳)이 또 주상께 공문을 보냈는데, '국왕이 이미 사직을 중하게 여기지 않고 멀리 피하여 나라를 버리면 군사와 백성이 싸울 마음이 없어질 것이니, 무너져 흩어지지 않기를 바라기는 어려울 것입니다. 부디 이해(利害)의 경중(輕重)을 살펴서 강을 건널 계책을 하지 마십시오.' 하였다.

주상께서 대신으로 하여금 양 총병에게 회답하여 위급하고 절박한 상황을 말했으나, 명 조정에서는 아직 출병할 의논이 없었다. 이에 청원사(請援使) 이덕형이 정주(定州)로부터 주야로 2백여 리씩을 달려서 요동에 이르러 여섯 번 글을 올려서 구원병을 보내주기를 애걸하고, 요동 순무도어사(遼東巡撫都御史) 학걸(郝杰)의 장막 아래에 이르러 뜰에 서서 통곡하여 종일토록 물러나지 않으니, 학걸이 북경(명 조정)에 아뢰기 전에 임시로 본진(本鎭)의 병마 5천여 명을 조발(調發)하여 부총병 조승훈(祖承訓)에게 거느리게 하고, 유격장군(遊擊將軍) 사유(史儒)를 부(副)로 삼았다. 조승훈은 그 밖에도

마병(馬兵) 1천 3백여 기(騎)와 보병 5백 명을 통솔하여 7월에 강을 건너기로 기약하였다.[7]

오음은 그 얼마 전에 명나라에 원군(援軍)을 청하자는 주장을 반대하며 조선만의 힘으로도 왜군의 침공을 저지할 수 있다면서, 서울에 이어 임진강 방어선을 돌파하고 개성을 점령한 소서행장 군의 공격으로부터 평양을 사수(死守)하자고 한 바 있었다. 이어 함흥 피난론이 나왔으나 물리치고 의주행을 주장하여 관철시켰는데, 과연 6월에 가등청정(加藤淸正; 가토 기요마사) 군에게 함흥이 함락되었다. 그 뒤 의주에 도착하여 주상께서 월경(越境)을 준비하시자, 오음은 유성룡과 함께 이를 막았다.

명나라 황제께서 하사하신 은 2만 냥(兩)이 도착했는데, 명 조정은 우리나라가 구원을 요청하면 파병할 것이라고 하며, 우리 일행이 요동에 들어가는 것도 허락한다고 했다.

그런데 왜군의 세가 예상보다 훨씬 더 강하자, 명나라에서는 심유경(沈惟敬)을 파견하여 왜군과의 강화(講和)를 꾀하기도 했다.

7월 초에 행조(行朝; 1592년 6월부터 이듬해 1월 초까지 조정을 국왕의 조정과 世子의 分朝로 나눈 동안에 국왕의 조정을 칭함)는 평안도와 황해도의 토병(土兵)을 얻기 위해 용만(龍彎; 의주)에서 별시를 치러서, 무과 급제자 백 명 외에 유성룡의 건의로 문과 급제자도 네 명 뽑았는데, 별제(別提; 功臣이나 蔭官의 자제 등에게 주던 6품의 無祿官)가 되었던 종명이가 장원으로 급제하여 병조 좌랑에 제수되었다가 예조 좌랑이 되었다.

7월 중순에 조승훈이 이끈 명나라 군대 약 4천 명이 압록강을 넘어와서, 평양으로 진격했다가 왜군에 패하고는, 우리나라가 왜군에 내응(內應)하였다고 의심했다고 한다.

---

7) 신경(申炅), 「재조번방지(再造藩邦志) 1」(『대동야승』 권35) 참고.

그 무렵에 호서와 호남에서 의병들이 봉기하여 이들과 각지의 관군 사이를 조정하는 일 등의 필요가 생기자, 주상께서 나를 경기·충청·전라 삼도(三道) 도체찰사(都體察使)로 삼으셨다.

7월 말에 주상께서 행궁에서 나와 좌의정 오음 등을 인견하셔서, 내게 '경(卿)은 잘 가라. 성공하면 국가의 다행이다.' 하시고, '수로(水路)를 따라서 가는가?' 하셔서, 내가 "해서(海西; 황해도)의 적세(賊勢)를 탐지한 다음에 수로를 따라서 가려고 합니다."고 아뢰었다.

주상께서 명나라 군대가 평양 전투에서 패하여 다시 오지 않을 것을 걱정하시자, 오음은 '왜적은 비단 우리나라에만 해가 될 뿐 아니라 실상 중국의 걱정거리이므로, 명군(明軍)이 다시 구원하지 않을 수 없을 것'이라 했고, 나는 "평양의 적은 급히 쳐서 깨뜨려야 될 것입니다. 해서와 북도(北道; 함경도)의 적이 합세할까 걱정됩니다."고 하였다.

주상께서 '이 왜적의 뜻을 살펴보면 팔도(八道)를 점거하려는 것이다.' 하시니, 오음이 '전라도는 삼도수군통제사 이순신(李舜臣)에 힘입어서 온전합니다.'라 하였다. 또 주상께서 '적병이 벌써 전라도를 침범하였다.' 하셔서, 내가 "듣건대 고경명(高敬命)이 그의 아들 고종후(高從厚)에게 군사를 나누어 주어 방어하는데, 적세가 호대(浩大)하다고 합니다. 전하께서는 압록강을 건넌다는 말을 입 밖에 내지 않으셔야 할 뿐만 아니라, 마음속에서도 영원히 끊어버리시기 바랍니다."고 아뢰었다.

오음도 '요사이 자문을 보건대, 요동으로 감은 온당치 않을 듯합니다. 더구나 한번 압록강을 건너면 회복할 희망이 영원히 끊어질 것입니다.'라 하였다. 주상께서 '이 일은 미리 결정하지 않을 수 없다.' 하시니, 오음이 '강계 근처의 산골짝이 험하니 그곳에 웅거(雄據)하면 적을 막을 만합니다. 그것이 요동으로 가는 것보다야 낫지 않겠습니까?' 했다.

주상께서 '왜적이 얼음 얼기를 기다려서 요동을 침범하려 하는 것인

가?' 하시니, 오음이 '지난번에 허의후(許儀後)의 보고[8]를 보니 기필코 요동

---

8) 『선조수정실록』 선조 24년(1591) 5월 을축(1일) 기사.
    허의후(許儀後)는 복건(福建) 사람이다. 포로가 되어 왜국 살마주(薩摩州)에 끌려갔
  다가 수장(守將)의 총애를 받고 국중에 오랫동안 머물러 있었다. 그때 그는 관백(關
  白)이 장차 입구(入寇)할 것이라는 소문을 듣고 그와 친분이 있는 주균왕(朱均旺)을
  은밀히 보내어 절성(浙省)에 투서하였다.
    "관백 평수길(平秀吉)이 … 경인년(1590) 정월에 여러 장수를 소집해 놓고 … '성
  을 쌓아 사면을 막아놓고 지키도록 하라. 나는 바다를 건너 대명(大明)을 침략하겠
  다.' 하고, 이어 비전주 태수(肥前州太守)에게 배를 만들게 했습니다.
    그 후 10일이 지난 다음 유구국(流球國)에서 승려를 보내어 조공을 바쳐왔는데
  관백이 금(金) 1백 냥을 주고 부탁하기를 '내가 대당(大唐)을 원정하려 하는데 너희
  유구가 인도하게 할 것이다.' 하더니, … '나의 지혜로 나의 병사를 이끌고 가게
  되면 마치 거센 물결이 모래톱을 무너뜨리듯 예리한 칼로 대나무를 쪼개듯 할 터이
  니 어느 성(城)인들 무너뜨리지 못하겠으며, 어느 나라인들 멸망시키지 못하겠는
  가? 나는 대당의 황제가 될 것이다. 다만 수병(水兵)이 빈틈이 없어서 중국 땅을
  구부려 밟을 수 없을까 염려된다.'고 했습니다.
    5월에 고려(조선)가 노새를 바쳐오자 관백이 유국국에 부탁했던 말로 다시 부탁
  하며 금 1백 냥을 주었는데, 고려가 왜국에 조공을 바친 것은 지난해부터였습니다.
  7월에 광동(廣東) 호경(壕境) 사람이 대명의 지도를 바쳐왔습니다. 관백이 열국(列國)
  에 명하여 비전(肥前)·일기(一岐)·대마(對馬)의 세 곳에 성을 쌓아서 관역(官驛)을
  마련토록 하고, 또 대마 태수에게 명해 장사꾼으로 변장하고 바다를 건너 고려에
  가서 지세(地勢)를 살펴보고 돌아와서 보고하게 했습니다. 10월에 고려 왕이 군대를
  20일 거리로 퇴진하여 관백을 기다리고 있다고 했습니다. 금년 신묘년(1591) 7월에
  는 고려가 사신을 보내어 조공을 바치고 볼모를 잡히면서 관백에게 속히 결행할
  것을 촉구했다고 합니다. 11월에 관백이 문서를 열국에 두루 돌려 내년 봄 고려로
  건너가 일본 백성을 모두 그곳으로 이주시켜 농사짓게 해서 대명을 대적할 수 있는
  기반을 마련하려 하고, 살마주에 냉해 성맹(整兵) 2만, 내장 2인으로 고려에 건너가
  게 했습니다. 66국에서 모은 병사 50여 만에다 관백이 직접 통솔하는 병사 50여
  만 도합 1백만, 대장 1백 50명, 전마 5만 필, 대서도(大鋤刀) 5만 자루, 참도(斬刀)
  10만 자루, 장창(長槍) 10만 자루, 파시도(坡柴刀) 10만 자루, 조총(鳥銃) 30만, 장도(長
  刀) 50만이고 삼척검(三尺劒)은 사람마다 갖게 했습니다.
    내년 임진년에 일을 일으켜 3월 1일에 출범하여, 해서(海西) 9국을 선봉으로 삼고
  남해도(南海道) 6국과 산양도(山陽道) 8국으로 응원토록 했으며, 온 나라 사람을 다
  데려가게 하여 부자 형제 중 한 사람도 남지 못하게 했습니다. …."

을 침범하려 한다고 했습니다.'고 아뢰었다. 주상께서 '요동을 침범하면 요동의 병마가 막아낼 수 있겠는가?" 하시니, 오음이 '그것은 신이 모르겠습니다.' 했다.

주상께서 내게 '경은 잘 가라. 국가의 회복은 오로지 경만 믿는다. 종사관과 군관(軍官)은 경의 마음대로 하라. 단지 이곳은 사람이 없어서 함께 보내지 못한다.'고 하셨다. 나는 "용렬한 소신이 제대로 조처하지 못할까 두렵습니다."고 아뢰었다.

나는 오음 등 몇 사람과 의논하여 종사관으로 서인들인 송영구(宋英耉; 본관 鎭川, 자 仁搜, 호 瓢翁, 1556~1620)・김상용(金尙容; 본관 安東, 자 景擇, 호 仙源, 1561~1637)・신흠(申欽; 본관 平山, 자 敬叔, 호 象村・放翁 등, 1566~1628)을 고르고, 참모로 오윤겸(吳允謙; 본관 海州, 자 汝益, 호 楸灘, 1559~1636)을 발탁해서, 9월에 왕명을 받들고 남쪽으로 내려갔다.

의주의 인산역(麟山驛)을 지나며 칠언절구 한 수를 지어 읊었다.

〈過麟山驛有吟(과인산역유음)〉	인산역을 지나면서 읊다
佳人欲問淸江事(가인욕문청강사)	가인이 청강의 일 물으려 하는데,
欲說淸江淚自潸(욕설청강누자산)	청강을 말하려니 눈물이 절로 흐르누나.
中夜戀君千里夢(중야연군천리몽)	한밤에 임금님 그린 천리의 꿈이
北歸難渡萬重山(북귀난도만중산)	북쪽에서 만첩 산을 건너서 가기가 어려웠으리.

'청강(淸江)'은 이제신(李濟臣; 본관 全義, 자 夢應, 1536~1583)의 호인데, 그는 문신이면서도 신사년(1581)에 함경북도 병마절도사가 되었다가, 계미년(1583)에 여진족 이탕개(尼湯介)가 쳐들어와서 경원부가 함락되자 패전

책임을 지고 의주 인산진(麟山鎭)에 유배되어서 죽었다.

그런데 뒤에 들으니, 행조의 간악한 자들은 그 '청강'을 '강계의 별명'이라 하고, 이 시에 대해 내가 출발한 지 열흘 만에야 영유(永柔; 현 평남 平原郡)에 도착하여 그곳 현비(縣婢)를 끌어 앉히고 지어 준 것이라고 하면서, 난리통에 책임이 무거운데도 한가롭게 시나 읊고 기녀를 가까이했다며 또 터무니없이 나를 비난했다고 한다.

남행하다가 안주(安州)의 백상루(百祥樓)에 술자리를 마련한 유성룡과 만났다. 내가 반쯤 취하여 그에게 "공이 내가 최영경(崔永慶)을 모함해서 죽였다고 말하였다니, 과연 그런 말을 하였소?"하고 물었더니, 그는 "공의 마음은 알 수 없으나 형적(形跡)으로 본다면 그런 것 같았기 때문에, 과연 그런 말을 한 일이 있소." 했다. 내가 노하여 술잔을 땅에 던지고 말하기를, "공이 어째서 그런 말을 하였소? 그를 구하라는 성호원(우계 성혼)의 편지가 아직도 내게 있는데, 내가 어찌 감히 그렇게 할 수 있었겠소?" 하니, 유는 한 번 웃고 자리를 파하였다."

강화(江華)에 이르러 도체찰부(都體察府)를 두었다.

함께 간 부사(副使) 김찬(金瓚; 본관 安東, 자 叔珍, 호 訥菴, 1543~1599)에게 종사관과 함께 먼저 호남으로 내려가서 군사를 시찰하게 했다.

始識諸君飮(시식제군음)	비로소 알겠네, 그대들이 술 마시는 것은,
聊寬此日愁(요관차일수)	애오라지 오늘의 시름을 풀자는 것이지.
亂離雙白鬢(난리쌍백빈)	난리 중에 두 귀밑털이 희어져서,
滄海一孤舟(창해일고주)	찬 바다의 외로운 배 한 척에 몸을 실었다.

---

9) 유성룡, 『운암잡록』(『대동야승』 권55), 「최효원(崔孝元)」; 『송강별집』 권4, '부록', 김장생, 「행록(行錄)」 참고.

絶塞君王遠(절새군왕원)	변방에 임금님은 멀고
危途歲月流(위도세월류)	위태로운 길에 세월만 흐르네.
隋家賀若弼(수가하약필)	수나라 하약필처럼
歸詠錦江樓(귀영금강루)	금강루로 돌아와 시 읊조리기를.

하약필은 중국 수(隋)나라 문제(文帝) 때 대군을 거느리고 양자강(揚子江)을 건너서 금릉(金陵)을 취하고 진(陳)나라를 멸망시킨 명장이다.

9월에 고 제봉(高霽峰; 高敬命)과 조 중봉(趙重峯; 趙憲)이 의병들을 이끌고 전라도 금산에서 왜적과 싸우다가 순국하였다. 너무도 애석했다.

나는 강화도에 머물러 있으면서 당시 검찰사(檢察使)로 개성에 있던 우계와 편지를 주고받으며 시사(時事)를 논했는데, 우계가 내게 '왜 서울의 적을 치지 않고 그냥 강화도에 머물고 있느냐?'고 출전을 재촉하였다. 내가 '그러고 싶지만 함경도에서 왜장(倭將; 加藤淸正)에게 잡힌 두 왕자(臨海君과 順和君) 때문에 먼저 공격할 수 없다'고 했다가, 그에게서 호된 나무람을 들었다.[10]

그래서 나는 11월에 강화도를 떠나 호서와 호남의 여러 고을을 다니면서 관군을 정비하였고 의병진(義兵陣)들과의 협조도 꾀했는데, 제봉(고경명)의 아들 고종후의 의병진과 중봉(조헌)의 서자 조완도(趙完堵)의 의병진 등의 호응을 얻는 성과가 있었다. 그런데 내가 전라도 관찰사 겸 순찰사 권율(權慄; 1537~1599, 李恒福의 장인)에게 '그대는 호남의 왜적을 막고, 근왕(勤王; 임금이나 왕실을 위하여 충성을 다함)은 다른 장수를 올려 보내라.'고 하였더니, 그가 장계를 올려서 '근왕병 중에 도망가는 자가 많다'고 하면

---

10) 성혼, 『우계속집』 권3, '간독', 「정계함철에게 줌[與鄭季涵澈]」 중의 "尊兄留江華一事…" 참고.

서 그 탓을 내게 돌렸으므로, 주상께서 내게 크게 노하셨다고 한다.

한편, 10월에 주상께서 전란 책임을 통감하시어 세자에게 선위(禪位; 임금 자리를 물려줌)하겠다고 전교하시자, 신하들이 뜻을 거두시라고 청했다. 그러나 11월에 막상 선위를 청하는 상소가 있자, '적을 섬멸한 뒤에 선위하겠다'고 답하셨다 한다. 선위 소동은 이후에도 여러 번 있었는데, 주상께서 신하들과 세자의 충성을 확인하시려는 것 같았다.

11월에 전 우의정 심수경 공이 충청도 아산에 있으면서 그 지방 의병의 우두머리로 추대되었다. 내가 계문을 올려 '심수경이 문무의 재주를 겸비하고 군사 일에 숙달하니 호서체찰사를 그에게 맡기고 저는 호남만 체찰하는 것이 합당할 것 같습니다.'고 하자, 주상께서 그도 도체찰사로 삼아서 의병을 거느리고 해서의 적을 토벌케 하셨다.

당시 여러 의병이 무려 1백여 진으로 여러 주현(州縣)에서 강제로 빼앗아 먹으면서 진퇴를 마음대로 하였다. 능력이 있는 자는 간혹 낙오된 적을 죽여서 수급(首級)을 바치고 상을 바라기도 했지만, 나머지는 날마다 먹고 놀 뿐이었다. 심 공이 통첩(通牒)하고 권유하기를 '진을 합치고 크게 일으켜 수만 명의 군사로 한 곳에 주둔한 적을 공격한다면 모두 섬멸할 수 있다.'고 했으나, 여러 진들에서 따르지 않았다.

그때 행조에서는 동지중추부사 유영길(柳永吉)이 주상께 내가 도체찰사로 충청도에 있으면서 기생이 있는 고을에서 질탕하게 술에 취해 직무를 까마득하게 잊었는데도 군주의 위세가 약하여 논계(論啓)한 사람이 없다고 하며, 좌상 윤두수에 대해 재능과 국량이 국가의 회복을 담당할 인물이 아니라고 헐뜯었다고 한다.

유영길은 본래 이량(李樑)의 심복으로서 나와 오음 등에게 배척당한 뒤로 늘 우리를 미워했는데, 이때 상하에 틈이 있는 것을 보고 우리의 흠을 들추어내어 공격하기 시작한 것이다. 대간(사헌부와 사간원)이 영길을 탄핵하여 처벌하기를 청했으나, 주상께서 윤허하시지 않았다.

나는 나라가 몹시 힘든 시기에 어려운 명을 받아서 미력이나마 여러모로 힘썼지만, 이처럼 안팎으로 많은 제약을 당하였으며 참소와 이간질까지 심하게 받았다.

11월 중순에 전라도 관찰사 권율이 수원의 독성(禿城)을 향해서 1만여 명의 군사를 거느리고 북진하여 경기도 직산(稷山)에 이르렀기에, 내가 경솔히 진격하지 못하게 하니, 권은 군사를 머물게 하고 조정에 보고했다. 그러자 주상께서 전지(傳旨)를 내려 나를 책망하시고 권을 재촉하여 더 북진해서 서울의 왜적을 몰아낼 것을 꾀하게 하셨으며, 차고 있던 칼을 풀어 달려가 내려주게 하시면서 '장수들 중에 명을 따르지 않는 자가 있거든 이 칼로 처단하라.'고 하셨다 한다. 권은 독성으로 가서 머물렀는데, 서울의 적이 진을 나누어 싸움을 도발했으나 그가 성곽을 튼튼히 지키고 응하지 않으니, 적이 퇴각했다. 권이 날랜 군사를 출동시켜 낙오한 적을 습격하자, 경기도에 주둔했던 적이 모두 서울로 들어갔다. 이로부터 서로(西路)에 사람들이 다닐 수 있게 되어 여러 의병들이 차례로 경기도에 진출해 주둔하면서 명나라 군사를 기다렸다.

계사년(1593; 58세) 정월에 명나라 이여송(李如松) 제독(提督)이 거느린 대군이 소서행장 등이 이끈 평양의 왜적을 깨뜨렸다. 이에 따라, 대가가 의주를 떠나 남하하여 정주에서 기다리던 세자 일행과 만나서 양 조정을 합치고 한동안 머물렀다.

나는 6만 군사를 거느리고 북상해서 서울을 수복하려 하여 군대를 서울의 서남쪽 양화도(楊花渡)에 주둔시켰다. 그런데 큰 공을 세우기 전에 갑자기 나를 명나라에 갈 사은사(謝恩使)의 상사(上使; 正使)로 삼았다고 하면서, 속히 행재소로 올라오라는 왕명이 내려서 북행하였다. 2월에 정주의 조정에 복명했고, 영돈령부사로 갈렸다.

정주에 있는 동안에 내가 유성룡에게 "공이 나하고 건저(建儲) 일을 함께 꾀하다가 나를 어려운 지경에 빠뜨려 놓고 한 번도 찾아와서 묻지 않으니, 다른 사람과 일을 함께한 사람이 이럴 수가 있소?"라고 말하였다. 그러자 유가 대답하기를, "나도 영공(令公)이 비난할 줄은 압니다. 다만 나를 너무나 의심한다고 들었기 때문에 감히 찾아보지 못하였소."라고 했다. 또 내가 유에게 "이발의 노모와 어린 자식을 왜 죽였소?"하고 물었더니, 유가 "영공이라면 그 죽음을 구할 수 있었겠소?" 하였다. 나는 "나라면 죽음을 구했을 것이오."라고 대답했다. 그러자 유가 다시 묻기를 "공이 그렇게 할 수 있었을까요?" 하였다.[11]

명나라의 이 제독 군사가 파주에 진주하였다가 벽제관(碧蹄館) 전투에서 왜군에 대패했고, 얼마 뒤에 왜장 가등청정이 함경도로부터 서울에 되돌아와서 진을 합치자 적세가 더욱 성해지니, 이 제독은 재차 군사를 일으킬 계획을 하지 못하고 평양으로 철수했다. 그러자 대가가 안주에 머무르다가, 영유로 가서 행궁을 정하였다.

2월 중순에 권율이 병력을 고양군 행주산성(幸州山城)으로 이동하자 서울의 왜적 3만여 명이 산성을 포위하여 맹공했는데, 조선군은 이에 맞서 치열하게 싸워서 적군을 크게 무찔렀다.

2월 26일에 나는 주상께 도체찰사 때 조사해서 그리게 했던 양호(兩湖)의 지도를 바치고 산성 수축 등의 일을 아뢰었다. 주상께서는 알았다고 답하셨다. 3월 11일에는 평양성 안의 명나라 군마(軍馬)들이 굶고 있으니, 말먹이 콩을 보내어 구제하자고 청하였다.

3월부터 본격적으로 진행된 명군의 경략(經略) 송응창(宋應昌)·유격장군 심유경과 왜군 장수 소서행장 간의 강화 교섭이 4월 8일에 타결되었다. 명

---

11) 김장생, 「송강상공 행장초」 참고.

군이 제시한 내용은 '첫째, 조선에서 완전히 철수하고 점령지를 모두 반환할 것, 둘째, 가등청정에게 포로로 잡힌 조선의 두 왕자와 대신들을 석방할 것, 셋째, 관백 풍신수길이 명나라 황제께 사죄할 것. 이 세 가지 조건을 실행한다면, 명나라 병부는 풍신수길을 일본 국왕에 봉할 것을 황제께 건의하겠다'였다. 이에 대해, 왜군은 봉공(封貢; 冊封과 朝貢)의 일을 원만히 처리한 뒤에 서울에서 철수하겠다고 하면서, 명나라 사절을 일본에 파견할 것과 왜군의 안전한 철수를 보장하라고 요구했다.

이에 주상께서 나를 사은사의 정사(正使)로 하고 한성 판윤 유근(柳根; 본관 晉州, 호 西坰, 1549~1627)을 부사로 삼아서 명의 경사(京師; 북경)에 갔다 오라고 하시고는, 그전에 처리할 일이 있으니 좀 기다리라고 하셨다. 나는 몸이 안 좋았지만, 못한다고 할 수 없었다.

4월 13일에 강원도 회양으로 피난 가 있는 아내에게 언간(諺簡; 한글 편지)을 보내어 '모든 재상과 조관(朝官)의 가속(家屬)이 다 행궁이 있는 영유로 오니, 우리 가족도 보아 가며 오라'고 하였다.[12]

4월 18일과 19일에 왜군이 서울에서 철수해 부산으로 내려갔다.

5월 초순에 대신들 중의 누군가가 아뢰기를, '이번 사은사가 가는 길에 난리통에 분실한 고명(誥命)과 면복(冕服)을 청하고 세자를 책봉해 줄 것을 아울러 주청하는 것이 어떻겠습니까?' 하니, 주상께서는 '이번 걸음에서는 서울을 수복한 것에 대한 사은만 하도록 하라'고 하셨다. 아마도 세자 저하를 명나라가 정식 책봉하는 것을 꺼리신 듯싶다.

그러고는 5월 하순에 명나라 황제께 올릴 표문(表文)을 넘겨주셨다. 이

---

12) "… 나는 셔울 도죽을 텨야 강남 갈 거시니 티면 이 사흘 닉예도 갈쇠 이리 오게 순해 가드니 엇디 흣는고 모든 재샹 됴관이 가속이 다 이리 오닉 게 격셔를 보아 흐오 밧바 이만 四月(사월) 十三日(십삼일) 家翁(가옹)"(남기심, 「예절과 언어 행위(II)」, 『인문과학』 제7집, 연세대학교 인문과학연구소, 1998, 128면에 인용됨) 참고.

에 나는 사절(使節)을 거느리고 조천(朝天; 천자를 뵘)길을 출발하였다.

압록강을 건너기 전에 나는 조정에다 '묘호(廟號; 太祖, 太宗 등) 등 의외의 질문에 답변할 일을 상의하여 보내달라'고 서장(書狀)을 보냈다. 조정에서는 '묘호는 우리나라에서 고려 이래로 신하가 임금을 존칭한 것인데 잘못 답습하여 지금까지 고치지 않고 있다. 그러나 사대문서(事大文書) 등에는 중국에서 사시(賜諡)한 호(康獻王, 恭定王 등)만 쓰고 묘호는 쓰지 않는다. 통신사(通信使)는 통호(通好)하려는 것이 아니요, 경인년(1590)에 일본에서 우리나라의 표류민을 쇄환(刷還; 외국에서 유랑하는 同胞를 데리고 돌아옴)하느라 단지 한 번 사람을 보내고 인하여 적정(敵情)을 정탐해 왔을 뿐이다.' 등으로 답하라고 알려 왔다.

그런데 명군의 경략 송응창이 접반사(接伴使; 예조 판서 윤근수)를 만나서 '지금 조선 국왕이 국토를 회복했다는 사은을 하면 내가 청병(請兵)한 본의와 크게 어긋날 뿐 아니라 제장(諸將)들도 이로써 구실을 삼을 것이며 명의 조정에서도 의심하고 주저할 것이니, 이렇게 되면 귀국(貴國)은 대사(大事)가 글러질 것이다. 내 말을 절대로 누설하지 말고 부산의 잔적(殘敵)이 격멸된 후에 사은사를 보내는 것이 옳을 것이다.'라 말했다고 한다. 그 때문에 비변사(備邊司; 軍務와 國政의 사무를 맡아보던 관아)에서 우리를 중도에 머무르게 하고 날로 변하는 상황을 관찰한 뒤, 그대로 출발하라고 했다.

이렇게 일이 복잡하고 어려워서 우리 사절은 7월이 되어서야 압록강을 건너 요동으로 들어갈 수 있었다.

〈與柳西坰根 同朝天之行(여유서경근동조천지행) 二首(이수)〉 유 서경(유근)과 함께 조천행을 하다. 2수

關樹早蟬集(관수조선집)　　관문의 나무에 이른 매미가 모였고,
江天秋雨飛(강천추우비)　　강 하늘에는 가을비가 날리네.

思君數行淚(사군수행루)　　　임금님 그리는 몇 줄기 눈물을
　　　寄與判書歸(기여판서귀)　　　판서(윤근수)가 감에 부쳐 드린다.　[제2수]

나는 그때 중국에 처음 가 보았는데, 의주에서 요동 도지휘사사(遼東都指揮使司; 약칭 遼東都司)가 있는 요양(遼陽)까지의 노정은 가장 짧지만 험난하였다.

우리 사절은 요양에 이르러 요동 도지휘사를 만났고, 거기서부터 반송사(伴送使)의 안내를 받아 북경을 향했다.

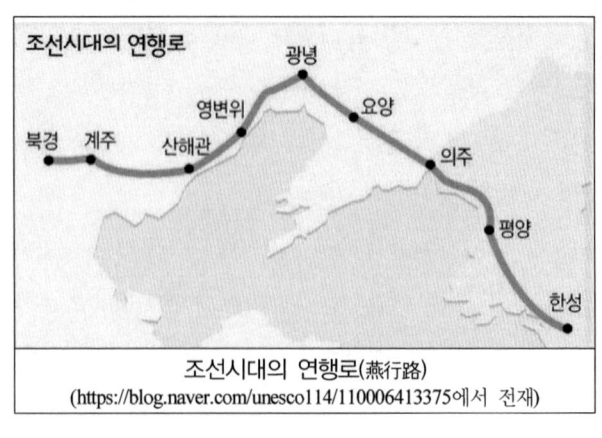

요양에서부터 광녕(廣寧)까지는 평원지대였지만, 광녕에서부터 산해관(山海關)까지는 험준한 지형이었다. 그 길고 험한 행로에 나는 가뜩이나 늙고 병든 몸이 지칠 대로 지쳤다.

다음은 요서(遼西; 遼河 서쪽 일대의 지역)를 지나면서 지은 시다.

　　　〈燕京道中(연경도중)〉　　　연경 길 도중에
　　　粉堞圍山麓(분첩위산록)　　　하얀 성가퀴가 산기슭을 둘렀고,
　　　清湖接海天(청호접해천)　　　맑은 호수는 바다와 접했구나.
　　　平蕪無限樹(평무무한수)　　　잡초 우거진 평원에 나무가 한없고,
　　　萬落太平烟(만락태평연)　　　많은 촌락들에 태평한 연기로구나.

8월 17일에 산해관에 들어가서 명나라 병부분사 주사(兵部分司主事)를 만났다. 그동안 7월 초에 명 조정에서는 조선에 원병으로 나간 군사를 돌리도록 했다고 하였다. 다음날 수레를 타고 출발하여 북경까지 무녕현(撫寧縣)·영평부(永平府)·통주(通州) 등을 거쳤다.

8월 22일에 북경 인근의 송가성(宋家城) 별산점(鼈山店)을 지나서 서남쪽 사이를 바라다보니, 연기와 안개 속에 한 줄기 기다란 숲이 수백 리 밖에 은은히 비쳐 보였다. '계문연수(薊門煙樹)'라는 것이었다. 멀리서 바라보면 뚜렷이 운수(雲樹; 구름이 걸릴 만큼 높은 나무)와 같다가 바싹 다가가서 살펴보면 아무것도 보이지 않아 마치 신기루가 일어났다가 공중에서 없어지는 것과 같으니, 참으로 기이한 광경이었다.[13]

이에 다음의 단가를 지었다.

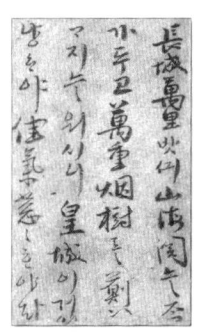
정철 친필

　長城(장성) 萬里(만리) 밧씌　山海關(산해관)을 줌가 두고
　萬重(만중) 烟樹(연수)를　薊門(계문)ᄭ지 늘워시니
　皇城(황성)이 거의 냥ᄒᆞ야　佳氣蔥蔥(가기총총) ᄒᆞ야라

[현대어] 만리장성 밖에 산해관을 잠가 두고/ 만중 연수(썩 많은 여러 겹의 안개 낀 나무)를 계문까지 늘였으니,/ 황성이 거의인 양하여 가기총총(좋은 기운이 무성함)하여라.

당시에 쓴 일기[14]를 들여다보면서 그때의 일들을 떠올린다.

---

13) 이의현(李宜顯; 1669~1745), 「경자연행잡지(庚子燕行雜識) 상」 참고.

8월 24일에 우리 사절은 북경성 내로 들어가서, 옥하관(玉河館)에서 유숙하게 되었는데, 우리 사절의 뒤에 출발한 홍인상(洪麟祥) 등의 성절사(聖節使; 중국 황제나 황후의 생일을 축하하기 위한 사절) 일행도 그날 저녁에 와서 함께 만났다.

9월 4일 아침에 우리 사절의 수레가 모두 도착했고, 9월 6일에야 통사(通事; 譯官) 이민성(李民省)이 홍려시(鴻臚寺)에 보단(報單; 중앙 관청에서 임금에게 사무를 알리기 위해 작성한 單子)을 올릴 수 있었다.

9월 7일 이른 새벽에 우리 사절은 동장안문(東長安門) 밖으로 가서 시각을 기다려 황궁(皇宮)의 조례에 들어갔다. 그러나 황제 폐하께서는 평소처럼 조회에 불참하셔서 배알(拜謁)하지 못했다. 나는 몸이 많이 아팠던 데다가 굉대한 규모의 궁성과 전각 등에 위압되어서, 명나라 대신들의 질문에 뭐라고 대답했는지 똑똑히 기억나지는 않는다. 전각 왼쪽에서 술과 밥을 먹은 뒤, 다시 예(禮)를 행하고 물러 나왔다.

예부(禮部)에 가서 기다렸다가, 상서(尙書)와 좌우 시랑(左右侍郎)이 당(堂)에 앉자 예를 행한 뒤, 자문과 태연(兌宴) 정문(呈文; 하급 관청에서 상급 관청에 보내던 공문서로서, 한 면에 다섯 줄로 씀)을 바쳤다. 그리고 주객사(主客司) 등에서 예견(禮見)하고, 옥하관으로 돌아왔다.

9월 10일에 병부(兵部)에 가서 병부 상서 석성(石星; 1538?~1599?)의 많은 질의를 받고 정신을 바짝 차려서 상세히 답하였다([참고②]).

그리고 9월 25일에 예부로 가서 자문을 전달하고, 우리 주상께서 황상께 바치는 표문을 전달하였다. 또 난리통에 분실한 주상의 고명과 면복을 다시 내려주실 것을 주청했다. 사절 출발 전에 주상께서는 하지 말라고 하

---

14) 당시 정철이 쓴 일기들의 앞부분과 뒷부분이 낙장되었고, 8월 16일부터 10월 13일까지의 일기가 일부 오손(汚損)된 채 200여 년 뒤에「문청공 연행일기(文淸公燕行日記)」로 이름 붙여서 전한다(http://gasa.go.kr/GDATA/pdf/A00000183.pdf).

셨지만, 통사(역관)가 예부의 해당 관원에게 이 일에 대해 문의하자 이참에 청하는 것이 좋겠다고 했던 것이다.

그 뒤 나는 심한 황달(黃疸)과 등창을 앓아서 여러 날을 치료받느라고, 그 좋다는 북경 거리 구경은 전혀 하지 못하고 말았다.

10월 중순에 아직 황달병과 등창 증세가 썩 호전(好轉)되지 않았지만 돌아오는데, 명 황제의 칙사(勅使)가 산해관을 먼저 지났다고 해서 부사 유근 등을 급히 가게 하고, 나도 뒤따랐다. 윤11월 중순에 서울로 돌아가서 불타버린 경복궁 남쪽의 정릉동(貞陵洞) 행궁(옛 月山大君 저택, 현 덕수궁)에서 복명하였다. 유근 일행과 그 뒤에 출발했던 홍인상 등의 성절사절이 이미 11월 말에 돌아와 복명한 지 한참 뒤였다.

그런데 우리 사절보다 먼저 서울로 온 명나라 칙사가 주상께 아뢰기를, "전에 온 사신에게 물었더니 역시 왜적이 이미 철수해 돌아갔다고 말하였습니다." 했다고 한다. 사은사였던 내가 가져가서 바쳤던 문서에 '삼도(三都)를 회복했고 강역[疆場]을 재조(再造)했다.'라는 말이 있었고, 그 때문에 황상께서 명나라 군사를 철수하라고 하셨다는 것이다.

주상께서 이 말을 듣고 크게 놀라셨는데, 나중에 유근이 상소하여 해명하기를, "이것은 실로 병부에서 속임수로 꾸며낸 말입니다. 사신 일행이 어찌 그런 말을 했겠습니까?" 하였다고 한다.

그런데 이 일은 오국(誤國; 나라를 그르침)의 죄를 물을 수도 있는 큰일이었다. 필시 심유경을 유격장군으로 임명해 조선에 파견하여 왜와의 화친을 꾀한 명의 병부 상서 석성 등의 농간이었을 것이다. 석 상서는 조선에 원군을 파병하자고 주장해서 성사시킨 뒤로 전쟁에서의 많은 군사 희생과 막대한 전비(戰費) 때문에 명 조정의 여러 사람들로부터 비난받고 있었기에, 화친을 적극 추진하여 이에 장애가 되는 일들을 속이려는 듯한 낌새가 있었고, 송응창 경략도 거짓 보고를 올리곤 했다.

이에 나는 윤11월 13일에 다음과 같이 아뢰었다.

　생각하옵건대, 상서(석성)의 제본(題本; 중국 明·淸 때의 公用 上奏文)에 이른바 '남은 왜가 없다'는 것을 신들의 입에서 나온 것처럼 의심하니, 신은 멍하니 두렵고 의혹되어 그 까닭을 잘 모르겠습니다.
　신이 그때 계비(界碑; 經略 宋應昌의 咨文에 부산에 비를 세워서 倭와의 경계를 정한다는 풍문이 있다는 말이 있었음)의 일로 말을 다하여 깊이 변명했는데, 신이 병부에 바친 글 중의 한두 가지를 시험 삼아 들어서 말하면, "내려간 적이 동래와 부산 사이에 모였다." 한 것이 있고, 또 "적이 이미 부산과 동래 일대를 제 땅으로 삼고 또 전라도 등지를 침탈하려 한다." 했으며, 그 허다한 말이 모두 흉적(兇賊)이 둔거(屯據)하고 횡탈(橫奪)하며 멋대로 노략질하는 형상을 말한 것이었는데, 적이 물러갔다는 말이 어느 겨를에 입에서 나왔겠습니까? 바야흐로 대병(大兵)을 철수하는 것을 답답하게 여기는 판국에 가볍게 적이 물러갔다는 말을 내어 사기(事機)를 그르친다는 것은 더욱 인정에 근사하지도 않은 것입니다.
　그러므로 신의 어리석은 생각으로는, 석 상서가 경략의 신보(申報)를 신들에게 말하고 복청(覆請)할 즈음에 그대로 사연으로 한 것으로 여겨집니다. 어찌 신들이 말하지도 않은 것을 가지고 면대하여 알아보았다고 핑계할 수 있단 말입니까? 또 이 제본을 가장 늦게 얻어 보고 처음에는 매우 놀라서 극력 변명하려고도 했으나, 상서가 이미 경략의 신보에 의거하여 적이 물러갔다고 했으니, 신이 만 리 밖에 있으면서 어떻게 적이 아직 물러가지 않은 것을 알고 감히 그 말을 확실하지 않다고 하겠습니까? 길에서 허진(許晉; 冬至使였음)을 만났을 때 비로소 진주가 이미 함락되었고 적이 아직 바다에 웅거해 있다는 사실을 들었는데, 천정(天庭)에서 머리를 부수고 피눈물을 흘리려 해도 이미 미칠 수 없었습니다.

고명과 면복을 경망하게 미리 청한 것으로 말하면, 그 경거망동으로 큰 일을 그르친 죄는 만 번 죽어도 갚기 어렵습니다. 신이 잘 봉명(奉命)치 못하여 이런 가지가지 죄과가 있으니, 삼가 천견(天譴; 하늘의 꾸짖음)을 기다립니다. 지극히 불안하고 위구(危懼)스럽기 그지없습니다.

주상께서는 알았다고 하셨으며, 유성룡이 영의정이 되어 이끌고 있는 조정의 주요 인사들도 우리의 말에 수긍하는 분위기였다.

그러나 며칠 사이에 조정의 의론이 변하여, 18일부터 대간에서 '나와 유근 등은 남은 왜적이 없다는 설이 자기 입에서 나오지 않았더라도, 제본을 면대하여 심의했다는 말이 있는 것을 보았으면 자기가 말하지 않은 연유를 변명하였어야 할 것인데, 잠자코 한마디 말도 하지 않아서 명나라 조정으로 하여금 왜적이 없다는 것을 믿게 했으니, 추고하고 파직하라.'는 주청을 했다.

며칠 뒤에 주상께서는 나를 단지 추고만 하라고 명하셨다.

이에 나는 추고를 기다리기 위해, 조정에 알리고 서울서 150리 떨어진 강화도 송정촌의 맏딸 이실(李宲)이가 지내는 집으로 왔다.

그 무렵에 유언비어가 나돌아, '내가 북경에 가서 세자를 왕위에 올릴 것을 꾀하여 성궁(聖躬; 임금)의 과실만을 은밀히 명 조정에 전파시켰다. 그러므로 황제 칙서(勅書)[15] 속의 더러운 말들은 모두가 나에게서 나온 것이

---

15) 『선조실록』 선조 26년(1593) 윤11월 임진(12일) 기사에 실린 것은 다음과 같다.
"황제는 조선 국왕에게 칙유(勅諭)한다. 전에 왕이 대병(大兵)으로 왜적을 국경 밖으로 몰아내고 구국(舊國)으로 돌아가서 표문을 올리고 방물(方物)을 바쳐 와서 사례하니, 짐(朕)의 마음이 매우 기뻤다. 이 나라를 회복한 중대한 일을 생각하면 상례(常例)로 회답할 수 없으므로 이제 특별히 사신을 보내어 하유(下諭)하고, 이어서 왕에게 대홍망의(大紅蟒衣) 2습(襲)과 채단(綵緞) 4표리(表裏)를 주어 짐이 간절히 왕을 위하여 멀리서 위로하는 뜻을 보인다.

다.'라고 하였다 한다. 실로 터무니없는 모략이었다.

　짐이 또 그 나라를 생각하건대, 비록 산해(山海) 사이에 끼어 있으나 전조(傳祚)가 가장 오래되었고, 옛날 선조(先祖) 때 왕화(王化)에 젖지 않았을 적에도 오히려 능히 국토를 개척하고 험조(險阻)를 지켜서 제이(諸夷)를 웅시(雄視)하였다. 이제는 우리 조정에 봄·가을로 공물을 바치는 나라가 되어 대대로 총령(寵靈; 임금의 총애를 받는 행복)에 의지하여 재력을 쌓고 길러서 더욱 부강해야 마땅할 것인데, 근자에 왜노(倭奴)가 한 번 들어오자 왕성(王城)을 지키지 못하여 들판에는 죽은 자의 뼈가 드러나고 종묘와 사직이 폐허가 되고 말았다. 그 상패(喪敗)의 원인을 추적해 생각하건대 어찌 다 우연한 운수로만 돌리겠는가? 혹자는 말하기를 왕이 원려(遠慮) 없이 오락에 빠지고 뭇 소인에게 현혹되어 백성을 돌보지 않고 군실(軍實)을 정비하지 않아서 모욕을 부르고 도둑을 초치한 것이 이미 하루아침의 일이 아닌데도 신하 중에 이를 말하는 자가 없었다고도 한다. 앞 수레가 엎어진 것을 뒷 수레가 경계하지 않아서야 되겠는가? 그대의 조상이 내린 복과 우리 군사가 싸워 이긴 위세가 왕의 군신·부자를 서로 보전하게 했으니, 어찌 다행하지 않은가?
　다만 왕이 파천해 있던 끝에 막 돌아와 황폐한 고궁과 타다 남은 구롱(丘隴)을 보면서 소복(素服)으로 교외에서 맞이한 신민들과 함께 후회하며 뼈저리게 한하는 그 마음을 어떻게 정했으며, 경장(更張)과 개혁을 도모함에 어떤 계책을 세웠는지 모르겠다. 짐이 왕을 외번(外藩)으로 일컬어 왔으나 조빙(朝聘)하는 예문(禮文) 외에는 본디 왕에게 일병(一兵)·일역(一役)도 번거롭게 하지 않았다. 오늘의 일은 대의(大義)로 발분하여 왕의 파천을 슬퍼하고 돌보았을 뿐이니, 본디 왕이 짐에게 덕을 바랄 것은 아니었다. 대병도 철수했고 왕이 이제 스스로 국도로 돌아가 다스릴 것이니, 조그마한 땅은 짐은 관여하지 않겠거니와, 어찌 다시 국경을 넘어 구원하는 것을 상사(常事)로 여길 수 있겠는가? 그대 나라가 이를 믿고 설비하지 않아서 실당(室堂)에 불씨를 방치하여 장차 다시 화를 초래하여 갑자기 다른 변고가 있게 된다면, 짐은 왕을 위해 도모할 수 없을 것이다.
　이 때문에 미리 알려 경계하고 옛사람의 와신상담한 뜻으로 권면하노니, 이제 외적의 침구로부터 풀려나 숨을 돌리고 나라의 용모를 다시 펴는 때를 당하여, 창이(瘡痍)를 어루만지고 유산(流散)을 불러 모으며, 척후를 멀리 보내고 성황(城隍)을 수선하고 갑병(甲兵)을 훈련하고 창름(倉廩)을 채우도록 하라. 주색에 빠지지 말 것이며, 유락(遊樂)에 방탕하지 말 것이며, 치우치게 신임하여 하정(下情)을 막지 말며, 형벌과 부역을 각박하고 괴롭게 하여 백성의 원망을 모으지 말라. 그래야만 우환과 치욕의 뒤에 선대의 사업을 일으킬 수 있고 큰 원수를 갚을 수 있을 것이다. 이것은 이제부터 그 존망과 치란(治亂)의 전기가 왕에게 있고 짐에게 있지 않으니, 왕은 경계하고 삼가라. 그러므로 하유한다."

그러나 이 중차대한 문제를 명명백백하게 밝혀내기는 실로 어렵고도 어려우니, 아아, 이를 어찌할꼬? 어찌할꼬?

온몸의 병이란 병들이 한꺼번에 다 발작하는 듯 통증이 극심해진 가운데, 헤어나기 어려운 절망감에 정신이 아득해진다.

[참고①]
「망녀(亡女) 최가부(崔家婦) 제문」

만력(萬曆) 19년(1591) 세차(歲次) 신묘(辛卯) 6월 모일(某日)에 네 아비 송강 늙은이는 견책을 받아서 바닷가에 물러나와 있으므로, 멀리 네 빈소의 집사(執事)에게 시켜서 한 잔 술을 죽은 딸 최씨부(崔氏婦)의 영(靈)에게 대신 주노라.

아! 너는 성품이 인자하고 유순하며 자질이 아름답고 맑아서, 조탁하지 않아도 금이요 옥이었다. 내가 네 배필을 가릴 때 애혹(愛惑)을 면치 못하여 병든 사람을 짝으로 하였다. (네 남편이) 몇 달 만에 죽으니 나이 겨우 스물두 살이었다. 매우 유약한 네가 이 참혹함을 당하여 곡벽(哭擗; 어버이를 잃어 애통해 하는 예절)을 절도(節度) 없이 하며 죽기로 작정하고 먹지 않아서 하루에도 몇 번씩 기절하니, 이 소식을 들은 나는 차마 가까이할 수 없었다.

너는 삼년상을 다 치른 뒤에도 조심스럽게 더욱 삼가며 소복과 현미밥으로 열두 해를 보냈다. (나는 네가) 날로 말라감을 슬피 여겨서 훈전(葷羶; 매운 채소와 고기)으로써 권하면, 마음속에 숨은 아픔에 말보다 먼저 눈물이 흘렀다. 네 뜻을 빼앗을 수 없음을 알고 마주하여 목메어 울었다.

그러다가 마침내 너는 고질병을 얻었는데, 오랫동안 천식(喘息)을 앓아서 형용이 이미 여위어 잠시 뒤에는 구할 수 없게 되었다. 전날에 했던 말을 다시 하면, 너는 '천천히 마땅히 명에 따르겠다'고 말하면서 시일을 끌었다. 죽기 며칠 전에 스스로 맛있는 음식을 찾으면서 말하기를, "부모의 명을 어기면 효(孝)가 아닌즉, 내 장차 죽을 것이니 잠깐 평소의 뜻을 굽히겠습니다." 하더니, 오래지 않아서 죽었다.

아! 저 푸른 하늘이여. 덕(德)은 주고 수명은 아꼈으니, 이치가 어찌하여 망망한고? 이것이 비록 천명이라고 할지라도, 사람의 일이 끌어들이기도 했다.

매우 추운 겨울 찬 방에 얼음과 눈이 살에 생길 정도였으니, 강건한 사람도 또한 견디기 어렵거든 병든 몸으로 어찌 능히 지탱할 수 있었으랴? 집이 본래 곤궁하고 비어서 소금과 쌀이 여러 번 다하였다.

너는 남편의 집에 사정이 응하지 않음을 애달프게 여겨, 조그마한 집을 지어서 제사 범절을 받드는 것이 평생의 지극한 소원이었다. 그러나 힘이 모자라 뜻을 이루지 못하고 여러 가지 군색한 일로 종종 마음을 상하며 속으로 녹아들어 불치의 병에 이르게 되었다. 너를 범용한 의원(醫員)에게 맡긴 것도 오히려 자애롭지 못하다 하겠는데, 하물며 이 요찰(夭札; 夭折)이야말로 곧 나의 과실이니, 백 년토록 참통(慚痛)하여도 이미 다할 수 없다. 더욱 통탄할 것은, 병이 들었을 때 서로 보지 못하고 죽을 때에도 영결(永訣)하지 못한 일이다. 조각 밭과 잔약한 노복이라도 하사받은 것을 너와 함께 나누려고 문서를 작성하였으나, 네 병이 위독하므로 네 마음이 움직이게 될까 두려워하여 비밀에 붙이고 말하지 않았는데, 나의 이러한 애통함을 너는 아는지, 모르는지?

이젠 네가 의뢰할 바는 오직 영서(迎曙; 경기도 楊州)에 있는 새 무덤의 남편만을 의지할 것이다. 살아서 겪은 애통은 비록 괴로웠으나 죽어서는 즐거움이 틀림없을 것이다. 이것이 오직 네 소원인즉 나 역시 어찌 슬퍼하리오? 하물며 우리 고양(高陽)의 송재(松梓; 묘지 주변의 소나무와 가래나무)와 서로 바라보게 되었으니, 다른 때에 혼백이 서로 더불어 비양(飛揚)할 것이다.

그러하면 우리 부자(父子; 父女)는 사람 세상에서의 낙은 비록 적었으나 지하에서의 낙은 무궁하리니 또 무엇을 슬퍼하리오?

너 또한 괴로운 회포를 조금 너그러이 하고, 와서 아비의 이 잔을 들어라. 상향(尙饗).

[『송강집』 권2, '잡저', 「제망녀최가부문(亡女崔家婦文)」]

[참고②]

정철의 「문청공 연행일기」에서의 당일 일기를 번역한 것(http://gasa.go.kr/GDATA/pdf/A00000183.pdf)은 다음과 같다(일부 말투 등은 고쳤음).

9월 초10일 맑음.

병부(兵部)에 나아가니, 상서(尙書; 石星)와 좌우 시랑(左右侍郞)이 후당(後堂) 안에서 나와서 (우리 사신 일행을) 접대하였다. 행례(行禮)를 마치고 곧 정문(呈文)을 올렸다.

석야(石爺; 석성)가 통사 구남(具男)을 불러서 물었다. "그대들의 이 행차는 오로지 사은(謝恩) 때문에 온 것이오? 소위 사은이란 것은 무슨 일이오? 또 그대들이 떠나올 때 왜놈들은 아직 부산에 있었소?"

양사(兩使)가 구남에게 답변하도록 했다. "우리들이 사신으로 온 것은 곧 삼경(三京)을 수복한 은혜에 사례하고자 하는 것입니다. 떠나올 때 적은 바야흐로 부산진에 있었는데, … 우리는 … 5월에 떠나왔기 때문에 그 뒤의 군사의 소식은 들을 수 없었습니다. 오는 길에 들은 바로는 어떤 이는 왜적이 소굴로 돌아갔다고 하고, 어떤 이는 바다에 있다고 하니, 어떻게 된 것인지는 정확히 알 수가 없습니다. 관에 도착하고서 적이 바다를 건너갔다고 들어서 알았습니다. 그러나 과연 그러한지는 정확하게 알 수 없습니다. … 5월에 떠나왔으니, 어떻게 … (답왈) … 피해가 이처럼 심하여, 군마(軍

馬)를 동원할 수 없었고, 우리들은 … 때마침 성절(聖節) 배신(陪臣; 諸侯의 신하가 天子를 상대하여 자기를 낮추던 말)이 표(表)를 받들고 도착하여, 앞 기일의 출발이 임박하여 어쩔 수 없이 군마를 취조(取調)하여 성절 사신의 행차를 우선 부탁하고, 저 군마들이 돌아오는 것을 기다려서, 바야흐로 길을 떠나 여러 날 달려왔는데, 또한 요양(遼陽)의 서쪽 길은 가로막는 물이 많기 때문에 통행이 불편하여, 늦어지고 잘못된 것은 바로 이 때문입니다."

상서가 말했다. "만약 그렇다면, 8, 9월 이래 왜적의 소식에 대해 그대들은 반드시 알 수 없었을 것이오. 내가 지금 그대들과 말한 것은 해상에 가까이 있는 장군 인신당(印信塘)의 공문에서 적에 대해 보고한 것이오. 적은 모두 바다를 건너갔다고 하는데, 다만 평행장(平行長; 小西行長)의 일진(一陣)만 서생포(西生浦)에 머물렀다고 하오. 서생포는 원래 조선 강토요? 아니면 일본에 속한 것이오?" 답변하기를 "서생포는 동래부에 있는데, 동쪽으로는 울산군 땅과 이어졌습니다. 동래부에는 좌도수영(左道水營)이 있는데, 곧 수군절도사의 하영(下營)이 있는 곳입니다. 서생포는 부산과의 거리가 육로로 하루 노정이고 수로로 한 뱃길이면 도착할 수 있습니다. 좌우와 전후에 많은 진보(鎭堡)가 있는데, 원래 본국 강토로서 어찌 적토(賊土)에 속할 이치가 있겠습니까? 또한 서생포의 앞에는 작은 섬이 있는데, 다만 한 물길을 두르고 있으니, 모두 우리나라의 토지입니다."

상서가 물었다. "그대들의 행차가 사은에 관계된다면 예물을 갖추어 왔소?" 답변하기를 "전번에 평양을 수복한 일로 배신 한준(韓準)을 보내 사은하였는데, 지금은 삼경을 수복한 뜻인데, 우리들은 예물을 준비하여 오기가 어려웠습니다."라고 하였다.

상서가 말했다. "사은의 표문을 보고 싶은데, 지금 여기에 가져왔소?" 답변하기를 "표문은 이미 예부에 올렸습니다. 초고는 하관(下館)에 남겨두었는데, 미처 가져오지 못했습니다."라고 하였다.

상서가 물었다. "그대들의 행차는 다만 삼경 수복 때문이고, 따로 다른 일은 없소?" 답변하기를 "오로지 삼경의 수복 때문에 왔을 뿐입니다."라고 하였다.

상서가 말했다. "황상께서 그대들 나라가 충순(忠順)함을 본받는 것을 불쌍히 여기셔서 특별히 천하의 병사를 움직여 흉적(兇賊)을 씻어 정벌하셨소. 이후에는 그대들 나라가 잘못되고, 또 변란이 있더라도 결코 다시 병마를 동원하지 않을 것이오. 지금 머물러 있는 병사가 얼마요? 그대들 나라는 어떤 방략을 세워서 힘을 모아 … 우환이 없도록 보존할 수 있겠소? 지금 5천 병사를 머무르게 하여, 그대들 나라 병사 3만과 함께 협동하여 방수(防守)하려고 하는데, 3만의 군병을 조발(調發)할 수 있겠소?" … (답왈) … "우리나라는 거의 망하고 난 후인지라, 금일의 추호라도 가질 수 있음은 모두 황제의 힘 때문입니다. 감히 다시 말하지 못하지만 … 만약 다만 … 한다면, 지켜내지 못할까 두렵습니다. 우리나라 인민 가운데 정장(丁壯) … 노약자까지도 한 나라의 힘을 다 탕진한지라, 조발한다면 3만의 수가 되지 못할지 모르겠습니다."

상서가 말했다. "그렇다면 1만의 병마를 머무르게 한다면 충분하겠소?" 답하기를 "만약 적들이 모두 소굴로 돌아간 것으로써 말씀드린다면. 1만 병마라도 오히려 충분할 것입니다. 그러나 왜노(倭奴)들이 거짓으로 돌아가서 만에 하나라도 다시 온다면, 1만으로는 당해내지 못할까 두렵습니다. 이것이 우리나라의 가장 큰 우환입니다."라고 하였다.

상서가 또 물었다. "동해군(東海君)이라 하는 이는 국왕의 몇 번째 아들이오?" 답변하기를 "왕자 가운데 본래 동해군은 없는데, 아마 임해군(臨海君)을 말씀하시는 것 아닙니까? 그는 장자입니다."라고 하였다.

상서가 말했다. "그가 군마를 거느리고 천장(天將; 중국의 장수)과 협력하여 지킨다는데, 인심이 귀속되는지 모르겠소." 답하기를 "그렇지 않습니다.

임해군은 적중(賊中)에 포로가 되었는데, 출환(出還) 여부는 모르겠습니다." 라고 하였다.

상서가 말했다. "임해군이 과연 추월했다는 세자 이름 모(某)이오?" 대답하기를 "세자는 곧 광해군(光海君)으로 국왕의 둘째 아들입니다. 국왕께서 여러 아들들 중 가장 어진 사람을 세자로 세운 것입니다. 국왕께서 파월(播越; 임금이 도성을 떠나 다른 곳으로 피란함)하여 초망(草莽; 궁벽한 시골)에 있을 때, 모든 일이 창황하여 미처 아뢰지 못했습니다."라 하였다.

석야가 즉시 하리(下吏)에게 명하여 문서를 살펴보도록 하자, 하리가 회보(回報)하여 '과연 …은 많고 은(銀)은 적습니다' 하였다. "그 납으로 연환(鉛丸; 납으로 만든 총알)을 제조할 수 있는가? 이 일들은 마땅히 너희 배신이 알 수 있을 것이니, 너는 그에게 물어오라." 랬다. 곧 구남에게 회품(回稟)하게 하였다. 대답하기를 "적이 퇴각하지 않았을 때에는 여러 적들이 각처에 산포(散布)되어 있었기 때문에 소재(所在) 지방에서 곳에 따라 남겨진 적들을 참획(斬獲)했습니다. 지금은 적이 비록 경계를 넘더라도 각로(各路)의 군병들은 제거되어, 본처(本處)를 방비하는 외에 어찌 외군(外郡)에서 옮겨서 쓰겠습니까? 이런 이유로 그 숫자가 많지 않습니다. 전라도 지방은 대개 50여 관(官)이 있습니다. 해상의 거북선[龜船]은 다소 … 경상좌도는 변란을 겪은 이래 물력(物力)이 탕갈(蕩竭)되어 남은 것이 없으나, 오직 경상우도와 전라좌·우도에 약간 선척(船隻)이 있습니다. 수군절도사 이순신(李舜臣) 등이 수리 건조하여 쓰고 있는 것은 단지 한 선봉(船蓬; 비바람을 막기 위하여 띠 따위로 엮은 뜸으로 덮은 배)이고, 정수(釘手)와 타부(打夫)가 모두 80여 명인데, 그러나 전사(戰士)는 이 숫자에 들어 있지 않습니다. … 우리나라 사람들은 항상 수병(水病)을 근심하여 바다를 가는 데 익숙하지 않습니다. 그러므로 배를 조종하는 일은 반드시 어호(漁戶)의 민정(民丁)을 씁니다. 이런 이유로 병선의 갖춤은 비록 크게 이루지는 못했으나 근래에 또한 역량에 따라 갖추었습니다. 권율(權慄)은 일찍이 전라도 관찰사로서 병사 수만을 거느리고 와서, 행주(幸州)에서 왜적을 크게 이겼습니다. …도(道) 도원수(都元帥)의 임목(任目; 임무 목록) … 지금은 … 주차(駐箚)하고 있는 곳은 정확히 알지 못합니다. 철물(鐵物)에 있어서는 원래 … 우리나라에서 충분히 구용(句用)할 수 있고, 납 또한 연환으로 만들 수 있습니다."라고 하였다.

상서가 말했다. "철이 우수하다면 군기(軍器)를 두드려 만들어 근심을 없앨 수 있을 것이오." 그리고 상서(上書)의 '국군(國君)이 실덕(失德)하지 않았다면 충신이 없다 한들 무엇이 해롭겠는가?'라는 대목을 지적하였다. 그리고 곧 말했다. "그대들 나라에 대나무가 많다 하니 …을 만들 수 있지 않겠소?" 대답하기를 "대나무는 본래 양남(兩南)에서 생산되는데, 채취해 써서 다 없어졌습니다." 곧이어서 구남에게 꿇어앉아 고하도록 명했다. "우리나라의 적들은 물러났으나 파종시기가 지난 후인지라, 백성들이 농사를 지을 수 없어서 천 리가 황폐하게 버려졌습니다. 비록 적병이 이르지 않은 곳이라도 원근의 민서(民庶)들은 조발에 분주하여 농사지을 겨를이 없습니다. 약간의 곡물은 낟알까지 거두어서 천병(天兵)의 군량으로 썼습니다. 만약 가을과 겨울을 지나 명년에 이르면, … 계책이 없습니다. 만약 명년 봄과 여름에 조금이라도 파종한다면 수확을 기대할 수 있을 것이니, 군량을 공급할 일을 거의 유지할 수가 있을 것입니다. 근심할 바는 명년의 봄과 여름 동안입니다. 농기(農器), 농우(農牛)와 종자가 모두 없어진 것입니다. 이 같은 것이 우리나라가 고민하는 것입니다."

상서가 말했다. "지금 만약 개시(開市)의 이익을 통하게 한다면, 평양·개성·왕경(王京) 등지에서 모두 와서 무역하여 실어 가게 될 것이오. 요동은 … (풍부하게 거두는 곳인데), 게다가 금년 농사는 매우 풍년이므로 그대들 나라가 …한다면 명년 봄과 여름을 (지탱할 수 있을 것이오). 또한 천병은 먼 (이역에서) 의복을 풍족하게 입고 음식을 좋게 먹고자 하는데, 만약 좋지 않은 옷과 식사로 대우한다면 저들은 소요를 일으킬 것이오. 당금(當今)의 일은 가장 통시(通市)가 시급하오. 종자의 경우는 요동지방에 본래 벼가 없는데 하물며 그 종자는 말할 것이 있겠소? 곡물은 조급(調給)하기 어려우니 반드시 강론할 필요가 없소."

또 물었다. "그대들 나라는 전(錢)을 사용하오?" 대답하기를 "본래 전천(錢泉)이 없습니다." "포(布)를 사용하오?" "그렇습니다. 그러나 왜노들이 약탈해 갔기 때문에 포 역시 매우 적습니다."

상서가 말했다. "그렇다면 또한 여러 가지 물화를 가지고 역량에 따라 무역하면 편할 것이오." 또 물었다. "군기의 경우 철물로 제조할 수 있으니, 궁전(弓箭) 또한 충분히 쓸 수 있지 않겠소?" 대답하기를 "변란을 당한 이래로 군자(軍資) 궁시(弓矢) 등을 한 번에 다 써서 모두 창실(搶失)하고 남은 것이 없습니다. 상년(上年)에는 노야(老爺)의 큰 은혜를 입어 궁면각자(弓面角子) 무역이 허용되었기 때문에 조금 마련할 수 있었습니다만, 이제는 다 없어졌습니다. 이번에 궁각(弓角)·우근(牛筋) 등의 물건을 사서 가져가려고 합니다. … 가격 … 또한 지금 머물러 둘 천병들의 수는 얼마입니까? … 지금 기계를 만드는 데서 반드시 우리나라에 정교한 …을 전해서 익히게 하여 … 영원히 황은(皇恩)을 입어 끝까지 강역을 보존코자 하니, 노야의 분부를 바랍니다."라고 하였다.

상서가 말했다. "적을 막는 방비에 관해서는 이미 행문(行文)에다 분부하였소. 지금 1만 6천의 군마를 남겨두려고 하는데, 그대들 나라가 군량을 담당할 수 있겠소? 또한 그대들 나라에 염소(焰焇)가 많이 있소?" 대답하기를 "천병을 궤향(餽餉)할 비용에 있어서 은전(銀錢)은 참으로 감당하기 어렵지만, 양향(糧餉)은 감히 우리나라의 힘을 다하여 도모할 수 있지 않겠습니까? 염소는 비록 있으나 평소 선공(善工)이 없어서 구워서 제조하기가 쉽지 않습니다. 그래서 사용에 … 풍부하지 못하고 정호(精好)하지도 못합니다."라고 하였다.

상서가 말했다. "이 전쟁의 수기(守機)에 대해서는 마땅히 내가 유정(劉綎)에게 이미 분부했소. 유정은 훌륭한 장관부하(將官部下)로서 중요한 일들을 맡아서 하는 것이 많소. 금후 적을 막는 일은 모두 유장(劉將)의 지휘에 따라서 행하시오. 산에서 벌목하여 수전(水戰)의 기구를 마련하고, 복노(伏弩)를 많이 설치하여 요로(要路)를 끊고, 산로(山路)의 험조(險阻)한 곳에는 목책(木柵)을 첨조(添造)하여 수륙을 방비할 형세를 이루고, 싸워 지킬 기계를 모두 수리한다면 저 왜노들이 어떻게 날아올 수 있겠소? 이밖에는 유정 소장(小將)이 오기를 기다려서 그대들 등과 사기(事機)를 상의할 수 있을 것이오. 이로부터는 그대들 나라도 또한 마땅히 자강(自强)할 수 있을 것이오. 나는 지금 병사들 남겨두는 일 등에 대해 마음을 써야 할 곳이 있어서 본부로 올라가오. 그대는 배신과 말할 수 …."

※ '…'는 더럽혀지고 손상되어서 판독할 수 없는 부분이라고 함.

#12. 하늘 위로 오르는가?
― **58세**(1593년, 癸巳年, 宣祖 26년, 明 神宗 萬曆 21년)
12월 18일(陽曆 1594년 2월 7일) ―

얼마 전에 나는 극심한 통증과 헤어나기 어려운 절망감으로 정신 줄을 놓았다가, 한참 만에 의식이 흐릿하게나마 돌아왔다. 그러나 눈은 떠지지 않는다.

내가 누운 자리 옆에서 몇 사람이 흐느끼기도 하고 무슨 말도 하고 있었다.

나는 한동안 듣고만 있다가, 힘을 짜내어 겨우 입을 열어서 오늘이 며칠이냐고 물으니, 그들이 기뻐하면서 큰 소리로 부르짖었고, 곧 둘째 아들 종명이의 말로 여겨지는 소리가 계사년(癸巳年; 1593, 선조 26) 섣달 18일(양력으로는 1594년 2월 7일)이라고 알려주었다. 나는 하루 밤낮 이상 동안 혼절해 있었던 것이다.

몸에 기력이라고는 하나도 없는 듯하며, 통증도 느껴지지 않는다. 그리고 절망감 속에 혼절했다가 깨어났는데도 마음이 이상하게 매우 평온하며, 귀에 흥겨운 풍악(風樂) 소리인가 노랫소리인가가 들리는 것 같다.

나는 드디어 오늘 죽음을 맞게 되었음을 직감하였다.

풀지 못한 억울한 사안들과 이루지 못해 아쉬운 일들이 남았지만, 정승을 지낸 군자(君子) 또는 적선인(謫仙人)답게 품위 있게 이 세상을 떠나서 오래 꿈꾸던 곳으로 가야 한다고 스스로에게 다짐하였다.

마음을 가다듬은 뒤에, 종명이를 가까이 오게 해서, "나는 곧 떠날 것 같다. 내가 죽은 뒤에 내 부모님 묘소 아래에 묻어주고, 네가 우리 집안의 대들보이니 네 어머니를 잘 보살펴 드리며 아우들과 다른 가족들 그리고 나머지 식솔들도 잘 챙겨 주어라. 또한 힘닿는 대로 내 억울한 일들도 좀 해결해다오."라고 당부하였다.

종명이가 울먹이면서 "전에 말씀하시던 황해도 안악(安岳)은요?"라고 물어서, "내가 전에 안악에 묻힐까 했던 것은, 오래전에 그곳 군수를 지내신 네 셋째 큰아버지[鄭滉]가 가족 묘역으로 할 만한 산을 구해 두신 데가 있으며 또 고양 수동(물골)의 선영이 사태(沙汰)로 붕괴할 우려가 있어서였다. 그런데 나는 될 수 있으면 저세상에서 부모님과 형제 그리고 아들 등과 함께 있고 싶다."고 하였다.

그러면서 "아직 전란 중이라서 사세(事勢)가 어려우면, 우선 이 강화도 송정촌의 뒷산에 임시로 매장해 두었다가 난리가 끝난 뒤 적당한 때에 천장(遷葬; 이장)하여도 좋다."고 말했다. 그리고 '장례는 간소하게 하며 제반 절차는 해주에 머무르고 있는 우계(성혼)에게 물어서 예법에 맞게 하라.'고 하였다.

어렵사리 말을 마치고 나니, 종명이가 손가락을 베어서 피를 낸 듯 끈적한 액체가 내 입안으로 들어오고 있어서 그만두라고 하였다.

더 이상은 말소리가 나오지 않았다.

목 놓아 울고 있는 맏딸과 흐느끼는 외손녀에게는 손을 잡는 것으로써 마지막 인사를 했다. 방 밖의 노비들에게도 손을 들어서 작별한다고 했는데, 제대로 되었는지 모르겠다.

이렇게 영결(永訣) 인사를 마치고 나니, 지난 50여 년간의 여러 인상적인 일들과 사람들의 모습이 그야말로 찰나(刹那) 동안에 주마등(走馬燈)처럼 빠르게 지나가면서 내 감은 눈앞에 주욱 펼쳐진다.

어릴 때 큰누님이 계신 동궁(東宮)에 가서 경원대군(慶原大君)이던 명묘(明廟; 명종)와 함께 놀던 일, 열한 살에 귀양 가시는 아버님을 따라가서 함경도 정평과 경상도 연일에서 5년여 동안 고생하며 지내던 일, 열여섯 살에 부모님을 따라 창평에 살러 내려간 일, 이듬해에 사촌(沙村; 金允悌) 공을 만나고 그의 외손녀인 아내(文化 柳氏)와 혼인한 일, 사촌 할아버지께 글 배우다가 하당장(霞堂丈; 金成遠)을 만나 40년간 변함없이 친밀하게 지낸 일, 하서(河西; 金麟厚) 선생과 고봉(高峯; 奇大升) 선생께 유학을 배우고 송천(松川; 梁應鼎) 선생과 석천(石川; 林億齡) 선생께 시문을 배운 일, 스무 살에 첫 아이(맏딸 李室이)를 본 일, 스물한 살에 율곡(이이)과 만나고 우계(성혼)와도 사귄 일, 스물일곱 살에 별시 문과에 장원급제한 일, 성균관 전적으로 벼슬길에 들어서 순항하던 일, 율곡·우계·구봉(송익필) 및 경로(이희삼) 등과 어울리던 일, 삼청동 등에서 젊은 명류(名流)들과 문예로써 교유한 일, 마흔 살에 동서 분당이 일어나자 서인의 영수가 된 일, 동인 강경파의 영수 이발(李潑)과 화해하는 자리에서 그의 얼굴에 침을 뱉은 일, 율곡과 절교하고 창평으로 낙향한 일, 마흔세 살에 조정에 복귀했다가 동인의 탄핵을 받아 고양에서 1년간 한거한 일, 거기서 소실 유아(柳娥)를 들여서 즐기던 일, 마흔다섯 살에 강원 감사가 되어 〈관동별곡〉을 지어서 내 신선의식을 형상화한 것과 〈훈민가〉를 지어서 백성을 교화하려 한 일, 마흔일곱 살에 전라 감사를 지내고 함경 감사가 된 일, 이듬해에 예조 판서가 된 일, 그다음 해에 율곡이 별세한 뒤로 방황한 일, 쉰 살에 조정에서 쫓겨나 창평에 내려가서 좌절하여 지내면서 〈사미인곡〉과 〈속미인곡〉을 지은 일, 쉰네 살에 맏아들 기명(起溟)이가 죽은 일, 그 뒤 우의정에 발탁되어 기축옥사의 위관을 맡던 일, 쉬여섯 살에 좌의정이다가 세자 책봉을 건의하고 평안도 강계로 귀양 간 일, 이듬해에 왜란으로 풀려나 주상을 호종한 일, 삼도 도체찰사가 되어 양호(兩湖)를 돌아다닌 일, 올해 명나라 북경에 갔다 온 일, 그때의 일로 억울하게 탄핵받아 강화에 내려온 일 등등.

 장면들이 워낙 빠르게 펼쳐졌다가 사라지곤 하니, 내가 인지한 것들이 맞는지 확신할 수 없다.

그러다가 갑자기 온몸에서 힘이 다 빠져나가는 것 같고 숨을 쉬기가 어려워진다.

가빠지는 호흡을 애써 가다듬으려 하는데, 내 앙상한 두 어깻죽지 뒤가 심하게 근질거리다가 그 양쪽에 무엇인가가 생겨나는 듯한 느낌이 든다. 두 날개가 돋는 건가? 몸이 깃털처럼 가벼워져서, 하늘로 날아오르는 듯하다.

그러더니 어느덧 내 몸이 발끝에서부터 위로 올라오면서 잘게 분해되기 시작해서 차츰차츰 떨어져 나가고 있다는 느낌이 든다. 곧 배와 가슴을 거쳐서 머리까지 가루가 되어 사라질 것 같다.

이 와중에 누구인지 알기 어려운 흐릿한 모습이 내 앞에 나타난다. 그와 만나자, 나는 이내 깊은 동굴 속으로 빨려 들어가는 것 같다.

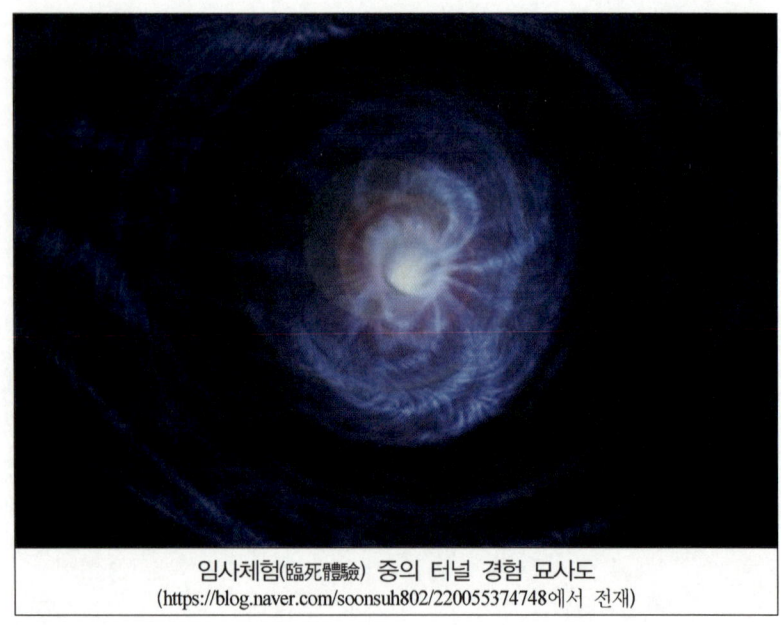

임사체험(臨死體驗) 중의 터널 경험 묘사도
(https://blog.naver.com/soonsuh802/220055374748에서 전재)

어어, 뭔가 잘못된 것 같다. 큰일이다. 나는 이제 두 나래를 활짝 펼쳐 하늘 위로 날아올라서 옥황상제께서 계신 백옥경(白玉京)으로 바로 가야 하는데. …….

#13. 그 뒤

— 1594년(甲午年, 宣祖 27년, 明 神宗 萬曆 22년)~**현대** —

영돈령부사(領敦寧府事) 인성부원군(寅城府院君) 정철(鄭澈)이 강화도에서 별세했다는 부고(訃告)가 조정에 전해지자, 선조 임금이 예관(禮官) 우정침(禹廷琛)을 보내어 조문하고 제사하였다.
그 제문은 다음과 같다.

생각건대 하늘이 낸 영재(英才)로 세상이 그의 겉모양을 우러렀다. 강직하고 충청(忠淸)하여 그 덕(德)을 본받을 만하였다.

일찍이 과거에 수석으로 뽑혔으며 선조(先朝)로부터 간택되어, 이력과 성적(聲績; 명성과 공적)이 백료(百僚)의 으뜸이었다. 내가 일으켜 세우니, 사람들이 다투어 이마에 손을 얹었다. 나라가 다난(多難)함을 만나, 역적을 토벌함에 오래 수고하였다. 산하(山河)를 가리켜 맹서하면서 휴척(休戚; 안락과 근심 걱정)을 같이했다. 어찌 조문하지 않으리오?

나라를 버리게 된 화가 박두하여 서관(西關; 황해도와 평안도)에서 서로 만나니, 덕이 더욱 더하였다. 양호(兩湖; 湖西와 湖南)의 체찰(體察)은 경(卿)이 아니고는 할 수 없었다. 망극한 큰 은혜도 경에 의뢰하여 사례하였다. 물을 건너고 육지를 달리는 사이에, 영위(榮衛; 몸을 길러주고 지켜주는 혈액과 生氣)가 많이 상하였다. 한 번 병들자 일어나지 못하고, 극도로 쇠하여 죽었다. 길이 그 논의를 들을 수 없으니, 한갓 전형(典刑; 예로부터 전해 내려오는 法典)만 생각되는구려.

부조[賻]는 의식을 갖추지 못하고 예(禮)는 정을 다하지 못하도다. 애오라지 한 번 제사를 행하니, 내 정성을 흠향(歆饗; 神明이 제물을 받아서 먹음)하기 바라오.

정철의 시신은, 그의 유지(遺志)대로 경기도 고양군 원당면 신원리 수동에 있는 선영에 장사 지낼 것인지 또는 임시로 강화도에 장사 지낸 뒤 나중에 고양 선영으로 천장(遷葬; 移葬)할 것인지, 아니면 붕괴할 위험이 있는 그의 부모 묘와 맏아들 묘 등도 천장하면서 황해도 안악(安岳)에 장사 지낼 것인지 한참 동안 결정되지 못하다가,[1] 고인의 뜻을 그대로 받드는 것이

---

1) 이에 대해서는 우계(牛溪) 성혼(成渾)이 정종명(鄭宗溟)에게 보낸 편지들과 이해수(李海壽)에게 보낸 편지를 참고하였다.
"… 고양의 일(고양 선영에 장사 지냄)은 내가 간섭하여 말참견할 수 있는 것이 아니며, 선친의 뜻은 옮겨 바꿀 수가 없네. 다른 곳에 장사 지낸다면 고양은 외롭게 될 것이니, 이는 차마 할 수 없네. 혹시 선대(先大; 정철의 선친 정유침 부부)의 묘까지 아울러서 모두 옮긴다면 마음이 좀 편안할 것이나, 지금의 일과 힘으로 보아 결코 할 수 없으니, 어찌 이러한 단서를 열어서 남의 집을 망칠 수 있겠는가? 바라건대 의리로써 결정하여 마음에 편안하면서도 사랑하는 이치를 어기지 않는 것을 기준으로 한다면 매우 다행이겠네. … 갑오년(1594) 정월."(성혼, 『우계속집』권4, '간독', 「與鄭士朝宗溟」 중에 "渾頓首 前月二十七日 ….")
"이달(1594년 2월) 1일에 보내준 편지를 받고 거듭 슬피 오열하였네. 애후(哀候; 부모의 喪中에 있는 사람의 몸)가 견뎌 이겨내고 있다고 하니, 마음에 위안이 되네. 또 생각건대, 그대(정종명)는 서쪽(황해도 안악)에 장사 지내려는 뜻 때문에 언제나 슬픈 마음이 간절하였을 것이네. (나는) 이와 같이 따로 나누어짐은 반드시 선친의 뜻이 아닐 것이라고 생각하여 마음이 편치 못했는데, 이제 상주의 글을 받아 보니 기쁘고 다행함을 이기지 못하겠네.
선대의 묘가 유사(流沙)로 붕괴하여도 제방을 쌓아 막을 수 없어서 걱정이라는 말을 들었을 때마다, 내 눈으로 보지는 못했으나 항상 우려했었네. 지금 이와 같은 걱정이 내가 들은 것만 한 것이 없으니, 천만년을 더 이상 우려할 것이 없게 하려면 선영을 따라 장사하는 것 외에 다시 무슨 도리가 있겠나? 이제 이미 계책을 결단하여 택일했으니, 오직 이것을 가지고 종사하고 다시는 다른 의논을 하지 말아야 할 것이네. 그런데 어찌하여 별지(別紙)에 다시 글을 적어 보냈나? 이와 같이 결단하지 못한다면 의심하는 사이에 반드시 심기(心氣)가 크게 손상될 것이니, 이러한 생각을 하지 말기 바라네.
이달 22일이 이미 가까워졌으니, 이 사이에 무슨 왜적의 변고가 있겠나? 또 생각

좋겠다는 성혼(成渾; 호 牛溪, 1535~1598)의 충고에 따라 1594년(甲午, 선조 27) 2월 22일(양력 4월 12일)에 고양 선영의 부모 무덤 아래에 묻혔다.[2)]

그 뒤 5월 1일에 영남 사람인 전(前) 현감 권유(權愈; 南冥 曺植의 제자)가 상소하여 '정철이 최영경(崔永慶; 호 守愚堂, 1529~1590, 조식의 제자)을 억울하게 얽어 넣어서 죽였다'고 하니, 정철의 둘째 아들인 정

정철의 첫 무덤 자리(고양)

건대, 옛 사람들 중에 고향으로 돌아가 장사 지내지 못하고 상을 당한 곳에서 장사 지내는 자들은 모두 장례 예식을 잘 갖추어 일을 끝냈고, 다만 가난하여 예를 갖출 수 없으면 무덤을 얕게 파서 임시로 장사 지냈을 뿐이네. 지금 비록 다른 곳에 장사 지낸다 하더라도 장례 의식을 구비하여 『가례(家禮)』(朱熹 편찬)와 같이 해야 할 것이니, 어찌 그 글[禮文]을 변경할 수 있겠나?

다만 장사 지내기 전에 별도로 고유문(告由文)을 지어서 '왜적의 침입 때문에 고향으로 돌아가 장사 지내지 못하고 사태가 안정되면 즉시 돌아가 장사 지내겠다'는 뜻을 아뢰고 천장할 때 또 천장하는 뜻을 아뢰면 될 따름이네. 비루한 나의 소견은 이와 같다네. 거듭 다시 당부하건대, 한마음으로 고양에 뜻을 두고 딴생각을 갖지 말기를 바라고 또 바라네. …. 갑오년."(같은 책, 같은 글 중의 "伏承月朔所賜哀札 二復悲咽 ….")

"… 송강(松江)을 장사 지내는 일은 안악으로 결정했는지 모르겠습니다. 송강의 선친을 장사 지낸 곳이 붕괴할 우려가 있으므로 일찍이 이장하고자 했었으니, 큰 상주의 뜻은 반드시 함께 이장할 계획이 있을 것입니다. 그러나 어떻게 할지 모르겠습니다. 갑오년 2월."(같은 책, 권3, '간독' 「與李大仲海壽」 중의 "伏承台旨垂諭 至蒙回賜 賤刺 ….")

2) "… 어제 정 효자(鄭孝子)의 편지를 보니, 고양의 선농(先隴)에 안장(安葬)하는 날짜가 이달 22일이라 합니다. …."(성혼, 『우계집』 권5, '간독2', 「與李僉知書」)

종명(鄭宗溟; 자 士朝, 호 薛隱, 1565~1626, 당시 예조 좌랑)이 상소하여, '정철은 오히려 최영경을 구해 주려고 하였으며, 그의 죽음에 잘못이나 책임이 없다'고 아뢰었다.

27일에 선조가 '산림(山林; 학식과 덕이 높으나 벼슬을 하지 아니하고 숨어 지내는 선비)에서 원통하게 죽은 사람을 물어서 아뢰라'는 전교(傳敎; 임금이 내리는 명령)를 내리고, 최영경에게 추증(追贈)할 것을 명하였다. 그러자 박동열(朴東說; 정언)이 '나라에서 최영경에게 관작(官爵)을 추증하게 되면, 정철이 그를 배척하여 죄에 빠뜨린 죄를 논박해야 한다.'고 하였다. 이에 대해, 선조는 다음과 같이 답하였다.

나는 이 사이의 일은 모르겠고, 또한 누구의 소행인지도 모른다. 다만 최영경이 독물(毒物)에게 해를 당한 것만은 분명하다. 내가 풀어주라고 명했는데도 필경 면하지 못하고 끝내 옥중에서 죽어서 자살했다는 이름까지 더해졌으니, 천지간에 그 원통함이 지극할 것이다.

아, 나는 아침저녁 사이에 물러날 사람이다. 내가 있을 때 그 원통함을 풀어 주어서, 백 년 뒤에 돌아가서 보더라도 부끄러운 빛이 없게 하려는 것이다. 내 뜻은 다만 이에 있을 따름이다. 그 시비에 대해서는 스스로 공론이 있을 것이니, 한 사람의 손으로 천하의 눈을 가리기는 어렵다. 나 같이 어둡고 용렬한 사람이 바늘방석에 앉은 듯한 것을 어찌 알겠는가? ......[3]

이후 6월부터 정철의 관작을 추삭(追削; 죽은 사람의 죄를 논하여 살았을 때의 벼슬 이름을 깎아 없앰)할 것을 청하는 사간원 관원들과 사헌부 관원들의

---

[3] 『선조실록』 선조 27년(1594) 5월 갑진(27일) 기사.

상소가 11월까지 이어졌다.

그 사이에 신흠(申欽; 사헌부 집의)과 이시발(李時發; 사간원 정언)이 정철을 파직하자는 주장들을 비판하고 왜적 토벌 등의 시무(時務)에 힘쓸 것을 건의했으며, 정철의 셋째 아들 정진명(鄭振溟; 자 子深, 1567~1614)이 상소하여 최영경의 죽음은 정철의 소행이 아니라고 변호했다.

그러다 11월 13일에 양사(사헌부와 사간원)가 또다시 함께 정철의 관작 추삭을 청하니, 선조가 "이처럼 다급한 때에 서로 버티고 있기가 어려우니, 억지로 따르겠다."고 하였다. 이에 따라, 정철은 죽은 지 약 1년 뒤에 품계('大匡輔國崇祿大夫') 및 벼슬('領敦寧府事')과 작위('寅城府院君')를 빼앗기고 사판(仕版; 벼슬아치의 명부)에서 이름이 지워졌다.[4]

정종명은 이에 대해 항변하다가 벼슬을 빼앗기고 내쫓겼다. 이후 그는 근 30년간 정철에 대한 선조의 혐오와 광해군(光海君) 때(1608~1623)의 서인(西人)에 대한 북인(北人; 특히 大北)의 박해로 벼슬길이 막혔다. 그리고 정철의 막내아들 정홍명(鄭弘溟; 자 子容, 호 畸庵, 1582~1650)은 송익필(宋翼弼; 호 龜峯, 1534~1599)과 김장생(金長生; 호 沙溪, 1548~1631)에게 배웠고, 1616년(광해군 8)에 문과에 급제하여 승문원에 뽑혔다가, 북인들의 반대로 창평으로 돌아가서 독서와 후진 양성에 힘썼다.

그동안 정종명이 1609년(광해군 1)에 정철의 신원(伸寃)을 청하는 상소를 올렸으나, '선왕(先王; 선조) 때 결정한 일을 지금으로서는 조처하기가 어렵다'는 답이 있었다. 정종명은 1611년에 낙안 군수에 임명되었다가, 간신(姦臣)의 아들이므로 사판에서 삭제해야 한다는 사간원의 주청으로 곧바로 교체되었다.

---

4) 이후 정철을 "급제(及第; 과거 합격자) 정철"로 칭하기도 했다. 『광해군일기(光海君日記)』 광해군 1년(1609) 12월 임신(25일) 기사; 이순인(李純仁), 『고담일고(孤潭逸稿)』 권 4, '잡저, 교문(敎文), 호성녹권(扈聖錄券)', 「예조 참의 이순인(禮曹參議李純仁)」 등.

그 뒤 1623년(광해군 15, 仁祖 1) 3월에 인조반정(仁祖反正)으로 대북이 몰락하고 서인이 집권하자, 정철을 신원하였다.

정종명은 복직되어서 사헌부 집의, 사복시 정(正), 사간원 사간, 사도시 정, 장악원 정 등을 지냈다. 정홍명도 예문관 검열로 등용되어 홍문관 수찬, 사간원 정언, 홍문관 교리가 되었다. 1624년에 두 형제는 함께 간청하여 정철의 관작을 추복(追復)시켰다.

이후 정종명은 의정부 사인, 집의, 사간, 교리, 세자시강원 보덕 등을 역임하고, 통정대부에 올라 강릉 부사가 되었다가 그곳에서 죽었다.

정홍명은 삼사(三司)와 이조의 여러 청요직(淸要職)을 거쳐 1632년부터 병조 참지, 대사성, 김제 군수, 이조 참의 등을 역임하였으며, 병자호란 때 (1636. 12~1637. 1)는 전라도 의병장이 되었다. 1646년에 대제학을 잠깐 지낸 뒤 창평으로 가서 지실마을의 개울가에 계당(溪堂)을 짓고 살았다(1649년에 대사헌과 대제학에 제수되었으나 나아가지 않았다).[5]

정홍명은 1633년(인조 11)에 정철의 시문을 모은 문집인 『송강유고(松江遺稿)』 전 2권(上·下; '原集')을 목판으로 초간(初刊)하였고,[6] 그 끝에 정철의 맏아들 정기명(鄭起溟; 자 子遷·鵬擧, 호 華谷, 1558~1589)의 시문들을 모은 『백씨유고(伯氏遺稿)』를 덧붙였다. 그 뒤에 이선(李選; 호 芝湖, 1632~1692, 김장생의 외증손, 宋時烈의 제자)은 '원집'에서 빠뜨린 시문을 수집·편차(編

---

5) 정홍명은 매우 총명하여 제자백가서에 두루 정통했으며, 고문에도 밝았다. 예학에도 밝아서 김장생의 학통을 이었다. 정치적으로는 인조 초에 공신 김유(金瑬) 등의 노장파('老西')에 대한 소장파('少西')의 비판에 동참했으며, 병자호란 후에는 척화파(斥和派)를 두둔하였다. 저서에 문집 『기암집』·『기옹만필(畸翁漫筆)』이 있다. 사후에 좌의정에 추증되었으며, 시호는 문정(文貞)이다.
6) 이 '원집'에는 허술하거나 잘못된 기록이 적지 않다. 『우계연보 보유』 권2, '잡록 하(雜錄下)'에서는 정철에 관해 정홍명이 듣고 본 것을 기술한 글에서는 사실이 아닌 부분이 많다("畸翁之聞見 則實多有未盡實處矣")고 하였다.

次)하여 1677년(肅宗 3)경에 『송강속집(松江續集)』 전 2권('속집')을 편집했으며,[7] 후손 정운학(鄭雲鶴)은 '원집' 및 '속집'과 정철의 문중 가장초본(家藏草本)을 바탕으로 수집한 시문과 기간(旣刊)된 '연보'·'언행록' 등을 부록으로 편차한 『송강별집(松江別集)』 전 7권('별집')을 합편(合編)하여 1894년에 목판으로 간행하였다.

이 문집들 속에 정철이 지은 한시 작품 573수(五言絶句 218수, 七言絶句 205수, 五言律詩 41수, 七言律詩 84수, 排律과 古詩 25수)가 실려 있다(그의 후손이 수집하지 못하여 실리지 않은 작품들도 상당수 있을 것이다).

정철이 지은 우리말 시가 작품들은 『송강가사(松江歌辭)』에 수록되었는데, 그 판본들로 이선이 1690년(숙종 16)에 발문(跋文)을 쓴 '이선본(李選本)'(歌辭 〈關東別曲〉·〈思美人曲〉·〈續美人曲〉·〈星山別曲〉의 4편, 〈將進酒辭〉, 時調 51수 수록. 李季祥이 간행했다는 '黃州本'일 것으로 추정됨), 정철의 5대손 정관하(鄭觀河)가 1747년(英祖 23)에 간행한 '성주본(星州本)'(가사 4편, 〈장진주사〉, 시조 79수 수록. 이미 간행된 4대손 鄭澔의 '義城本'과 이계상의 '황주본'에 잘못된 곳이 많아서 다시 편찬했다고 했음), 6대손 정실(鄭實)이 1768년(영조 44)에 간행한 '관서본(關西本)'(가사 4편, 〈장진주사〉, 시조 51수 수록. 정호가 印刊한 '關北本'을 대본으로 삼은 것)이 전한다.[8]

한편, 정종명이 1597년에 성혼에게 정철의 행장(行狀; 사람이 죽은 뒤에 그의 행적을 적은 글)을 지어 줄 것을 청하였으나, 성혼은 자기가 죄를 지은

---

7) 이 '속집'에도 잘못된 것들이 있다. 특히 권2 '잡저(雜著)'에 실린 「수월정기(水月亭記)」는 정철의 저술이 아니라 강항(姜沆; 본관 晉州, 자 太初, 호 睡隱, 1567~1618)이 지은 글이 잘못 실렸다(강항, 『睡隱集』 권3, '記', 「水月亭記」 참조).

8) 그 판본들(특히 '성주본')에는 정철 작이 아닌 시조 작품들이 실렸기도 하다(宋純 작 "아바님 날 나흐시고~"·"형아 아이야~"·"눔으로 삼긴 둥의~"·"잘새는 노라들고~"·"風霜 섯거 틴 날의~", 金麟厚 작 "엇그제 버힌 남기~", 安珽 작 "내 무음 버혀 내여~" 등). 성호경, 『시조문학의 이해』(북메이트, 2023), 32면 참고.

데다가 병이 심하며, 정철에 대한 세상의 의논이 정해지지 않아서 시비를 밝히기 어려우므로, 지을 수 없다고 회답하였다.

그 뒤에 김장생이 1621년(광해군 13)에 지은 「송강상공(松江相公) 행장초(行狀草)」(『沙溪全書』권9, '行狀', 「松江鄭文淸公澈 行錄」)를 바탕으로 하여, 김장생의 아들인 김집(金集; 자 士剛, 호 愼獨齋, 1574~1656)이 1646년(인조 24)에 「임정[10] 정상공철 행장(臨汀鄭相公澈行狀)」(『愼獨齋全書』권10, '行狀')을 지었다.

정철의 묘는 경기도 고양 선영의 초장지(初葬地)에 70여 년간 있다가, 수환(水患) 때문에 1665년(顯宗 6) 3월에 송시열(宋時烈; 본관 恩津, 자 英甫, 호 尤庵, 1607~1689, 서인의 영수였음)이 묏자리를 정한 충청도 진천현(鎭川縣) 문백면(文白面) 봉죽리(鳳竹里)의 지장산(地藏山; 歡喜山) 아래로 이장되었다 (부인 文化 柳氏의 묘도 같이 옮겨서 합장되었다).

정종명의 넷째 아들인 정양(鄭瀁; 자 晏叔, 호 孚翼子·抱翁, 1600~1668, 진천 현감과 掌令 등을 지냈음)이 이장을 주도했으며, 송시열이 정철의 신도비명(神道碑銘)과 묘표문(墓表文)을 지었다.

정철의 이장한 무덤(진천)

---

9) 『우계연보 보유』권2, '잡록 하'에서는 김장생의 '송장초(松狀草)'(「松江相公 行狀草」)에는 연월(年月)과 사실의 착오가 있고 잘못된 부분이 많다고 하였다.
10) '임정(臨汀)'은 정철의 호(號)가 아니라, 그의 관향(貫鄕)인 영일(迎日; 延日)의 신라 때 이름이었다(金宗直, 『佔畢齋文集』권2, 「迎日縣寅賓堂記」참고).

이때 그 부근에 정철을 기리는 사당(祠堂)인 '정송강사(鄭松江祠)'를 건립하여 위패(位牌)를 봉안(奉安)하였다.

별세한 정철은 인조반정 이후에도 적지 않은 곡절을 겪었다.

1658년(孝宗 9)에 남인(南人)인 윤선도(尹善道; 호 孤山·海翁, 1587~1671, 당시 공조 참의)가 정개청(鄭介淸; 호 困齋, 1529~1590, 정여립 모반사건에 연루되어 귀양 가서 죽었음)을 신원하라는 상소를 올리면서 정철·김장생·박순(朴淳)을 비판하였다.

인조반정 이후 정권을 계속 장악하고 있던 서인이 1674년(현종 15, 숙종 즉위년)의 갑인예송(甲寅禮訟; 효종 妃 仁宣王后가 승하하자, 시어머니인 인조 繼妃 慈懿大妃의 服制에 대해 1년의 朞年服을 주장한 남인과 9개월의 大功服을 주장한 서인 간의 논쟁)에서 패하여 실각하고 남인이 집권했다(이때 서인 배척 문제로 남인은 강경파인 淸南과 온건파인 濁南으로 분열했다).

1677년(숙종 3) 2월에 전라도 유생 양몽거(楊夢擧) 등이 상소하여 정철의 관직을 추탈(追奪)하기를 청했으나, 왕이 윤허하지 않았다.

그 뒤 1680년(숙종 6) 3월에 서인인 김석주(金錫冑) 등이 남인(탁남)인 영의정 허적(許積)의 서자 허견(許堅)이 인평대군(麟坪大君; 인조의 셋째 아들)의 아들 3형제(福昌君, 福善君, 福平君)와 함께 역모를 꾀한다고 고발하여, 남인은 대거 쫓겨나고 서인이 정권을 잡았다('庚申大黜陟').

8월에 전라도 생원 유경서(柳景瑞) 등이 상소하여 정철을 해명하면서 전에 정철의 관직 추탈을 청했던 양몽거 등을 죄줄 것을 청하니, 양몽거 등을 귀양보냈다.

1683년(숙종 9)에 서인이 송시열(김장생·김집 父子의 문하)·김익훈(金益勳; 김장생의 손자) 등의 노론(老論; 栗谷 李珥와 구봉 송익필의 學脈을 이은 사람들이 많았음)과 윤증(尹拯; 성혼의 외손자인 尹宣擧의 아들, 김집과 송시열의 제자였음)·조지겸(趙持謙; 김익훈의 남인 모반사건 造作을 탄핵하게 했음) 등의 소론(少論; 우계 성혼의 인맥·학맥을 이은 사람들이 많았음)으로 나뉘었다. 그중 노론은 정철을 적극적으로 옹호하였음에 비해, 소론은 소극적으로 옹호하였거나 다소 비판적이었다.

정철의 시호(諡號; 제왕·재상·儒賢들이 죽은 뒤에 주던 호)에 관한 의논이 1683년부터 있었다. 처음에는 '문강(文剛)'으로 의논하였으나, 의정부에서 사실과 부합하지 않는다고 해서 봉상시(奉常寺; '太常寺')로 보내어 다시 의논하게 했다.[11] 그 뒤 '문개(文介)'로 고쳤다가, '한 가지만을 고집하여 옮기지 않았음(執一不遷)'인 '개'의 뜻이 정철의 평생 행적을 아우르지 못한다는 노론 김수항(金壽恒)의 반박과 건의를 받아서,[12] 1685년(숙종 11) 8월에 '문청(文淸)'이라는 시호가 내렸다.

1689년(숙종 15)에 숙종은 서인을 실각시키고 남인들을 다시 중용했다('己巳換局'). 숙종은 소의(昭儀) 장씨(張氏)가 낳은 아들[李昀]을 원자(元子)로 정하고(1690년에 世子가 되고 1720년에 景宗이 됨) 장씨를 희빈(禧嬪)으로 올렸다가, 인현왕후(仁顯王后) 민씨(閔氏; 노론 閔維重의 딸)를 폐서인(廢庶人)하고 희빈 장씨를 왕후로 책봉했다. 이에 반대한 서인은 조정에서 쫓겨났고, 송시열과 김수항은 유배되었다가 사사(賜死)되었다.

1691년(숙종 17) 11월에 정철은 호남 사람 정무서(鄭武瑞) 등의 상소와 남인 학자 이현일(李玄逸)의 청으로 관작이 다시 추삭되었다.

1694년(숙종 20)에 숙종은 왕후 장씨를 희빈으로 되돌리고 인현왕후를 복위(復位)시켰다. 그리고 장씨를 옹호했던 남인들을 퇴출시킴으로써, 서인들이 다시 집권하게 되었다('甲戌換局').

정철은 왕의 특명으로 관작이 회복되었다(11월에는 왕이 예관을 정철 묘에

---

11) 『숙종실록 보궐정오(補闕正誤)』 숙종 9년(1683) 6월 정해(16일) 기사 참고.
12) 『송강별집』 권3, 「연보 하」 '갑자(甲子)' 참고.

보내어 致祭하였다).

그리고 1659년경부터 창평지방의 유림(儒林)에서 정철을 기리기 위한 서원(書院)을 건립하자는 논의가 있다가, 1694년에 창평현 가면(加面) 유곡리(현 전남 담양군 창평면 海谷里)에 서원이 창건되어서 그를 배향(配享)하였고, 전라도 유생들의 상소로 1706년(숙종 32)에 왕이 '송강서원(松江書院)'이라고 사액(賜額: 임금이 이름을 지어서 새긴 扁額을 내림)하였다(그 뒤 興宣大院君의 서원철폐령으로 1868년에 훼철되었다). 그 밖에도, 오천서원(烏川書院; 경상북도 포항시 남구 오천읍 소재. 1588년에 창건되어 鄭襲明과 鄭夢周를 배향함)에 1740년에 추가 배향되었으며, 1827년에 창건된 어암서원(魚巖書院; 전라북도 순창군 쌍치면 소재. 金麟厚·이이·정철·金時瑞를 배향함. 1876년에 서원철폐령으로 훼철되었음)에도 배향되었다.

서인(특히 노론)이 정국을 주도한 경종(景宗) 때(1720∼1724) 이후의 조정에서 정철은 더 이상 폄훼를 겪지 않았다. 특히 정조(正祖)는 정철에 대해 매우 호의적이었다.[13]

경기도 고양군 원당면 신원리의 수동(水洞; '송강마을')에서 북쪽('송강들')으로 이어지는 고개가 '송강고개[松江峴]'라고 불렸으며,[14] 정조 때(1776∼1800)에는 정철의 별서가 있던 곳의 동쪽과 북쪽을 굽어 흐르는 가둔천(街頓川; 恭陵川, 深川)을 '송강(松江)'으로도 부르고 있었다.[15]

---

13) 정조 이산(李祘), 『홍재전서(弘齋全書)』 권172, '일득록(日得錄) 12', 「인물(人物) 2」에 "거마가 송강현(松江峴)에 이르자, (임금께서) 지명을 묻고 하교하기를, '송강은 바로 고 정승 문청공 정철의 자호(自號)이다. 그의 묘소가 지금은 비록 옮겨졌지만, 시인 권필(權韠)의 시는 아직도 보이는 듯하다. 그러나 어디서 정 문청공 같은 사람을 얻어 보좌를 삼겠는가? ….' 원임(原任) 직각(直閣; 奎章閣의 관직) 신 윤행임(尹行恁)이 기유년(1789, 정조 13)에 기록하였다."라고 했다.
14) 『승정원일기(承政院日記)』(왕명의 출납을 관장하던 승정원에서 날마다 다룬 문서와 사건을 기록한 일기) 영조 28년(1752) 1월 17일(기묘) 기사와 앞의 주 13) 참고.
15) 『일성록(日省錄)』(국왕의 동정과 국정을 기록한 일기) 정조 11년(1787) 8월 17일(임자)에

1770년(영조 46) 1월에 영조가 한익모(韓翼謨; 호 靜見, 1703~1781, 좌의정)의 주청에 따라, 백성을 교화(敎化)하여 양속(良俗)을 이루게 함에 도움 될 것이라 하여 『소학(小學)』의 고강(考講; 經書나 兵書 등을 배운 후 어느 정도 외우고 풀이하는가를 시험하는 것)과 아울러서 정철이 지은 단가 〈훈민가(訓民歌)〉를 백성들로 하여금 외워 익히게 할 것을 팔도(八道)에 하유(下諭; 분부를 내림)하였다.

이해에 정철의 후손들은 전라도 창평현 서면 원류동(院柳洞)에 있던 초막인 죽록정(竹綠亭)을 고쳐 세워서 '송강정(松江亭)'이라고 하였다.

정조는 정철의 후손들을 보살펴 주기도 했다. 1793년(정조 17) 4월에는 승지를 보내어 문청공 정철을 치제하고 그의 사손(嗣孫; 家系를 계승한 자손)인 정인환(鄭寅煥; 7대손)에게 인녕군(寅寧君)을 습봉(襲封; 윗대의 領地나 勳爵 등을 물려줌)한 뒤 술과 고기를 하사했으며, 1798년 8월에는 정철의 후손인 생원 정길(鄭桔)에게 관직을 제수하였다.

정철의 사람됨과 행적은 그의 당파였던 서인과 그를 적극적으로 옹호한 노론으로부터도 '충신이요 효자로서 깨끗하고 곧았지만, 속이 좁으며 질시하고 미워함이 너무 심했음과 과격했음 그리고 주색(酒色)에 빠졌음' 등의 결점과 허물이 있다는 평(評)을 받았고,[16] 반대 당파와 1591년경 이후의

다음과 같은 기사가 있다.
"하교하시기를, '⋯ 듣건대 본군(고양군)의 땅넓이는 8개 면인데, 송강(松江)의 5개 면은 물에 잠겨 해를 입는다고 한다. ⋯.'고 하셨다."

16) "그는 단지 결백성이 지나쳐 의심이 많고 용서하는 마음이 적어 일을 처리해 나가는 지혜가 없었으니, 이것이 그의 평생 단점이었다. 만일 그를 강호 산림의 사이에 두었더라면 잘 처신했을 것인데, 지위가 삼사(三司)의 끝까지 오르고 몸이 장상(將相)을 겸하였으니, 그에 맞는 벼슬이 아니었다. 정철은 중년 이후로 주색에 병들어 자신을 검속함이 부족한 데다가, 탐사(貪邪)한 사람을 미워하여 술 취하면 곧 면전에서 꾸짖으면서 권귀(權貴)를 가리지 않았다. 편벽된 논의를 극력 고집하면서 끼고 있던 바는 척리(戚里)의 진부한 사람이었고, 왕명을 받아 역옥을 다스릴 때 당색(黨

선조 임금으로부터 '간사하다'·'악독하다'와 '무능하다' 등의 혹평을 받았고 '소인(小人)'으로 불리기도 했다.[17]

色)의 원수를 많이 체포하였으니, 그가 한세상의 공격 대상이 된 것은 족히 괴이할 것이 없다. 그의 처신은 참으로 지혜롭지 못했다."(『선조수정실록』 선조 26년[1593] 12월 경술[1일],「前寅城府院君 鄭澈 卒記」)

"다만 대신으로서 너그럽게 사람들을 용납하는 도량이 없었으며, 또 주색에서 때로 벗어나지 못함이 그의 흠이었다."·"공은 평생에 질투하고 미워함을 너무 심하게 하고 남의 허물을 용납할 수 없어서 조금도 감춰 줌이 없이 반드시 밖에 말한 까닭에, 이를 원망하는 사람이 많았다."(김장생,「松江鄭文淸公澈 行錄」)

"김 하서(金河西; '金 沙溪'의 오기일 것임)가 … 일찍이 '그대는 정 송강을 어떤 사람으로 보는가?' 하셔서, (내가) '소자(小子; 宋時烈)의 부형(父兄)께서는 늘 그가 청직(淸直)하지만 협애한 사람이라고 하셨습니다.'라고 대답하니, 선생이 말씀하기를 '옳다. 이분은 청백(淸白)하여 티 없음을 스스로 믿고 안하무인하다가, 마침내 한세상에 원수처럼 미움받는 바 되었다. 정자(程子)가 '학식이 높으면 국량도 커진다.'고 했는데, 이분은 역시 학식이 높지 못한 소치이다.'고 하셨다."(송시열,『宋子大全』권 212, '語錄',「沙溪先生語錄」); "송강은 일에 과격함이 많아 지금까지 훼방이 끊이지 않으니, 모두 스스로 취한 것이다."(같은 책, 부록 권14, '어록',「李喜朝錄」, 계축년 [1673] 1. 29) 등.

17) "평소에 사납고 강퍅한 성품으로, 당원(黨援; 같은 당파의 사람들을 편듦)의 술책을 이루었다. … 앞뒤로 체결하여 권세가 성해지자, 남이 자신을 의논한 말을 들으면 반드시 몰래 함정에 빠뜨리고자 하여 방자하고 꺼림 없음이 극에 이르렀다. 더구나 주색에 빠져 행동이 미친 자 같았으며, 관청 일은 여사(餘事)로 하면서 매양 자기와 의견을 달리하는 사람을 탄핵하여 총마(驄馬)의 영예를 차지하기도 했다. 다행히 성명(聖明; 임금)께서 밝게 통촉하시어 어느 것도 숨길 수가 없게 되자, 산직(散職)으로 물러나게 되어 원한이 골수에 들었다."(『선조실록』 선조 18년[1585] 4월 정사[16일] 사간원의 啓 속의 註); "사신(史臣)은 논한다. '정철은 성품이 좁고 말이 망령되며 행동이 경망하고 농담과 해학을 좋아했기 때문에 원망을 자초하였다. 최영경이 옥에 갇힘에 이르러서는 … 마침내 죽게 만들었으니, 남의 손을 빌렸다는 말을 어찌 면할 수 있겠는가? 더구나 일에 대응함도 모자라서 일처리를 잘못하여, 양호(兩湖)를 체찰할 때는 인심을 만족시키지 못했고, 중국에 사신으로 가서는 전대(專對)에 잘못하여 죄를 저질러 몹시 어그러짐이 죽을 때까지 그치지 않았다."(같은 책, 선조 26년 [1593] 12월 경오[21일]의 卒記).

"선묘(宣廟; 선조)께서도 마음속으로 곧바로 깨달으셨고, 깨달으신 후에는 곧장 명을 내려 정철을 삭탈관작하고 강계에 안치하셨으며, 매양 정철을 '간철(姦澈)' 또 그러나 그의 우리말 시가 작품들은 호평을 많이 받았다.

정철을 가장 배척한 대북에 속했던 허균(許筠; 호 蛟山·鶴山·惺所, 1569~1618)도 그의 우리말 시가 창작 능력과 작품들에 대하여, "정 송강은 우리말 노래(시가)를 잘 지었는데, 그의 〈사미인곡〉(〈속미인곡〉을 포함한 이름인 듯함)과 〈권주사(勸酒辭)〉(〈장진주사〉)는 모두 맑고 굳세어서 들을 만하다. 비록 달리 논하는 이들은 그를 배척하여 삿되다고 하지만, 문장의 멋과 풍류는 가릴 수 없다."[18]라고 호평하였으며, 정철에 대해 비판적이었던 남인의 이수광(李睟光; 호 芝峯, 1563~1628)도 "우리나라의 노랫말(또는 시가)은 …… 근세에는 송순(宋純)과 정철이 지은 것이 가장 좋다."[19]라고 칭찬하였다. 그리고 남인인 조우인(曺友仁; 호 梅湖, 1561~1625)은 〈관동별곡〉에 대하여 "노랫말이 준일함에 이를 뿐만 아니라, 절주도 매끄럽고 밝다. 수천백의 말들을 실처럼 이어서 마음속 깊이 분함을 느끼고 감정이 격하게 일어나 높아진 회포를 다 그려내었으니, 참으로 걸작이다. 반복하여 읊을수록 더욱 사람으로 하여금 아름다움에 감동함이 그침 없게 한다."[20]라고 극찬하였다.

노론인 김만중(金萬重; 호 西浦, 1637~1692)은 "〈관동별곡〉과 전·후 〈사미인가〉(〈사미인곡〉과 〈속미인곡〉)는 곧 우리나라의 〈이소(離騷)〉(중국 戰國

는 '독철(毒澈)'이라고 칭하셨습니다. 심지어 그 자손을 '독종(毒種)'이라고까지 하시고, 전조(銓曹: 吏曹와 兵曹)에 엄히 하교하여 벼슬에 의망(擬望)하지 못하게 하셨으니, …."(윤선도, 『孤山遺稿』 권3 상, 「國是疏」[효종 9: 1658. 6]); "정철의 간사함은 무리들이 가리기 어려운 바이니, 끝내 만고의 소인이 됨을 면치 못할 것입니다."(같은 책, 권4, '書·單', 「答權贄善誾 抵他人小紙 戊戌[1658]七月」) 등.

18) "鄭松江善作俗謳 其思美人曲及勸酒辭 俱淸壯可聽 雖異論者斥之爲邪而 文采風流亦不可掩."(허균, 『惺所覆瓿藁』 권25, 「惺叟詩話」)
19) "我國歌詞 … 如近世宋純·鄭澈所作最善."(이수광, 『芝峰類說』 권14, '文章部7', 「歌詞」)
20) "非但詞致俊逸 節奏圓亮而已. 縷縷數千百言 寫盡感憤激昂之懷 眞傑作也 反覆吟詠 益令人欽艶之無已也."(조우인, 『頤齋集』 권2, 「續關東曲序」)

時代 楚나라의 정치가・시인 屈原이 忠君憂國의 情을 노래한 楚辭의 걸작)다.")・ "예로부터 우리나라의 참된 문장은 이 세 편뿐이다."라고 칭송하였다.[21] 그리고 소론인 홍만종(洪萬宗; 호 玄默子, 1643〜1725)은 〈관동별곡〉에 대해 "관동 산수의 아름다움을 열거하여 그윽하고 기괴한 경치를 다 말했으니, 사물 표현의 묘함과 말 만듦의 기이함은 진실로 악보의 뛰어난 곡조다."[22] 라고 하였다.

〈관동별곡〉은 노래 불리기도 하면서(部分唱이었을 것임) 많은 사람들에게 애호되었으며 뒷사람들의 가사 창작에 많은 영향을 끼쳐서, 조우인 작 〈출새곡(出塞曲)〉・〈속관동별곡(續關東別曲)〉(〈관동속별곡〉)처럼 이 작품을 모방해 지어진 작품들도 상당수 나타났으며, 권섭(權燮; 호 玉所, 1671〜1759, 노론계 處士) 작 〈영삼별곡(寧三別曲)〉처럼 시상과 표현에서 많은 영향을 받은 작품들도 지어졌다. 그리고 김상헌(金尙憲; 호 淸陰, 1570〜1652, 서인)・이양렬(李揚烈; 호 靑湖, 1581〜?)・김만중・박창원(朴昌元; 호 澹翁, 1683〜1753, 閭巷詩人) 등이 한문 번사(飜辭; 번역시)들을 짓기도 했다.

〈사미인곡〉도 뒷사람들의 가사 창작에 영향을 주어서, 최현(崔晛; 호 訒齋, 1563〜1640, 남인) 작 〈명월음(明月吟)〉과 조우인 작 〈자도사(自悼詞)〉 등은 시상과 표현에서 〈사미인곡〉의 영향을 많이 받은 것으로 판단된다. 그리고 김춘택(金春澤; 호 北軒, 1670〜1717, 서인) 작 〈별사미인곡(別思美人曲)〉도 〈사미인곡〉・〈속미인곡〉의 영향으로 지어졌다.

〈사미인곡〉을 사(辭)・부(賦)로 옮긴 작품으로는 김상숙(金相肅; 호 坏窩, 1717〜1792, 노론)의 〈번사미인곡(飜思美人曲)〉 등이 있다.

---

21) "關東別曲 前後思美人歌 乃我東之離騷"・"自古左海眞文章 只此三篇."(김만중, 『西浦漫筆』 卷下)
22) "歷擧關東山水之美 說盡幽邃詭怪之觀 狀物之妙 造語之奇 信樂譜之絶調."(홍만종, 『旬五志』 下)

〈성산별곡(星山別曲)〉은 정철의 다른 가사 작품들에 비하여 그리 널리 알려지지 못했는데, 이 작품을 한문으로 옮긴 것으로 기정진(奇正鎭; 호 蘆沙·澹叟, 1798~1879, 노론계 학자)과 송달수(宋達洙; 호 守宗齋·石隱, 1808~1858, 송시열의 8대손) 등의 번사가 있다.

〈장진주사〉는 노래로 불리며 널리 알려져서 권필(權韠; 호 石洲, 1569~1612)의 한시(칠언절구) 작품 〈과송강묘유감(過松江墓有感)〉("空山落木雨瀟瀟 相國風流此寂寥 惆悵一杯難更進 昔年歌曲卽今朝") 등에서 언급되었다. 그리고 김춘택의 한문 번사도 있다.

한편, 정철의 6대손인 정도(鄭棹; 호 鳳巖)도 〈사미인곡〉·〈속미인곡〉·〈성산별곡〉을 7언의 한시로 번역하였다.

정철의 시조 작품들은 〈훈민가〉 외에는 특별한 평가를 뚜렷이 받지 않았는데, 〈훈민가〉는 한익모와 송달수의 한문 번사가 전한다.

정철의 한시 작품들에 대해 평가한 글은 많지 않은 편이지만, 그의 한시 작품들 중에는 수작(秀作)들이 상당하다는 평을 받았다.

조선 중기 한문 사대가(四大家; 月沙 李廷龜, 象村 申欽, 谿谷 張維, 澤堂 李植)의 한 사람으로 꼽힌 신흠(申欽; 호 玄軒·象村·放翁, 1566~1628, 서인으로 정철이 삼도 도체찰사일 때 從事官의 한 사람이었음)은 정철의 시에 대해 다음과 같이 말하였다.

옛사람이 시는 성정(性情)에서 나온다고 말하지 않았던가? 진실로 그러하도다. 이 시는 맑으면서 빼어나고, 가파르면서 특출하다. 장언(長言)은 의미심장하고 단어(短語)는 고매하여, 훨훨 노을이 일어서 옥신(玉宸; 天帝가 있는 궁전)·예주(蘂珠; 꽃과 구슬로 장식한 궁전. 仙境)에 끼침이 있다. 통틀어 논하면, 가치는 스스로 죽 잇달아 있는 성(城)이어서, 공의 시대에 술잔과 먹을 잡은 자(곧 시문을 짓는 자)는 눈을 휘둥그레 뜨고 뒤로 물러섰을 것이다.

진실로 그 이른 바를 궁구하여 다한다면, 어찌 개원(開元; 唐 玄宗의 年號. 713 ~741)·천보(天寶; 당 현종의 연호. 742~756) 때 일가를 이룬 사람들(李白, 杜甫 등)의 보좌가 되지 못할 것인가? …….[23]

마찬가지로 조선 중기 한문 사대가의 한 사람으로 꼽힌 장유(張維; 호 谿谷·默所, 1587~1638, 서인으로 김장생의 문인이었음)는 정철의 시에 대해 다음과 같이 말했다.

공은 타고난 자질이 고매한 데다가 스승과 벗의 연원(淵源)의 도움을 받았다. …… 문장은 다만 여사(餘事)였을 따름이다. 시를 지음에도 일찍이 고심하며 다듬으려 하지 않고, 대체로 사물 등을 대하면 붓을 휘두르곤 했다. (그럼에도) 이따금씩 영특하고 시원한 기상이 날아 움직여서 성외(聲外)의 운치와 의외(意外)의 의취(意趣)가 있어서, 문예를 이야기하는 자들이 보배로 여기며 반드시 전해져야 할 작품이라고 하였다.[24]

그리고 허균이 조선 초부터 17세기 초엽(1618년 이전)까지의 대표적인 한시 작가 35인의 대표작 888수를 가려 뽑아서 편찬한 시선집(詩選集) 『국조시산(國朝詩刪)』(1697년에 목판본으로 간행됨)에는 정철 작 칠언절구 2수(〈咸興客館對菊〉 또는 〈咸興十月看菊〉, 〈夜坐聞鵑〉 또는 〈書懷〉)가 편자의 간단한 평이 붙어서 실렸고, 남용익(南龍翼; 호 壺谷, 1628~1692, 노론)이 신라 말

---

23) "古人不曰 '詩之爲道 出於性情'乎? 亶其然乎 斯詩乎淸而秀矣 峭而拔矣 長言雋永 短語高邁 翩翩霞擧 有玉宸蕊珠之遺 總而論之 價自連城 當公之世而秉觚墨者 其瞠乎後矣 苟究其詣而極之 則詎不爲開天諸子之羽翼也耶? ….''(신흠, 『象村集』 권22, '序', 「松江詩集序」)
24) "公天資高邁 輔以師友淵源 … 文章特餘事耳 爲詩未嘗刻意鍊琢 多出於對境揮洒 往往雋爽飛動 有聲外之韻 意外之趣 故譚藝者珍之 以爲必可傳焉.''(장유, 『谿谷集』 권6, '서', 「松江遺稿後序」)

기부터 조선조 현종 때까지의 한시 작가 497인의 각체시(各體詩)를 뽑아서 1688년(숙종 14)에 간행한 시선집『기아(箕雅)』(銅活字本 14권 7책)에는 정철이 지은 오언절구 5수(〈秋日作〉 또는 〈雨夜詩〉, 〈別退陶先生〉 또는 〈迢錢退溪先生不及〉, 〈統軍亭〉, 〈宜月亭〉, 〈山寺夜吟〉 또는 〈秋夜詩〉)와 오언율시 1수(〈金沙寺〉)가 실렸다.[25]

또 시화집(詩話集)들인 허균의『학산초담(鶴山樵談)』(『惺所覆瓿藁』권26, '부록1')과 신흠의『청창연담(晴窓軟談)』(『象村集』권60) 그리고 홍만종의『소화시평(小華詩評)』·『시평보유(詩評補遺)』등에서도 각기 정철 작 한시 작품들 몇 편씩을 들고 그 우수한 점에 대해 짤막히 평하기도 했다.

현대에 들어서, 정철의 인품과 정치적 활동들이 논란을 겪는 가운데, 그가 지은 우리말 시가 작품들은 여전히 좋은 평가를 받으며 애호되고 있다. 특히 가사 〈관동별곡〉과 시조 〈훈민가〉(16수) 일부는 대한민국의 제1차 교육과정기(1954~1963년)부터 제7차 교육과정기(2000~2008년)까지 거의 한 차례도 빠짐없이 고등학교 '국어' 교과서에 실린 '국민적 작품'이 되었다('2007년 개정 교육과정'부터는 '국어' 교과서가 단일한 國定 체제에서 복수의 檢認定 체제로 바뀌었다). 그리고 정철은 1991년 2월에 대한민국 문화관광부에서 선정한 '이달의 문화인물'(1990년 7월부터 2005년 12월까지 선정함)이 되었다.

정철이 창평에서 지낸 시골집(1950년 한국전쟁 때 건물 7개 동이 소실되었다고 함)이 있었던 현 전라남도 담양군 남면 지곡리에 1995년부터 2000년 10월까지 '가사문학 관련 문화유산의 전승, 보전과 현대적 계승, 발전'을

---

25) 이 점과 관련하여, 정철 한시의 특장점(特長點)으로 '오언절구에 능함'을 들기도 한다. 이종묵,「송강의 오언절구에 대하여」,『한국시가연구』제22집(한국시가학회, 2007), 76~96면.

위한 '한국가사문학관(韓國歌辭文學館)'이 건립되어, 11월에 개관하였다. 그리고 2019년 2월에는 담양군 '남면'의 명칭을 '가사문학면(歌辭文學面)'으로 바꾸었다.

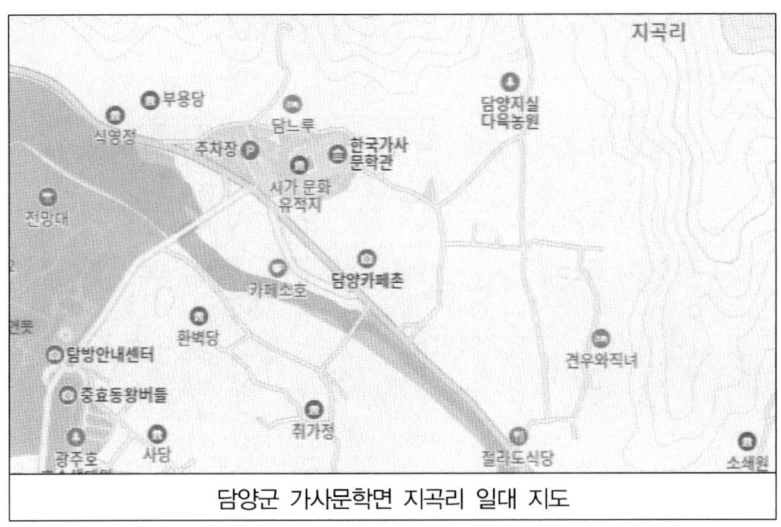

담양군 가사문학면 지곡리 일대 지도

한국가사문학관

한편, 정철의 부모 묘소 등이 있고 별서(別墅)도 있어서 그가 간간이 가서 지냈던 신원동의 '송강마을'이 속한 경기도 고양시에서는 고양시 향토문화보존회 주최로 2003년부터 매년 '송강 정철 문화축제'를 개최하고 있다. 그리고 2016년 12월에 덕양구 신원동에 '송강 시비(詩碑) 공원'을 조성하였고, 그 옆에 '송강 공릉천 공원'도 조성했다.

「송강마을지도」
(https://blog.naver.com/goyangculture/222101629967에서 부분 전재)

참고문헌

1차 자료(정철 저술)

『송강원집(松江原集)』,『영인표점(影印標點) 한국문집총간(韓國文集叢刊) 46』, 민족문화추진회, 1988.

『송강속집(松江續集)』,『영인표점 한국문집총간 46』.

『송강별집(松江別集)』,『영인표점 한국문집총간 46』.

『송강유고(松江遺稿)』, 목판본, 충남대학교 소장, http://www.gasa.go.kr/?gasa=23&mode=view&uid=2256&start=150.

『송강가사(松江歌辭)』, 이선본(李選本)·성주본(星州本)·관서본(關西本), 영인본, 대제각, 1973.

「문청공 연행일기(文淸公燕行日記)」, http://gasa.go.kr/GDATA/pdf/A00000183.pdf

『백세보중(百世葆重)』(전 5책), http://www.gasa.go.kr/?gasa=22&mode=view&uid=1513.

『송강선조 유필(松江先祖遺筆)』, http://www.gasa.go.kr/?gasa=22&mode=view&uid=2255&start=10.

'정철 언문 편지', 남기심,「예절과 언어 행위(Ⅱ)」,『인문과학』제7집, 연세대학교 인문과학연구소, 1998.

'정철 한문 편지' 사진,『문화 통(通)』, 2023. 12. 21, http://m.mtong.kr/article.php?aid=170314281519290049.

신호열(辛鎬烈)·정운한(鄭雲翰) 역,『국역(國譯) 송강집(松江集)』(上·下 2책), 삼안출판사, 1974.

2차 자료

강항(姜沆), 『수은집(睡隱集)』.

『경국대전(經國大典)』, 법제처(法制處) 역주(譯註), 일지사, 1978.

고경명(高敬命), 『제봉집(霽峯集)』.

곽열(郭說), 『서포집(西浦集)』.

「광국 원종공신록(光國原從功臣錄)」, https://jsg.aks.ac.kr/dir/view?dataId=ANC_G 002+AKS+KSM-XA.1591.1111-20101008.B010a_015_00291_YYY.

『광해군일기(光海君日記)』.

『국조보감(國朝寶鑑)』.

권벽(權擘), 『습재집(習齋集)』.

권응인(權應仁), 『송계만록(松溪漫錄)』, 『대동야승(大東野乘)』 제56권.

권필(權韠), 『석주집(石洲集)』.

기대승(奇大升), 『고봉집(高峯集)』.

김만중(金萬重), 『서포만필(西浦漫筆)』.

김성원(金成遠), 『서하당유고(棲霞堂遺稿)』(『棲霞遺集』), 목판본, http://www.gasa.go.kr/?gasa=23&mode=view&uid=2041&start=120.

김윤식(金允植), 『운양집(雲養集)』.

김장생(金長生), 『사계전서(沙溪全書)』.

김장생, 「송강상공 행장초(松江相公行狀草)」('沙溪 手筆 『文淸公遺事』'), 1808, http://www.gasa.go.kr/GDATA/pdf/A00000232.pdf.

김종직(金宗直), 『점필재문집(佔畢齋文集)』.

노사신(盧思愼)·강희맹(姜希孟)·서거정(徐居正)·이행(李荇)·윤은보(尹殷輔) 등, 『신증동국여지승람(新增東國輿地勝覽)』, 영인본, 명문당, 1985.

『명종대왕실록(明宗大王實錄)』(『明宗實錄』).

박종화(朴鍾和), 〈자고 가는 저 구름아〉, 『조선일보(朝鮮日報)』 연재, 1961. 7. 25 ~1965. 7. 15; 전 7책, 문예당, 2010.

백광홍(白光弘), 『기봉집(岐峯集)』.

서거정(徐居正), 『동인시화(東人詩話)』.

서거정·노사신·강희맹·양성지(梁誠之) 등 편, 『동문선(東文選)』, 『국역 동문선』, 민족문화추진회, 1977.

『선원록(璿源錄)』, https://royal.aks.ac.kr/Ge/JokboPageData?bookId=JSK_WJ_K21047&pid=30552.

『선원속보(璿源續譜)』, https://jsg.aks.ac.kr/vj/viewer/view?itemId=jb&gubun=person&dataId=K24722C_001_000200.

『선조소경대왕 수정실록(宣祖昭敬大王修正實錄)』(『宣祖修正實錄』).

『선조소경대왕실록(宣祖昭敬大王實錄)』(『宣祖實錄』).

성혼(成渾), 『우계집(牛溪集)』.

송순(宋純), 『면앙집(俛仰集)』.

송시열(宋時烈), 『송자대전(宋子大全)』.

송익필(宋翼弼), 『구봉집(龜峯集)』.

『숙종실록(肅宗實錄) 보궐정오(補闕正誤)』.

『승정원일기(承政院日記)』.

신경(申炅), 「재조번방지(再造藩邦志)」, 『대동야승』 제35권.

신흠(申欽), 『상촌집(象村集)』.

심수경(沈守慶), 『견한잡록(遣閑雜錄)』.

심재완(沈載完), 『교본(校本) 역대시조전서(歷代時調全書)』, 세종문화사, 1972.

안정복(安鼎福), 『잡동산이(雜同散異)』.

『양양군 민속지』, 신광종합출판인쇄, 2001.

양양문회원, 『양양의 누정대』, http://yangyang.or.kr/g5/bbs/board.php?bo_table=book16&wr_id=12&page=3.

양응정(梁應鼎), 『송천유집(松川遺集)』.

유성룡(柳成龍), 「운암잡록(雲巖雜錄)」, 『대동야승』 제55권.

윤광소(尹光紹) 편찬, 『우계연보 보유(牛溪年譜補遺)』.

윤기헌(尹耆獻), 「장빈거사호찬(長貧居士胡撰)」, 『대동야승』 제51권.

윤선도(尹善道), 『고산유고(孤山遺稿)』.

윤증(尹拯), 『명재유고(明齋遺稿)』.

이긍익(李肯翊), 『연려실기술(燃藜室記述)』.

이산(李祘; 正祖), 『홍재전서(弘齋全書)』.

이수광(李睟光), 『지봉유설(芝峰類說)』.

이순인(李純仁), 『고담일고(孤潭逸稿)』.

이의건(李義健), 『동은유고(峒隱遺稿)』.

이의현(李宜顯), 「경자연행잡지(庚子燕行雜識)」.

이이(李珥), 『율곡선생전서(栗谷先生全書)』.

이중열(李中悅), 『을사전문록(乙巳傳聞錄)』, 『대동야승』 제12권.

이항복(李恒福), 『백사집(白沙集)』.

이희삼(李希參), 『노재집(魯齋集)』, 필사본, https://jsg.aks.ac.kr/data/serviceFiles/pdf/K4-5857_001.pdf.

『일성록(日省錄)』.

임억령(林億齡), 『석천선생시집(石川先生詩集)』.

장유(張維), 『계곡집(谿谷集)』.

『정종대왕실록(正宗大王實錄)』(『正祖實錄』).

조우인(曺友仁), 『이재집(頤齋集)』.

조위(曺偉), 『매계집(梅溪集)』.

조헌(趙憲), 『중봉집(重峯集)』.

주세붕(周世鵬), 『무릉잡고(武陵雜稿)』.

진주류씨대종회(晉州柳氏大宗會), 『진주류씨 역대인물전(歷代人物傳)』, 2006, http://www.jinjuryu.com/htmls/jokbo/inmul.pdf.

차천로(車天輅), 『오산설림초고(五山說林草藁)』, 『대동야승』 제5권.

최경창(崔慶昌), 『고죽유고(孤竹遺稿)』.

최웅·김용구·함복희, 『강원설화총람Ⅵ 속초시·고성군·양양군』, 북스힐, 2006.

편자 미상, 『관동지(關東誌)』, 영인본, 한국학문헌연구소 편, 『강원도읍지(江原道邑誌) ①·②』, 아세아문화사, 1986.
편자 미상, 『기축록(己丑錄)』(上·下), 『대동야승』 제16~17권.
편자 미상, 『대동야승(大東野乘)』(전 72권), 『국역 대동야승』(전 12책), 재판, 민족문화추진회, 1982.
편자 미상, 『여지도서(輿地圖書)』.
편자 미상, 『잡가(雜歌)』, 필사본.
허균(許筠), 『국조시산(國朝詩刪)』, 영인본, 이이화 편, 『허균전서』, 아세아문화사, 1980.
허균, 『성소부부고(惺所覆瓿藁)』, 영인본, 이이화 편, 『허균전서』.
홍만종(洪萬宗), 『소화시평(小華詩評)』, 영인본, 『홍만종전집 하』, 태학사, 1980.
홍만종, 『순오지(旬五志)』, 영인본, 『홍만종전집 상』.
홍만종, 『시평보유(詩評補遺)』, 영인본, 『홍만종전집 하』.

외국(중국) 자료

杜甫, 『杜詩詳注』(전 5책), 仇兆鰲 注, 北京: 中華書局, 1979.
蘇軾, 『蘇軾詩集』(전 8책), 王文誥 輯注, 孔凡禮 點校, 北京: 中華書局, 1996.
蕭統(梁 昭明太子), 『文選』, 李善 注, 香港: 商務印書館, 1981.
李白, 『李太白全集』(전 3책), 王琦 注, 北京: 中華書局, 2006.
莊周, 『莊子』, 김동성 역, 서울: 을유문화사, 1969.
黃堅 편, 『古文眞寶』, 『原本備旨 懸吐註解 古文眞寶』, 서울: 세창서관, 1966.

기타 자료

『두산백과 두피디아』, 두산백과, http://www.doopedia.co.kr.
『한국민족문화대백과』, 한국학중앙연구원, http://encykorea.aks.ac.kr.
솔뫼, 『시와 음악의 만남』, 「11. 송강의 사위들」, https://blog.naver.com/jtjunpoem/221520964176.

「'의기(義妓) 강아(江娥) 묘' 비문」(경기도 고양시 덕양구 신원동 송강마을 소재).

이광식, 「'위대한 시인'의 고장 강화도: 송강과 석주」, 『인터넷 강화뉴스』 2020. 8. 3, http://www.ganghwanews.com.

논저

권두환, 「목소리 낮추어 노래하기: 송강 정철의 〈훈민가〉」, 간행위원회 편, 『백영정병욱선생 10주기추모논문집』, 집문당, 1992.

김병국, 『한국 고전문학의 비평적 이해』, 서울대학교출판부, 1995.

김사엽, 『송강가사』, 문호사, 1959.

김사엽, 『정송강연구』, 계몽사, 1950.

김창원, 「송강 정철의 전라도 순천 은거와 전후 미인곡(前後美人曲)의 창작」, 『우리문학연구』 제46집, 우리문학회, 2015.

김태환, 「정철의 단가 "새원 원쥬 되어" 연작의 배경」, 『정신문화연구』 제36권 제2호, 한국학중앙연구원, 2013.

김흥규, 『송강 시의 언어』, 고려대학교 출판부, 1993.

박성의, 『송강·노계·고산의 시가문학』, 개정4판, 현암사, 1972.

박영주, 『고집불통 송강평전』, 도서출판 고요아침, 2003.

박영주, 『정철 평전』, 중앙M&B, 1999.

성호경, 『시조문학의 이해』, 도서출판 북메이트, 2023.

성호경, 『조선시대 시가 연구』, 태학사, 2011.

성호경, 『조선전기시가론』, 새문사, 1988.

성호경, 『한국 고전시가 총론』, 태학사, 2016.

이종묵, 「송강의 오언절구에 대하여」, 『한국시가연구』 제22집, 한국시가학회, 2007.

외 다수.

찾아보기

ㄱ

"ᄀᆞᆺ 쉰이 져물가ᄒᆞ는~" 212
가둔천(街頓川; 恭陵川, 深川) 147~8, 365
가등청정(加藤淸正; 가토 기요마사) 321, 326, 329~30
가의(賈誼; '賈 太傅') 241, 272
"간나ᄒᆡ 가ᄂᆞᆫ 길흘~" 181
강견(姜涀) 296
강계(江界) 23, 33~4, 99, 137, 310~3, 315~7, 322, 325, 351
강릉(江陵) 84, 156~8, 160, 165
'강아(江娥)'(南原 기생) 209~10, 215
"강원도 빅성들아~" 185
강화(江華) 23~5, 137, 325~6, 337, 350~1, 355~6
개성(開城) 24, 37, 155, 252, 316, 321, 326, 345
"客裏又逢冬至日(객리우봉동지일)/~" 224
"거믄고 大絃(대현) 올나~" 220
"거믄고 大絃(대현)을 티니~" 276
〈견흥(遣興) 5수〉 31
경복궁(景福宮) 24, 49, 109, 271, 283, 335
경성(鏡城) 199, 203
경양군(景陽君) 부자(父子) 옥사(獄事) 114
경원(慶源) 55, 199, 292, 324
경원대군(慶原大君) 49, 52, 350
계림군(桂林君; 李瑠) 50~4, 257
계림군 후처[烏川郡夫人, '셋째 누님'] 48, 141
「계주문(戒酒文)」 139

계함(季涵) 64, 72, 74, 117, 144~5, 250
고경명(高敬命; 호 霽峰·苔軒) 70, 137, 151, 257, 322, 326
고령 신씨(高靈申氏; 成渾의 처) 85
〈고산구곡가(高山九曲歌)〉(10수) 202
고성(高城) 156~8, 160, 164
고양(高陽) 20, 114, 119~20, 125, 141, 144~5, 151, 159, 167, 185, 209~11, 223, 272~3, 275, 277, 281, 329, 340, 350~1, 356~7, 362, 365, 374
〈고양산재유음 기경로(高陽山齋有吟寄景魯)〉(10수) 211~2
고인후(高因厚) 138
고종후(高從厚) 322, 326
곡산 노씨(谷山盧氏; 李珥의 처) 28
공자(孔子; 성명 孔丘, 자 仲尼, '夫子') 93, 96, 107~8, 111, 225
〈과송강묘유감(過松江墓有感)〉 370
〈과인산역유음(過麟山驛有吟)〉 324
〈과화석정(過花石亭)〉 252
곽열(郭說; 자 夢得) 226
곽자의(郭子儀) 319
〈관동별곡(關東別曲)〉 158, 160, 176, 238, 351, 361, 368~9, 372
「관동와주(關東瓦注)」 158
〈관서별곡(關西別曲)〉 158, 186
광산 김씨(光山金氏; '할머님') 48, 51, 59
광주(光州) 51, 61~2, 68, 75, 125, 138, 142, 228, 238~9
광해군(光海君; 李琿) 33, 316, 344, 359

"光化門(광화문) 드리드라~" 271
구남(具男) 341, 344~5
구용(具容) 33
"國事蒼黃日(국사창황일)/~" 319
『국조시산(國朝詩珊)』 371
굴원(屈原, '三閭大夫') 210, 217, 234, 368
권극례(權克禮) 207
권벽(權擘; 호 習齋) 18, 148, 213
권섭(權燮) 369
권유(權愈) 357
권율(權慄) 326, 328~9, 345
〈권주사(勸酒辭)〉〈將進酒辭)〉 368
권필(權韠; 자 汝章, 호 石洲) 18~9, 28, 32~3, 37, 148, 311, 370
"귀 느리여 더 소곰~" 269
귀인(貴人) 정씨(鄭氏) 인종(仁宗) 귀인/세자 양제(良娣)/'큰누님' 48~9, 54, 57, 114, 119, 350; 선조(宣祖) 귀인(鄭滉의 딸) 151
『근사록(近思錄)』 72, 108, 132
금강산(金剛山) 84, 87, 157~60, 166~7, 169, 173~4, 176, 178, 204, 243
〈금사사(金沙寺)〉 256, 372
급암(汲黯; 汲長孺) 163, 169
「기 고봉 선생 제문[祭奇高峰先生文]」 75
기대승(奇大升; 호 高峯) 37, 71, 73~5, 85, 108, 119, 125, 151, 351
기묘사화(己卯士禍) 76, 249
『기봉집(岐峯集)』 188
〈기시우계(寄示牛溪)〉 254
『기아(箕雅)』 372
〈기영주사군(寄瀛洲使君)〉 193
기정진(奇正鎭) 370
기축옥사(己丑獄事, '옥사') 38, 142, 277, 285, 292, 294, 303, 309, 351
길삼봉(吉三峯) 279, 292
"길 우희 두 돌부텨~" 266
길주(吉州) 199
김개(金鎧) 81, 118~9, 225
김계휘(金繼輝; 호 黃岡) 75, 86, 280
김공량(金公諒) 33
김덕령(金德齡) 70
김만중(金萬重) 368~9
김명윤(金明胤) 52
김빙(金憑) 297
김사고(金師古) 253
김상숙(金相肅) 369
김상용(金尙容) 324
김상헌(金尙憲) 369
김성원(金成遠; 자 剛叔, '霞堂丈') 67~8, 70, 78, 83, 130~3, 137~8, 215, 219, 221, 230, 247, 250, 276, 351
김성일(金誠一) 144
김수(金燧) 199
김수항(金壽恒) 364
김안로(金安老) 80
김우옹(金宇顒) 191, 209, 283
김윤제(金允悌; 호 沙村) 62~4, 67~8, 71, 93~4, 97, 125, 130, 253, 351
김은휘(金殷輝) 287
김응남(金應南) 226
김익훈(金益勳) 363
김인후(金麟厚, 호 河西·湛齋) 37, 68, 71, 73, 85, 108, 253, 271, 351
김장생(金長生; 자 希元) 86, 280~2, 284, 287, 359~10, 362~3, 371
김제(金堤) 137, 196, 282

김집(金集) 362~3
김찬(金瓚) 325
김천일(金千鎰) 26
김춘택(金春澤) 369
「김 하서 선생 제문[祭金河西先生文]」 73
김효원(金孝元) 127~30

ㄴ

"나모도 병이 드니~" 269
"나 올 적 언제러니~" 217
나주(羅州) 71, 75~7, 89, 190, 194, 251, 280~1
"南極(남극) 老人星(노인성)이~" 78
남도(藍島; 쪽섬) 240
남산(南山)/종남산(終南山) 116, 138, 191
"南山(남산)뫼 어드메만~" 138
남석(南石) 159~60
남양(南陽) 구포(鷗浦) 310~1
남언경(南彦經; 호 東岡) 250, 278
남용익(南龍翼) 371
남원(南原) 48, 59, 197, 209, 215
남원 윤씨(南原尹氏; '둘째 형수님') 190, 193, 227
〈납월초육일야좌(臘月初六日夜坐)〉 39
"내 무음 버혀 내여~" 264
"내 말 고텨 드러~" 222
"내 시볌 어듸 두고~" 268
"내 양주 놈만 못흔 줄~" 264
"내 흔낫 산깁 격삼~" 265
"네 아들 효경 닑더니~" 181
"네 집 상소돌흔~" 183
"녈 구룸이 심히 구저~" 221
"녯 스랑 이제 스랑~" 265

노경린(盧慶麟) 85
노론(老論) 363~6, 368~71
〈노병유고주(老病有孤舟)〉 94~6
노산군(魯山君; 端宗) 187
"勞生何用走風塵(노생하용주풍진)/~" 87
노수신(盧守愼) 126, 130, 189, 195, 208
『논어(論語)』 65, 100
"樓(누) 밧 푸른 머구~" 216
"樓外碧梧樹(누외벽오수)/~" 216
"님금과 빅셩과 스이~" 180

ㄷ

단천(端川) 199
담양(潭陽) 23, 59, 71, 79~81, 151, 195, 238, 365, 372
당지산(唐旨山; 깃대봉) 59, 217, 274
대윤(大尹) 52, 55
〈대점주석호운(大岾酒席呼韻)〉 238
「대책문(對策文)(鄭澈 답안) 101~7
『대학(大學)』 72, 100, 107~8, 314
독송정(獨松亭) 256
동래(東萊) 28, 336, 342
「동유기(東遊記)」 158
두만강(豆滿江) 199
두보(杜甫; 자 子美) 31, 56~7, 63, 88, 95~6, 371
『두시언해(杜詩諺解)』 56~7
〈등악양루(登岳陽樓)〉 96

ㅁ

"무올 사람돌아~" 182

마천령(摩天嶺) 원수대(元帥臺) 199
〈만분가(萬憤歌)〉 233, 238~42
망양정(望洋亭) 157, 165, 169, 171~3, 177~8
〈망양정(望洋亭)〉 178
〈망한루(望漢樓)〉 255
〈매탄옹(賣炭翁)〉 312
"매한기산수(每恨箕山叟)/~" 249
『맹자(孟子)』 65, 100
"머귀닙 디거야~" 215
면앙정(俛仰亭) 80~1, 151
〈면앙정가(俛仰亭歌)〉〈〈無等曲〉) 81~2, 137, 153~4
『명심보감(明心寶鑑)』 56
〈명월음(明月吟)〉 369
명종(明宗; 明廟) 49, 51~2, 80, 100, 109~10, 112, 114~6, 199, 350
『명종실록(明宗實錄)』 118
"明珠(명주) 四萬斛(사만곡)을~" 220~1
명천(明川) 309
목조황고비(穆祖皇考妣) 능(陵) 185
"묏버들 굴히 것거~" 203
무오사화(戊午士禍) 234
〈문고인원적 봉기 십사운(聞故人遠謫奉寄十四韻)〉 310
문정왕후(文定王后; '大王大妃') 49, 52, 55
「문청공 연행일기(文淸公燕行日記)」 341
문화 유씨(文化柳氏; '아내') 24, 64, 139, 146, 228, 231, 330, 362
"믈 아래 그림재 디니~" 274
민순(閔純) 213, 226

ㅂ

박근원(朴謹元) 202, 207~8
박대립(朴大立) 144
박상(朴祥; 호 訥齋) 77, 80, 89
박순(朴淳; 호 思菴) 77, 83, 90~3, 128~9, 190, 202, 208~9, 224, 275, 290~1
박우(朴祐; 호 六峰) 77, 80, 90
박창원(朴昌元) 369
박충간(朴忠侃) 278~80, 286~7
발포진(鉢浦鎭) 194
방답포(防踏浦) 193
〈방식영정 제계하죽 시주인(訪息影亭題階下竹示主人)〉 219~20
백거이(白居易; 자 樂天) 312
백광홍(白光弘; 호 岐峯) 158, 186, 195
백광훈(白光勳; 호 玉峯) 76, 158, 195, 202
『백씨유고(伯氏遺稿)』 360
백옥경(白玉京) 234~5, 237, 240, 353
백유양(白惟讓) 283~5
백유함(白惟咸) 309
백인걸(白仁傑; 호 休菴) 34, 85
벽간당(碧澗堂) 62~3, 253
변숭복(邊崇福) 279, 282
"別路重重隔(별로중중격)/~" 193
〈별사미인곡(別思美人曲)〉 369
〈별임자순제작(別林子順悌作)〉 251
〈병중우음(病中偶吟)〉 254
"蓬萊山(봉래산) 님 겨신 듸~" 263
봉성군(鳳城君; 李岏) 52
부산(釜山) 23, 28, 314, 330~1, 336, 341~2
부용당(芙蓉堂) 220
〈부용성(芙蓉城)〉 174
북경(北京) 19, 24, 28, 65, 80, 320, 330, 333~5, 337, 351

분토골[粉土洞]   36, 59, 64, 217, 274
"비록 못 니버도~"   183

ㅅ

사마광(司馬光; 자 君實)   226
〈사미인가(思美人歌)〉   368
〈사미인곡(思美人曲)〉   231~5, 238, 351, 361, 368~70
〈사사상공견방(謝使相公見訪)〉(3수)   247~8
〈사사상공내방(謝使相公來訪)〉(4수)   248
〈산사야음(山寺夜吟)〉·〈秋夜詩〉)   246, 372
산해관(山海關)   332~3, 335
'삼당시인(三唐詩人)'   195
삼일포(三日浦)   157, 160, 164
삼척(三陟)   156~8, 160, 169, 173, 177, 185
"三春餘幾日(삼춘여기일)/~"   194
"샹뉵 쟝긔 ᄒᆞ디 마라~"   184
『상서(尙書)』(『書經』)   85, 100
『상촌집(象村集)』   372
새원[新院]   147~8, 214
"새원 원쥐 되여 녈 손님~"   147
"새원 원쥐 되여 되롱 삿갓~"   148
"새원 원쥐 되어 쇠비룸~"   148
서경덕(徐敬德; 호 花潭)   128~9, 198
〈서산만성(西山漫成)〉   312
서생포(西生浦)   342
서익(徐益; 자 君受, 호 萬竹)   116, 194, 202
서하당(棲霞堂)   68, 130, 133, 136~7, 215, 220, 230
〈서하당 벽오기(棲霞堂碧梧歌)〉   216
〈서호병중 억율곡(西湖病中憶栗谷)〉   141
서호정사(西湖精舍)   139~40
〈서회(書懷)〉(〈夜坐聞鵑〉)   239, 371
석개(石介; '石娥')   117
석성(石星; '石 尙書)   334~6, 341~47
석저촌(石底村; 石底城村, 石堡)   62~3, 68, 125, 228
"선우음 츰노라 ᄒᆞ니~"   267
〈선유동(仙遊洞)〉   78
선조(宣祖)   23~4, 28, 33, 35, 116, 119, 127, 130, 139, 151, 155~6, 189, 202~3, 207~8, 224, 231, 278, 280~2, 284~5, 287, 289~92, 294~8, 300~1, 307~10, 316~24, 326~30, 334~5, 337, 351, 355, 358~9, 367
『선조수정실록(宣祖修正實錄)』   303
선천(宣川)   319
선홍복(宣弘福)   284
성노(成輅; 자 重任)   33
성문준(成文濬; 자 仲深)   34, 295
성산(星山)   68, 77~8, 81, 130, 133, 137, 215, 219~20
〈성산별곡(星山別曲)〉   133~6, 361, 370
『성소부부고(惺所覆瓿藁)』   372
성수침(成守琛; 호 聽松)   34, 83, 85, 225~6, 249
〈성은가(聖恩歌)〉   260
〈성은가 답강호백구(聖恩歌答江湖白鷗)〉   260~2
『성학집요(聖學輯要)』   127
성혼(成渾; 자 浩原, 호 牛溪)   28, 33~4, 83, 85~7, 90, 93, 116~7, 120, 123, 125~6, 141, 143, 151, 159, 189, 191, 202, 205, 209~10, 212~3, 222, 224~8, 239, 248~9, 254, 277~8, 283~4, 293, 295, 297, 299~304, 311, 325~6, 350~1, 357, 361, 363~4

찾아보기   385

소서행장(小西行長; 고니시 유키나가) 316, 321, 328~9, 342
소식(蘇軾; 호 東坡) 57, 126, 169, 173~4
소윤(小尹) 48, 52, 55
『소학(小學)』 56, 63, 72, 181, 366
『소화시평(小華詩評)』 372
〈속관동별곡(續關東別曲)〉(〈관동속별곡〉) 369
〈속미인곡(續美人曲)〉(〈續思美人曲〉) 235~7, 351, 361, 368~70
송강(松江) 죽록천(竹綠川) 37, 77, 123, 137, 213~4, 217, 219; 가둔천(街頓川) 365
송강(鄭澈의 호) 17, 37, 75, 147, 190, 261, 288, 301, 339, 368
『송강가사(松江歌辭)』 361
송강고개 365
송강 공릉천(恭陵川) 공원 374
송강마을 20, 114, 144, 365, 374
『송강별집(松江別集)』 361
「송강상공(松江相公) 행장초(行狀草)」(「松江 鄭文淸公澈 行錄」) 362
송강서원(松江書院) 365
『송강속집(松江續集)』 361
송강 시비(詩碑) 공원 374
『송강유고(松江遺稿)』 360
송강정(松江亭) 366
『송강집(松江集)』 341
송달수(宋達洙) 370
"松林(송림)의 눈이 오니~" 223
송사련(宋祀連) 86
송순(宋純; 호 俛仰亭) 71, 79, 81, 118, 137, 151, 153, 184, 195, 216, 368
송시열(宋時烈) 360, 362~4, 370

송영구(宋英耉) 324
송응개(宋應漑) 202, 207~8
송응창(宋應昌) 329, 331, 335~6
송익필(宋翼弼; 자 雲長, 호 龜峯) 33, 35, 83, 86, 91, 93, 116, 140, 151, 195, 202, 210, 226, 230~1, 277, 283~4, 290, 300~2, 311, 315, 351, 359, 363
〈송정계함출안호남(送鄭季涵出按湖南)〉 91
〈송정어사철지관북(送鄭御史澈之關北)〉 203
송정촌(松亭村) 17, 24, 255, 337, 350
송한필(宋翰弼; 자 季鷹) 85, 290, 300
"쇠나기 한 줄기미~" 273
수동(水洞; 水谷, 물골) 20, 114, 119~20, 125, 144~5, 167, 209, 277, 350, 356, 365
"手裁松竹尙平安(수재송죽상평안)/~" 249
〈숙계림형강정(宿桂林兄江亭)〉 257
〈숙송강정사(宿松江亭舍)〉(3수) 219
숙종(肅宗) 364~5
순천(順天) 48, 54, 61, 63, 125, 190, 193, 207, 227~8, 234, 257
순화군(順和君) 326
술랑(述郞) 159~60
"쉰 술 걸러내여~" 268
『시경(詩經)』 42, 100
『시경』「대서(大序)」 42
"始識諸君飮(시식제군음)/~" 325
〈시율곡(示栗谷)〉 129
『시평보유(詩評補遺)』 372
식영정(息影亭) 68, 78, 133, 137, 215, 219
〈식영정 이십영(息影亭二十詠)〉 78
〈식영정 잡영(息影亭雜詠)〉(10수) 78
신경진(辛慶晉) 319
"辛君望(신군망) 校理(교리) 적의~" 208

〈신년축(新年祝)〉(5수)　58
'신라 사선(新羅四仙)'/'사선'　159~60, 164, 166~7, 169~75, 177
"新羅(신라) 八百年(팔백년)의~"　273
신립(申砬)　199, 279
신사무옥(辛巳誣獄)　87
신 사임당(申師任堂; 平山 申氏)　84
신성군(信城君; 李珝)　33, 316
〈신원산거 기시습재(新院山居寄示習齋)〉(2수)　149~50, 214
신응구(申應榘)　302
신응시(辛應時; 자 君望, 호 白鹿)　208~9
신종(神宗; 萬曆帝, '황제')　24, 320~1, 330, 334~5, 337, 343
『신증동국여지승람(新增東國輿地勝覽)』　158
신진 사류(新進士類)　73
신흠(申欽; 호 象村)　324, 359, 370, 372
〈실음(失音)〉(2수)　259
〈실제(失題)〉(2수)　240
〈실제(失題)〉(일부)　260
심수경(沈守慶)　206, 294, 297, 327
심유경(沈惟敬)　321, 329, 335
심의겸(沈義謙; 자 方叔, 호 巽菴)　83, 89, 109, 118, 128~31, 144, 290
"심의산 세네 바회~"　152
심충겸(沈忠謙)　128
"十年(십년)을 經營(경영)ᄒᆞ여~"　80
"十五年前約(일오년전약)/~"　179

ㅇ

'아내' ☞ 문화 유씨
"아버님 날 나흐시고~"　180
'아버님' ☞ 정유침
"我非成閔卽狂生(아비성민즉광생)/~"　213
"我似失羣鴻(아사실군홍)/~"　275
"아히도 採薇(채미) 가고~"　223
『악기(樂記)』　103
안당(安瑭)　86
안덕인(安德仁)　308
안민학(安敏學, 자 習之)　26, 83, 92, 99, 293, 301~2
안상(安詳)　159, 177
안악(安岳)　279, 282, 350, 356
안영(晏嬰; 자 平仲)　225
안윤(安玧)　86
안자유(安自裕)　250
안정(安珽; 호 竹窓)　265
안정복(安鼎福)　244
안주(安州)　325, 329
〈안참의자유가 대주희음(安參議自裕家對酒戲吟)〉　250
안축(安軸)　158
안팽수(安彭壽)　51
압록강(鴨綠江)　23~4, 117, 188, 319, 321~2, 331
애련당(愛蓮堂)　317
애복(愛福)　224, 227
양몽거(楊夢擧)　363
양사언(梁思彦)　191, 294
양산보(梁山甫; 호 瀟灑翁)　71
양소훈(楊紹勳)　320
양양(襄陽)　156~8, 177, 256
〈양양기유홍장자 희부일절(襄陽妓有紅粧者戲賦一絶)〉　177
양외(楊畏)　226

양응정(梁應鼎; 호 松川) 37, 76~7, 85, 96, 190, 195, 202, 351
양재역 벽서사건(良才驛壁書事件) 55, 271
양천경(梁千頃) 296
양천회(梁千會) 283, 296~7
양화도(楊花渡) 52, 328
'어머님' ☞ 죽산 안씨
"어버이 사라신 제~" 180
〈어부사(漁父辭)〉 217
어암서원(魚巖書院) 365
"어와 뎌 족하야~" 182
"어와 棟樑材(동량재)를~" 270
"어와 버힐시고~" 270
〈억계함(憶季涵)〉 73
여강(驪江) 223
여대방(呂大方) 226
여성위(礪城尉; 宋寅) 117
여산(廬山) 162~3, 169, 174
여와(女媧) 251
〈여유서경근 동조천지행(與柳西坰根同朝天之行)〉(2수) 331
여주(驪州) 156, 209
여진족(女眞族) 199, 324
〈여하당장 보섭방초주 환우하당소작(與霞堂丈步屧芳草洲還于霞堂小酌)〉(3수) 131
여회(呂誨; 자 獻可) 226
〈연경도중(燕京道中)〉 332
연일(延日) 55, 298, 350
〈영동잡영(嶺東雜詠)〉 176
영랑(永郞)/영랑선(永郞仙) 159~60, 176~7
영랑호(永郞湖) 160, 164
〈영삼별곡(寧三別曲)〉 369
〈영서하우객(詠棲霞寓客)〉 230

영월(寧越) 87, 156, 158, 178, 185
영유(永柔) 93, 325, 329~30
〈영자미화(詠紫薇花)〉 255
영조(英祖) 366
영평(永平) 89, 91, 301
『예기(禮記)』 103
"예셔 놀애를 드러~" 263
예안(禮安) 84, 118
오건(吳健) 127
"오늘도 다 새거다~" 183
오윤겸(吳允謙) 324
오천서원(烏川書院) 365
옥하관(玉河館) 334
옥황상제(玉皇上帝) 159, 234, 243, 353
〈요기하당주인(遙寄霞堂主人)〉(1), (2) 247
요동(遼東) 318~24, 331, 345~6
요순(堯舜) 102~3, 107, 261
요양(遼陽) 332, 342
"우리 집 모든 익을~" 274
우성전(禹性傳) 311
우정침(禹廷琛) 355
울진(蔚珍) 156, 158, 160, 175
원주(原州) 156, 158, 167
월송정(越松亭, 月松亭) 157, 159~60, 171~2, 175
유강항(柳强項) 64
유경서(柳景瑞) 363
유공진(柳拱辰) 309
유관(柳灌) 52~3
유근(柳根; 호 西坰) 310, 330~1, 335, 337
〈유남악 연구(遊南嶽聯句)〉 116
유몽정(柳夢井) 297
유사(柳泗) 68

유성룡(柳成龍) 32, 226, 288~9, 294, 305, 307~8, 316, 318, 321, 325, 328, 337
'유아(柳娥)' ☞ 진주 유씨
유영(劉伶) 144
유영길(柳永吉) 327
"劉伶(유영)은 언제 사룸고~" 144
유용(柳溶) 146
유인숙(柳仁淑) 52~3
유전(柳㙉) 280, 294
유정(劉綎) 347
"六十一塘蓮子花(육십일당연자화)/~" 196
윤근수(尹根壽; 호 月汀) 129, 144, 310, 317~8, 331~2
윤기신(尹起莘) 297
윤두수(尹斗壽; 호 梧陰) 128, 144, 248, 310, 317~9, 321~4, 327
윤선도(尹善道) 363
윤원형(尹元衡) 48~9, 52, 80, 128, 225
윤임(尹任) 49, 52~4
윤증(尹拯) 363
윤현(尹晛) 144
은병정사(隱屛精舍) 141
을사사화(乙巳士禍) 48, 52, 54, 77, 87, 114, 271
음갱(陰鏗) 258
〈의월정(宜月亭)〉(2수) 200, 372
의주(義州) 21, 23, 35, 117, 318~21, 324, 328, 332
이경전(李慶全) 300
"이고 진 뎌 늘그니~" 184
이곡(李穀) 158
이관(李觀; 자 元賓) 74~5
이광수(李光秀) 283

이광필(李光弼) 319
이귀(李貴) 224
이급(李汲) 286
이기(李芑) 52
이기(李箕) 283
이기남(李期男) 196
이기직(李基稷; '이 서방') 25, 47, 139
이길(李洁) 142, 283, 285~6, 290
〈이단주(已斷酒)〉 201
이달(李達; 호 蓀谷) 195, 202
이덕형(李德馨) 311, 320
이량(李樑) 90, 327
"이 몸이 俊傑(준걸)이런돌~" 264
"이 몸 허러내여~" 263
이몽규(李夢奎) 83
이민성(李民省) 334
"이바 이 집 사롬아~" 27
이발(李潑) 38, 142~3, 191, 226, 283~6, 288 ~90, 293, 300, 303, 329, 351
이백(李白; 李太白, '李 謫仙') 30, 32, 52, 79, 126, 154, 159, 163, 169, 173~4, 371
이빈(李濱) 286~7
이산해(李山海) 33, 83, 87, 91, 144, 195, 280, 284, 289~90, 294, 300, 307~8, 316
이선(李選) 360~1
이선경(李善慶) 286~7
이선세(李先齊) 142
이성중(李誠中) 32, 307~8
〈이소경(離騷經)〉/〈이소〉 234, 368
이수(李銖) 144
이수광(李睟光) 368
이수준(李壽俊) 286~7
이순신(李舜臣) 194, 322, 344

찾아보기 389

이시발(李時發)　359
이실(李室)이　24~5, 47, 93, 99, 337, 351
"二十年前塞下曲(이십년전새하곡)/~"　199
'이십팔수회(二十八宿會)'　116
이안눌(李安訥; 자 子敏)　33
이양렬(李揚烈)　369
이양원(李陽元)　308
이언적(李彦迪; 호 晦齋)　315
이여송(李如松; '李 提督')　328~9
이의건(李義健; 자 宜仲)　83, 87, 226, 301
이이(李珥; 자 叔獻, 호 栗谷)　33~4, 38, 81, 83~6, 91, 93, 116~7, 125~7, 129~30, 133, 141~3, 151, 159, 190~1, 195, 201~2, 206~7, 209, 224~6, 246~7, 252~3, 278, 284, 293, 300, 302, 351, 363, 365
이익남(李益男)　25
이인(李磷)　42
이정면(李廷冕)　258
이제신(李濟臣; 호 淸江)　324
이중호(李仲虎)　142
이지남(李至男)　48, 139
〈이천(二天)〉　229
이축(李軸)　278~9
이춘영(李春英; 자 實之)　309, 313
이탕개(尼湯介, 泥湯介)　199, 324
이하(李賀; 자 長吉)　30, 32
이항복(李恒福; 자 子常)　286~7, 303~5, 309, 316
이해수(李海壽)　32, 223, 307~8, 310
이현일(李玄逸)　364
이홍로(李弘老)　308
이황(李滉; 호 退溪)　85, 118, 128, 225~6, 314

이후백(李後白; 호 靑蓮)　81, 118, 195~6, 202
이희삼(李希參; 자 景魯)　26, 83~4, 88, 99, 117, 204, 210~1, 226~7, 284, 301, 314, 351
"人間師表安參議(인간사표안참의)/~"　250
"인느니 가느니 굴와~"　272
인성왕후(仁聖王后; 仁宗의 妃)　141
인순왕후(仁順王后; 明宗의 비)　90
인조반정(仁祖反正)　360, 363
인현왕후(仁顯王后; 肅宗의 비)　364
인종(仁宗; 仁廟)　48, 51~2, 54
"일뎡 百年(백년) 산들~"　222
"일이나 일우려 ᄒ면~"　222
임꺽정(林巨正)의 난　278
임백령(林百齡)　52, 77
임실(林室)이　25, 114
임억령(林億齡; 호 石川)　37, 68, 76~7, 97, 249, 351
「임정 정상공철 행장(臨汀鄭相公澈行狀)」　362
임제(林悌; 자 子順)　151, 251
임포(林逋)　168
임해군(臨海君)　326, 343~4
임형수(林亨秀; 호 錦湖)　271
임회(林檜; '임 서방')　25

ㅈ

〈자강남환석보(自江南還石堡)〉　228~9
〈자도사(自悼詞)〉　369
〈자상특사황국옥당가(自上特賜黃菊玉堂歌)〉　80
〈자탄(自歎)〉　87
『잡가(雜歌)』(필사본)　154

『잡동산이(雜同散異)』 243
"長沙王(장사왕) 賈太傅(가태부)~" 272
"長城(장성) 萬里(만리) 밧끠~" 333
장손진(藏孫辰) 225
장유(張維) 370~1
장의동(藏義洞) 49, 56, 82, 85
『장자(莊子)』 79, 126, 170
장재(張載) 74, 105
〈장진주(將進酒)〉 이백(李白; 李太白) 작 30; 이하(李賀; 李長吉) 작 30
〈장진주사(將進酒辭)〉 28~9, 194, 359, 366, 368
장한(張翰, 자 季鷹) 141
장흥(長興) 158, 195
장 희빈(張禧嬪) 364
"재 너머 성 궐롱 집의~" 120
적선인(謫仙人) 159~60, 167, 169, 171, 174~5, 208, 349
전금(展禽) 225
"前路崎嶇甚(전로기구심)/~" 72
전배 사림(前輩士林; 前輩士類) 81, 118, 128
"戰船張帆截大洋(전선장범절대양)/~" 191
전주(全州) 191, 197, 278~9
〈절구(絶句)〉 58
"折楊柳寄與千里(절양류기여천리)/~" 203
『절요(節要)』『朱書節要』 314
정개청(鄭介淸) 38, 289~92, 297, 363
정곤수(鄭崐壽) 319
정기명(鄭起溟) 21, 94, 239, 275, 277, 280, 351, 360
정길(鄭桔) 366
정도(鄭棹) 370
정릉동(貞陵洞) 행궁(行宮) 24, 335

정몽주(鄭夢周; 호 圃隱, 시호 文忠) 55~6, 63
정무서(鄭武瑞) 364
정소(鄭沼; '둘째 형님') 48, 54, 61, 119, 125
정송강사(鄭松江祠) 363
정순붕(鄭順朋) 52, 87
정암수(丁巖壽) 289~90
정양(鄭瀁) 360
정언신(鄭彦信) 197, 280, 283~5, 289, 303
정언지(鄭彦智) 283~4, 303
정여립(鄭汝立) 38, 209, 277~85, 289~93, 299, 363
정여립 모반사건 38, 363
정옥남(鄭玉男) 283
정운(鄭沄) 25
정운학(鄭雲鶴) 361
정원군(定遠君) 316
〈정월십육일작(正月十六日作)〉 253
정위(鄭渭; '할아버지') 59, 191
정위(精衛) 251
정유길(鄭惟吉) 208
정유심(鄭惟深; '큰아버지') 48, 277
정유침(鄭惟沉; '아버지') 21, 51, 53~6, 59, 63~4, 75, 116, 139, 350
정이(程頤) 74, 105
정인홍(鄭仁弘) 289, 293
정인환(鄭寅煥) 366
정자(鄭滋; '큰형님') 48, 51, 53~5
정작(鄭碏) 87
정조(正祖) 365~6
정종명(鄭宗溟) 17, 21, 26~7, 47, 57, 67, 99, 114, 155, 215, 307, 310, 313, 316, 321, 349~50, 358~62
정종영(鄭宗榮) 129

정주(定州) 24, 320, 328
정지명(鄭之溟) 25, 185, 190, 193, 310
정지연(鄭芝衍) 115, 190
정진명(鄭振溟) 25~6, 116, 359
정집(鄭緝) 284
정창연(鄭昌衍) 284
정철(鄭澈) 17, 33, 74, 97~8, 191, 225~6, 251, 292~3, 300~1, 303, 310, 341, 355~66, 368~74
정평(定平) 54~6, 350
정호(程顥; 자 伯淳, '程子') 74, 226, 275
정홍명(鄭弘溟) 25, 195, 228, 231, 359~60
정황(鄭滉) 48, 119, 137, 350
제갈량(諸葛亮; 諸葛孔明) 86
「제망녀최가부문(亡女崔家婦文)」 339
〈제벽간당(題碧澗堂)〉 253
〈제보한당(題保閒堂)〉 147
제주(濟州) 192~3
조경(趙儆) 312
조광조(趙光祖) 34, 225
조구(趙球) 279~80, 282
조대중(曺大中) 296~7
조승훈(祖承訓) 320~1
조식(曺植; 호 南冥) 128, 357
조완도(趙完堵) 326
조우인(曺友仁) 368~9
조위(曺偉; 호 梅溪) 234, 240
조위한(趙緯韓) 33
조헌(趙憲; 자 汝式, 호 重峯) 191, 193~4, 196, 224, 226, 251, 326
〈주문답(酒問答)〉(3수) 222
"酒味忘來閑味深(주미망래한미심)/~" 212
주상(主上) ☞ 선조

〈주생전(周生傳)〉 37
『주역(周易)』 100
주자(朱子; 朱熹) 74~5, 101, 292
『주자대전(朱子大全)』 35
『주자문록(朱子文錄)』 71
죽도(竹島) 278, 283
죽록정(竹綠亭) 36, 217, 366
죽림칠현(竹林七賢) 145, 159, 167
죽산 안씨(竹山安氏; '어머님') 20, 48~9, 51, 54~5, 59, 61, 64, 119, 126, 138~9
"中書堂(중서당) 白玉杯(백옥배)룰~" 268
중앙탑(中央塔) 273
『중용(中庸)』 100
〈증도문사(贈道文師)〉 217
〈증별율곡(贈別栗谷)〉 130
"曾爲關外使(증위관외사)/~" 316
〈증율곡(贈栗谷)〉(2수) 246~7
〈증정계함(贈鄭季涵)〉 72
지실[芝谷, 智谷] 23, 25, 36, 61, 64, 67~8, 71, 87, 130, 215, 224, 226, 228, 360, 372
〈지연가(紙鳶歌)〉 275
지함두(池涵斗) 279
진덕수(眞德秀; 호 西山) 102, 127, 179
진도(珍島) 194~5
진사도(陳師道) 258
진안(鎭安) 278
진여의(陳與義) 258
진주(晉州) 26, 33, 294, 310~2, 336
진주 유씨(晉州柳氏; 柳娥) 25, 147, 155, 185, 190, 193, 207, 310, 313~4, 316, 351
"塵中豈識今丞相(진중기식금승상)/~" 191
진천(鎭川) 362

ㅊ

〈차송강소증운(次松江所贈韻)〉(2수) 230~1
〈차수옹운(次壽翁韻)〉(3수) 229
〈차증이발(次贈李潑)〉 143
차천로(車天輅; 車復元) 197
창계(蒼溪; 滄溪) 61, 64, 68, 78, 133
〈창계백석(蒼溪白石)〉 78
창녕 성씨(昌寧成氏; 宋翼弼의 처) 151
창평(昌平) 37, 57, 59, 61, 63~4, 68, 77, 81, 87, 111, 130, 133, 139, 167, 190, 209, 212, 214, 224, 228, 230~1, 239, 248, 257, 273~5, 291, 300, 351, 359~60, 365~6, 372
「책문(策問)」(壬戌年 殿試 明宗 출제) 100~1
"擲金佳句軼陰何(척금가구질음하)/~" 258
「천도책(天道策)」 84
"千里蓬山不可忘(천리봉산불가망)/~" 197
"千仞江頭一杯酒(천인강두일배주)/~" 200
『청련시초(青蓮詩抄)』 126
"青山(청산)의 부흰 빗발~" 272
〈청원극리(淸源棘裏)〉 313
청조루(聽潮樓) 251
〈청조루월하작(聽潮樓月下作)〉 251
『청창연담(晴窓軟談)』 372
"青天(청천) 구름 밧긔~" 274
"青草(청초) 우거진 골에~" 252
'총마어사(驄馬御史)' 208
최경창(崔慶昌; 호 孤竹) 76, 116, 195, 202~3
최실(崔室)이[崔氏婦] 21, 94, 310, 339
최영경(崔永慶) 38, 191, 293~6, 302~5, 325, 357~9
최입(崔岦) 195, 202
최현(崔晛) 369
최홍도(崔弘渡) 48
"秋雲低薄暮(추운저박모)/~" 72
〈추일작(秋日作)〉(〈雨夜詩〉) 248, 372
"追至廣陵上(추지광릉상)/~"(〈別退陶先生〉 또는 〈迢遞退溪先生不及〉) 118, 372
〈춘망(春望)〉 57
『춘추(春秋)』 103, 108
〈출새곡(出塞曲)〉 369
〈치사가(致仕歌)〉 80
칩암거사(蟄菴居士) 217

ㅌ

태인(泰仁) 28, 196
〈통군정(統軍亭)〉 117, 372

ㅍ

"풀목 쥐시거든~" 182
파주(坡州) 33~5, 84~5, 120, 143, 201, 204, 206, 299. 300, 329
'팔문장(八文章)' 87, 195, 202
평양(平壤) 23~4, 252, 316~8, 321~2, 328~9, 342, 345
평해(平海) 156~60, 167, 173, 184, 316
"幅圓山水裡(폭원산수리)/~" 256
풍수정(風樹亭) 141
풍신수길(豐臣秀吉; 도요토미 히데요시) 315, 330
〈풍악도중우승(楓嶽道中遇僧)〉 178
"풍파의 일니던 빈~" 270
"彼美松江水(피미송강수)/~" 123

ㅎ

"흔 몸 둘헤 논화~" 181
하손(何遜) 258
하약필(賀若弼) 326
하응림(河應臨) 195
학걸(郝杰) 320
『학산초담(鶴山樵談)』 372
"鶴(학)은 어듸 가고~" 267
한강(漢江) 52, 165, 255, 263~4, 273, 279, 286
한국가사문학관(韓國歌辭文學館) 373
한성(漢城)/한양(漢陽) 24, 48, 84, 91, 255
한우(寒雨) 252
한유(韓愈) 75
한응인(韓應寅) 278, 280
한익모(韓翼謩) 366, 370
한준(韓準) 278, 280, 342
〈한천정사유음(寒泉精舍有吟)〉 132
할아비강[祖江] 18, 99, 155
함흥(咸興) 115, 156, 200, 310, 313, 316, 318, 321
〈함흥객관대국(咸興客舘對菊)〉〈咸興十月看菊)〉 115, 371
행주(幸州) 329, 344
허균(許筠) 33, 368, 371~2
허봉(許篈) 202, 207~8
허엽(許曄) 129, 144
허의후(許儀後) 323
허자(許磁) 52
허준(許浚) 227
허진(許晉) 336
"憲長官非下(헌장관비하)/~" 207
현풍 곽씨(玄風郭氏; 安敏學의 初娶) 93
형서(邢恕) 226
"형아 아이야~" 180
"兄爲節度弟觀察(형위절도제관찰)/~" 192
〈호정억박사암(湖亭憶朴思菴)〉 92
홍낭(洪娘) 203
홍담(洪曇) 81, 118~9
홍만종(洪萬宗) 369, 372
홍섬(洪暹) 81, 118
홍성민(洪聖民) 310
홍여순(洪汝諄) 291, 294, 309~11
홍인경(洪仁慶) 290
홍인상(洪麟祥) 334~5
홍종록(洪宗祿) 284
화석정(花石亭) 252
"花灼灼(화작작) 범나븨 雙雙(쌍쌍)~" 266
환벽당(環碧堂) 62~5, 135, 253
황신(黃愼) 284, 293
황정욱(黃廷彧) 310
황진이(黃眞伊) 252
황혁(黃赫) 310
회양(淮陽) 24, 156, 158, 161, 167, 330
〈후적벽부(後赤壁賦)〉 174
〈훈민가(訓民歌)〉(16수) 179
흡곡(歙谷) 116, 156~8
"興亡(흥망)이 수 업스니~" 197